CW00622101

R. dalzy
June 95

LA MAISON DE JADE

Madeleine Chapsal mène, depuis toujours, une double carrière de journaliste et d'écrivain. Elle a collaboré aux Echos, *a fait partie de l'équipe fondatrice de* L'Express, *à la rédaction duquel elle a appartenu quinze ans durant, donne régulièrement des articles à* Femme, Paris Match, *etc.*

Parallèlement, Madeleine Chapsal poursuit une carrière littéraire. Elle a, notamment, publié aux Editions Grasset : Une femme en exil, Un homme infidèle, Passion, Envoyez la petite musique.

Par fol amour pour un homme plus jeune qu'elle et « paumé », une femme abandonne sa carrière d'écrivain, rompt avec son passé, ses habitudes, pour se faire l'esclave — ou la Pygmalionne — de ce nouvel amant. Pour eux deux, la vie semble neuve et sans tache, le bonheur fou et sans ombre, même si des épreuves surgissent... Jusqu'à ce que le jeune homme, remis à flot par cette cure d'amour la « vire salement » pour une autre, riche, jeune et féconde.

Du désespoir et du suicide renaîtra une femme libérée, déculpabilisée de son âge, de sa stérilité et de ses peurs. Une femme, également, qui comprend qu'on ne « fait » pas un homme, si fragile qu'il soit. Une femme, enfin, qui redécouvre les joies de sa vie précédente : son mariage, ses aventures amoureuses...

Un livre vrai, qui n'en est pas moins un roman.

Dans Le Livre de Poche :

UN HOMME INFIDÈLE.
ADIEU L'AMOUR.
UNE SAISON DE FEUILLES.
DOULEUR D'AOÛT.
ENVOYEZ LA PETITE MUSIQUE.
LA CHAIR DE LA ROBE.
SI AIMÉE, SI SEULE.
LE RETOUR DU BONHEUR.

DU MÊME AUTEUR

UN ÉTÉ SANS HISTOIRE, *Mercure de France, 1973.*
JE M'AMUSE ET JE T'AIME, *Gallimard, 1974.*
GRANDS CRIS DANS LA NUIT DU COUPLE, *Gallimard, 1976.*
LA JALOUSIE, *Fayard, 1977.*
UNE FEMME EN EXIL, *Grasset, 1979.*
DIVINE PASSION, *Grasset, 1981.*
ENVOYEZ LA PETITE MUSIQUE..., *Grasset, 1984.*
UN FLINGUE SOUS LES ROSES, *Gallimard, 1985.*
LA MAISON DE JADE, *Grasset, 1986.*
ADIEU L'AMOUR, *Fayard, 1987.*
UNE SAISON DE FEUILLES, *Fayard, 1988.*
DOULEUR D'AOÛT, *Grasset, 1988.*
QUELQUES PAS SUR LA TERRE, *Gallimard, 1989.*

MADELEINE CHAPSAL

La Maison de jade

ROMAN

BERNARD GRASSET

© Éditions Grasset & Fasquelle, 1986.

A tous les fox-terriers
qui se prennent pour des terre-neuve...

Une chanson d'amour et d'infidélité
qui parle d'une bague et d'un cœur que l'on brise.

APOLLINAIRE.

Tous les personnages de ce roman sont,
bien évidemment, romanesques.
A commencer par le narrateur.
C'est moi qui les ai créés et recréés.
Sans moi, il n'y aurait pas eu cette histoire.
En somme, j'en suis l'auteur.

DEVANT ce chagrin d'amour gigantesque, qui s'est abattu sur moi d'une minute à l'autre sans que rien, dans le comportement de mon amant, ni dans mon observation consciente, m'ait avertie que la trahison était en marche, j'ai tout de suite songé au tombeau. Sans doute pour rejoindre mon bonheur d'amoureuse.

> *Où sont nos amoureuses?*
> *Elles sont au tombeau.*
> *Elles sont plus heureuses*
> *Dans un séjour plus beau...*

lit-on sur la tombe d'un poète, dans le petit cimetière marin de Varengeville.

Ne meurt pas qui veut. Tous mes comprimés avalés, je me suis retrouvée « sauvée », c'est-à-dire plongée dans le gouffre amer du plus violent chagrin d'amour de ma vie.

Quelques jours auparavant, et même la veille encore, attablée dans notre petite cuisine, face à l'homme qui s'apprêtait à me révéler qu'il allait en épouser une autre, tout juste rencontrée, je recevais ses compliments et ses remerciements sur la façon dont, une fois encore, je l'avais nourri ce soir-là. Et plus tard, dans la nuit, aimé.

Le lendemain, il rentre plus tôt que d'habitude. Se laisse tomber dans un fauteuil. Je m'approche de lui et le questionne doucement sur les raisons de son abattement (qui dure depuis plusieurs jours). Trop de travail? Des ennuis financiers? Quelque chose qu'il aurait à se reprocher?

Soudain, je vois son visage se défaire, comme s'il ne s'agissait plus d'un visage, mais d'une forme floue, à peine esquissée, un dessin non terminé, et il me dit : « C'est fini entre nous! Va-t'en! »

Aussitôt, j'entre dans un état second, car je le sens lui-même dans une « transe » qui ôte tout sens à une discussion. Aucune parole ne me vient. Je ne suis plus vraiment là, je ne fais qu'assister à ce qui se passe. Je me vois me lever, défaire, je ne sais pourquoi, ma ceinture, que j'abandonne sur mon siège, à ma place. Je me vois prendre mon manteau, les clefs de ma voiture, et m'enfuir.

Dans les innombrables nuits d'insomnie qui vont suivre, je me cherche des précédents. Tristan et Isolde... Phèdre sans Hippolyte... Paul mourant de la mort de Virginie?

Là où je me retrouve le mieux, c'est dans la déréliction du Christ au mont des Oliviers. Car je ne suis pas seulement désaimée. Je suis humiliée. Trahie. Et seule.

Tous ceux qui, la veille encore, m'entouraient et me fêtaient parce que j'étais la « femme » de Bernard, ainsi qu'il se plaisait à me nommer, me renient et me répudient, en même temps que lui.

Comme si je n'avais pas existé pour eux en tant que personne.

Je n'ai été qu'un « membre » de la famille. Bernard ne veut plus de moi? On coupe le membre... C'est tellement simple!

A peine suis-je sortie de l'hôpital, où l'on parvient à me « réveiller », que je suis priée de « vider les lieux ». Par Bernard, d'abord, puis par une « autorité », son oncle, le Député Conseiller Général. Comme une bonne démise qui doit rendre son tablier et emporter au plus vite sa valise en carton.

« Tu comprends, me dit Bernard au téléphone, parlant de celle qui va, dans les huit jours et sans pudeur, occuper mon lit, s'installer dans mes meubles, user de mon linge, son père est milliardaire! Commerce international! »

Et pour que je saisisse mieux et, sait-on jamais, le félicite de sa trouvaille – je l'ai tant encouragé à « réussir » –, Bernard ajoute :

« Elle n'est pas comme toi, elle a un tiroir-caisse dans la tête! D'ailleurs, elle est née dans le fric!

– C'est vrai, lui dis-je dans un dernier sursaut pour faire face à la bassesse qui préside à mon renvoi, moi je suis née dans l'élégance... »

Aussitôt après je m'écroule, avec pour seule envie celle de « décrocher », comme on dit d'un fœtus qui, pour des raisons connues de lui seul, refuse d'aller jusqu'au bout de son développement.

Je le tentai. J'échouai.

« Tu as eu tort », dis-je à mon amant dès que je parviens à téléphoner, inquiète qu'il ne soit pas venu voir à l'hôpital comment je me rétablis. (Est-il souffrant, lui aussi? Non, il va très bien...) « Tu n'aurais pas dû appeler le Samu! Ç'aurait été mieux pour toi comme pour moi! »

C'est alors qu'il décida de me haïr. Et que je perdis toute peur, au point de faire peur à tous les autres.

Cette année-là, pourtant, l'année où j'ai rencontré Bernard, j'étais bien décidée à ne plus aimer de longtemps. Après un épisode amoureux tourmenté – en dépit de quelques éclaircies glorieuses, sinon il n'y aurait pas eu d'épisode du tout –, je m'étais offert une année sabbatique, sur le plan de l'amour.

J'étais concentrée sur moi-même, mes amis, mon travail. Pas heureuse, mais pas malheureuse non plus. Disponible. Contente. Lorsqu'au téléphone quelqu'un me demandait : « Comment allez-vous ? » invariablement je répondais : « Très bien. »

Je commençais à aimer cette liberté qui se nomme aussi solitude. Personne à qui rendre compte de mes allées et venues. La possibilité, chaque jour, chaque semaine, de « créer » mes occupations. En somme, de maîtriser mon temps et ma vie.

Cette indépendance, conquise au fil des ans et de mon travail d'écrivain, devait, comme le reste, se retourner contre moi.

« Tu vivais seule quand je t'ai rencontrée ! me lance Bernard, juste après la rupture. Tu n'as qu'à recommencer ! »

Il oublie qu'il m'en a ôté les moyens !

Jusque-là, je ne m'en inquiétais pas. Bernard était sur le point de réussir : il avait enfin un emploi mensualisé et il disposait d'une voiture de fonction avec chauffeur, son rêve depuis des années ! De surcroît, ses affaires avec l'étranger étaient sur la bonne voie. Oubliant les miennes propres, j'y avais travaillé de mon mieux, des mois durant. J'étais assez fière d'être devenue, par amour pour Bernard, une experte en télex, et quelques autres besognes d'assistanat.

Et puis, il y avait la maison. Notre maison. La première maison de ma vie que j'installais en fonction de mon goût et de mes besoins. J'en avais vérifié chaque détail. En rêve, je l'avais déjà meublée, habitée, dressant la liste des personnes que j'inviterais à la pendaison de la crémaillère. D'abord ceux qui y avaient travaillé avec tant de cœur, les artisans, l'architecte.

Ils venaient de me le promettre : après deux longues années d'attente, nous fêterions Noël chez nous, Bernard et moi!

Quelques jours auparavant, faisant les honneurs de notre prochaine installation à son oncle, le Député Conseiller Général, Bernard lui faisait admirer la façon dont j'avais tout aménagé, à son gré comme au mien.

Que Bernard profite de la présence d'un tiers pour m'exprimer sa satisfaction m'a particulièrement réjouie. L'été a été dur, et même sanglant. En l'absence de mon amant, retenu par ses affaires en Chine, toutes sortes d'accidents corporels ont eu lieu, comme autant d'avertissements cachés.

Malgré le retour de Bernard, je ne suis pas tout à fait remise – il est si soucieux –, et voilà que sous ses éloges inattendus enfin je m'apaise.

De plate-bande en plate-bande, lui d'habitude si insensible au végétal, hormis les très grands arbres, fait remarquer au Député Conseiller Général comment, devant la maison encore inhabitée, j'ai planté et repiqué cosmos et roses d'Inde.

Durant l'été, tout a poussé en liberté, et les massifs colorés et désordonnés donnent à cette petite demeure l'air d'avoir été conçue par Walt Disney pour Blanche-Neige.

Casser ce rêve d'habiter pour la première fois de ma vie une maison qui me ressemble m'est impossible sans me casser moi-même. Bernard le sait. Songe-t-il quand même à m'en dépouiller? Je n'arrive pas à croire à une telle hypocrisie de la part d'un homme que j'ai tant aimé.

Bien sûr, il y a de l'argent engagé. Des intérêts de toute espèce, dont certains, d'affaires, sont énormes. A plusieurs reprises, Bernard m'a lancé : « L'argent, il n'y a plus que ça qui compte pour moi! » Il le dit, mais là non plus je n'arrive pas à y croire... J'ai approché des hommes d'argent. Des politiciens aussi. Bernard, jusque-là, ne leur ressemblait pas. Il aimait dépenser – ô combien! –, mais par amour de la vie!

L'argent, d'ailleurs, il n'en manquait pas! J'en avais trouvé encore et encore pour financer mon amant dans une position que je voulais « honorable ». Rentable, aussi. Et dont il m'avait dit que j'allais profiter avec lui. Comme il était juste.

C'est pourquoi je n'ai pas envisagé sur-le-champ la possibilité de la trahison. Tendue dans une prière intérieure : « Je t'en prie, mon amour, protège-moi comme tu l'as fait jusque-là! » A quoi j'ajoute : « Contre toi et aussi contre moi-même! »

Car je commençais à avoir peur de ce terrible désir de mort que j'ai senti monter en moi dès que je me suis levée de ma chaise. Ou de ce qui l'avait été jusque-là.

Il me reste un refuge : la maison. Ce havre que je me suis créé et pour lequel je sais que j'ai négligé trop de choses pendant trop longtemps. L'amitié. Peut-être aussi mon apparence... Me disant : « Dès que nous serons installés, Bernard et moi, tout s'arrangera... Je vais reconquérir mes forces... J'aurai à nouveau du temps pour tout... et pour moi! »

La semaine dernière, on se préparait à établir l'eau et l'électricité... Les meubles attendent dans le grenier de la maison voisine...

Tandis que je m'installe dans le véhicule, mon cœur cogne à grands coups. Mais je n'ai pas encore mal. La poussée d'adrénaline fait barrage à la douleur.

Quelle nécessité pousse à la fuite dès que surgit la persécution? Mon « âne », c'est cette voiture vers laquelle j'ai vite couru, les clefs bien serrées dans ma main. Mon « Egypte », la maison en bordure de forêt...

Ai-je encore l'espoir que mon amant me rattrape

en me disant : « Tout ceci n'est qu'un mauvais rêve!... Je me suis mal exprimé!... Je ne peux pas vivre sans toi!... »?

Il n'a pourtant pas bougé de son fauteuil.

Plus tard, l'idée me vient que, la porte claquée, il a dû saisir le téléphone pour annoncer la bonne nouvelle à ma remplaçante. « Ça y est, c'est fait, elle est partie!... Je l'ai vidée!... Tu peux venir!... La voie est libre!... » Quand on décide de ne plus aimer, la cruauté et l'impudeur n'ont plus de limites.

Mais, à cet instant, il n'existe qu'un amour au monde : le nôtre. Qu'un visage, celui que j'ai vu se décomposer sous mes yeux. Et ces paroles, qui m'ont poignardée.

« Ça n'est pas marrant... pas marrant...

– Quoi?

– Je veux avoir des enfants... »

Bernard le sait bien que je ne peux pas avoir d'enfants. Cent fois il m'a répété : « Ce ne sont pas des enfants que je veux, c'est toi! »

La nuit n'est qu'un tombeau ouvert. Mais je ne crains pas l'accident, il a déjà eu lieu! L'accident est derrière moi. Machinalement, je jette un coup d'œil à la jauge : plus d'essence! Je sais qu'une station de nuit est ouverte en contrebas, sur les quais. Je m'engage dans des sens interdits, fais sauter des barrières fusibles. Rien ne me fait peur, sinon d'être rattrapée par cette inexprimable « horreur » dont je sens l'haleine fétide dans mon dos.

Je n'échange pas un mot avec le pompiste. Nous commençons à ne plus rien avoir en commun, les hommes et moi.

A peine arrivée, je me jette pourtant sur le téléphone. Mais le Bernard que je connaissais n'existe plus... Il a certainement téléphoné à sa nouvelle maîtresse... Quel genre de femme est-ce donc, pour l'avoir autant transformé? Lui qui ne mentait jamais ment. Et il geint, comme un bébé gâté. Puis cherche à faire preuve d'autorité. (La véritable autorité vient de la bonté, non de la violence.)

Il passe aux menaces : « Je te préviens, me dira-t-il plus tard, si tu ne cèdes pas, si tu ne quittes pas sur-le-champ la maison et l'appartement, il y aura de la rétorsion. » J'ai ri!

Que pouvait-il m'arriver de pire que ce que cet homme que j'aime est en train de me faire : s'effondrer moralement sous mes yeux?

Pour l'instant, il pleurniche au bout du fil :

« Je veux avoir des enfants!

– On peut en adopter.

– Non! Je veux des enfants de moi! »

Je le sens prêt à trépigner. Je le savais bien qu'il était gâté, en particulier par moi, qui ai trop bien pris le relais de sa mère. Mais à ce point!

Je tente encore de le ramener à lui-même.

« Tu m'avais dit que les enfants ne t'intéressaient pas! Que tu voulais d'abord te faire. Développer ta situation... T'enraciner!

– C'est que c'est presque fait!... Grâce à toi... » (Il a un rire de gorge que je ne lui connaissais pas. Déplaisant. Plus tard, il va me dire : « Tu m'as idéalisé... Je ne suis pas celui que tu crois! »)

« C'est cruel, mais c'est grâce à toi que je me suis aperçu que j'avais envie d'avoir des enfants! C'est toi qui m'as donné le goût de la vie! »

Est-ce ainsi lorsqu'on se noie? Je sens que je m'enfonce, encore et encore... jusqu'à l'abysse...

La nuit se fait plus froide.

Il me revient qu'au moment où j'ai franchi la porte de l'appartement pour courir vers la voiture j'ai entendu la voix soudain implorante de Bernard : « On pourrait peut-être réfléchir encore... Donnons-nous quinze jours... »

Je me rends compte, maintenant, qu'à ce moment mon amour a manqué de grandeur. Sinon, je serais revenue auprès de cet homme égaré – ne souffre-t-il pas, à sa manière? – lui caresser la main et l'interroger doucement : « Qu'est-ce qu'un enfant? Dis-moi? » Mais je suis déjà blessée à l'endroit précis où il choisit de m'attaquer. Il le sait! Sans le Samu, le coup était mortel. C'est là, et nulle part ailleurs, qu'il peut m'atteindre.

Car je me suis déjà séparée d'autres hommes, à commencer par mon mari, pour le même motif : je ne peux pas avoir d'enfants.

Une seule fois ma mère a fait allusion à ce « mal », qui date de la guerre et de mon adolescence sous-alimentée. Avec un terrible détachement dans la voix, elle m'a dit : « C'est un grand malheur, pour toi, d'être stérile. »

Ses mots ont sonné comme un glas. En même temps, je me suis redressée. Dans la révolte. Et la fureur! Au nom de quoi cette société se permet-elle de condamner au malheur les femmes sans enfants? Et ma propre mère qui fait chorus!

Bernard, avec son génie pervers – jamais il ne l'avait exercé contre moi, et je m'imaginais, là aussi, que notre amour m'en protégeait –, me fait mal *là où je suis déjà blessée*.

Ahurie, je continue à m'exposer à ses paroles de plus en plus meurtrières, car je ne peux en croire mon cœur ni mes oreilles.

« Mais avec qui vas-tu faire des enfants?

– Je n'en sais rien encore... »

Il ment.

« Tu n'as pas trouvé la mère porteuse?

– Non. »

Un vague espoir se rallume...

« On ne fait pas des enfants tout seul! Qu'est-ce que ça veut dire, pour un homme, avoir des enfants, si ça n'est avec quelqu'un? »

Cherchez la femme! Je ne la cherche pas tout de

suite, parce que la femme c'est moi. Sanglante. Hémorragique. En danger de mort.

Soudain, Bernard :

« Il faut que je raccroche... je me lève tôt demain matin... J'ai du travail... »

C'est tout juste s'il n'ajoute pas : « Moi! »

Il raccroche. Je raccroche. Pour le rappeler aussitôt. Je ne sais plus ce que je dis. Ni ce qu'il trouve à me dire. Ni pourquoi et comment je raccroche à nouveau... Et le rappelle...

Car je sens que je vais mourir. A nouveau, je me fais tancer, et de plus en plus vertement. (Il a sûrement dû téléphoner à l'autre et désire la rappeler.)

« Il faut que je dorme! Dors, toi aussi! »

Son inconscience stupéfie la part de moi restée lucide.

J'ai bien besoin de dialoguer avec Bernard, de comprendre – s'il y a à comprendre... –, pour me raccrocher à ce que j'appelle la vie, ma vie. Et mon amant, pour ne pas dire mon « tueur », se dérobe au dialogue!

C'est pour le maintenir au bout du fil, auquel je suis tout entière suspendue, que je réitère : « Tu es sûr qu'il n'y en a pas une autre? »

Alors – parce qu'il pense à elle, ou qu'il en crève d'envie depuis le début, ou pour mieux m'achever –, il me lâche le morceau. Oui, il y a une autre femme!

Je me souviens d'un sentiment de « calotte glaciaire ». Ce qui me permet de demander avec la froideur convenable : « Où l'as-tu rencontrée? Quand? Comment? Quel est son nom? »

Avec empressement – de quel trop lourd mensonge se délivre-t-il? – Bernard me donne tous les renseignements. Nom de famille, âge (tiens, elle n'est pas si jeune! Elle a roulé...), adresse, date de la rencontre. Le 22 juin.

Ainsi, mon amant me trompe en secret depuis des mois tout en me demandant service et fidélité! Sans rien en laisser transpirer, il préparait l'évasion de notre couple! Est-ce pour me tranquilliser qu'il a même exigé de moi, ces derniers temps, un surcroît d'efforts, de travail et de suppléance? Ou par commodité? Pour mieux me fixer, m'entraver...

« Mais pourquoi ne pars-tu pas te reposer? Tu as vu ta mine? m'a demandé mon père pendant une absence de Bernard.

– Mais, papa, il faut que je sois au bout du fil et devant le télex... Personne que moi ne peut faire ce travail... Et puis, tu sais, Bernard a besoin de savoir que je l'attends à la maison et qu'il peut compter sur moi. Il me réveille souvent en pleine nuit, du bout du monde, pour me dire combien je lui manque... C'est dur de voyager pour affaires! Il paraît qu'il est coincé dans des chambres d'hôtel, qu'il ne sort pas, ne voit rien, ne connaît personne... »

Tout ce temps-là, en effet, je n'ai pas cessé de faire la « propagande » de Bernard. Auprès de ma famille, mais aussi de la sienne, de son entourage, amis, commerçants, de ses futurs employeurs ou associés. Sans me rendre compte qu'en le décrivant comme un héros, et en minimisant mon rôle, c'est moi que je finis par convaincre qu'il en est un!

Et voilà que ses fameux « voyages d'affaires » – en Amérique du Sud, en Chine, en Egypte, dans les Emirats –, au cours desquels il me laisse tout en charge, sont en partie des « voyages de plaisir »!

Cette fois, c'est la rupture. Bernard en perçoit-il le bruit infime?

« Si tu veux, je la quitte... », flanche sa voix au téléphone.

J'ai un sursaut : ah, si c'était possible! Mais mon cœur est fêlé; dans cet ultime élan, il achève de se briser.

Je raccroche. Je m'aperçois que je suis seule à la campagne. Loin de tout secours. Sans recours.

Bernard dort mal depuis fort longtemps. « Trop de soucis », dit-il. Partout où nous séjournons, nous accumulons les boîtes de somnifères, généreusement prescrits par des praticiens pressés de passer « au suivant ». Il arrive à Bernard, qui s'y est accoutumé, d'avaler trois ou quatre comprimés par nuit.

Je descends chercher la bouteille de cognac. Je remonte dans notre chambre où les tableaux, peints par moi, me regardent d'un œil amical : ils réverbèrent la tendresse avec laquelle j'y ai maladroitement accumulé de la couleur... Mais l'heure n'est plus à la tendresse.

J'avale un peu de cognac. Je veux bien mourir, mais dans le chaud. (Combien ce cognac va m'être reproché! Prendre des comprimés, passe encore, mais que je boive du cognac au goulot!) Comprimé après comprimé, gorgée de cognac après gorgée de cognac, j'ingurgite plusieurs plaquettes des grands endormisseurs. Rien n'est plus facile.

Un rêve – ou est-ce un souvenir? – m'accompagne.

J'avais vingt ans et je venais de me marier quand, en compagnie de ce jeune homme au regard bleu acier qui semblait toujours voir plus loin, plus loin que moi, plus loin que le présent, je me suis retrouvée dans une circonstance où, paraît-il, j'ai montré du courage.

Pilote de chasse de formation, mon jeune mari avait emmené avec nous, en voyage de noces au Brésil, un petit avion de tourisme que son constructeur lui avait donné en charge de démontrer et de vendre.

Un mécanicien français, venu par bateau avec l'avion en pièces détachées et en caisses, avait pour mission de le réassembler. C'était fait. Il s'agissait maintenant de l'essayer, pour la première fois, sur ce qu'on ne saurait appeler une piste d'envol, dans un coin perdu du Minas Gerais.

La veille, des faucheurs avaient coupé à la main l'herbe haute. Ces bottes de foin sentaient bon, et cette odeur sensuelle, exotique, renforçait la nostalgie que j'éprouvais à me sentir en exil. Même si je m'y trouvais en compagnie de mon époux.

« Tu vois ces arbres, là-bas? me dit-il. Si je n'arrive pas à faire rouler l'appareil à cent vingt à l'heure avant le bout de la piste, il va s'y écraser.

– Ah bon! » ai-je dit, toujours intéressée par la simplicité de la technique.

Cent vingt à l'heure ou la mort.

« Vous venez avec moi pour l'essai? » demande mon mari au mécanicien.

Celui-ci sourit et fait « non » du doigt.

« Je suis payé pour mettre l'avion en état! Pas pour l'essayer...

– Moi, je viens », dis-je.

Mon mari me regarde avec surprise. J'étais froide et complètement déterminée.

Le moteur ronfle. Nous démarrons. C'est difficile de prendre de la vitesse sur de l'herbe, même nouvellement coupée. Les secondes passent, l'aiguille du badin grimpe avec une lenteur aussi saisissante à observer que le mouvement d'un électrocardiogramme au cours d'une opération lourde.

Et puis, en bout de piste, nous décollons et passons au ras des arbres. Nous nous regardons. Je n'ai pas oublié – lui non plus – cet échange de regards.

Plus tard, beaucoup plus tard, cet homme dont j'avais divorcé pour qu'il puisse, lui aussi, avoir des enfants – qu'il a eus – leur dit devant moi, en me désignant :

« Cette femme n'a plus à faire la preuve qu'elle a du courage. Elle l'a faite une fois pour toutes. »

Je vois le regard bleu des « fils » – ainsi nommons-nous entre nous les garçons – se fixer sur moi, avec la tendresse tranquille qu'ils m'ont accordée, l'un après l'autre, dès leurs dix ans révolus. Et leur père leur raconte l'épisode de l'essai de l'avion. Moi aussi je l'écoute. Un peu incrédule.

Comment leur expliquer que le courage, pour moi, eût été de rester sur la piste à voir le petit appareil dans lequel l'homme que j'aimais allait, seul à bord, tenter le périlleux décollage?

Je ne suis pas morte non plus cette fois-ci.

Que s'est-il passé? Je suis incapable, en ce qui concerne les heures qui précèdent et suivent mon suicide, de le raconter avec exactitude.

Cinq jours de ma vie vont glisser dans les ténèbres.

Ai-je prévenu?... Appelé à nouveau Bernard?... Quelqu'un est-il arrivé?...

Je sais seulement que Bernard a contacté le Centre anti-poisons pour consulter sur ce que j'avais absorbé : « C'est grave, ont-ils répondu, il faut agir vite. »

Je me revois dans l'ambulance du Samu qui me conduit à l'hôpital régional.

« Il veut avoir des enfants et moi je ne peux pas. Alors il me quitte... », dis-je à l'infirmier de couleur qui me tient le poignet et surveille mon pouls.

Est-ce exprès que cet homme affable et souriant me fait parler? Pour m'amener au Centre de réanimation dans un état de conscience convenable? En tout cas, il m'écoute.

« Vous avez des enfants, vous?

– Non, les enfants, vous savez, je ne pense pas que ce soit si important... »

Il a l'accent chantant du pays des fleurs. De la révolte, aussi. Et du sang. Il insiste :

« Les enfants, ça n'est pas tout dans la vie...

– Moi non plus je ne pense pas que ce soit tout dans la vie », dis-je la bouche pâteuse, sombrant enfin dans l'inhumain bonheur de l'inconscience.

La mort, parfois, n'est pas définitive!

Quand on m'accorde de sortir de l'hôpital, c'est sous la caution d'un psychiatre extérieur que je dois tout de suite aller consulter. Une voiture vient me chercher. Je suis incapable de conduire, jambes flageolantes, nerfs brisés. Une pensée secourable : je peux toujours recommencer! C'était si bon, le grand sommeil...

Ma main flatte le flanc du véhicule comme lorsqu'on retrouve sa monture. A l'intérieur, le chien, tendu vers moi, dressé sur ses pattes arrière. Flèche d'ardeur et de tendresse. La première qu'un être vivant me dispense depuis leur tentative d'assassinat. (Sans savoir encore qu'elle l'est, je la ressens comme collective.)

Bernard n'est pas venu me voir à l'hôpital. Aucun membre de sa famille non plus... Toute catastrophe produit de la lumière. (N'est-ce pas l'origine de notre système solaire?) A sa lueur, je découvre que ces gens jusque-là courtois et affectueux attendaient le signal de la curée pour se jeter sur les restes d'un amour qui les choque.

La passion dérange. On le sait depuis deux mille ans.

Je rentre chez moi, accompagnée par quelqu'un que je croyais mon ami, mais qui n'était que celui de Bernard. Son service de chauffeur terminé, lui aussi va disparaître, m'abandonnant à ma nouvelle solitude.

Et à peine ai-je remis les pieds dans mon ancien appartement, à moitié démeublé au profit de celui de Bernard, que le désespoir me reprend. J'erre de pièce en pièce, ne voyant que vide et usure. Les traces d'une vie antérieure à laquelle Bernard m'a arrachée : « C'est fini! Tu ne vivras plus jamais ici! Désormais, ta maison c'est la mienne. Là où je suis, tu es chez toi, pour toujours... »

Mensonge, mais je n'arrive pas encore à m'en convaincre. Je vais. Je viens. Cherche un démenti... un signe du contraire... une lettre... un message... Ne fût-ce qu'un bouquet de fleurs! Pour me remercier d'être encore vivante. Après tout, c'est un cadeau que je lui fais... une grâce...

Si j'étais morte, quel stigmate pour tout le reste de sa vie humaine! Mais rien. Partout le même vide, le même abandon, le même silence...

Je me dis que si j'avais quitté quelqu'un dans ces conditions, simplement parce que j'ai changé de cœur, je n'aurais pas agi ainsi. Si même j'en étais capable...

Mais Bernard n'est pas moi. C'est long à se faire jour... Nous étions si proches, comme indissolubles. « Vous êtes exemplaires », remarquait-on. Il ne faisait rien sans mon approbation... Quand on me demandait : « Et avec Bernard, ça va toujours? » je sentais mon œil s'arrondir. Le soir, je racontais le trait à Bernard, qui s'esclaffait : « Ils ne s'y feront donc jamais à notre amour, les sots! »

Et là, brusquement, l'absolue violence. Ce meurtre. Moi qui lui disais : « Surtout ne tue pas, cela te poursuivra toute ta vie! » Il me répondait : « Tu as raison. »

Je me dis : « Quelle bêtise, il a oublié de me consulter! »

Puis je me rappelle que c'est moi sa victime! Un léger fou rire me secoue, émeute dans mon corps si faible...

Mon vieil appartement est au cinquième étage. Au-delà du balcon il y a le vide. Mais j'évite les fenêtres, qui m'attirent trop, pour me jeter sur un instrument encore plus meurtrier : le téléphone! A l'hôpital, en salle commune, je n'y avais pas accès.

J'appelle chez Bernard. Habitués aux cadrans digitaux – pour lui faciliter la vie, partout j'ai installé le « high-tech » –, mes doigts s'alentissent sur ce vieux cadran circulaire. Tout ici, désormais, « date ».

Une joie frénétique s'empare de moi, car mon amant me répond. (Je n'ai décidément pas l'esprit en place, je n'ai pas songé à demander à mon chauffeur bénévole pourquoi c'est lui et non Bernard qui est venu me chercher à l'hôpital...) Au son de la voix aimée, j'en attends le miracle habituel : qu'elle me console de tout, même du mal qu'il me fait *lui*!

L'illusion dure le temps d'un allô. Bernard me reconnaît et aussitôt son ton change. « Salope!.. Tu me fais chier!... » sont les mots les plus doux du fleuve de boue qui m'ensevelit, concomitant, dans le temps – comment n'y voir qu'un hasard, dans l'état où je me trouve! – avec celui échappé du volcan de Colombie...

Mais s'agit-il bien de Bernard? Ou alors il n'a pas compris que c'est moi, sa femme, qui l'appelle?... Il y a dix jours encore, il me nommait son amour, et jamais il n'avait utilisé avec moi ce langage ordurier. Au contraire, il me caressait des mêmes noms enfantins qu'il donnait au chien et que nous nous partagions comme on s'appelle mutuellement « mon chéri » quand le cœur exulte... L'un d'eux a baptisé le bateau gonflable qui nous servait l'été... un autre la maison...

Sous le raz de marée, je me laisse dire, médusée, comme on dit se laisser faire... Bernard prend-il mon silence pour une manœuvre? Ou lui est-il intolérable?

« Si tu crois que tu m'impressionnes avec tes comédies!... Salope!... C'est pour me faire chier, hein?... Ecoute bien : avale tous les comprimés que tu voudras... Saute par la fenêtre... Tu me feras plaisir, et même tu me rendras service! »

Je laisse tomber l'écouteur dans un cri immense, animal, et glisse à terre, toute envie d'exister sabrée, coupée à nouveau à la racine.

Ce cri est perçu par deux êtres vivants. Une jeune fille qui vient d'arriver – on n'a pas osé me laisser seule plus longtemps. Et le chien.

Le chien court vers moi et lèche tout ce qui est nu, mes pieds, mes bras, mon visage. Je suis sans forces, et en même temps dans l'hyperconscience de l'être qu'on vient de mutiler.

Patrick Segal a raconté dans quel état de lucidité il s'est retrouvé après le coup de revolver qui lui a fait perdre sa mobilité, mais non sa conscience. Il a lui-même dirigé les secours qui lui ont sauvé la vie.

Moi aussi je suis à l'affût du moindre signe... Le chien a l'air de le savoir. Il n'arrête pas de me tourner autour, me pousse de la patte, gémit, m'embrasse...

La jeune fille vient à son tour. Elle me prend dans ses bras, moi plus grande, plus âgée, plus « au fait » qu'elle sur tant de points. Mais pas plus avancée sur le plan du chagrin d'amour.

« Qu'avez-vous?

– Je viens de parler à Bernard au téléphone. Il souhaite que je me suicide à nouveau... »

Le visage de Jenny se ferme d'un coup. Elle se relève, court vers l'entrée, saisit mon trousseau de clefs, dont celles de la voiture, et part sans un mot.

Si j'entre à ce point dans le détail, à propos d'une scène somme toute minime parmi tant d'autres qui eurent lieu cette semaine-là, c'est que tout me pousse à suivre le conseil de Bernard et à me jeter par la fenêtre!

Pourquoi ne pas accorder à mon amant le plaisir de me voir disparaître, qui va dans le sens de mon infini besoin de repos? De l'arrêt de ma souffrance? Il est l'homme que j'aime et je lui ai toujours obéi.

A cause du regard du chien, qui me supplie de ne pas lui faire ce que me fait Bernard – l'abandonner –, quelque chose en moi résiste.

Il y a aussi Jenny qui est allée s'exposer aux coups de Bernard. Je n'ai plus envie de parler à mon amant, mais il le faut... Je me relève, reprends le téléphone :

« Attention, Jenny vient de partir avec la voiture! Je suis sûre qu'elle va chez toi! Dis-lui que tout est arrangé entre nous... Rassure-la. Qu'elle revienne immédiatement...

– Tu me fais chier! Qu'est-ce que c'est que cette histoire? Tu n'auras donc jamais fini de m'emmerder...

– Jenny est une enfant. Nous avons vécu, toi et moi, mais pas elle! Alors je te prie de ne pas la recevoir. Ou alors débrouille-toi pour qu'il ne lui arrive rien... »

(Par la suite, je m'apercevrai que cette « enfant » est la seule personne à avoir tenté d'affronter Bernard pour lui dire son fait... Tous les autres se sont défilés...)

« Vous me faites toutes chier avec votre cinéma! Tu n'es qu'une... »

Bernard continue à vociférer, mais j'ai raccroché.

Plus tard, je comprends que sa nouvelle maîtresse devait être présente. Un samedi après-midi, ils devaient faire ce qu'il convient d'appeler l'amour dans ce qui était encore mon lit la semaine précédente! Drapé dans sa nudité, dérangé par moi, Bernard a voulu jouer l'homme fort devant elle. D'où l'inconvenante explosion.

Un mot m'a frappée plus que les autres : le mot « chier ».

Pourquoi cet homme, bourgeois d'éducation, d'habitude enjoué, d'un humour de bon aloi, élégant dans sa mise, tenant à faire bonne figure dans la société, ce qu'on appelle l'establishment, répète-t-il comme un enragé, dans un moment aussi dramatique pour nous deux, le mot « chier »?

Pourquoi le « caca » est-il, ces jours-ci, au premier rang de ses préoccupations? Dans quelle « merde », en fait, macère-t-il?

En emportant les clefs de la voiture, Jenny a pris celles de la maison, attachées au même trousseau.

Je cale la porte avec un objet lourd, mets le chien en laisse et descends dans la rue attendre Jenny. Pourvu que dans son excès d'indignation elle ne conduise pas trop vite mon lourd véhicule!

J'ai eu vingt ans, comme tout le monde, et je sais ce que sont les emportements de la jeunesse, lorsqu'elle a du cœur. On se moque alors de sa propre vie, face à la découverte brutale de la « saleté » du monde.

Maintenant je me dis que j'aurais dû porter seule mon trop lourd chagrin, ou alors avec des gens mûrs, capables de n'en encaisser que ce qu'ils sont susceptibles d'en prendre, vu leur expérience et, au fond, leur désintérêt : une dose homéopathique.

Jenny, parce qu'elle a vingt ans, a tout pris d'un coup!

A ce moment apparaît, au coin de l'avenue, Gérard, un ami venu spontanément me rendre visite et qui s'étonne de me trouver dans la rue. En mots brefs, je lui confie mon inquiétude au sujet de Jenny, sur laquelle Bernard, dans son délire, risque de se venger de moi!

« Jenny est sage, me rassure-t-il. Elle a dû aller faire un tour. C'est tout. Elle va revenir. Il fait très froid, tu as très froid. Tu trembles. (C'est la période où je tremble sans arrêt.) Remontons chez toi. »

Je me laisse guider. Cet homme, ami de Bernard, que j'ai fréquenté au temps des jours heureux, m'apparaît comme un ultime lien entre mon amant et moi. Puisque Bernard ne veut pas m'aider, je me berce de l'illusion que Gérard peut le représenter auprès de moi. Du moins la partie de Bernard que j'admire et continue d'aimer. Non pas l'être déchaîné et sans scrupules que je viens de découvrir. Comme consolateur, Gérard peut faire l'affaire.

Il s'y emploie. M'écoutant, tenant ma main glacée, attendant avec moi le retour de Jenny. Puis me racontant qu'il a téléphoné à Bernard pour prendre de mes nouvelles. Et lui qui n'y est pour rien s'est fait agonir d'injures! « Ne me parle plus de cette femme, si tu veux rester mon ami, ni de cette ridicule histoire! »

Depuis que je suis sortie de l'hôpital, je jeûne. Tout ce qui me vient de l'extérieur est assimilé, comme toutes ces paroles qui ne font que me meurtrir, à quelque chose de mauvais. Sous-alimentée, mes capacités de « voyance » commencent à se renforcer.

C'est un phénomène que m'a décrit une ancienne déportée : « Quand j'étais dans les camps, minée par la faim, je " voyais " qui allait périr dans la nuit. Ou pendant la semaine. Ou qui survivrait. Je ne me trompais jamais... Une fois rentrée en France, ce don m'a été retiré. »

Ne mangeant plus, je m'aperçois que moi aussi je

me mets à « voir » beaucoup plus de choses qu'à l'ordinaire. Je n'en ferai pas la révélation.

L'amour, même blessé à mort, garde ses pudeurs.

J'aimerais le comparer à un ange qui se drape dans ses ailes.

On trouve ces belles et tristes figures dans les gravures du XIXᵉ siècle, ou sous la forme de ces sculptures dites saint-sulpiciennes, dans les cimetières.

Bernard et moi nous sommes trop souvent trouvés devant des tombes ouvertes, méditant, main dans la main. Ça n'était pas moi que le malheur frappait directement, mais lui. Je l'aidais. Le soutenais. Sans penser que ces anges de pierre m'adressaient un message personnel : l'amour blessé se blottit dans ses ailes et ne cherche pas à faire du mal. Il pleure éternellement.

Gérard me raconte à nouveau son ahurissant coup de téléphone avec Bernard. Il doit se demander, lui aussi, pourquoi et où cet amour, dont il a été le témoin, a dérapé.

Il est trop tôt pour que les réponses apparaissent. Il faut d'abord que j'accepte de plonger jusqu'au fond du gouffre de la séparation. Le maelström a seulement commencé à m'aspirer. Je suis encore loin du compte.

Sur ces entrefaites, un bruit dans la serrure : Jenny! Je cours vers elle, l'étreins en pleurant de soulagement. En même temps, je vois qu'elle a le visage pâle, les lèvres pincées.

« Je suis allée vous acheter un peu de cognac... vous étiez à moitié évanouie et il n'y a aucun alcool ici », dit-elle en me tendant une bouteille enveloppée dans un papier.

Je bois un peu de ce cognac, que je déteste depuis que j'en ai pris pour faire passer les somnifères. Mais je suis des Charentes, par mon père, et le cognac a pour moi des douceurs de « vieil ami » : à nouveau mes artères se dilatent, je respire mieux.

Gérard aussi se conduit en « vieil ami »... Par générosité, il passe tout son après-midi auprès de moi. J'y suis sensible, je sais qu'il est très occupé. Me berçant de paroles, il me conte des épisodes douloureux de sa propre vie et de celle de son père, désormais âgé et meurtri par un terrible exil.

Soudain je comprends à son propos – toujours la « voyance »! – des choses qui ne m'étaient pas apparues jusque-là. Pour eux, une évolution, un dénouement sont en marche, dont je ne saisis pas bien la forme.

Plusieurs mois plus tard, un coup d'Etat dans un autre hémisphère va faire bouger le sort de cette famille, me plongeant dans l'étonnement d'en avoir été avertie dès ce moment. Je n'en ai rien dit à Gérard. Dans l'état où j'étais, il aurait pris mes pressentiments pour des émanations délirantes de mon chagrin. Or ils vont se révéler justes.

Comme mon intuition sur le départ de Jenny. Elle a jugé bon de me le dissimuler sur l'instant, mais elle a bien couru chez Bernard, dans l'intention de sonner chez lui et de l'abreuver d'injures. En arrivant sur les lieux, un soupçon de bon sens l'a arrêtée. « Dans l'état où est cet homme, s'est-elle dit, il est capable de me tabasser et même de me tirer dessus! »

C'était de l'ordre du possible. Bernard, excellent tireur, aime vivre entouré d'armes à feu. Et se trouver encore une fois dérangé à cause de cette « ridicule histoire », après s'être remis à « tirer un coup », n'était pas fait pour l'apaiser.

Jenny passe son chemin, non sans se rendre compte, en roulant au pas le long de la rue où habite Bernard, que le féroce découpeur de dames en rondelles a pris soin, à deux heures de l'après-midi, de baisser tous ses volets! Il loge au rez-de-chaussée, on ne sait jamais!

Cette lâche précaution me fait rire.

Puis, de seconde en seconde, d'heure en heure, de nuit sans sommeil en nuit sans sommeil, j'entre peu à peu dans l'enfer. Et le désert de l'extrême souffrance.

Si je me remets à écrire, c'est que l'écriture est mon métier. Ebéniste, j'aurais recommencé à fabriquer un siège, ou une armoire. Est-ce dire que pour moi la remontée s'amorce?

Bien faible. Il fait froid. J'ai si froid. C'est l'hiver. Les dernières feuilles tombent des arbres. La brume couvre le ciel. Désormais insomniaque, je me lève bien avant le jour. (Parfois à trois heures du matin...) Que me reste-t-il à faire dans la solitude glacée de cet appartement vide où je me sens, désormais, une personne déplacée? Descendre dans la rue, avec le chien, attendre, guetter la lumière du premier cafetier à ouvrir dans le quartier.

Cet homme a été pompier. J'aime l'esprit de dévouement des pompiers. Est-ce notre goût secret pour le geste gratuit qui nous rapproche, le cafetier et moi? (J'ai encore dans les oreilles le « Je n'aime que le fric » de Bernard.) Je sais que je détonne à cette heure-là dans son établissement, parmi les balayeurs et les éboueurs. Eux comme lui m'accueillent chaque jour avec la même amabilité, sans questions. Cela me rassure, comme un animal qui trouve tous les matins, au même endroit, une écuelle de soupe chaude.

Un jour – grand jour –, le cafetier passe la main par-dessus son comptoir pour me la tendre. Je me souviens de mon émoi! Si peu de chose, les jours de nudité, suffit à vous faire du bien ou du mal.

Mais il en faut beaucoup pour tuer l'espoir. Bernard se conduit désormais comme mon ennemi juré, pourtant je continue à l'attendre...

Attente vaine et inutile dont il va falloir que le temps me détourne. C'est celle des femmes de marins ou de navigateurs perdus en mer. En dépit des signes contraires, on ne parvient pas à admettre que l'être qui incarne notre vie est mort, puisque notre amour n'est pas mort en même temps. « Si je pouvais mourir moi-même! se dit-on. Voilà qui m'arrangerait bien! » On en arrive même, bassement, bêtement, à envier ceux qui sont atteints d'une maladie mortelle. C'est que la santé donne des forces pour souffrir... On se voudrait larve, légume, système nerveux, cœur abolis...

Si je raconte ça, c'est pour retarder le moment d'entrer dans le plus vif de ma souffrance : le rappel des jours heureux... Chacune de ces minutes que je revois nimbée de lumière me fait mal. Et puis j'ai si peu d'énergie : elle est tout entière mobilisée autour de ma plaie. La plaie de la mutilation.

Où vais-je trouver la force, dans mon corps diminué, pour évoquer ce qui fut, si fort, la joie?

L'ANNÉE où j'ai rencontré Bernard, j'avais aussi beaucoup minci.

Je portais une jupe en lin gris, à volants, pas de bas – c'était l'été –, des sandales plates pour marcher vite, une sorte de tee-shirt rose bonbon que j'avais acheté chez Tati à cause, justement, de son extrême simplicité. Aucun bijou, sauf une paire d'anneaux d'or aux oreilles.

J'étais accroupie auprès d'une femme dont je venais de faire la connaissance et qui me racontait sa vie de psychanalyste en Suisse, pays que j'ai toujours aimé, sans doute parce que j'y ai été conçue.

Cette femme de sens et de bonté me parlait également de ce qu'avait été le « passage » sur cette terre de l'ami commun que nous étions là pour évoquer. Son émotion – elle l'avait mieux connu que moi – me remuait.

A aucun moment de cet échange je ne perçus sur moi le regard de Bernard, qui, me dit-il ensuite, ne m'avait pas quittée. Pas plus que je n'avais remarqué sa présence à la cérémonie de l'église orthodoxe, dans cette foule de gens debout, tenant chacun une bougie à la main. Que ces petites bougies brûlent vite...

Il me raconta par la suite comment, dès cet

instant, il avait décidé : cette femme est pour moi et à moi.

On dit toujours que les femmes choisissent les hommes, le contraire peut parfois arriver.

Nous nous trouvions dans l'appartement du mort, un appartement ancien et chaleureux où l'on sentait que l'on avait beaucoup vécu, beaucoup aimé, beaucoup pensé et réfléchi – d'où la surabondance de livres et de documents posés un peu partout et à même le sol.

La commémoration à l'église terminée, nous nous étions rendus là pour célébrer, par une fête à la russe, la mémoire de cet homme décédé pendant l'été. Son fils, un grand et très célèbre cinéaste, très aimé, l'avait voulu ainsi, déclarant aux siens et à nous : « Mon père, grand humaniste, a vécu une vie merveilleuse auprès de ma merveilleuse mère. Nous allons donc faire une " fête " en son honneur, puisque aucun de vous n'a pu assister, cet été, à son enterrement! »

Sauf Bernard, présent sans avoir été invité. Et la piété manifestée par cet homme jeune envers quelqu'un qui n'était pas son père m'a beaucoup touchée, quand je l'ai su. Quelques années auparavant, le père de Bernard était mort subitement, entre ses bras. Etait-ce à lui qu'il pensait en allant rendre un dernier hommage au père de ses amis? Toujours est-il que, non convié à la cérémonie funèbre, il s'y rendit tout de même, par ses propres moyens. Une fois sur place, il se mêla aux enfants du mort, qui lui sourirent et acceptèrent sa présence parmi eux lors de la crémation. Mais il ne put monter sur le bateau quand les cendres furent dispersées. Il vit l'embarcation s'éloigner sur la mer avec à son bord la veuve, ses enfants, l'urne et un marin.

Reste qu'il était là et que le mort, touché semble-t-il, avait dû décider de nous faire un cadeau! Ou une blague, c'était assez dans sa nature... Car c'est chez lui, le soir de cette commémoration, que naquit entre Bernard et moi cette passion farouche. Du moins, en un premier temps, du côté de Bernard.

J'allais quitter la réunion et ses derniers participants pour rentrer chez moi dormir un peu, avant de prendre le train matinal qui devait me ramener d'où je venais : la campagne limousine, où m'attendaient mon père, ma mère, ma sœur, mes nièces, en somme ma famille. Je les avais laissés vingt-quatre heures plus tôt uniquement pour venir à cette « fête » à laquelle m'avait conviée Germaine, la femme du mort. Je l'aimais comme une sœur plus âgée et, en plus, un être exceptionnel doué d'un grand et magnifique génie : celui de guérir l'âme humaine.

Soudain, le fils aîné du mort, me voyant debout et prête à partir, me fait signe : « Viens t'asseoir près de moi. Maman a quelque chose à nous raconter. »

On ne résiste pas à cet homme à la voix chaude, au geste léger, comme sa bonté, à l'entrain communicatif. Je m'approche de la chaise qu'il me désigne, à droite de la sienne. Bernard est assis de l'autre côté du siège vide et me regarde venir.

Ses grands yeux clairs, un peu rapprochés, me dévisagent avec une intensité surprenante. Il y a longtemps que personne ne m'a regardée ainsi, comme pour m'absorber, me manger. Un sourire charmeur, dont je perçois aussitôt la légère emphase, apparaît en même temps sur ses lèvres.

Ce sourire, que j'allais revoir, jour après jour, pendant quatre ans, était « forcé ». Mais plus jamais je ne me le suis avoué.

Quand Bernard rentrait le soir chez nous ou me rejoignait le matin dans la cuisine, sorti après moi de notre lit commun, ce même sourire était sur sa bouche. Je me hâtais de l'embrasser, comme parfois on embrasse une plaie. Pour la guérir.

« Ah, ah! me dit-il après que notre hôte eut fait les présentations, vous êtes la célèbre journaliste! »

Il me sembla qu'il ricanait un peu.

« Journaliste, oui, mais célèbre!...

– Moi-même, ajouta-t-il sans relever, je suis journaliste.

– Vous? Où ça? »

Bernard me cite le nom d'un journal qui m'intéresse médiocrement, et je me dis : « Les journalistes, j'en ai vu toute ma vie! Je n'ai plus l'intention d'en faire mon pain quotidien. Je sais trop quel rôle d' " intermédiaires " entre vérité et mensonge, comme dit Orson Welles, ils s'amusent à jouer. Et comment ils se débrouillent pour que la comédie, même dramatique, tourne toujours à leur avantage... Assez pour moi, les journalistes! » Donc je m'éloigne un peu de Bernard, en tirant sur ma chaise.

A ce moment, le fils du défunt interpelle sa mère.

« Maman, raconte-nous où, quand et comment tu as fait zizi-panpan, pour la première fois avec Papa? Nous aimerions enfin savoir, nous, tes enfants, comment s'est passée votre première rencontre... Autrement dit : pourquoi nous sommes nés! Nous pourrions ne pas être là... »

Germaine, la pudeur même, en dépit de sa férocité langagière quand il s'agit de dire leur vérité aux autres, se met à rire :

« Pas devant tout le monde!

– Il n'y a ici que des amis de Papa et de toi, tu le sais bien. »

Nous n'étions plus qu'une dizaine de fidèles, famille comprise. Et Germaine, à ma surprise, se décide et nous raconte dans le détail sa rencontre

41

avec l'homme auprès de qui elle venait de passer plus de quarante ans de sa vie.

Cette histoire d'un homme et d'une femme tous deux hors du commun est une histoire extraordinaire, car elle repose sur ce qu'il y a d'essentiel chez l'être humain : notre possibilité, quand nous l'acceptons, de prévoir l'avenir et de faire advenir ce que nous désirons.

Sous le charme de l'incroyable aventure, que je sens vraie mot pour mot, je suis émue au plus profond. C'est alors que je m'aperçois que mon voisin de droite, c'est-à-dire Bernard, prend des notes! La rage me saisit! C'est bien d'un journaliste... Je me penche vers lui :

« Il s'agit de révélations intimes! Comment osez-vous prendre des notes!... C'est indécent!... »

Comme s'il était insensible à ma colère, Bernard se rapproche tout à fait de moi, hume mon odeur. Nos cheveux se touchent.

« Je vous expliquerai, me dit-il, ça n'est pas pour un journal! »

Le soir même, nous étions amants.

Au moment du départ général, Bernard se débrouilla – moi toujours à l'écart de ce qu'il ourdissait et de ce qui se tramait entre nous – pour éliminer tous ceux qui se proposaient à me ramener chez moi, dans un quartier de Paris à l'opposé de celui où nous nous trouvions. Ma voiture était restée à la campagne, et j'envisageais mal, étant donné l'heure tardive, de me diriger vers un métro. Ou même de partir à la recherche d'un taxi.

Dès le trottoir, Bernard m'entraîna au pas de course vers une très petite voiture, italienne, garée non loin. Je me tassai sur le siège du passager et, tout en conduisant avec vitesse et virtuosité, il m'expliqua qu'il préparait, sur leur demande et pour eux, la biographie de nos amis. D'où sa peine à la mort du mari, dont il possède, sur cassette, le récit par lui-même de son existence, et sa présence à l'enterrement : il lui fallait tout savoir du « chapitre final ». D'où aussi les notes qu'il prenait pendant le récit. (En fait, la mort ne conclut pas un amour, je m'en aperçois en voyant Germaine évoluer toujours plus vers la sérénité.)

Une fois la voiture garée devant chez moi, je tendis la main à mon conducteur pour le remercier et lui dire adieu.

Il ne la prit pas.

« Vous n'auriez pas quelque chose à boire chez vous? J'aimerais continuer un peu cette conversation... »

J'avais sommeil, mais ce que nous venions de dire m'intéressait vivement. Et la façon dont Bernard m'avait fait le récit de ses relations avec cette famille m'avait permis d'entrevoir l'infinie souplesse de son esprit, sa capacité, qui à la fois le sert et lui nuit, de pénétrer d'emblée dans la vie, les intérêts et les désirs d'autrui.

Puisqu'il insistait, je lui proposai de monter prendre une tisane!

Par la suite, il m'avoua qu'à cette seule énonciation il me prit pour une vieille fille et faillit tout laisser tomber... Je cherchais, il est vrai, à le tenir à distance, sans bien comprendre pourquoi. Une fois chez moi, il trouva sans peine ma meilleure bouteille d'un très vieux cognac. Celui que mon père, lui-même âgé, obtenait flacon après flacon d'un vieil ami, encore plus âgé que lui, distillateur à Cognac, mort depuis. Le cognac ne vieillit qu'en fût. Tous les ans, mon père allait voir son ami, qui tirait pour lui des tonneaux qu'il se réservait une ou deux bouteilles de son plus précieux nectar.

« Un bon cognac, m'a cent fois répété mon père, doit faire la queue de paon dans la bouche. C'est-à-dire qu'une seule goutte suffit à vous émerveiller le palais, comme la roue d'un paon stupéfie l'œil par sa magnificence. »

A sa façon de humer son verre et de se « rincer » la bouche, lampée par lampée avec le « trésor » de mon père, je compris que Bernard était un connaisseur.

Il ne l'était pas qu'en cognac.

Il s'y connaissait sur la façon de séduire les femmes (et les hommes, ce qui est plus rare, je le lui ai souvent dit). Reste à savoir les aimer! Surtout les femmes...

Bernard dégusta donc son cognac, en continuant à me donner quelques aperçus sur sa vie actuelle et ses projets. J'avais eu assez de surprises et fait assez de découvertes pour cette seule journée. Je finis par me lever, façon de l'inciter à prendre congé. Il se lève aussi, mais c'est pour s'approcher de moi et me prendre dans ses bras avec une infinie douceur.

Cette première nuit, nous l'avons passée sans dormir.

Bernard me raconte ce qu'il veut bien me raconter de sa vie. Un père mort il y a une dizaine d'années. Une mère qu'il n'aime pas. Un destin difficile... Il n'est pas journaliste, il l'a été – c'est pour se rapprocher de moi qu'il a mis en avant son ancienne profession –, en fait il est psychanalyste.

Je comprendrai quelques semaines plus tard qu'il n'est psychanalyste et ne reçoit des patients – comme il arrive en ce domaine – que pour terminer sa propre analyse.

Bref, nous causons, allongés sur mon lit, enlacés.

Ce que nous disons n'a rien de très romanesque, et pourtant nous soude. Nous nous apercevons que nous avons eu le même psychanalyste, un maître en l'art. Nouvelle coïncidence... Nous aurions pu nous rencontrer dans son escalier... Ou dans celui de Germaine. Avant que son mari ne tombe si malade et qu'elle ne ferme sa porte, Bernard y allait souvent. Moi aussi. Pour la consulter. Une « fin d'analyse », comme on dit dans ce milieu qui, au long cours, est également devenu le mien.

Tandis que Bernard attend dans le salon que Germaine veuille bien le recevoir pour continuer d'enregistrer les épisodes de sa biographie, je me trouve dans le cabinet de consultations, où Germaine m'écoute.

Elle m'aide à sortir d'une passe dangereuse, tout

en poussant plus loin, jusque dans les arcanes archéologiques de mon passé et de celui de ma famille, ma recherche et ma connaissance de moi-même.

En libérant en moi de nouvelles sources d'amour, ce travail va me rendre disponible à la rencontre avec Bernard et à la souffrance qui va s'ensuivre, sans qu'il me soit plus possible de m'en délivrer auprès de Germaine. Nous sommes trop tendrement unies désormais, elle et moi, pour qu'elle puisse faire autre chose, quand je vais mal, que « prier pour moi ».

(Reste que ses prières sont des plus efficaces. A son exemple, je prie aussi quand je perds pied et lumière. C'est Germaine qui m'a appris à solliciter mon « ange gardien », puis à le remercier pour son aide dans certains « coincements » de la vie quotidienne.)

Cette nuit-là, Bernard et moi avons parlé de mon père.

Je viens de le découvrir, depuis qu'il s'est retrouvé veuf de sa seconde femme, la remplaçante de ma mère. Subitement solitaire – sa seconde femme ne le quittait jamais –, il a désormais le loisir de me raconter sans détour sa vie, sa guerre de 14 à dix-neuf ans, sa blessure à Verdun, son passage dans les ambassades, son mariage avec ma mère, puis sa carrière à la Cour des comptes, au Sénat, à l'Otan... En somme, dans le haut fonctionnariat d'un Etat qui a eu la chance de posséder des hommes de cette modestie et de cette absolue loyauté.

Ce discours plut à Bernard.

« Je suis heureux que vous ayez un père, me dit-il, et que vous soyez proche de lui.

– Pourquoi?

– Parce que ma famille est une famille de femmes où les femmes bouffent les hommes. Sauf moi.

– Ah? » lui dis-je sans savoir à quel point j'allais

être concernée par ces femmes « bouffeuses » d'hommes.

D'après Bernard, elles en faisaient des « nains », sans virilité.

Il avait raison, sauf sur un point : lui aussi, bien qu'il s'en défende, est « bouffé ». C'est si confortable pour un homme...

A l'aurore, Bernard m'accompagne à la gare, dans sa très petite voiture (après nous allions en avoir, en commun, de plus en plus grosses), avec sa dextérité d'homme pressé, et il me dépose, étonnée mais non tremblante, devant la gare d'Austerlitz que, dans mon goût pour les mots, je m'obstine à surnommer Gaichopin !

« Bonsoir, lui dis-je, ou plutôt bonjour !

— N'espérez pas m'échapper ! Je range ma voiture et je vous accompagne jusqu'à votre train... »

Ce qui fut fait à une vitesse qui me convient. Je suis « mercurienne » – double Vierge astrologique – c'est-à-dire rapide, et, la plupart du temps, les gens me paraissent se traîner. Bernard pour son compte ne traînait pas... En un instant me voici pourvue de journaux, d'un café, de sandwichs, et il me choisit un compartiment où il monte le premier pour me recommander à ma compagne de voyage ! Cette femme était sûrement ma cadette ! Peu importe. Bernard a décidé que j'étais une fillette et que tout le monde devait veiller sur moi. Il avait raison. A peine le train parti, ivre de sommeil, je m'endors. Ma compagne de voyage me rappelle très opportunément que nous arrivons à Limoges.

Mon père, ma sœur, mes nièces, les innocents, m'attendent sur le quai de la gare. Ils sont tout heureux de me ramener au bercail, dans le sein de nos collines couvertes de bruyère et de châtaigniers.

Mais je ne suis plus celle qu'ils ont quittée deux jours auparavant. Un loup-garou vient de me mordre le cou – j'en porte la trace fougueuse dissimulée sous un foulard – et de m'injecter son poison.

Je ne pense pas à Bernard, car ce n'est pas la peine. Je sais parfaitement, au fond de moi-même, que l'inévitable est en marche. Je badine avec mes petites nièces, joue à la cuisinière, à la fermière, profitant, comme une fiancée, de mes derniers beaux jours de « fille ». Une sorte d'arrière-enfance.

Puis je rentre à Paris, avec ma voiture cette fois.

Deux appels de Bernard m'attendent sur mon répondeur : « Quand rentrez-vous? Appelez-moi. » Ce que je me garde de faire.

Une heure, que dis-je, une demi-heure plus tard, le téléphone sonne, et un quart d'heure après Bernard est chez moi.

« Comment allez-vous? » dis-je en lui ouvrant la porte et sans me jeter dans ses bras.

Longtemps, il me reprocha mon manque d'élan. Je ne suis pas arrivée à le convaincre que ce ton de cérémonie courtoise convenait à une femme qui n'avait rencontré un homme qu'une seule nuit, ne savait rien de ses intentions, de ses sentiments, de l'avenir...

Dans son esprit, puisqu'il me voulait, je n'avais qu'à me donner. Donnée, je l'étais déjà.

D'abord par curiosité, cet homme m'apportait une partie de moi-même qui m'était restée cachée jusque-là. C'est le génie de Bernard de percevoir ce qui manque aux autres et de le leur fournir : honnête avec les malhonnêtes, courageux avec les couards, poète avec les banquiers, compliqué chez les simples... rien tout seul! Tout contribuait à me prouver que ce garçon était l'autre moitié de moi-même, ma « part d'homme », disparue de ma vie quand mon père nous avait quittées.

Après ces quelques jours de séparation, nous arrivions tous les deux l'un vers l'autre avec une offrande. On ne peut appeler ça un « cadeau », tant les objets étaient minimes – ils ne nous ont d'ailleurs rien coûté – et symboliques.

En ce qui me concerne, Bernard me met dans la main une boule de bois dur, en buis, m'affirme-t-il, pas tout à fait ronde, à l'origine et à la destination obscures, et qui me plaît aussitôt.

Lorsqu'il m'a chassée de chez lui en quelques heures, au début de l'hiver – même les usuriers au cœur le plus fermé attendent le printemps pour déloger quelqu'un –, j'emporte avant tout cette boule. Elle est au chevet de mon lit. Je m'endors, quand je dors, dans sa proximité.

Quant à moi, saisie une fois de plus de prémonition, je lui remets en échange l'une de ces minuscules boîtes en fer dans lesquelles, autrefois, on rangeait les aiguilles destinées aux bras des anciens gramophones. Les aiguilles s'usaient vite, on les changeait souvent. L'une de ces petites boîtes contenant encore quelques aiguilles rouillées était demeurée au fond d'un placard de la maison du Limousin.

Tombant dessus par hasard, je m'en suis aussitôt emparée, convaincue que c'était un cadeau approprié pour Bernard, si je devais le revoir... quand je le reverrais...

Bernard m'offre une boule, je lui offre des aiguilles! Mieux : sur le dessus de la boîte d'aiguilles est représentée une toute petite image coloriée que chacun connaît bien. Le chien noir et blanc de la Voix de son Maître tendant l'oreille vers l'immense pavillon d'un phonographe.

Ce chien existait déjà dans la vie de Bernard. Je l'ignorais et j'allais encore l'ignorer quelque temps : c'était Bonhomme!

Ainsi commença notre amour, par la passion. Pendant trois jours, vivant chez moi, nous ne nous quittons pas d'un instant. Je me souviens de fous rires immenses. Je n'ai jamais tant ri que ces jours-là. Tout est coïncidence! Je dis un mot, Bernard termine ma phrase. Je parle de quelqu'un, il l'a rencontré! D'un lieu, Megève, il y a passé son enfance, comme moi la mienne. Lui à Rochebrune, moi au mont d'Arbois. Nous en connaissons les moindres replis de terrain, le nom des autochtones, la configuration des pistes, la lumière, les chutes de neige et les ruisselants dégels...

Tout nous réunissait et tout, jusqu'ici, nous avait tenus à distance. Il avait fallu cette soirée chez Germaine et la « malice » de son mari mort...

N'était-ce pas l'esprit du mort, tournoyant ce soir-là parmi toutes les bougies allumées « à la russe », qui avait voulu qu'enfin nous nous rencontrions? Un 11 septembre.

Chiffre pour moi fatidique, comme l'est le 22. Ma

mère est née un 22, l'un de mes grands-pères aussi. Je me suis mariée à 22 ans, un 22 septembre. Tout ce qui m'arrive de violent et de fort survient un 22. Bonheur comme malheur. Bernard a rencontré ma remplaçante un 22 juin... Chaque fois qu'on me donne un numéro de carte, permis de conduire, police d'assurance, compte en banque, je sais, à l'avance, qu'il s'y trouve un 22...

Juste au-dessous dans ma numérologie, il y a le 27. Je suis née un 27, Bernard aussi...

Quand vient la quatrième nuit, nous décidons d'un commun accord de mettre un peu d'ordre dans nos débordements.

« Ce soir, me dit Bernard d'un air presque sévère, je rentre coucher chez moi.

– C'est bien, lui dis-je, il est temps que nous nous séparions... »

Fort d'être l'initiateur de ce retour au bon sens, qui lui donne, comme à moi, le sentiment que nous sommes encore maîtres de nos destins, Bernard me quitte. Après m'avoir embrassée mille et mille fois sur le palier. (Jamais nous ne nous sommes séparés aisément. D'où ma brusque violence quand je sentis que je devais « trancher ».)

Cette nuit-là, nous vivons des événements étranges. Retournée dans mon appartement faire rapidement ma toilette avant de me coucher, je laisse la porte d'entrée non pas entrebâillée mais grande ouverte.

Quant à Bernard, une fois revenu dans son quartier, il gare sa voiture contre un trottoir et, sans en descendre, contact coupé, s'endort aussitôt... C'est le froid de l'aube qui le réveille.

Devant ce refus manifeste de rentrer chez lui, il attend qu'il soit l'heure correcte pour m'appeler et revient chez moi! Il me conte son aventure. En riant. On rit encore de tout. Je lui narre la mienne.

La conclusion s'impose : il n'y a plus à tergiverser, nous devons vivre ensemble. C'est un ordre céleste.

Tant d'ingénuité, tant d'enfance, va faire hausser les épaules. Je ne savais rien de cet homme, plus jeune que moi, et pour quelques « signes » je liais sans hésitation mon sort au sien. J'ai envie de dire « à jamais », bien que nous soyons séparés. Mais le sommes-nous? Il ne peut pas faire un pas, en ce moment, sans être investi de ce que je lui ai donné et qu'il m'a donné en retour.

Chez les magiciens, les sorciers, on connaît ces sortes de bêtes, mi-anges, mi-démons, succubes, incubes, qui s'accrochent au cou d'un être humain et restent ventousées sur ses épaules jusqu'à ce que le mauvais sort soit levé, par un exorcisme.

Bernard, désormais, avance avec ce que j'ai d'âme sur le dos.

DEUX êtres qui se mettent à vivre ensemble doivent occuper leurs journées. A des activités séparées et à des activités communes.

J'avais quelques travaux d'écriture en train que je continue à mener à bien. Et puis je possédais une maison, en fait un pavillon de banlieue dans le sud de Paris, non loin d'une ville nouvelle. Je venais de m'y installer. Trois pièces et un jardinet plus réduit encore qui n'avait que deux arbres, un cerisier et un pommier, si rapprochés qu'ils mêlaient leurs branches. Il me fallait aller voir comment se comportaient le chauffage, en hiver laissé en permanence, et les plantes d'intérieur, avides d'arrosage.

J'invite Bernard à m'accompagner.

« Nous irons un week-end, me dit-il, dès que je pourrai me libérer... Je ne peux laisser mes derniers patients dans l'embarras... Et ceux que je sens encore en difficulté, je dois les recaser chez des confrères... Mais, dans trois mois, j'en ai fini avec ce métier d'analyste. Je ne recevrai plus personne. Je te le promets. Tu me suffis! »

(Je ne sais comment il s'y prit, ni le bienfait qu'en retirèrent ses analysants, mais ce fut fait.)

Son premier week-end libre, nous partons donc. En chemin, je préviens Bernard : il ne s'attend certainement pas à la modestie de mon bien, ni à celle de son environnement.

Un centre Leclerc tout proche, des bandes d'enfants qui circulent à bicyclette dans cette résidence pour petits employés et cadres moyens, des animaux, dont un gros chien, un peu vieux, qui vient dès mon arrivée me quémander quelque friandise.

Toutefois, le parc, dont les arbres sont plantés avec goût, est verdoyant.

En un instant, Bernard prend la mesure de mon logis et de ses aîtres et s'en déclare satisfait. Ce n'est pas vrai, je le sens. Pour ce bourgeois d'éducation, aller planter sa tente au milieu d'employés et de petits cadres est une sorte de déchéance. Mais il garde ses réflexions pour lui, du moins pour l'instant, quitte à me faire vendre mon refuge dès qu'il le peut.

Je tiens à faire ici une digression qui, je l'espère, ne va pas choquer, même si elle touche à quelque chose qu'il est désormais de bon ton de taire : l'inégalité due à la naissance et les vestiges, que l'on veut nier, des différences entre les classes.

Ainsi, il existe beaucoup de manuels pour vous apprendre comment grimper dans l'échelle sociale. Il n'y en a pas, à ma connaissance, pour vous enseigner l'inverse : comment descendre – c'est-à-dire s'adapter au monde actuel – quand on est né sur l'ultime barreau.

Car c'est presque mon cas! Par ma mère, située au sommet de la haute couture et de l'élégance. Par ma marraine, la grande couturière de ce premier demi-siècle, qui inventa le biais et dont quelques meubles 1930 et souvenirs personnels viennent de se vendre, à Drouot, près d'un milliard de centimes. Par mon père et mon grand-père, vice-président du Sénat, ministre, grand-croix de la Légion d'honneur et d'autres ordres nationaux et étrangers,

« l'homme le plus décoré de France », me dit mon père. Même si je ne vivais pas dans la grande fortune – comme l'eût souhaité Bernard! –, je me trouvais d'emblée située au premier rang. La fleur des pois, disait-on joliment autrefois. De l'autre côté de la Manche, les Anglais ont une expression également pittoresque pour désigner *the best*, socialement parlant : les raisins dans le pudding!

Bien sûr – car j'étais malheureuse – le malheur des petites filles nées dans la soie peut faire rire. Combien, pourtant, se sont laissées mourir sans que leur entourage comprenne rien! Pauvres petits grains de raisin suffoquant dans la lourdeur du pudding!

Je m'étais contentée, moi, pour échapper à mon isolement doré et au vide du grand appartement – usé mais grand quand même –, situé dans l'une des avenues les plus cotées de Paris, où m'avait laissée mon divorce, de dénicher cet étroit pavillon de banlieue. Là, enfin, je me sentais les pieds sur terre. En sécurité.

Dès ce premier week-end, je fais orgueilleusement visiter à Bernard mon domaine, qui s'étend bien au-delà de la résidence, jusqu'à la ville nouvelle, son grand centre commercial, et tous les nouveaux chantiers qui l'entourent. Je suis fière, et c'est enfantin, de montrer à mon amant comment je me débrouille parmi les échangeurs et les voies express.

Ceux qui conçoivent les villes nouvelles et leurs réseaux routiers ont la curieuse manie de les « superposer » aux villes anciennes et aux antiques routes. L'enchevêtrement, clair dans leur tête et sur le papier, est inextricable sur le terrain et pour l'usager... Un rat dans un labyrinthe!... Ainsi, je défie quiconque de ne pas se perdre un nombre de fois infini entre Brunoy, Ris-Orangis, Evry, Montgeron, Corbeil et les communes alentour! D'autant que ces villes-champignons, poussées sur des plaines sans végétation, ne sont guère peuplées dans la journée. (Une grande partie de leur population travaille à Paris.) Pas un passant pour vous renseigner. La signalisation est, comme toujours, elliptique. Les plans imprimés n'existent pas. Seuls l'expérience et l'usage permettent à la longue de s'y retrouver. J'en fais brillamment la démonstration à Bernard.

Je l'emmène aussi pousser le caddie... Je lui fais visiter ces centres immenses où loubards et minettes vont traîner, patiner, jouer aux machines à sous, assister à des films. Nous parcourons à pied les vastes terre-pleins ménagés par les architectes, en plein vent.

La banlieue possède l'espace et sait parfois l'aménager. Grandes dalles de pierre, « coulées vertes », statues intelligemment disposées, tout est ouvert au piéton, au jogger, aux chiens, aux rêveurs de futur... Car il y a du futurisme, aussi, dans ces espaces encore très nus, aux arbres rares et malingres.

Nous avons marché, couru, décoiffés par le vent. Bernard m'embrasse derrière les statues, me dit : « C'est étonnant, je ne connaissais pas tout ce que tu me fais découvrir! » La poste, la mairie, les bâtiments administratifs ont l'air de palais, par leur modernité, leur taille. Il se croit « à l'étranger », et en effet il l'est.

Le soir, dans mon pavillon trois pièces, il se serre contre moi. Il me trouve plus « fascinante » encore de lui faire explorer un domaine que lui, l'errant, le voyageur de luxe, a ignoré jusque-là.

Mais il oublie de l'aimer.

Notre premier voyage d'amoureux, pour ne pas dire de « noces », a lieu dans le TGV qu'on vient d'inaugurer et qui tremble encore un peu sur ses rails, en direction de la Suisse.

C'est ainsi que se poursuit le périple qui va initier Bernard, étape par étape, à toute mon existence. Lui aussi, de son côté, entreprend de m'emmener sur tous les lieux qui ont compté pour lui. Sauf à l'étranger : nous devions y aller plus tard, quand sa réussite financière, qu'il escomptait dès ce moment-là, nous en aurait donné les moyens.

Conçue en Suisse, j'emmène donc l'homme que j'aime en Suisse. Double prétexte : écrire pour un journal qui m'offre le voyage mes impressions sur le train à grande vitesse, et aussi rendre visite à des amis que je m'y étais faits au fil des ans. Artistes et cinéastes d'un côté, et, de l'autre, un couple de la haute bourgeoisie genevoise, vivant à Cologny, dans une belle maison qui domine le lac.

Je sais que dans ce lieu d'un luxe et d'un raffinement de bon aloi Bernard va être reçu comme je le suis moi-même, avec générosité et liberté.

Tout s'annonce sous les meilleurs auspices. En gare de Lyon, pour commencer mon reportage, je m'amuse à photographier deux motrices du TGV qui, nez à nez ou bouche à bouche, semblent échanger un long baiser... Tout nous est symbole. Et tendresse.

Un incident d'une extrême violence éclate pourtant dans le train, entre Bernard et moi. Le voyage dure plus de cinq heures. Pour explorer l'engin sur lequel je dois faire un article, je me lève à la recherche des toilettes, éventuellement du bar. Dans le wagon voisin, une femme d'un certain âge retient mon attention. Elle a un fort et beau visage, entièrement auréolé de cheveux blancs. Me demande-t-elle un service? Un renseignement? J'entame la conversation avec elle, puis finis par m'asseoir à ses côtés.

Elle me raconte des épisodes de son existence. Amie de Louise Weiss, elle a été l'une des premières à mener le combat féministe, et continue. Est-elle lesbienne? Je n'y songe même pas. Je vis dans l'exaltation amoureuse et j'en tire une force multipliée pour m'ouvrir à tout ce qui peut capter mon attention et mon intérêt.

Mais pas Bernard! Lui, bien plus que moi, s'est refermé sur notre couple. Quand je reviens m'asseoir à ses côtés, un quart d'heure plus tard, il est blanc de fureur. Sa rage manque de passer aux coups en public, quand je lui expose innocemment la raison de la prolongation de mon absence : la pittoresque rencontre que je viens de faire!

« Tu ne sais pas aimer! Tu me détestes! Tu me hais! » me crie-t-il...

(Il me le ressortira, au moment de la rupture, avec les mêmes mots, et de la même façon...)

Que lui ai-je donc fait de si coupable?

« Toi aussi tu n'aimes que les femmes! Toi aussi tu n'es qu'une homosexuelle! » (Moi qui n'aime que les hommes – trop parfois – et qui viens amplement de le lui prouver! Et qui donc sont ces « autres » auxquelles il m'assimile?) « Tu te précipites vers la première femme rencontrée, au moment même où je suis en train de tracer les plans de notre futur appartement! »

Il a, en effet, commencé à griffonner, au dos d'une enveloppe, un projet de restructuration de son logis... Abattement des cloisons, changement de destination des pièces. « Avec quel argent? » lui demandai-je un peu plus tard... Il me parle d'une somme que doit lui donner sa mère et d'un reliquat de l'héritage de son père... Ensuite, me dit-il, c'est là qu'il vivra désormais, avec moi. Pour toujours.

Il est exact que, sur l'instant, je n'y crois guère. J'ai du mal à imaginer que Bernard, tellement plus jeune que moi, tienne pour de bon à ce que nous vivions maritalement. J'avais éludé sa demande en mariage.

Il me faut beaucoup de douceur et d'insistance pour le convaincre de me montrer son croquis, qu'il a froissé avec rage. Il le déplie, le lisse et me le soumet, les larmes aux yeux. Cette émotion me touche si fort que je lui demande longuement pardon, comme à un enfant qu'on a involontairement blessé.

(Qu'était-il d'autre?) Pardon de l'avoir « abandonné » – c'est le seul mot qui convient à son actuel état – pour écouter cette femme qui, physiquement, ressemble un peu à ma mère.

Ce détail, que je prends pour une excuse, n'arrange rien, bien au contraire. Mais j'ignore tout de la constellation familiale dont souffre Bernard et qui touche, justement, à ses liens avec sa propre mère.

Toujours comme pour un enfant, je tente de le « raisonner », c'est-à-dire de lui donner mes raisons à moi d'avoir parlé à cette femme... D'ailleurs, je suis venu le chercher pour lui faire faire sa connaissance. Elle nous attend! Inutile de dire que Bernard se refuse obstinément à me suivre, et que je quitte à jamais la pauvre femme, qui m'a pourtant donné son nom et son adresse.

Il me faudra du temps pour voir clair dans ce brutal psychodrame. En fait, Bernard a souffert toute sa vie de l'union quasi incestueuse de sa mère et de sa tante. Dans son esprit, il n'a jamais eu de mère vraiment *à lui*. Elle appartenait d'abord à sa sœur, de plusieurs années plus jeune qu'elle et qui, pourtant mariée et mère de quatre enfants, ne la quittait pas d'une semelle. Préférant laisser sa famille, me dit Bernard, pour faire de longs séjours avec elle dans les Alpes, sa belle maison du Midi, où elle tenait joyeuse assemblée, ou alors l'accompagnant en croisière jusqu'aux antipodes.

En réalité, ces deux femmes n'en faisaient qu'une, et Bernard en avait conçu une solide aversion pour tout ce qui fait qu'une femme a l'air d'avoir un double femelle. Très vite, par exemple, il a tenté de me séparer de ma sœur, comme de mes amies les plus intimes.

Aujourd'hui, je ne peux me résoudre à ne voir qu'un hasard dans le fait que la mère de ma « remplaçante » s'oppose à son mariage avec Bernard... Deux femmes à séparer! Quel délice!

Mais voici Genève. La ville, dont le lac est un « œil de lumière » au pied des Alpes, nous accueille comme je l'avais espéré. Avec amitié et sérénité. Connaissant les lieux pour y avoir séjourné quelque temps chez un ami cinéaste avec qui je travaillais, j'entraîne Bernard dans les confortables cafés genevois, aux vastes banquettes, aux cuivres bien frottés et, la plupart du temps, presque vides.

Il fait beau, nous allons nous asseoir au bord du lac, près du jet d'eau, là où les mouettes, perpétuellement en vol, rappellent par leurs cris que loin, beaucoup plus loin, à l'ouest et au sud, il y a la mer. La mer où Bernard et moi désirons si fort aller ensemble. Et qui nous attend.

Des navires blancs se balancent, bateaux de pêche, vedettes, bateaux d'agrément. Nous sommes assis, jambes pendantes, sur la jetée, les quais, et Bernard évoque ses voyages en Grèce, d'une île à l'autre, en bateau gonflable, avec un chien nommé Bonhomme qui nage comme un phoque. Il me parle aussi de pays plus lointains, le Brésil, le Cambodge, où il est allé traîner ses bottes de sept lieues.

Il y a une telle osmose entre nous que ses « histoires » deviennent les miennes. Jamais il ne prononce le nom ou le prénom d'une femme. C'est un pacte. Moi non plus, en dehors du nom de mon mari, trop officiel pour être caché ou nié, je ne lui conte jamais un précédent amour.

Nous sommes nés à l'amour l'un avec l'autre. L'un pour l'autre. En même temps, la « passion » qu'il met parfois à me parler d'un lieu où il a séjourné est une façon de me dire qu'en ce temps-là aussi il aimait.

Tout amour prépare au suivant. Longue initiation ou calvaire, selon les cas, dont chaque rencontre est une station. Jusqu'au dernier, celui avec lequel vont s'accomplir les « noces mystiques ».

Pour mon compte, je commence à croire que je viens de rencontrer, avec Bernard, mon compagnon d'éternité...

La maison de Cologny est un rêve. Tout y est luxe, raffinement, beauté. Parc immense, terrasse ornée de clématites roses et bleues, jardin d'hiver où le petit déjeuner est servi dans de l'argenterie et de la porcelaine fine. Plusieurs générations de Genevois y ont vécu et en ont poli les habitudes et les meubles. Et la maîtresse de maison, femme superbe de vitalité et d'entrain, ne cesse d'embellir son lieu, renouvelant les pièces une à une, changeant les tentures, trouvant du mobilier rare, aussi bien à New York qu'en Chine, au Japon, à Drouot. L'ensemble ne fait pas musée mais, bien au contraire, lieu de vie.

J'avais instinctivement souhaité que Bernard connût cet endroit et ces gens comme un « modèle » de ce que peut l'argent quand il coule, perpétuellement, vers plus de vie et d'amour. Sans le savoir, je sentais déjà que nous divergions sur ce plan-là, celui de la place que l'argent peut tenir dans l'existence.

Dans cette propriété, qui est un domaine, il y a aussi une piscine, un manège, un haras, des tennis. (Un président des Etats-Unis en exercice faillit y descendre, lors d'un voyage à Genève, pour profiter des superbes installations sportives.) Mais le plus magnifique, à mes yeux, ce sont les arbres. Anciens, paisibles, heureux de se développer dans l'air vif qui n'est pas celui d'un centre urbain.

Des « âmes » flottent sur Genève et la Suisse. Non pas celles de ses banquiers, mais celles des hommes et des femmes en exil qui y cherchèrent, momentanément ou pour toujours, la liberté. Rousseau, Staël, Dostoïevski, même Lénine... Genève inspire aussi les artistes. Qu'ils soient à la retraite, comme Chaplin, Chanel, Morand... Ou en pleine création, comme Soutter, Goretta, Tanner, tant d'autres...

Nous allions revenir à Genève l'année suivante, pour travailler à la cinémathèque de Lausanne, dont le directeur, une sorte de Langlois débonnaire et têtu, nous ouvrit ses archives.

Un de mes amis, producteur et réalisateur, avait demandé à Bernard de lui préparer un film sur Hitler, qui ne se fit pas. Mais je garde le souvenir des aboiements du dictateur sur le petit écran de la visionneuse.

Deux jours durant, on nous fit passer des documents de toute espèce, certains très rares, sur le

fantoche assassin, qui semblait, j'en avais le sentiment, me menacer personnellement.

Faut-il n'y voir qu'un hasard si c'est au cours de
ces deux jours, et sous le poing brandi du Führer,
que j'ai commencé à ressentir les premiers symptômes de cette « maladie de langueur » dont souffrait
déjà Bernard depuis plusieurs semaines, et qui
allait nous paralyser pendant des mois ?

Je sens encore ce subit besoin de m'allonger, de
me laisser aller, qui s'est emparé de moi alors que
j'étais assise sur la chaise tubulaire d'une des salles
de montage de la cinémathèque de Lausanne, à
écouter les vociférations du pantin hystérique en
passe de devenir le plus grand criminel des temps
modernes.

Le nazisme, nous en avons beaucoup parlé entre
nous, Bernard et moi. J'étais déjà née pendant la
guerre, lui vit le jour juste après. Lisant les meilleurs livres sur la question – lesquels occupent
toujours plusieurs rayons de ce qui fut ma bibliothèque –, tentant de démonter ensemble les méca-
nismes de cet étrange phénomène, humain et animal, la fascination.

Sans nous rendre compte que, l'un face à l'autre,
nous en étions totalement la proie.

C'est l'époque où Bernard me demande en mariage et où je refuse. Je veux bien de lui dans ma vie, mais je ne veux pas encore entrer dans la sienne, à laquelle, d'ailleurs, je ne comprends rien... Ses horaires, ses activités hétéroclites – qu'il me révèle au fur et à mesure de leur irruption – me déconcertent... Et puis, son appartement est lieu public : il continue d'y recevoir une théorie de patients... Je ne veux pas les voir et nous vivons dans le mien.

Au début, c'est l'enchantement... Il marche chez moi avec précaution, presque sur la pointe des pieds, comme s'il ne voulait rien déranger de mon ordre. (Sauf lorsqu'il m'entraîne dans le lit.)

Puis, une fois tout bien pesé et examiné, Bernard commence à m'expliquer pourquoi il déteste mon grand appartement. Comme je ne l'aime pas trop non plus, que j'ai toujours secrètement rêvé de déménager, sans en avoir jamais la force ni les moyens, je l'écoute me donner ses raisons. C'est la situation, me dit-il. Lui qui a toujours vécu en rez-de-chaussée répugne à loger en hauteur, loin des bruits de la rue. Le silence, qui convient à ma concentration d'écrivain, le rend mélancolique.

« Je hais ton appartement, finit-il par me dire, viens donc habiter le mien! »

Je cède, me considérant – à tort, à raison? –

comme plus adaptable. Et puis je suis curieuse de me sentir enfin « ailleurs ». Il y a si longtemps – toujours en somme – que j'habite au même endroit. Un lieu que je n'ai pas choisi, j'étais trop jeune, et que m'ont imposé mes beaux-parents. Déjà bien beau, à l'époque, d'être logés, mon jeune mari et moi. Et pas trop mal!

Ma première visite chez Bernard me stupéfie. L'étrange endroit! Il ressemble à un intestin tout près de l'occlusion! Une série de couloirs et de cloisons, de portes tantôt communicantes, tantôt non, font qu'au début je m'y perds! Qu'est subitement devenu ce qui sert de cuisine? Et où se trouve la salle de bain, dont le chauffe-eau rouillé ne marche qu'après un vigoureux coup de poing? Les cabinets aussi sont déroutants, peints en noir et décorés de dessins plutôt obscènes...

Une seule pièce semble à peu près « tenue », celle où Bernard reçoit ses patients. Un ou deux meubles anciens, un divan, bien sûr, et une jolie couverture matelassée, nettoyée depuis à mes frais, et qui se trouve à l'heure actuelle sur un lit qui m'appartient, dans cette maison de campagne, l'Orée, dont on m'a chassée. Je devrais renoncer à dire « à mes frais » : presque tous les embellissements qui ont eu lieu ces années-là à la campagne, et quelques-uns de ceux de l'appartement de Bernard, le doivent à mon argent.

L'une de mes plus chères amies, Rolande, psychologue, me dit après le drame : « Tu n'as donc pas fini de compter! » En fait, c'est moi, je crois, qui ne compte plus. D'où mon obstination à lever le doigt, comme l'ignoré du fond de la classe : « A moi, m'sieur! »

Germaine aussi, croyant me consoler ou m'enseigner, m'a répété au début : « Ce qui est donné est donné. Si tu l'as fait, c'est que ça t'a fait plaisir!

– Mais je n'ai plus rien!

– Relis le livre de Job! »
Je l'ai relu.

J'attendais le bonheur et le malheur est arrivé;
j'espérais la lumière et les ténèbres sont venues.
Mes entrailles bouillonnent sans relâche,
les jours d'affliction ont fondu sur moi.
Je marche dans le deuil, sans soleil;
si je me lève dans l'assemblée, c'est pour pousser
                                                    [des cris.
Ma peau livide tombe en lambeaux,
mes os sont brûlés par un feu intérieur.

Or, rien, dans l'argent, n'a le pouvoir de brûler
nos os d'un *feu intérieur*... L'argent, c'est ce qui
prend le dessus quand l'âme manque.

Comme souvent les femmes, j'ai la faiblesse de
mettre de l'amour dans mon rapport aux objets et
aux ustensiles que je manie tous les jours! Fussent-
ils de l'espèce la plus ordinaire, passoire, égouttoir!
Ils sont habitués à ma main, moi à leur forme, leur
toucher, leur contact. Même à leurs défauts, quand
ils en ont... Ne plus les voir me ronge.
  Bernard connaît cette faiblesse. Il m'a vue à
l'œuvre, choisissant avec des soins maniaques une
cafetière, un moulin à café, même des serpillières,
et il en a joué pour mieux me meurtrir! « Tu peux
dire adieu à tes petites cuillères! »
  Le jour, tout proche encore, de mon retour de
l'hôpital, où je suis allée dans ce lieu que j'avais
installé chercher quelques affaires de toilette, mes
vêtements, mes papiers, je n'ai pas eu la force, ni
jugé bon, d'emporter tout ce que nous possédions à
deux. Certaines femmes le font, paraît-il, et, le soir,
le conjoint de retour au logis ne trouve... que le
vide! Pour moi, je souffrais trop de détruire notre
cadre. Et puis – si extravagant que cela semble –,

66

j'imaginais sa vie solitaire dans ce lieu où nous nous étions tant aimés. Je me disais : « Le pauvre, il va devoir vivre *sans moi*! Comment va-t-il y parvenir?... » Au moins, que des objets familiers, ceux qui portaient ma trace mêlée à la sienne, le consolent de mon absence.

J'étais loin, bien sûr, d'imaginer que ma remplaçante était déjà dans les lieux (même si je n'aperçus ce jour-là aucun signe de son passage), et que je ne reverrais jamais plus ce que j'avais l'imprudence d'abandonner derrière moi...

Cet appartement m'étant fermé, et devenu reclos sur lui-même, la plupart des volets perpétuellement baissés, c'est l'image du précédent qui l'emporte dans ma mémoire! Qu'il était beau, recuit dans ses bruns fauves, ses rouges et sa poussière! Et puis, dans celui-là, je suis la dernière femme à avoir vécu avec Bernard!

La cuisine, surtout – devenue salle de bain – m'est restée chère! C'était l'endroit le plus crasseux où j'aie jamais pénétré chez des bourgeois! L'unique fenêtre donnant sur cour est condamnée. Une sorte de planche en pin posée sur des tréteaux bancals sert de table. Au mur, un four électrique délabré est à peu près mort... Partout, des instruments de cuisine, lavés ou non, jetés en vrac... Quelques beaux plats d'argent ternis, quelques couteaux et cuillères d'un service, également en argent, dont Bernard avait perdu, égaré, ou s'était fait voler le reste. « Mes beaux chandeliers en argent ont disparu quand j'ai fait des fêtes sur le trottoir avec mes copains les clochards », me dit-il. Il lui reste deux bougeoirs qu'il pose sur la table à chacun de nos repas. J'allume les bougies pendant qu'il me fait lui-même la cuisine, sur un fourneau dont la carapace de « gras » est devenue telle qu'il est hors de question de la gratter ou de la nettoyer.

C'est pour que je ne la voie pas qu'il m'écarte du

lieu de cuisson où, pendant plusieurs semaines, il prépare pour moi ce qu'il a toujours fait pour lui : des nouilles et des biftecks, des biftecks et des nouilles!

Puis, comme il est connaisseur, il ouvre une bouteille d'un admirable vin de Bordeaux, choisi chez son ami le marchand de vin du quartier.

Grâce à ce vin, chacun de nos dîners est une fête!

Nous sommes heureux.

Je crois que je n'ai jamais été aussi heureuse. Eclairés par ces bougies qui se reflètent sur la toile cirée rouge sombre que j'ai achetée pour recouvrir notre petite table, mangeant avec ces beaux couverts dépareillés dans des assiettes de fine porcelaine de Limoges que j'ai apportées de chez moi, buvant un vin merveilleux dans des verres de cristal gravé – notre premier achat de « ménage » –, nous sommes à la fois dans une cave aux trésors et dans un bouge.

Bernard, tout ce temps-là, ne me quitte pas du regard et me touche sans cesse. Nous nous sentons encore deux étrangers l'un pour l'autre, égarés ensemble sur une île déserte... Nul, parmi mes amis ou dans ma famille, ne connaît mon numéro de téléphone. J'aurais pu passer là ma vie.

Que nous sommes-nous dit, parfois jusqu'au milieu de la nuit, de part et d'autre de cette table? Ce temps de bonheur sans mélange où il m'a parlé en vrac de son père disparu, de sa mère qu'il ne voulait pas me présenter – que n'a-t-il persévéré dans son intention première! –, de ses cousins et cousines, est si présent que je me demande si je parviendrai à en sortir. C'était *trop* fort. Il aurait fallu que le temps s'arrête. Que la féerie se fige...

Or, nous ne sommes pas au musée Grévin, le temps s'écoule, Bernard « bouge » devant moi, s'éploie, se transforme, et je le regarde vivre. A l'époque, il repasse lui-même ses chemises, et bien. (Cela aussi, comme la cuisine, il finit par oublier qu'il sait le faire!) Ce garçon qui loge dans la saleté et le désordre est toujours, dans sa mise, impeccable. Souriant, charmeur, il me tient la main partout, en public, en privé, dans la rue. Au lit, nous nous endormons la main dans la main.

A votre âge? me dira-t-on. Eh bien oui, à mon âge... Bernard possède un ou deux vases de la grande époque, celle où sa mère et son père ont vécu ensemble dans cet appartement. D'abord unis, puis désunis – d'où les cloisons! J'achète des fleurs pour ces vases qui, de les manier et de leur redonner vie, deviennent miens.

De temps à autre, je rentre dans ce qui fut chez moi, et je m'y sens comme à l'étranger.

J'en ramène d'abord quelques affaires de toilette, puis des vêtements, puis des livres, mes papiers, ma machine à écrire, pour continer un peu à travailler...

Mais à quoi bon travailler quand on est heureux!

Le travail, c'est pour tromper le malheur, comme en ce moment. Jamais de sa vie, Bernard n'a autant travaillé qu'aujourd'hui. Jamais, j'en suis convaincue, il n'a été aussi malheureux... Reste que c'est lui qui l'a voulu!

Avant de me conduire à *l'Orée*, la maison où il a passé son enfance, Bernard m'en parle avec réticence... Ses seuls bons souvenirs, prétend-il, des fugues en forêt avec son meilleur copain d'alors, un garçon du cru, devenu garde champêtre.

Par la suite, je fais la connaissance de François : une imposante beauté physique, un visage fin, droit sorti d'un tableau de la Renaissance, la force d'un cheval alliée à la véritable élégance, celle que donne la fierté.

Avec le gars François, le p'tit Bernard file en douce poser des collets, imiter le chant des oiseaux, jouer à l'enfant-loup. Bernard, qui parle aujourd'hui de « s'enraciner » dans l'argent, l'était alors dans la glèbe, et ce qu'il y a de plus noble chez les paysans.

Moi aussi, je le suis, mais ailleurs, dans cette terre brune qui fait pousser le cèpe, le châtaignier et la bruyère, et où nous rêvons de finir, bien enfouis, nous, gens de par chez moi, naïfs, souvent joués, durs au mal.

La demeure de la mère de Bernard, aux alentours de Paris, est une grande bâtisse un peu bourgeoise d'aspect, encadrée d'un platane et d'un marronnier rose, dont les branches touchent le toit. Quelques fruitiers très âgés sont dispersés sur un bout de pré en pente, qui descend jusqu'à un étang où une rangée de peupliers bruissent au moindre souffle.

Le jour où Bernard décide de m'y conduire, je n'ai pas la possibilité de considérer l'environnement : des trombes, des cataractes – prémonition céleste des tragédies qui vont suivre? – aveuglent tout. De par l'absence de caniveau, court au milieu du chemin de terre une sorte de torrent boueux, tandis qu'une mare stagnante s'étend jusqu'au seuil de la maison. Je suis en chaussures de ville. Bernard enjambe les flaques pour aller déverrouiller la porte d'entrée, puis vient me chercher, me soulève, et, telle une mariée, m'emporte dans ses bras jusqu'à l'intérieur de la maison.

En même temps, il fulmine : « Dire que j'ai passé là mon enfance! Je hais cet endroit, il porte trop la marque de ma mère... Marron caca! Ses couleurs préférées!... »

Les murs, le sol, les housses des sièges sont en effet de cette teinte indéfinissable, entre le gris et le verdâtre, des couloirs d'administration et de prison.

Une chambre, une seule, vient d'être refaite. Ses murs sont tendus d'un tissu à fleurettes, propre mais sans gaieté.

Pourtant, je me sens à l'abri. (Quelle illusion!) La forêt s'ouvre à quelques mètres. Autrefois, m'informe Bernard, des hardes de biches et de cerfs venaient jusqu'au bord de la prairie considérer les humains. Un arrêté préfectoral a donné permission d'en abattre quelques têtes. Gardes, chasseurs, cultivateurs, braconniers, chacun s'y est mis à qui mieux mieux! Ces années où je me suis promenée en tout sens dans cette forêt domaniale, jamais je n'ai pu apercevoir *un seul* de ces grands animaux, autrefois si nombreux. Dès qu'on dit aux humains « Feu à volonté! » c'est l'holocauste...

Mais j'étais dans l'enchantement de ce qu'il y a de

plus exquis au monde : la première fois! Et je ne vais plus en sortir : chacune de mes arrivées à *l'Orée* fut une « première fois »... Comme mes étreintes avec Bernard. Ses retours. Nos réveils.

Il convenait, pour mon travail de journaliste, que je me débarrasse d'un coup de téléphone. Profitant de ce que Bernard monte en éclaireur au premier étage repérer ses anciens lieux, je compose rapidement mon numéro, décidée à laisser le message à la première personne qui me répondra.

Soudain, l'escalier de bois retentit d'une furieuse cavalcade : c'est Bernard qui se précipite sur moi, m'arrache l'appareil des mains et me gifle à la volée.

« Comment oses-tu? Je t'emmène dans cette maison où tout m'est douloureux, et voilà que tu téléphones à je ne sais qui? Au lieu d'être consciente du privilège que je t'accorde... »

Je tente d'expliquer que c'est justement pour n'y plus penser, et pouvoir être toute à lui et à sa maison, que j'ai voulu passer ce coup de fil, purement professionnel. Il ne décolère pas. Que lui prend-il?

En fait, je viens, sans le savoir et comme dans le TGV, de répéter l'une des manies de sa mère qui l'horripilent. Nunu, je m'en apercevrai bientôt, ne peut arriver à *l'Orée* sans appeler aussitôt sa sœur et ses copines. Comme si cette femme ne supportait pas de se sentir entièrement là et disponible pour son fils.

Pourquoi, d'ailleurs, l'aurait-elle été? N'a-t-elle pas le droit d'avoir ses propres affaires, comme moi les miennes?

Il y avait de quoi protester, et je me serais mieux défendue si je m'étais trouvée « coupable »... Mais je me sentais accusée à tort... Et il y a toujours quelque antique faute pour vous laisser croire qu'on a mérité le reproche...

D'une humeur déjà massacrante et qui continue d'empirer, Bernard me fait l'amour sur le lit de la chambre refaite. Puis déclare : « Décidément, ce lieu est impossible! Je regrette de t'y avoir emmenée... On s'en va! »

Tout le trajet du retour, sous la pluie toujours battante, je rumine.

Cet homme est-il fou?

Nous le sommes tous, dans l'intimité.

Dans le quartier où vit mon amant, tout est nouveau pour moi et j'éprouve vite un sentiment de dépaysement. Ravi de me sentir un peu démunie, Bernard me fait visiter son coin rue par rue. Il me présente les commerçants, ses amis.

Beaucoup sont devenus les miens. L'épicier, le boucher, le marchand de vin, le jeune marchand de journaux qui a succédé à la merveilleuse dame âgée, désormais à la retraite parmi ses chats et qui avait connu le père de Bernard. Une reine du quartier.

Bernard m'explique qu'étant donné la proximité de la Seine, visible de nos fenêtres, son père, autrefois, y a pêché, en compagnie de Vincent Auriol. Le Président oubliait sa fonction et sa grandeur pour taquiner le goujon à une époque où rien n'était pourri, ni les poissons, ni la Seine, ni les sentiments... et pas trop le gouvernement!

Bernard me parle aussi de ce chien qu'il a eu. (Evoquer le chien juste après le Président est un signe de cordialité, qu'on ne s'y trompe pas.) Un chien libre, notabilité du quartier, qui revenait de temps à autre au logis sauter sur les genoux de son maître, quand il jugeait le moment venu de recevoir sa pâtée.

Ce chien n'est plus libre. Il est là près de moi, sur

un coussin, le sien, que j'ai ramené de chez Bernard avant toute autre chose, comme la boule de buis. Ce chien m'écoute taper à la machine le récit de sa vie et de la mienne. Il n'est plus libre, mais il est aimé.

Tout ce que je me refuse à faire à cause de ce chien! Dans les derniers mois de sa vie, une grande actrice, devenue une amie, me propose d'aller passer quelques jours chez elle à la campagne.

« As-tu des chiens?

– Oui, deux mâles.

– Alors je n'irai pas. A cause de Bonhomme. »

Je n'ai pas suivi Bernard en Amérique du Sud ni en Extrême-Orient à cause du chien. Est-ce pour cela que j'ai perdu Bernard? Pour ne pas l'avoir défendu contre les mauvaises rencontres, qu'il a faites en pagaille, et dont mon jugement, épaulant le sien, l'aurait peut-être préservé?

Dès mon entrée dans le vieil appartement, j'avais aperçu la photo de Bonhomme sur le coin de l'un des éléments sommaires, en bois blanc, qui servaient de bibliothèque. Gros plan d'une tête noir et blanc, aux oreilles dressées par l'interrogation – les oreilles de Bonhomme sont naturellement tombantes –, les yeux un peu globuleux, pétillant d'intelligence.

Je me laisse aussi raconter des vies antérieures. Des amitiés masculines. Du malheur. Surtout du malheur. La mort de son père sur laquelle Bernard revient sans cesse. La séparation de ses parents. Sa propre instabilité : il a fait mille métiers. L'incompréhension de tous. Son désir de beauté, de poésie. Il veut à tout prix me lire les poèmes qu'il préfère et dont il a bercé sa tristesse. Il se trouve que ce sont aussi les miens! Saint-John Perse! J'entends encore sa voix chaude dérouler des vers, dont je connais certains par cœur, et un sublime texte en prose, sur la création.

> *Poésie, heure des grands, route d'exil et d'al-*
> *liance, levain des peuples forts et lever d'astres*
> *chez les humbles; poésie, grandeur vraie, puis-*
> *sance secrète chez les hommes, et, de tous les*
> *pouvoirs, le seul peut-être qui ne corrompe*
> *point le cœur de l'homme face aux hommes...*

Coïncidence encore que cette commune vénéra-
tion? Elles sont si nombreuses qu'elles finissent par
ne plus nous étonner. Ni nous faire rire.

A ce propos, avant que Bernard ait commencé à
me tromper – mais peut-être n'ai-je pas tout su... –,
la bague qu'il m'a tout de suite offerte pour célébrer
notre union, un petit anneau de trois ors orné de
minuscules brillants, me procura une allergie.
Depuis que Bernard me l'avait donnée dans un
écrin dissimulé sous ma serviette, au restaurant, je
l'avais portée nuit et jour, sans l'ôter jamais, même
pour me laver ou me baigner dans la mer. Soudain,
voici que la phalange de mon annulaire gauche,
sous la bague, rougit, formant d'imperceptibles boutons.
J'ôte la bague pour la nuit, l'allergie s'estompe, je
remets la bague au matin, et le mal reprend. Mon
ami Bertrand, le « voyant » à qui j'en parle, me dit
que les objets réagissent souvent à une situation
mauvaise avant que leurs propriétaires en soient
avertis.
Autre bizarrerie : le second objet personnel que
m'a offert Bernard vient spontanément de se briser.
Une montre au bracelet en métal tressé, l'un de ces
petits prodiges étanches, indéformables, résistant
aux chocs! Je ne la quittais jamais non plus. Sans
raison apparente, le bracelet a glissé de mon poignet jusqu'au sol, un de ses anneaux défait. Miracle
que je ne l'aie pas perdu.

« Que dois-je en faire? » ai-je demandé au voyant.

Il réfléchit.

« Portez-la à l'autre bras, vous verrez bien. Ce changement suffit parfois à éloigner le mauvais sort. »

La montre est chez le réparateur.

Dans cet appartement où tant de gens ont vécu et se sont succédé – car Bernard et ses parents ont beaucoup prêté ce lieu, peut-être parce qu'ils n'arrivaient pas, tout seuls, à le faire vivre –, il y a partout des « traces » d'existence. Le papier à la tête du lit est sali, des mains noires ont laissé de la crasse sur les poignées de porte, le tapis est usé à l'endroit du passage.

J'apporte un tapis de chez moi pour couvrir au moins la misère de l'entrée. J'apporte aussi de bonnes et chaudes serviettes. Quelques lampes plus agréables. Aménagements superflus! Tel quel, ce lieu prestigieux est l'enveloppe, la coquille de mon bonheur.

Miss Davis, l'anguleuse personne qui m'apprit à me moucher sans bruit, à ôter mon maillot sur une plage sans découvrir un centimètre carré de peau interdite, tenta de me convaincre qu'il n'existait pas *such a thing* que le ventre! Puisqu'il n'y avait, à l'entendre, qu'un seul mot en anglais pour désigner ce qui va du sternum à l'entrejambe : le *stomach*!

Bernard ne se révèle pas meilleur éducateur que miss Davis, sauf qu'avec lui c'est l'inverse! Il n'y a pas de parties du corps secrètes, réservées, intouchables. Rien d'inviolable...

A la maison, il vit nu, toutes portes ouvertes, même pendant ses toilette intimes, et il m'enjoint d'en faire autant. Me retrouve dans la baignoire. Mange, évidemment, dans mon assiette. Boit dans mon verre. N'est dégoûté par rien de l'animal que je suis. L'inspecte. Le tarabuste. Jamais je n'ai été autant bousculée, même par la fameuse et brutale miss Davis, c'est-à-dire poussée de force sur un lit, retenue par une cheville si je veux me lever sans son accord, surveillée et réprimandée quant à mes vêtements. Une partie d'entre eux va disparaître aux oubliettes... Trop noir... trop serré... trop décolleté... En fait, trop sexy! Bernard m'achète lui-même des blazers de couleur vive, des jupes plissées d'un style qui conviendrait à une « deb » ou une dame d'œuvres! Même mes petits traitements médicaux, ma façon de me nourrir, tout est passé au crible. C'est, comme on dit, la « possession ».

Je n'ai connu cette proximité avec personne, pas même avec ma mère, longtemps rebelle aux attouchements (moins depuis qu'elle est très âgée). Bientôt je n'ai plus besoin de regarder Bernard pour savoir comment il bouge, quelle est son humeur. Fût-il dans une autre pièce, je le perçois à des bruits infimes...

J'apprends aussi à le trouver beau. Moi qui ai toujours trouvé les humains laids, avec notre conformation qui tient du fœtus et de l'inabouti. Je me laisse séduire par cet homme au sommet de sa jeunesse. Large d'épaules, pas trop grand, chevelu, de beaux yeux brillants... Il y a aussi sa démarche... Cette avancée souveraine dans une pièce, un lieu public, c'est ce que je préfère chez lui comme, d'ailleurs, chez tous les hommes.

Pourtant, Bernard vit dans l'angoisse. Aux ombres qui obscurcissent son visage dès que je lui résiste, je vois bien à quel point il a peur. C'est pire que de la peur : l'épouvante d'être abandonné!

Un soir, où il se méprend sur une parole que je lui ai dite – nous ne connaissons pas encore tout du « code » l'un de l'autre –, il éclate en sanglots convulsifs, allant et venant dans la pièce (nous sommes encore dans le vieil appartement rouge et brun), le visage inondé par une cataracte de pleurs.

Je suis transie, consternée, jamais je ne me suis trouvée face à un être plus seul au monde, plus terrorisé de l'être. Ma détermination, à cette minute-là et pour les années qui vont suivre, l'emporte sur tous les interdits. Je resterai avec cet homme quoi qu'il arrive, à ses conditions.

Jour après jour, car la tâche est énorme, j'entreprends quelques rangements. Je tombe sur une lourde valise :

« Qu'est-ce que c'est?

– Les papiers de mon père. J'ai tout mis là-dedans à sa mort et je n'y ai pas touché depuis dix ans. Fais-le, toi. Moi, je ne peux pas. »

J'ouvre la valise. Dessins, correspondances, vieilles photos, factures, relevés de banque, je sors avec précaution chaque document... Emue!... Bernard me permet de manier son passé et je l'examine avec soin. Quel amour ce père réputé coléreux avait pour ce fils parfois fragile et si difficile! Lettres aux directeurs de pension ou pour le sursis militaire, cris d'angoisse au moment du divorce : que va devenir Bernard? Je sens qu'un lien subtil se noue entre le disparu et moi, celui d'un amour partagé pour le même être.

J'ai sorti tout le contenu de la valise et m'apprête à l'y remettre, dans l'attente d'un classement plus minutieux, quand un dernier document attire mon œil. C'est une assez grande photo, face contre le fond de la valise. Je la retourne, tombe à terre, jambes coupées, et pousse un grand cri : « Maman! »

Que fait la photo de ma mère dans les papiers du père de Bernard?

A mon cri, Bernard accourt, croyant que je me suis blessée. Je lui tends la photo : « Regarde, c'est ma mère! » (Il ne la connaît pas encore.) Il prend le cliché en main et pousse un autre cri, tout aussi stupéfié : « Papa! » Puis il s'assoit sur le sol à mes côtés pour considérer avec moi l'étrange document. Sur la même photo, prise pendant la guerre, son père, très beau, et ma mère, plus belle encore, sont assis côte à côte, sur deux chaises rapprochées. Ils ont à peu près le même âge (le père de Bernard était âgé lorsque son fils est né). Ces deux personnes qui assistent à la même réunion semblent s'ignorer mais sont ensemble.

Ainsi, toutes ces années où je ne connaissais pas Bernard, la photo de ma mère se trouvait dans son appartement. Elle y était même avant sa naissance! Une photo que nous n'avions vue ni l'un ni l'autre, avant de la découvrir ensemble... L'émotion nous noue la gorge. Nous sommes au cœur du désir. Qu'attend-il de nous?

Tout grand amour pose la question de notre destinée. Le nôtre va devenir destin.

LORSQUE je rencontre Bernard, je viens de mettre sur le marché un livre de poèmes qui se fait ignorer et un roman, un peu trop triste d'être trop vrai, qui se vend mal. Agacée, mais connaissant ma capacité – le volume de vers l'a prouvé – de mettre en mots le plus immédiat des jours, j'entreprends d'écrire des chansons. Certaines me plaisent suffisamment pour que je contacte, par l'intermédiaire d'un agent, un artiste dont j'aime la voix, le genre, le désespoir ironique. Une entrevue doit avoir lieu entre le grand chanteur et moi. De nouvelles paroles me viennent aussitôt en tête, que j'entends déjà mises en valeur par la voix célèbre.

> *Je veux t'habiller de mon nom*
> *te revêtir de mes deux mains*
> *je veux te blesser de regards*
> *je veux t'inonder de caresses*
> *t'abîmer de mots biens trop lents*
> *je veux te jalouser sans cesse*
> *te faire renier tous tes amants*
> *je veux t'isoler en mon corps*
> *comme une maladie mauvaise*
> *qu'on cache à tous et qu'on ne sort*
> *qu'honteusement quand le jour baisse*
> *je veux dérubanner ton corps*

des mots qu'ont laissés tous les autres
et faire de toi ma bête à moi
analphabète... analphabète...

Puisque je t'ai perdue
ma douce aux yeux d'amers
puisque je t'ai perdue
femme de tous destins
femme sans plaies ni lois
puisque je t'ai perdue
épervière au cœur sourd
qui me laisse à mon bord
seul, désamarré des anneaux de ton rire
seul dans les galaxies
où je n'ai plus nom d'homme
puisque je t'ai perdue
ma femme aux yeux d'amers...

Eh bien quoi
si je meurs!
un ouvrier fait des pièces
à la chaîne
sans savoir pour quoi
ni pour qui
un oiseau amerrit
dans le mazout
s'englue
et ne repart plus
une femme
solitaire
se penche
et regarde l'eau
un vieux
trouve son chat
tout raide
devant son bol de lait
deux Arabes ont cassé la tête à un Noir
eh bien quoi

si j'ai peur!
une fille crie
et berce
sur son cœur
un paquet de lettres
un enfant
qui a faim
aperçoit un jouet
et ne le ramasse pas
eh bien quoi
si je meurs!
une femme contemple
dans la glace
son sein coupé
un homme
tient à la main
l'écouteur
qui a dit adieu
une mère
dit des mots d'amour
à son enfant
sourd et muet
dans la plaine
naît une ville
tout en béton
un garçon
se cogne la tête
contre une porte
de prison
un oiseau trouve
un crin de cheval
et le prend
pour son nid
une vieille femme sourit
dans son jardin
qui refleurit
eh bien quoi si je meurs!
un dauphin

saisit un poisson
dans la main
de son gardien
un homme
s'assoit
dans une pièce vide
pour écrire l'histoire de sa vie
alors quoi si je meurs!
si j'ai peur!
si je meurs!...

La liberté
parfois
c'est seulement nous deux
nos mains
nos voix
et notre table
le lit
l'indifférence
à tout autre
que nous
la liberté
c'est un crayon
du papier
des mots qui s'enfoncent
des mots pour rire
des mots pour tuer
que je trouve
sans les chercher
et qui s'avancent
sans trembler
la liberté
c'est tous les jours
manger du pain
refaire l'amour
savoir que demain
recommence
pas pire qu'hier

mieux qu'aujourd'hui
la liberté c'est un regard
posé sur tout
sans se cacher et sans trembler
la liberté
c'est mon envie
de rester le même
en tout lieu
et en tout temps
de n'avoir
qu'un nom
qu'un visage
qu'une parole
et qu'un amour
la liberté c'est une histoire
qu'on se raconte un jour
pour voir
jusqu'où l'on peut
l'on veut faire dévier
un destin
où tout semble joué
déterminé et décidé
par plus puissant que nous
la liberté ça n'est qu'un mot
mais quel mot!...

Au bal de mes désirs
et qui fait la musique
au bal de mon angoisse
et qui mène la danse
je te rencontre
toi
la fille aux yeux d'asile
et c'est l'amour qui danse
au bal de mon envie
à ce bal de mon mal
où s'est dansée ma vie...

C'est fini pour la maison
où j'ai passé mon enfance
on vend les meubles du salon
à qui pourrais-je faire confiance?
Papa n'est plus parmi nous
gardons l'album de photos
Maman part pour Châteauroux
en soldat ce qu'il était beau
elle est finie cette époque
il est fini mon passé
adieu lustre à pendeloques
adieu gramophone cassé
Tout à la salle des ventes
dans la poussière des années
je ne vivrai pas de mes rentes
demain je vais travailler!...

Je sors de mon amour
comme on sort de la vie
épouvanté
je quitte cette femme
comme on quitte la terre
pour m'y enfouir plus profond
je pars à l'aventure
comme on part à la guerre
sous un habit qui n'est pas mien...

Assez contente de moi, convaincue que je ferai bien mieux dès que j'aurai pris contact avec mon futur interprète, j'en parle à Bernard. C'est le drame.

« Je t'interdis, tu m'entends, de rencontrer ce petit...

– Ce petit quoi?

– Voyou! Tous les chanteurs sont des voyous!... En plus, comment peux-tu t'imaginer que je supporterai de te laisser en tête-à-tête avec ce...

– Ce quoi?

– Coureur! Tous les hommes du show-business sont des coureurs. Pour commencer, ils sautent sur tout ce qu'ils ont sous la main, et, pour continuer, vous exploitent... Non, pas toi! La cause est entendue. »

Je renonce donc à ma carrière de chansonnière. Petit sacrifice quand on aime. Mais, sur le plan de la carrière, le chapelet des sacrifices ne fait que commencer...

A cette époque aussi, j'avais signé avec mon éditeur un contrat pour un roman auquel j'avais donné un titre prémonitoire, *Deux femmes en vue*. C'est-à-dire deux femmes célèbres, bien sûr, mais aussi deux femmes sur lesquelles on s'apprête à tirer à vue, comme sur des lapins!

Je n'ai pas écrit *Deux femmes en vue*.

Non que Bernard me l'ait formellement interdit, mais, comme pour les chansons, il s'est subtilement débrouillé pour m'en empêcher. Avec, bien entendu, mon entière complicité!

J'écris tôt le matin, au réveil, et de préférence sans avoir parlé à personne. Un café me suffit.

Dès notre mise en ménage, Bernard exige que je lui prépare un petit déjeuner copieux et, surtout, que je reste à table avec lui, à parler. C'est l'époque où il n'a plus de travail, ayant renoncé à la psychanalyse et pas encore trouvé une fonction. La moitié de la matinée y passe, si ce n'est la matinée entière... Ensuite, il faut se laver, s'habiller, faire l'amour, aller au restaurant – manger, encore manger, je vais prendre près d'une dizaine de kilos! –, risquer trois pas, entreprendre quelques courses. C'est l'heure de la sieste, je dois m'étendre auprès de lui pendant qu'il somnole, refaire – ou faire si on ne l'a pas fait – l'amour, lui masser les jambes, le dos. La journée est passée!

« J'ai tout le temps d'écrire mon roman, me

dis-je. D'ailleurs, si ce roman ne vient pas, c'est qu'il n'est pas mûr! »

Je me souviens de Chanel, les dernières années de sa vie, dans son studio où le lustre aux pendeloques colorées, les grandes biches de bronze installées à même le tapis fleuri donnaient au lieu un aspect de féerie : « Ma petite fille, quand on doit écrire un livre, eh bien, on l'écrit partout! Sur son genou, sur un coin de table, en public, partout... » Et la grande dame, joignant le geste à la parole pour bien m'incruster la leçon – elle y est parvenue –, faisait semblant d'écrire, de sa belle main noueuse, sur un coin dénudé de son genou.

Mais que m'importe désormais la création! Je suis si heureuse! Bernard m'aime tant! Pour lui, je suis son père, sa mère, les enfants dont il ne veut pas, me dit-il. Bonhomme, toujours en exil... ses amis, qu'il prétend ne plus apprécier.

Qui n'a été l'unique objet de l'absolue passion d'un homme ignore ce qu'est l'amour. Sa grandeur. Sa fragilité. Sa violence et son impuissance.

En somme, n'a pas vécu.

En ce temps-là, ce célibataire endurci sait tout faire : passer l'aspirateur, balayer, laver la vaisselle. Il fait tremper son linge, le savonne, le repasse...

Personne ne m'a enseigné le rôle de « ménagère » (ma mère était trop prise par sa création!). Toutefois, je me lance. C'est pour me faire attraper! Dès que je touche à quelque chose, il paraît que je laisse du « gras ». Ou alors je serre avec trop de force des robinets dont les joints vont casser, ne ferme pas bien les volets, les voleurs vont pénétrer chez nous... (Tout est si « antique », chez Bernard, que la haute précision s'impose...) Il me reproche des traces sur le mur de la salle de bain... Les draps sont changés trop rarement... Les serviettes essuient mal, ou grattent... Ne parlons pas de ses costumes mal suspendus par mes soins sur des cintres inadéquats...

Je m'efforce de tenir compte de ses objurgations, mais dès que je suis stylée sur un point mon amant change de sujet de reproche. Bernard, comme beaucoup d'hommes insatisfaits d'eux-mêmes, a besoin de râler chez lui, et quand il ne s'énerve pas contre moi c'est pour pester à l'égard des objets, qu'il veut jeter s'il leur manque une vis ou s'il apprend que de plus performants viennent d'apparaître sur le marché! (D'où mon remplacement?)

Pour obtenir son sourire – dont j'ai tant besoin –, je lui glisse d'office les meilleurs morceaux dans son assiette, apprends à décanter le vin une heure avant son arrivée et range discrètement derrière lui tout ce qu'il abandonne à même le sol, dont ses chaussures, que je récupère n'importe où et aligne contre un mur.

Il n'y a que sur lesdites chaussures que j'achoppe! En dépit des « appels au peuple » de Bernard qui, tous les matins, la trousse à cirage sortie, se lamente sur son retard, pour des raisons que j'ignore mais bien ancrées en moi, je dis non à cet ultime geste de servage. Qu'il les astique lui-même!

Mais que de merveilleux souvenirs! De ménage, justement... Mes retours fracassants à la maison, paniers au bras, chien joyeux, grands rires... Le concierge – qui vient jusque dans mon ancien chez-moi voir si je suis « convenablement » réinstallée, sinon, dit-il, il m'aidera – m'en parle encore avec émotion : « Quand vous étiez là, c'était la vie! Maintenant, la cuisine ne sert plus... Le frigidaire est toujours vide!... »

J'aimais, c'est vrai, tout faire en même temps, comme le font les femmes : mettre l'eau à bouillir, éplucher les légumes, répondre au téléphone – « Il n'est pas encore là, il va rentrer, je l'attends, il y a un message? » –, nourrir chien et chat, assis à me contempler comme si j'étais le commandant d'un navire nommé « Vie », prendre un bain vite fait, allumer le four, la télévision, me dépenser, c'est-à-dire dépenser ma joie...

Au coup de klaxon ou dès que le chien, avec son cinquième sens, m'a prévenue, je cours à la porte, l'ouvre d'avance, tends les bras!

J'ai encore dans les oreilles les bruits familiers et heureux d'un homme et d'une femme qui se retrouvent, chuchotements, rires, baisers légers.

Certains jours, je préfère au contraire demeurer à ma place pour l'entendre, une fois son manteau posé, crier d'une voix anxieuse : « Où es-tu? Mais où es-tu? »

Ou alors j'écoute, de loin, son dialogue du soir avec son chien : menus gémissements, coups de griffe excités sur le carrelage, chuchotis amoureux auquel je ne viens me mêler qu'après...

Sur le coussin que je lui ai ramené de là-bas et qu'il préfère à tous les autres, Bonhomme, mimant le sommeil, tend encore la sienne, d'oreille, vers un pas imaginaire qu'il espère reconnaître du haut des cinq étages. Mais il n'y a que son oreille qui garde espoir. Le reste de son corps est pétrifié d'inutilité. Comme mes mains.

Je connais tout juste Bernard lorsqu'il me parle d'un travail en train depuis des mois, et même des années, et dont il ne parvient pas à se sortir : la rédaction des *Enseignements* de Germaine.

Pendant trente ans, Germaine a enseigné à des psychologues de métier, dans un service psychiatrique parisien, ce qu'elle découvre, jour après jour, des enfants malades et des nouveau-nés. Science nouvelle et délicate qui bouleverse ce que l'on sait des enfants et, aussi, des adultes.

Pris au magnétophone, déjà décrypté, le mot à mot de ces *Enseignements* est, pour l'instant, en tas sur la table de travail de Bernard. L'éditeur attend. Germaine aussi. Le public – sans le savoir – encore plus... Bernard a classé les sujets par chapitres. Reste à s'attaquer à la rédaction finale. C'est ce que son instabilité l'empêche de faire. Il n'a pas le courage de demeurer le nombre d'heures nécessaires, dans un appartement désert, devant ses papiers. Car il faut tout récrire, comme chaque fois qu'on reprend le « parlé », puis le soumettre aux corrections et à l'approbation de Germaine.

« Tu comprends, me dit Bernard, avant de te connaître, je prenais toutes les fins de semaine un vol Air Inter pour un endroit différent. J'ai besoin de mouvement. J'allais marcher en forêt, sur les plages... »

Sans doute part-il avec une petite amie (il ne me le dit pas). Ou Ignace, l'ami toujours disponible pour lui.

A peine nous mettons-nous à vivre ensemble que ses week-ends changent de destination : mon petit pavillon de banlieue, où j'ai l'habitude d'aller travailler!

« Tu vas voir, dis-je à Bernard, c'est fait pour ça! Emmène tes papiers...

– Ce qui m'inquiète le plus dans ce texte, me dit-il, c'est la conclusion. Je ne sais pas écrire, moi... »

La grande table de la pièce de séjour qui donne sur le jardinet sert à tout : manger, travailler. A peine y suis-je installée que Bernard vient se mettre non pas à l'autre bout ou en face, mais tout contre moi! En tapant à la machine – dont il prétend que le bruit ne le gêne pas –, je lui donne des coups de coude... « Il y a de la place au premier », dis-je.

Mais non, pour démarrer son travail, Bernard veut rester là! Cette proximité me pèse, mais comme je sens qu'elle lui est si nécessaire je n'ose pas le lui dire, et je m'entraîne à ne plus écrire qu'en sa présence. Bientôt, je n'écris plus les mêmes choses.

Comme à l'accoutumée, mon travail avance vite. Bernard, à côté de moi, hésite, rature, se désespère.

La semaine suivante, j'apporte un magnétophone. Tout à trac, je demande à mon amant : « Que désires-tu dire dans ta conclusion? » Bernard connaît bien son sujet pour avoir lu les cinq cents feuillets du mot à mot et assisté pendant des années, avec une belle régularité, aux *Enseignements* fermés de Germaine. Son assiduité les a liés et fait qu'elle lui a narré sa biographie. Aussi

Bernard me répond-il sans difficulté, avec clarté, prolixité, passion. Discrètement, je pousse le bouton du magnétophone que j'ai posé entre le pain, les dossiers et le fromage. Dès que l'interviewé s'arrête, je le relance par une nouvelle question.

Au bout de trois quarts d'heure, je me tais. Bernard secoue alors la tête d'un air désespéré : « Voilà ce que je voulais écrire, et je n'y arrive pas! »

Le lendemain, je profite d'une course qu'il a à faire pour décrypter la bande et taper ses réponses en continu. A son retour, je lui glisse le texte sous les yeux.

« Lis ça.

— Qu'est-ce que c'est?

— Tu verras bien... »

Un instant plus tard, il me regarde éberlué :

« C'est toi qui as écrit ça?

— C'est toi qui l'as dit... Moi j'y connais rien...

— Mais... Alors... C'est fait?

— Bien sûr que c'est fait! *Tu* l'as fait! Il ne te reste plus qu'à le compléter. »

Le lendemain, la conclusion de l'ouvrage est au point. J'aide Bernard à la parfaire en la tapant sous sa dictée.

Rentré à Paris, il soumet son texte à Germaine, qui l'approuve chaleureusement. Stimulé, Bernard se jette sur le reste. Je découvre sa force de travail dès qu'elle a un point précis d'application. En trois semaines, il vient à bout de la rédaction définitive des *Enseignements*. C'est moi qui la tape. Bernard, assis auprès de moi, sa chaise collée contre la mienne, me dicte. Bientôt, il ne reste plus qu'à montrer l'ensemble à Germaine, laquelle, après quelques rapides corrections d'auteur, remet le tout à l'éditeur.

J'ai travaillé pour mon amant avec une intense satisfaction : celle de le voir tiré d'affaire!

Au moment de la rupture, parmi les nombreux reproches qu'il me fait, Bernard me lance : « En plus, tu étais en rivalité avec moi! »

Germaine aussi m'étonna.

Trois jours après la parution si attendue de ses *Enseignements* – trente ans de travail! –, la voici qui débarque chez nous à l'improviste, chapeau sur la tête et livre sous le bras.

« Tenez, je vous apporte un exemplaire de mon dernier ouvrage. Vous ne devez pas le connaître, il vient de sortir!

– Mais, Germaine... commence Bernard, dont je vois l'œil s'arrondir.

– Quoi?

– C'est moi qui l'ai écrit pour toi!

– Ah, c'est vrai! Où ai-je la tête? » dit Germaine en se frappant le front sous le chapeau...

J'ai aimé ces longues heures de travail dans la petite pièce de l'ancien appartement de Bernard qui lui servait de lingerie et devint, plus tard, notre chambre à coucher. Il fallait zigzaguer à travers les nombreux « sas » de l'appartement pour y aboutir. Là, au plus creux de sa tanière, Bernard repasse son linge. Ses costumes sont suspendus à des tringles roulantes. Nous les poussons pour installer une table de fortune où je pose ma machine à écrire.

Bernard, tout en dictant, m'embrasse, de temps à autre, un peu partout.

Le génie de Germaine, le fruit de ses découvertes sur l'enfance et le développement de notre être, se révèle à moi dans un univers de désir et d'amour.

J'IGNORAIS tout de son existence quand Bernard me dit :

« Viens, je vais te présenter à Ignace!

– Ignace?

– C'est mon meilleur ami. Je lui ai donné rendez-vous sur notre chantier. Il s'y connaît en travaux, il déménage tout le temps... »

Au moment où nous montons dans la voiture, Bernard ajoute : « Il est très riche! »

Fourni d'un air détaché, ce renseignement est capital! Bernard, je vais le découvrir, est fasciné par l'argent. Quant à moi, une curiosité m'envahit à l'idée de contempler de près un homme « très riche ». J'imagine Ignace lumineux et même, pourquoi pas, phosphorescent!

A cause de la feinte désinvolture qui émane de sa personne – en fait c'est de la peur, et c'est cette peur qui le rapproche de Bernard –, je remarque Ignace avant de savoir que c'est lui. Il est assis, jambes croisées, à la terrasse de notre café habituel, sur cette jolie placette que sa forme nous a fait surnommer « le triangle d'or ».

En même temps, il est si « gris » que Bernard doit m'entraîner vers lui et me le présenter pour me faire admettre qu'il puisse être le milliardaire! Tout, chez lui, teint, costume, expression, est couleur de muraille... Des Ray-Ban cachent pour l'instant ce qu'il a de moins anonyme, ses yeux...

Seules une certaine décontraction, l'immobilité de qui a le temps – c'est-à-dire n'a de comptes à rendre à personne – trahissent subtilement l'état de sa fortune.

Après cette première rencontre, je vais souvent avoir l'occasion de l'observer : quand il ne peut pas être avec Bernard – que sa lenteur, sa passivité agacent –, Ignace est en effet avec moi. Sa compagnie, insolite, me distrait. Parfois, elle m'ébahit. Peut-être aussi me permet-elle de régler quelque chose de mon propre rapport à l'argent...

L'argent – Ignace en est l'illustration vivante – donne un grand pouvoir à qui n'en possède pas d'autre : le pouvoir sur autrui...

Au restaurant, d'un plat raffiné et coûteux Ignace ne prend qu'une bouchée, puis repousse l'assiette. Chez un grand sellier, il regarde autour de lui d'un air blasé, pour s'intéresser brusquement à une babiole – un porte-clefs, par exemple – et exiger, sur un ton qui ne trompe pas quant à son pouvoir d'achat, qu'un vendeur se mette entièrement à sa disposition... Comment fonctionne ce porte-clefs... son ouverture... sa fermeture ? « Il a un inconvénient, finit-il toujours par dire, le verrouillage présente un risque. » Et il le repousse de la main, sur le tapis de velours où l'on présente les bijoux, du côté du vendeur qu'il a inutilement dérangé. En même temps, un grand sourire illumine fugitivement son visage émacié : il a dit « non » ! Il adore dire « non ». C'est même la seule chose qui le satisfasse à tout coup : dire « non ».

Ce jour-là, Ignace et moi nous toisons. Il n'y a pas d'autre mot. Nous sommes, et nous le sentons immédiatement, en rivalité. Il est le meilleur ami de Bernard, si ce mot a un sens, et je suis son nouvel amour. Celle qu'il présente partout, très solennellement, comme sa femme.

Sans être très intelligent, Ignace est très fin. Il comprend immédiatement que, pour une fois, le nouvel amour de Bernard fait le poids. Le poids en féminité. Et un lent, long combat s'engage entre nous. Il dure toujours. Plus exactement, Ignace vient de gagner une manche : Bernard m'a quittée. Mais c'est pour se lier plus étroitement à Ignace et à son argent...

Toutes ces années-là, sans bien me rendre compte du danger, c'est-à-dire de la tentation permanente que représentaient Ignace et sa fortune pour Bernard, je me suis amusée à le déloger de ses positions. C'est-à-dire à lui faire faire des dépenses qu'il n'avait pas envie de faire. Non seulement en numéraire – comme tous les gens riches, Ignace est économe –, mais en effort physique : une promenade, par exemple. Ou en intérêt : visiter une exposition, un musée, lire un livre... Ignace lit rarement, et plutôt le journal!

Cette première fois, la rencontre est brève. Bernard formule une excuse pour le retard et nous nous asseyons à la table en terrasse qu'occupe Ignace. J'ai dû prendre un café, Bernard aussi. Ignace commande sa boisson favorite : une bière. Il peut en absorber des litres. A peine gonfle-t-il un peu de l'estomac. Le reste demeure squelettique.

Je regarde ses mains, soignées. Il ôte soudain ses lunettes. Ses yeux font mal, tant ils sont vulnérables. Souvent cernés. C'est à cause de ses yeux qu'Ignace, longtemps, m'a désarmée. Comment se méfier ou tarabuster quelqu'un qui promène dans la vie un regard traqué d'animal?

Ignace « descend » sa bière presque d'un trait, puis en réclame aussitôt une autre.

« Mais enfin, Ignace, lui ai-je fréquemment demandé par la suite, c'est quoi, la bière, pour vous? Le lait que votre mère ne vous a pas donné à votre suffisance quand vous étiez petit? Ou faut-il le prendre au mot : bière égale cercueil?

– Vous m'ennuyez », répondait Ignace, quand il me répondait.

Un jour, même, il m'a dit : « Vous m'emmerdez! » J'ai éclaté de rire tant le mot jure avec l'aspect « aristocratique » qu'Ignace travaille à se donner. Et puis, emmerder Ignace n'est pas à la portée de tout le monde : à part moi, il n'y a que Nestor, son valet de chambre, qui y parvient... En oubliant, par exemple, de renouveler la provision de bières dans le frigidaire. Ou en entrebâillant la porte de sa chambre à cinq heures de l'après-midi, pour voir si son maître, toujours couché nu sous ses couvertures, est mort ou vivant.

Ignace est vivant, et même très vivant. Mais il ne vit que pour lui seul. A ses heures, à sa manière. En essayant d'éviter tout contact avec le monde entier.

Un jour, sujet à l'une de ses terribles crises de dépression, il a accepté que je monte le voir. Son visage était si pathétique qu'après l'avoir embrassé, du bout des lèvres comme il est d'usage entre nous, j'ai voulu lui passer la main dans le dos. « Ne me touchez pas! » hurla-t-il. J'obtempérai. (Toucher Ignace ne fait pas partie de mes plaisirs les plus fous.) Personne n'a le droit de le toucher. Et pas grand-chose, à vrai dire, ne le touche, moralement parlant.

Sauf lui-même, sa propre histoire, qu'il se raconte et se ressasse sans y comprendre grand-chose. Fils unique, il considère qu'il n'a pas été aimé par sa mère ni par son père. Qu'il a même été « maltraité », envoyé à plein temps dans les pensions les plus chères et les plus chics d'Angleterre, puis, une fois en âge d'être exempté du service militaire, vu sa maigreur, obligé par son père d'apprendre le

« métier », celui de P-DG de leur entreprise, en commençant par le bas, alors qu'il est notoirement incapable de faire autre chose que signer un chèque. Il fit des fugues, voulut mourir, prit des risques insensés en voiture.

« Un jour, aime-t-il à me raconter, j'ai conduit si vite sur un chemin de terre qui fait dos d'âne que, arrivé au sommet de la côte, la voiture a décollé de plusieurs mètres! »

Le pauvre petit, il se prenait pour Prost ou Belmondo, alors qu'il n'était qu'ivre de fureur et suicidaire!

A présent, son père est mort, il tient sa mère loin de lui, à bout de perche, et il s'est « ventousé » à Bernard. Là-dessus j'arrive, moi, brillante, parfois bavarde, imprudente, remuante, en somme tout ce qu'Ignace n'est pas. Tout ce qui le fascine et réveille en lui de l'énergie. Pour me dire « non »!

Peu de jours après notre première rencontre, Bernard m'emmène, à la nuit, faire le tour de Neuilly dans sa petite voiture. Roulant au pas dans les allées désertes et plantées d'arbres qui paraissent s'ennuyer autant que les habitants de ce quartier trop résidentiel, il s'arrête soudain à un coin de rue où trône un hôtel particulier, avec grille et jardinet. L'immeuble classique à Neuilly, l'un de ceux que détruisent peu à peu les promoteurs pour les remplacer par des bâtiments tapageurs, plus rentables que les maisons individuelles.

« Tu vois cette maison où ne brille qu'une seule lumière à un seul étage?

– Oui.

– C'est là que vit Ignace. Il s'est acheté un hôtel particulier pour lui tout seul. Il n'y occupe que deux pièces, sa chambre et un tout petit bureau en angle où se trouve la télévision. Il descend de temps à autre dans la cuisine, au rez-de-chaussée, où il s'est fait installer le frigidaire le plus perfectionné qui soit. Je rêve de posséder le même : il fournit des glaçons à la demande! »

Moi qui déteste boire glacé, je ne partage pas, pour une fois, l'enthousiasme de Bernard.

« C'est bien sombre, cette rue, lui dis-je, et bien désert.

– Ne t'inquiète pas, me dit Bernard, se méprenant sur le sens de ma remarque. Tout est parfaitement défendu, les alarmes sont installées comme il convient. Ça n'est pas une maison comme une autre, c'est un coffre-fort. »

Il me fallut mieux le connaître pour comprendre qu'il était normal qu'Ignace, dont le « coffre », le thorax, est faible, éprouve le besoin de vivre dans un « coffre-fort »! Dont il allait d'ailleurs sortir, en vendant son hôtel. De cette escapade aussi je suis en partie responsable.

Que de pas vers la liberté j'ai fait faire à Bernard et Ignace...

Normal qu'ils m'en veuillent. C'est si pesant, la liberté!

LES premiers jours, je n'ai qu'une tenue de rechange, ma brosse à dents. Puis quelques tiroirs me deviennent nécessaires... Dès que j'en ouvre un, il déborde d'un étonnant fatras! « Jette-moi tout ça! » me dit Bernard, mains dans les poches. Lui-même a horreur de jeter.

Le résultat est... pyramidal. Elle se dresse, la pyramide, pointe en l'air, dans ce qui est devenu notre cuisine. Vieux papiers, journaux encore sous bande, chiffons, vêtements moisis. Le tout aggloméré. Il me faut une dizaine de sacs-poubelles et une pelle à charbon pour en venir à bout...

Fouillis également dans le bas des armoires : petites culottes, ballerines usées, lettres d'amour, bimbeloterie... Bernard, là aussi, est sans pitié : « A la poubelle! » Sans faire un geste, il me regarde exécuter ses hautes œuvres. Je m'y emploie avec une certaine allégresse – surtout pour les lettres d'amour! (Stimulée par les mêmes « taïaut! » du même Bernard, ma remplaçante expédie-t-elle mes restes à la décharge?)

Bernard rit à gorge déployée quand j'extrais de sous son lit ou de derrière la commode quelque soutien-gorge ou boucle d'oreille dépareillée... Ou lorsque je retrouve sa photo dans les bras d'une autre! Un rire enfantin, ruisselant, délicieux! C'est avec ce rire qu'il a séduit et désarmé sa mère, dès ses trois ans, après avoir massacré vêtements, pots de confiture, le chat, sa propre personne...

Son père aussi fondait.

Germaine.

Moi.

Maintenant les Chinois, les banquiers, les fonctionnaires du gouvernement – de droite ou de gauche –, son avocat, ma remplaçante...

Il y a longtemps qu'Ignace n'est plus qu'une flaque mouillée sous le rire de Bernard.

J'avais écrit dans mon cahier d'adolescente vierge (cet âge – ou faut-il dire cet état? – est inspiré) : « Charmeur de mots... Charmeur d'êtres... Seul accomplissement! »

Je viens de le rencontrer, mon charmeur, mon chaman! Est-ce parce qu'il a conscience de ma chance – si souvent le rêve ne devient jamais réalité – que Bernard juge inutile de régler ses comptes à mon égard?...

Dès que cette vérité m'apparaît, je lui téléphone : « Tu veux bien consommer, mais tu ne veux pas payer! » Silence concentré au bout du fil. J'ai dû faire mouche... Puis, d'une petite voix changée : « Tu as raison! »

Je soupire. Si souvent dans notre vie commune Bernard m'a dit : « Tu as raison! » Mais après la rupture, je n'avais plus que tort, et tous les torts... Redeviendrait-il ce qu'on nomme « raisonnable », c'est-à-dire sensible aux arguments du bon sens?

En fait, il n'y a que sa voix de changée. Sur le plan du comportement, mon amant continue cyniquement de passer outre à mon désastre! Il est vrai que le malheur ou la malchance d'autrui l'ont toujours laissé indifférent – juge-t-il qu'il a eu son compte, ce qui le rend quitte avec la terre entière? Souvent je l'ai entendu enterrer un ami d'une épitaphe sans réplique : « C'est logique! Je l'avais prévu! Il y allait tout droit... »

Maintenant, c'est moi qu'il incinère ainsi, je présume... (Ne m'avait-il pas dit : « Moi, je n'ai pas de cœur, c'est pour ça que je vais réussir... Toi, tu en as trop, Ignace aussi, vous ne pouvez qu'échouer! »)

Auprès de cet homme, n'aurai-je donc rien vécu? Que ma propre vie?

ÉCLAIRS de lucidité? A certains moments, j'ai le sentiment que Bernard, qui s'est accroché à moi par amour, me dit-il, est en fait pris dans un filet où il se débat désespérément. Je suis, sans m'en douter, sa « dernière chance »...

Comme j'ai mis la charrue avant les bœufs, c'est-à-dire accepté de vivre avec lui avant de savoir qui il est, c'est jour après jour que se révèlent des aspects nouveaux de son existence. Et aussi de son passé. Je ne me contente pas d'accepter, j'encaisse. Et débourse! (Certaines dettes assez « criardes » ne tardent pas, elles aussi, à montrer le bout de leur nez.)

Mais je repousse l'idée que Bernard tient à moi par intérêt. D'abord, ça n'est pas flatteur. Ensuite, il est si tendre... Et puis tous ceux que nous rencontrons trimbalent tant de problèmes... S'il fallait demander à chacun une fiche des RG, un relevé bancaire et sa dernière analyse de sang avant d'entrer dans son lit... On se fie, comme le fisc, aux apparences et au train de vie!

Celui de Bernard, en toute circonstance et même quand il n'a plus le sou, est un train de luxe... Il m'expose naïvement sa politique : on ne prête qu'aux riches!

A cette époque, Bernard officie deux ou trois fois

par semaine dans un grand hôpital parisien. Là aussi, question apparence, mieux vaut se présenter du côté des soignants que des soignés, même si la frontière n'est guère nette! Psychanalyste de formation, et non médecin, Bernard ne peut agir seul. Il travaille donc en compagnie d'un jeune psychiatre dûment diplômé. A eux deux, ils forment une fière équipe. Bernard avec son sens aigu de ce qui ne va pas chez l'autre – d'où son côté meurtrier lorsqu'il décide d'enfoncer au lieu d'aider – et Franz, son ami, son double, doué d'un sang-froid de technicien. Sans doute hérité de son père, un très grand chirurgien du cerveau.

Bernard me parle avec passion de sa fonction : « Chaque nuit apporte une cargaison différente... Les drogués... Les suicidés... Ou alors les blessés d'une échauffourée... Parfois les immigrés, ou leurs femmes quand ils retournent contre elles leur mal à vivre... Des gens célèbres se présentent d'eux-mêmes : " Je sens que je vais faire un malheur... Gardez-moi pour cette nuit! " On leur donne un lit, des calmants, et le lendemain ils repartent... On ne garde pas au-delà de vingt-quatre heures, nous avons trop besoin des lits pour la nuit suivante... »

Je suis contente d'apprendre qu'il y a dans Paris de grands hôtels où l'on reçoit n'importe qui, n'importe quoi, en somme le malheur, sans lui demander d'abord son identité... Mais je tremble à l'idée des risques que Bernard peut courir : depuis que nous vivons ensemble, il continue d'être de garde plusieurs nuits par semaine.

Je l'attends sans parvenir à dormir. C'est presque l'aube quand il rentre. J'entends sur le trottoir son pas pressé et en même temps « libéré ».

Quelques instants plus tard, il se jette sur moi nue sous les draps. De tout son poids et de tout son long, sans même ôter ses chaussures. Niche son visage dans le creux de mon cou. Ne bouge plus. De quels démons, les siens et ceux des autres, se sent-il momentanément délivré?

A mon grand soulagement, il me déclare un jour : « Finies pour moi, les urgences! Je t'ai, cela me suffit! » (Il m'a déjà dit ça pour son métier de psychanalyste privé.) « Et puis je ne veux plus passer tant de nuits loin de toi. »

Entre-temps, il m'a raconté :

« Parfois, je nous sens comme deux footballeurs, Franz et moi, installés côte à côte au bout du couloir, prêts à bloquer le " ballon ", c'est-à-dire le fou furieux que nous amènent, ou plutôt traînent, halent, maintiennent, un groupe d'agents terrorisés! Nous sommes en blouse blanche. Curieusement, dès que le malade nous aperçoit, à des dizaines de mètres de distance – le corridor est long –, il arrive qu'il se calme aussitôt. Parfois, il échappe aux agents, court vers nous et se jette dans nos bras! Pas toujours... Il peut prestement sortir un couteau... Les infirmiers des autres services le savent. Ils se planquent derrière leurs portes et guettent de l'œil la façon dont les psy vont s'en sortir...

– Et alors?

– Cela dépend... La parole peut suffire... Mais on ne sait jamais, rien n'est plus vif et plus imprévu qu'une personne en proie à une crise mentale... Quand leur état est trop avancé, drogue ou alcool, il faut la piqûre... Tranxène, Haldol... On leur parlera le lendemain, au réveil. »

Et il me rapporte quelques-uns des cas de la nuit, toujours pathétiques. Comment croire qu'une telle ardeur à comprendre est sans racines?

Ce virus, quel qu'il fût, me donnait des crampes. En particulier dans les jambes. A certains moments, je ne savais plus quoi faire de moi, plus mal encore couchée que debout.

Les yeux de Bernard étaient bordés de rouge, ses traits tirés. Les photos de cette époque montrent deux êtres « à plat » qui se tiennent par la main, le sourire pâle...

« Qu'est-ce qu'on a? disait parfois l'un.

— Je ne sais pas, répondait l'autre.

— En tout cas, ce n'est pas ça qui va m'empêcher de te faire l'amour! » me disait Bernard.

Rien, toutes ces années-là ne l'empêcha jamais de m'aimer. Pas même sa crise d'appendicite : dans le cabinet de toilette de la clinique tenue par les bons pères, à peine sorti de l'anesthésie, ses points de suture non ôtés, il m'entraîna...

Là encore, je me suis laissé faire. Souriante. J'ai toujours pensé qu'une femme doit être disponible au désir de l'homme qu'elle aime. C'est si fragile un désir d'homme, et si beau.

Anonyme aussi.

Le printemps venu, pensant qu'on sera mieux au grand air, comme on disait autrefois, nous allons chez Ignace, qui nous offre l'hospitalité de son second « coffre-fort ». Celui qu'il possède dans un coin perdu de l'Ile-de-France, entouré d'une clôture qui le rend invisible, introuvable.

La maison, aménagée dans le passé par son père, est sombre, presque sans ouvertures. Mais rutilante de propreté. Ainsi le veut sa mère, qui n'y vient que deux ou trois fois l'an, mais exige l'impossible de sa femme de ménage. « Défense de bouger un objet de place », me dit Ignace qui tremble à la seule idée de la réaction maternelle si un bibelot, une louche, un vase ont migré.

Toute maniaquerie me surprend, comme une fatigue inutile, mais j'obtempère au désir d'Ignace. Il est chez lui et je n'ai aucune raison d'enfreindre des règles absurdes à mes yeux s'il risque d'en souffrir. Je sais trop ce que c'est, en ce moment, souffrir...

Nous mangeons plus qu'à l'accoutumée. Par oisiveté, besoin aussi de nous donner des forces. Surtout des pâtes, parce qu'elles passent plus facilement et sont de préparation plus facile.

Certains prétendent que les pâtes ne font pas grossir. Après quelques mois de ce régime, j'ai pris plusieurs kilos! Non seulement je me sens faible mais alourdie!

« Ma grosse! me dit Bernard en prenant à pleines mains les bourrelets qui commencent à me rendre " pneumatique ". J'aime que tu sois grosse!

– Pas moi! »

Les vêtements que je me suis achetés à l'époque sont maintenant deux ou trois fois trop grands pour moi. Car depuis que Bernard ne m'aime plus, j'ai retrouvé la ligne. Fini les pâtes, fini les desserts, fini tout...

« Alors, tout est fini? » m'a lancé Bernard à l'un de ses derniers appels téléphoniques, qui a tout l'air d'un appel au secours.

Même s'il a lui-même mis en marche le mécanisme qui nous arrache l'un à l'autre, je sens qu'il est désespéré. (La famille, bien entendu, pousse à la roue, tant le mot magique d' « enfants » la rend sourde et aveugle à tout ce qui n'est pas son besoin de reproduction.)

Dans l'état où Bernard m'a lui-même jetée, avec un art consommé de l'autodestruction, je n'ai pas la force de lutter contre le raz de marée.

Il faudrait que Bernard y mette du sien.

« Oui, lui dis-je, tout est fini. »

J'entends sa respiration au bout du fil. Va-t-il tenir? Lâcher? L'instinct grégaire est le plus fort. Il lâche.

Tout, pourtant, avait l'air si vrai!

Je sens encore dans mon dos le skaï trop tendu du divan d'Ignace où, face à la télévision, la main dans la main, Bernard et moi passions des heures... Si j'allais au jardin voir où en étaient les premières violettes, comment mûrissaient groseilles et cassis, mon amant était sur mes pas. Et je le suivais quand il montait s'allonger sur le lit, ou se coucher.

« J'ai un secret à te dire, m'arrivait-il de lui souffler.

— Quoi?

— Je suis amoureuse...

— Moi aussi », disait-il en m'embrassant avec une fougue que je n'ai connue qu'à lui.

Ignace, l'air lointain, surveillait notre confort. Renouvelant linge et savons parfumés. Alimentant le feu dans la cheminée. Qu'a-t-il pensé de notre « scandaleuse » liaison? Il est fin, je l'ai dit, mais assez dépourvu de psychologie. La plupart du temps, il interprète à l'envers le comportement d'autrui. Et le sien.

Je me suis souvent dit que ce qu'il prenait pour de la haine entre sa mère et lui est en fait de l'amour-passion. A d'autres moments, il m'est arrivé de penser que son seul, son véritable ennemi est l'argent. Il m'a trop répété : « Sans l'argent, je serais cuit! Il n'y a que ça qui compte... Vous non plus, vous ne pouvez pas vous en passer! »

Sans argent, c'est vrai, on se retrouve clochard. Reste que le plus important c'est mon rapport avec moi-même. Quand il est bon, l'argent vient tout seul... Ignace, lui, les deux mains agrippées sur l'argent qu'il a et qu'il craint tant de perdre, en oublie d'être bien avec lui-même. Du coup, il se coupe de la source de l'argent : laquelle est autrui...!

Un jour, il a fait devant moi une horrible grimace. Bernard venait de lui annoncer qu'il avait réussi pour lui une affaire délicate qui avait rapporté une grosse somme. Sous le coup de la bonne surprise, Ignace, incapable de dissimuler ses sentiments, a une torsion du visage qui le fait ressembler à une gargouille. Bouche ouverte, yeux exorbités, il présente un visage grotesque, presque animal.

Choqués, Bernard et moi nous entre-regardons. Quel rapport « anal » Ignace entretient-il avec l'argent?

« Je suis sûr qu'il serait mieux sans! me dit Bernard dès que nous nous retrouvons seuls...

– N'est-il pas trop tard? A son âge, il ne peut pas apprendre à en gagner...

– La nécessité fait accomplir des exploits!... Tout de même, tu ne crois pas qu'il aurait pu m'offrir une commission pour le service que je viens de lui rendre? »

Je hausse les épaules. En fait, Ignace n'est pas un véritable homme d'argent, sinon il saurait que tout service d'argent mérite salaire. Il est seulement cramponné au sien comme à une bouée... S'il la lâchait, il s'apercevrait qu'il sait nager aussi bien qu'un chien ou un chat... Mais Ignace n'est pas non plus un animal. Il est un sous-produit de l'argent.

Cela nous fascine, Bernard et moi, et nous en parlons souvent ensemble. Nous croyons alors nous comprendre. Pourtant, face à l'argent, qu'incarne Ignace, nous allons chacun réagir de façon différente.

Il n'y a pas que l'argent pour faire problème entre mon amant et moi.

Son premier acte de jalousie est si brutal, de la part d'un homme qui m'abreuve de sa tendresse, que, traumatisée, je veux le quitter sur-le-champ! Et l'aurais fait s'il ne m'avait violemment retenue.

Je m'étais permis – jugez du crime – d'offrir une tablette de chocolat à l'un de ses amis. Celui-ci venait de nous avouer qu'il appréciait fort une certaine marque introuvable hors de notre quartier.

Profitant de ce que les deux hommes sont absorbés dans leur conversation, c'est par amour pour Bernard que je vais aussitôt quérir de ce chocolat pour son ami, tout heureuse, à mon retour, de lui en faire la surprise... (J'en avais pris aussi pour Bernard. Je le savais gourmand de cette friandise.)

Mais à peine notre hôte a-t-il franchi la porte que Bernard, visage clos, me querelle avec tant de violence sur ce qu'il appelle mon « inadmissible provocation » à l'égard d'un autre homme que – me sentant totalement innocente – je veux partir!

La fuite, ma réponse immédiate à l'agression.

Voyant que je vais prendre la porte, Bernard

m'attrape alors par le poignet, m'entraîne de force dans la chambre, me pousse sur le lit, et me bat.

Un violent désespoir s'empare de moi. Je ne sortirai donc jamais de la solitude!

Prenant ma prostration pour un aveu, Bernard m'explique longuement combien ma conduite est honteuse! Il a connu des petites « putes » dans mon genre, il ne va pas se laisser faire, il me dressera...

Je suis sans forces pour me révolter, et peu à peu le fou furieux se calme. Me demande de lui jurer que je ne recommencerai pas. (Quoi? A être moi-même?) Au fond de moi, une petite voix murmure : « Il est fou... On l'a trop trompé... Il finira bien par me rendre justice! »

Un autre épisode, tout aussi désastreux, est de plus drolatique, car il a lieu avec Ignace.

Si quelqu'un ne s'est jamais intéressé à moi en tant que femme, et même en tant que rien du tout, c'est bien Ignace! Il est trop occupé par sa propre personne, son environnement d'objets choisis, sa déprime, pour me considérer sous un angle sexuel. Il n'est même pas sûr que j'accède auprès de lui au rang de mère... Je ne suis qu'un interlocuteur possible, je connais Germaine et quelques autres « grands écouteurs ».

Bernard vient juste de me présenter son ami et nous sommes dans un restaurant. Soudain Ignace, assis à ma droite, a un geste qui témoigne pour la première fois – et la dernière, car lui aussi va se trouver traumatisé par la réaction de Bernard – qu'il a conscience de ma présence physique. Il m'ôte, du bout du doigt, une bribe de nourriture égarée sur ma joue.

« Merci », lui dis-je.

Nous continuons à dîner.

A peine sommes-nous dans la voiture – Ignace nous quitte – que Bernard, dont je n'avais pas perçu le changement d'humeur (c'est un comédien de premier ordre quand il veut), entre dans une colère noire. Démarrant avec brutalité, il m'explique que là aussi ma conduite est inqualifiable. Traînée que je suis, j'ose provoquer son meilleur ami!

Je tombe des nues! A quoi fait-il allusion?

« Salope, tu le sais très bien! »

Il faut toute mon insistance pour qu'il consente à me révéler la nature et l'étendue de mon crime : je me suis laissé toucher la joue par Ignace!

Je n'ai pas envie de rire, tant son état est terrible, et j'essaie très sérieusement de me justifier. Bernard sait bien que son ami est un grand obsessionnel! C'est lui-même qui me l'a dit... Ignace, donc, a horreur de tout ce qui n'est pas à sa place. Ce débris de nourriture sur mon visage, que je ne sentais pas et donc n'essuyais pas, le gênait, l' « obsédait », puisque telle est sa névrose, et il a fait ce geste pour continuer à dîner. Non pour me toucher.

Mes arguments ne font qu'augmenter la rage de Bernard : en plus, je refuse de m'avouer coupable!

Une nouvelle fois, mon désespoir à me sentir méconnue est si violent que j'ouvre la portière pour me jeter dehors. Bernard, bien plus fort que moi, rattrape la porte de sa main droite, la verrouille et me gifle.

Une fois à la maison, il me bat encore. Je me laisse maltraiter, le corps abandonné, comme sous les coups de la Miss quand elle m'avait surprise, le soir dans mon lit, à lire sous mes couvertures.

Il faisait encore jour, on m'obligeait à me coucher en même temps que ma petite sœur. Je ne parvenais pas à m'endormir. J'avais soif de connaissance, de rêve, de lecture, d'échanges humains aussi, d'amitié. Tout m'était interdit. Pendant que la Miss me battait sans que j'offre de résistance, mon esprit insoumis errait dans le futur, attendant la rencontre.

Je croyais que je venais de la faire! Avec Bernard... Et voilà qu'il reprend le rôle de ma gouvernante! Mais ses coups ne me font pas plus mal que ceux de la Miss parce que là aussi je suis bien trop loin en esprit pour les ressentir... Devant ce qu'il prend pour de l'indifférence, Bernard achève de s'exaspérer. Il menace de me casser le bras si je continue à faire la sourde-muette. Il en est capable, alors je demande pardon et, comme au temps de mon enfance, me soumets complètement.

Du moins physiquement.

Désormais, je renonce à adresser la parole « en direct » à quelque homme que ce soit. Tout juste si je ne parle pas à la troisième personne et les yeux baissés aux représentants du sexe masculin. Je romps aussi mon lien avec les femmes. Mes amies les plus chères, ma sœur et ma nièce... « Tu crois qu'elles t'aiment? Au premier coup dur, elles te lâcheront... »

Sur ce point, Bernard ne s'est pas entièrement trompé! Au moment de la rupture, beaucoup de mes amies, sœur comprise, disparurent. M'ont-elles fait payer d'avoir obéi à la tentative de Bernard pour me séparer d'elles? Ou fuyaient-elles leur trop grande jouissance à voir terminée une liaison qui les agaçait, provoquant leur envie? Les seuls qui m'ont soutenue pendant la désolation, en dehors de Gérard, qui puisa dans son caractère la force de faire la part des êtres – comme on dit la part des choses –, sont des étrangères et des étrangers.

Puis Bernard s'attaque, je l'ai dit, à ma façon de m'habiller, proscrit le noir, les vêtements trop près du corps... En dehors des blazers de couleur vive, il m'achète une petite bague bon chic bon genre, deux clips des années cinquante. Il ne manque que le foulard Hermès... Pas longtemps, il m'en offre deux!

Il m'a dit, et cela m'a touchée comme une promesse de durée : « Plus tard, tu auras les bijoux de ma mère, ceux-là te suffisent pour l'instant... » (Les miens propres étaient au rancart, Bernard se demandait trop d'où je les tenais!)

Je finis par me promener en chaussures plates et dans ces tenues informes que l'on nomme « joggings ». Une belle vieille dame qui a vu naître Bernard et vit dans l'appartement au-dessus du nôtre – « Je n'ai pas beaucoup de chauffage, mais depuis que tu es là, votre amour me chauffe », me dit-elle – ne me ménage pas ses reproches : « Mais enfin, qu'as-tu à te promener dans des sacs? Tu n'as plus de silhouette... »

J'avais que je ne voulais plus être battue!

Tandis que je ternis à vue d'œil, Bernard, lui, décide de conditionner son look en vue de ses nouvelles ambitions d'affaires. Vite, il dépense des fortunes chez plusieurs tailleurs... Je contribue à sa métamorphose en lui choisissant moi-même des cashmeres aux teintes pastel assortis à des cravates de soie, qu'il porte toujours...

Je me rappelle que, dans les années trente, les soyeux et les laineux confectionnaient pour ma mère et sa maison de couture des tissus aux teintes exactes qu'elle leur demandait.

J'ai repoussé la couture, mais la couture a fini par « repousser » en moi, grâce à Bernard! Tous les matins, avant de sortir, mon amant se présente au garde-à-vous :

« Ça va?

– Ces bleus sont bien, lui dis-je, mais il faut relever d'un orangé... Tu as des chaussettes dans ce ton-là... »

Le matin même de notre rupture, dans son costume gris à minces rayures roses – presque aussi invisibles que la trahison –, Bernard me demande si sa cravate gris et vert pâle « fait bien ». Je scrute avec une attention soutenue la silhouette, le visage, le moindre détail de l'apparence et du costume de mon amant. Mais je ne vois pas que notre liaison est terminée... C'est le soir même qu'il va me donner mon congé...

« Parfait! » lui dis-je.

Soudain, l'idée me vient de proposer à Bernard d'écrire un roman à deux. Il bat des mains : un roman, rêve secret de tout un chacun! Le sujet est vite trouvé : l'expérience qu'il a faite au service des urgences psychiatriques, à l'hôpital.

« Les gens connaissent mal l'existence de ce service, dis-je à Bernard. Pour une raison simple : ceux qui s'y trouvent, soignants comme soignés, ont autre chose à faire qu'écrire... C'est une situation qui me rappelle celle de *L'Etabli*...

– L'établi? Qu'est-ce que c'est que ça?

– Un roman qui relate dans le détail et avec talent ce qui se passait chez Citroën, après Mai 68, sur la chaîne où les travailleurs assemblent les deux-chevaux.

– Qui l'a écrit? Un ouvrier?

– Non, un universitaire. A l'époque, c'était la mode d'aller s'établir en usine, comme on disait... Tu ne te rappelles pas? C'est vrai, tu étais trop jeune!

– Non mais, pour qui me prends-tu? J'étais sur les barricades, moi! Avec un mouchoir sur la gueule contre les gaz lacrymogènes... »

Comme Bernard est plus jeune que moi, j'ai souvent la coquetterie de lui dire : « Cela s'est passé quand tu n'étais pas encore né. » Une exagération qui l'enrage et à laquelle il rétorque en me détaillant des souvenirs d'une époque si reculée – l'avant-guerre – qu'il n'a pu que les emprunter à son père ou à sa mère... Ce besoin qu'il a de nous « égaliser », et même de me « dépasser », m'apparaît comme une rassurante preuve d'amour. S'il m'en fallait encore une.

« L'expérience en usine dure rarement longtemps. Dès qu'on est repéré par les petits chefs ou la direction, on est balancé. Ni les patrons ni, d'ailleurs, les syndicats ne veulent de témoins... Surtout des témoins qui savent écrire !... L'auteur de *L'Etabli* a tout vu et dit tout... les rythmes d'enfer, les trucs pour gagner quelques secondes et allumer une cigarette, les rapports entre Français et immigrés... L'épuisement du week-end, qui transforme les cités ouvrières en cités-dortoirs...

– Tu as fait un article ?

– Bien sûr ! Après avoir rencontré l'auteur, car je voulais me faire confirmer ce qu'il avait écrit... Ça a été l'un de mes derniers. Après, j'ai été renvoyée...

– Renvoyée, toi ?

– L'hebdomadaire où je travaillais depuis plus de vingt ans venait d'être vendu. Le nouveau Grand Patron, que je n'avais jamais vu, me convoque dans les huit jours et, entre autres gracieusetés, me déclare qu'il n'a pas aimé mon article sur *L'Etabli*. Ça n'était pas ses idées... Il y voyait du gauchisme... Alors que je me contentais de rendre compte de ce qu'avait écrit quelqu'un qui y était allé voir (risquant des coups ou pire) et rapportait ce qui se passait tous les jours dans nos usines... Quelqu'un qui a été " au front " chez Citroën comme toi aux urgences... Voilà pourquoi j'ai envie que tu fasses ce livre et que je suis prête à le faire avec toi. On commence quand ?

– Tout de suite. »

Tandis que nous traçons les plans de notre futur

récit et ficelons les personnages, mon unique rencontre avec un capitaliste en action me revient à l'esprit.

Ce financier international, connu pour son flair – j'allais dire de hyène ou de chacal : ce ne sont pas des animaux que je méprise, ils font un boulot nécessaire... – repère l'entreprise qui bat de l'aile, la rachète, balance la moitié du personnel afin de ne laisser fonctionner que le secteur qui rapporte. Remet l'entreprise sur pied. Puis la revend, avec bénéfice pour sa poche. C'est cruel, efficace, expéditif, rentable. Bien vu par les réalistes. Ignoré des autres. Cet homme-là est intouchable – pas français. Personne ne le rencontre et peu savent la tête qu'il a.

C'est une secrétaire à l'accent britannique qui me convoque deux jours plus tôt en me demandant si l'heure du rendez-vous qu'elle me fixe me convient... Quand le Grand Patron vous convoque, l'heure vous va toujours... Et elle le sait, la garce.

Le lieu? Son nouveau bureau. Au dernier étage du building, là où les meubles sont recouverts de cuir souple, avec des terrasses et des plantes en jardinière sur les terrasses. Pas de table – on ne « travaille » pas sur dossiers, quand on est Grand Patron –, un bar invisible.

J'arrive à l'heure juste. La « dame » élégante qui occupe la fonction mirifique de secrétaire du Grand Patron me fait pénétrer dans le bureau. J'avise un vaste fauteuil – il n'y en a pas de petit –, y plonge, croise mes jambes gainées de nylon fin.

Je m'imagine, étant donné mes capacités et mes états de service – dont va témoigner, plus tard, un livre de portraits des plus grands écrivains français –, que l'on va me promouvoir. Me proposer ce dont je rêve depuis longtemps : une chronique libre. J'ai des choses à écrire, moi, sur le temps qui passe, les événements de la rue, les chiens. Enfin, ce qui intéresse tout le monde... « J'ai rencontré un chien et deux autres personnes », écrit Boris Vian. C'est là ma voie...

Le Grand Patron – il mesure plus du mètre quatre-vingt-cinq – entre en coup de vent, s'assied et me dit : « Soyons brefs! Ou vous partez avec vos indemnités, ou je deviens méchant... »

Je suis tellement suffoquée par ce langage plus qu'expéditif que j'en oublie de lui demander pourquoi il serait méchant! Et puis, c'est comme avec Bernard, quand on me dit : « Va-t'en », je dénoue ma ceinture et je m'en vais. (A ce propos, j'ai fini par découvrir pourquoi mon premier geste a été de dénouer ma ceinture, en ce fatal jour de septembre : ses mots m'ont fait l'effet de la mention lumineuse qu'on lit soudain dans les avions : « *Unfasten your seat belts*. » Cela veut dire que le voyage est terminé.)

Dix minutes plus tard, je suis dans la rue. Un peu plus long qu'avec Bernard, la mise à la porte, parce que le bureau du Grand Patron n'est pas au rez-de-chaussée, mais au sommet du building, et qu'il fallut attendre l'arrivée de l'ascenseur. Je garde le souvenir de cette cabine qui descendait, qui descendait... Et l'image de la figure devenue avenante du Grand Patron.

Ravi de voir que je disais « oui » tout de suite – comme avec Bernard! – à sa « suggestion » de départ, il a retrouvé le sourire pour me serrer la main, qui n'écrira plus pour lui, sur le seuil de la porte de son bureau. Je me retourne au moment de la franchir.

« Ainsi, vous n'aimez pas mon travail?

– Si... Si... Votre talent n'est pas en cause... Mais il y a un article que je n'ai pas aimé...

– Lequel?

– Votre critique de *L'Etabli*. »

C'était donc ça! J'étais chassée. Mais fière. Et

libre. (Il faudra que je demande à Bernard ce qu'il n'a pas aimé dans mon travail... Ma façon d'éplucher les légumes? Un peu à la va-vite, c'est vrai... Ou le fait que je ne lui ai pas ciré ses chaussures?)

Reste que ce licenciement brutal m'a affectée, car j'avais beaucoup donné à mon travail. Mais les journaux ne sont pas des personnes et se moquent bien de qui leur apporte ou non un « supplément d'âme »... Puis je me suis dit : « Au fond, je m'endormais dans cette sécurité qui finit par ressembler au fonctionnariat! Me voici obligée de gagner ma vie par la création et le renouvellement continus... »

Je me mets à écrire des articles à la pige, des livres et, bientôt, des pièces de théâtre, tout en allant pointer au chômage.

L'expérience est humiliante. Au début, on tente malgré soi de se justifier d'en être arrivé là auprès de fonctionnaires et de bureaucrates qui s'en moquent et cherchent seulement à tenir en ordre leurs dossiers. (Sans toujours y parvenir!) Puis, au long cours, on découvre quels sont ses devoirs mais aussi ses droits. Comment les prolonger, les renouveler. On apprend aussi qu'il y a plus malheureux que soi. Les hommes, en particulier, souffrent autrement que les femmes. Des pères de famille n'osent plus rentrer chez eux, pour ne rien dire aux enfants.

Une femme de cœur, responsable à un haut niveau du bureau de l'ANPE dont je dépends, me raconte. Certains chômeurs ne révèlent pas tout de suite à leur famille qu'ils sont licenciés. Ils continuent à quitter leur domicile tous les matins comme à l'ordinaire, puis vont s'installer dans un café pour cocher dans les journaux les demandes d'emploi, téléphoner, aller aux rendez-vous. Ils se promènent en ville, tout le temps qu'ils sont censés être au travail, rentrent à leur heure habituelle.

La fiction, on s'en doute, ne peut pas durer indéfiniment. Mais il faut un moment aux nouveaux chômeurs pour s'habituer eux-mêmes à leur condition d'inutiles. (Certains se suicident.)

Ecrivain, j'ai la chance de ne pas être « inutile ». Je veux dire : ni plus ni moins que d'habitude! Mais l'horreur de la condition de chômeur, qui est la mienne et celle de tant d'autres, fait que je suis plus sensible encore à la situation de Bernard.

A son âge – plus si jeune –, il faut qu'il entre d'urgence dans la vie active. Qu'il cesse d'être un marginal. Il n'est pas assez « artiste » pour rester hors cadre et ne le supportera pas. Son honneur, sa dignité, sa survie dépendent de son intégration sociale. L'aider à y parvenir devient, avec l'entretien de Bonhomme, mon seul objectif.

Le plus étonnant, c'est que j'y ai parfaitement réussi.

Pour écrire à notre aise, nous louons une minuscule maison dans un endroit où j'ai mes habitudes d'été et que je rêve de faire découvrir à mon amant : l'île de Ré.

Située dans un village à la pointe de l'île, ceinte de murs, la petite maison a un étage. Bernard et moi nous nous installons au premier, avec la machine à écrire.

Une chambre pour dormir. Une autre pour travailler. Par la fenêtre, qui donne sur un verger clos par des murets de pierres sèches, nous guettons un soleil... qui ne vint jamais!

De mémoire d'îlien, on n'avait vu printemps aussi pluvieux!

Bernard installe sa chaise tout contre la mienne. Je suis face au clavier de la machine. Je l'écoute « revivre », dans un état presque hallucinatoire, ses nuits aux urgences. Nous sommes blottis l'un contre l'autre pour avoir plus chaud, car l'ambiance est humide! Bernard me décrit la scène, puis je l'écris à ma manière. Il relit, rectifie. Pendant que je retape au net le texte corrigé, il descend dans la cuisine se faire un jus de carotte – il croit, cette année-là, à la vertu des vitamines et du carotène –, manger un morceau de fromage et échanger quelques mots avec Ignace.

Ignace, en effet, nous accompagne. Comme d'habitude, il n'a rien à faire. Cette totale disponibilité est un trait que j'apprécie beaucoup chez lui, et nous n'avons pas eu le cœur de le laisser à Paris. Et puis Ignace se rend utile : il conduit la voiture, fait quelques courses... Pour aller chez le boucher, le fromager, l'épicier, le boulanger, non seulement il a le portefeuille sur la main – il aime les petites dépenses, s'il déteste les grosses –, mais il montre une naïve application. On dirait l'enfant à qui l'on a recommandé : « Va me chercher du brie et une baguette » et qui revient, l'air coupable : « Y avait pas de brie ni de baguette, alors j'ai pris du camembert et du pain complet, ça ira ? »

Pour l'instant, au rez-de-chaussée, Ignace déprime. Prostré dans un fauteuil, les mains vides et pendantes. Je crois que le bruit de la machine, au-dessus de sa tête, le berce un peu.

J'ai aimé ces heures intenses, semblables à nulle autre, où je tentais de « donner forme » au mal de vivre de Bernard. Peut-être aussi à celui d'Ignace. De ce travail, il reste cent cinquante pages, intitulées *François et Nicolas*, les noms fictifs que nous avons donnés à nos deux héros, le jeune psychiatre et le jeune psychanalyste.

Il est entendu qu'une fois le roman terminé nous le publierons sous nos deux noms. Puis Bernard montre le bout de l'oreille : « Deux noms pour un seul livre, c'est bête, on ne mettra que le mien. Du moins sur la couverture. Pour le contrat, bien sûr, tu seras mentionnée, nous toucherons chacun cinquante pour cent... »

Quelque temps plus tard, Bernard a réfléchi! Il vaut mieux laisser croire à l'éditeur – que je lui ai déjà présenté – qu'il est le seul auteur du texte.

« Je te reverserai ta part des droits de la main à la main, me dit-il, tu me fais confiance ? »

Je hausse les épaules.

« Bien sûr!

– Cela va donner plus de vérité si l'éditeur pense que j'ai tout écrit moi-même, insiste Bernard.

– D'accord », dis-je.

Etrange contrat! Pour aider mon amant à trouver son identité, je suis prête à renoncer à la mienne...

Quand nous n'en pouvons plus de travailler, nous allons, malgré la pluie, marcher sur les longues plages de l'île, totalement désertes à cette époque de l'année. Nous parlons de tout et de rien, puis revenons au roman en cours... Ignace, un peu en arrière, ramasse d'imperceptibles coquillages jaunes et roses, dont il me fait cadeau (j'en ai conservé)... Tout comme un enfant offre à sa mère sa récolte, caillou, fleur sans tige, insecte écrasé...

Etais-je avec deux enfants? Ou était-ce moi qui les avais choisis, ces deux-là, pour revivre encore une fois ma propre enfance? Loin des contraintes que vous impose immanquablement la vie d'adulte... Auprès de ces deux « clochards de luxe », je pouvais enfin vivre cette tranche d'enfance que la guerre m'avait dérobée, qui me manquait, sans doute, pour tout à fait mûrir... Une vie simple, et par certains côtés si pure.

Après quelques achats de légumes, de viande et de pâtes – encore! – nous rentrons faire la cuisine. En dépit de notre fatigue, Bernard et moi trouvons le moyen de taquiner Ignace, infiniment plus las que nous – ayant encore moins à faire –, plus lent, et, la plupart du temps, « ailleurs »... Quand on lui demande où, il ouvre ses grands yeux doux d'animal innocent et répond qu'il ne sait pas... Il vient d'être un peu angoissé mais, grâce à un comprimé, cela va mieux. Il boirait bien un peu de bière.

« Epluchez plutôt les légumes, Ignace, rien de meilleur contre l'angoisse que le travail manuel...

– Vous croyez?

– J'en suis sûre! »

Ignace, instrument en main, se met au travail.

« Tu te rends compte, me dit Bernard voyant Ignace dérouler avec soin les épluchures des carottes, navets, pommes de terre, que ce type-là est P-DG d'une grosse entreprise employant plus de cinquante personnes, avec un chiffre d'affaires de plusieurs milliards de centimes par an! »

Je trouve l'idée d'Ignace P-DG infiniment poétique. Bernard poursuit sa réflexion.

« Si j'avais son argent...
– Que ferais-tu?
– Des voyages. Je voudrais être grand reporter.
– Tu l'as été.
– Pas assez.
– Pour voir quoi?
– Tout.
– Tout est dans tout! Moi, d'ici, je vois tout...
– Toi, tu n'aimes pas voyager. »

Eternelle discussion!

« C'est vrai. J'aime être avec toi, cela me suffit. Mais si tu veux voyager, on voyagera. »

Bonhomme, la gueule fendue par un sourire que je ne lui ai plus vu depuis que Bernard nous a quittés, nous couve d'un regard amoureux. Il est convaincu, pauvre chien, que jamais nous ne partirons où que ce soit sans lui...

Ce printemps pourri fut pour Bonhomme le meilleur moment de sa courte vie de chien! Il goûte l'allégresse des promenades sans fin au bord de l'eau. Ivre de liberté, il nous prend à témoin de ses capacités d'acrobate et de coureur de fond. De nageur aussi. De grand aboyeur devant l'Eternel. Et de chasseur.

Les lapins infestent ce coin de l'île. Un jour, Bonhomme attrape et avale tout cru, pattes, fourrure, ongles, un lapineau... Tout en continuant à trotter près de nous! Je n'en reviens pas : moi qui ôte si précautionneusement chaque petit os et arête de sa pâtée!

Bernard jouit comme moi du bonheur de Bonhomme. Un bonheur neuf, car nous venons de l'arracher à la mort.

Quand j'ai rencontré Bernard, je l'ai dit, il n'avait plus de chien. Celui-ci était en pension chez une ex-petite amie (la seule qu'il m'ait « avouée », par la force des choses), car ce n'est pas la première fois que Bernard abandonne Bonhomme derrière lui chez une personne qui a cessé de lui plaire... (Après tout, c'est peut-être une façon, tout en rompant, de laisser quelque chose de lui-même à l'abandonnée...)

Cette jeune dame – je ne la blâme pas – avait d'autres préoccupations que le chien. Sans doute cherchait-elle à refaire sa vie, que le bref passage de Bernard n'avait pas aidée à se bâtir. (Le papa avait de l'argent, celui-là aussi, Bernard ne drague qu'en région argentière.)

Bonhomme vivait dans une grande propriété à la campagne, non clôturée, et en meute. Un jour, il s'en va, comme à son ordinaire, rendre visite à une chienne en chaleur. Il ne rentre pas. Personne ne s'en préoccupe. C'est dans ses habitudes quand ses amours l'obsèdent.

Cette fois, c'est grave : il s'est fait renverser par une voiture en traversant une nationale. Une dame taxi au grand cœur le ramasse, gisant blessé sur le bord du fossé. Mais elle a déjà un chien et confie le pauvre animal au commissariat, lequel s'en débarrasse, comme il est normal, à la fourrière du département.

Bonhomme est tatoué. Un télégramme est envoyé par l'administration à l'adresse parisienne de Bernard : « Venez reprendre votre chien avant l'expiration du délai légal. »

Nous sommes absents de Paris. C'est à notre

retour que nous trouvons le télégramme. Il ne reste qu'un jour avant le sacrifice!

Bernard entre dans une transe qui me bouleverse : « Mon chien! Ils ne vont pas piquer mon chien!... Ce n'est pas possible!... S'ils font ça, je les tue tous! » C'est un dimanche, nous téléphonons quand même à la fourrière. Par bonheur, un répondeur est installé et prend le message.

Le lundi, à dix heures, heure d'ouverture, nous sommes devant ce qui ressemble à un camp de concentration. Hautes grilles recourbées vers l'intérieur, bâtiments en ciment à un étage, fenêtres presque inexistantes. Impossible de savoir ce qui se passe là. Mais on le devine sans peine : ça ne peut être que sinistre.

Nous sonnons, et une jeune femme à la fois souriante et mal à l'aise nous fait entrer. La fourrière de ce département de grande banlieue vient d'ouvrir, et son mari et elle, avec leur jeune enfant, en ont accepté la garde. Chômage oblige. Les installations sont propres et neuves, mais ce qui s'y fait, comme dans toutes les fourrières, est abominable. Il faut « tuer » plusieurs chiens par jour. Ni l'Etat ni les communes ne sont prêts à payer indéfiniment pour leur entretien.

Les chiens le savent. Invisibles, ils nous accueillent par de longs hurlements qui ne sont pas difficiles à interpréter : « Prenez-nous, prenez-nous, sauvez-nous, sauvez-nous! » Je suis glacée jusqu'à la moelle des os. Après vérification de l'identité de Bernard, la gardienne disparaît à l'intérieur du bâtiment et s'en va tirer de sa cage *un seul des chiens*. C'est Bonhomme. La gardienne l'amène dans le hall d'entrée au bout d'une grosse corde. Ou plutôt c'est Bonhomme qui, malgré sa blessure, utilise toute sa force à tirer la gardienne vers la porte, vers la liberté, la vie...

Je regarde avec étonnement ce « corniaud » noir

et blanc, et je le trouve laid. A mes yeux, il a tout du chien de concierge! Je me trompe et n'y connais rien : Bonhomme est un fox-terrier presque pur. Plus tard, dans la rue, des experts en cynologie s'arrêteront pour m'en faire compliment. Juste ce qu'il faut de bâtardise fortifie en lui une rusticité à toute épreuve.

Bonhomme reconnaît-il Bernard, son maître? Pour l'instant, sans saluer personne, le chien veut partir, partir, partir...

Les hurlements à la mort des autres se sont tus. D'un seul coup, ils ont compris. Nous les laissons à leur terrible sort. Nous n'en sauvons qu'un.

Ma mère, quand j'étais enfant, nous a souvent raconté une histoire qui m'a marquée. Elle a visité un jour un orphelinat de garçons : tous les enfants l'ont regardée avec, dans les yeux, la même imploration muette : « Prends-moi, prends-moi! » Ma mère a été tentée, nous dit-elle, d'en prendre au moins un. Mais lequel? Ne sachant qui choisir – en ce temps-là, l'adoption était plus facile et moins réglementée qu'aujourd'hui –, elle est repartie les bras vides.

Cette fois, « quelqu'un » est avec nous, sur la plage arrière du break. J'éprouve, dans mon for intime, la satisfaction d'avoir réparé l'indécision de ma mère. Le chien ne regarde ni Bernard ni moi, mais la route qui l'éloigne de la mort.

Bientôt, il la reconnaît! C'est le chemin de l'Orée, lieu de son heureuse et libre enfance animale!... Il est vraiment sauvé... (A nouveau, Bernard vient de l'en exiler.)

A peine descendu de voiture, Bonhomme court vers la cuisine et s'assoit, l'œil fixe, devant un vieil ami : le frigidaire! Bernard lui prépare et lui sert lui-même une pâtée monumentale, que Bonhomme dévore, la queue encore basse. Aussitôt après, il part avertir le pays qu'il est de retour. Mais il ne demeure pas longtemps absent, déterminé à ne pas nous quitter de l'œil. (Quelque temps plus tard, nous sommes obligés d'aller sans lui à Paris et le laissons en compagnie de la mère de Bernard, qu'il connaît bien. Au retour, nous la trouvons sur le pas de la porte, anxieuse : « Bonhomme est très malade, il ne bouge plus, ne répond plus, couché sur votre lit, c'est à peine s'il respire... » Nous n'avons pas le temps de réagir que voilà Bonhomme qui descend l'escalier au triple galop, ressuscité par le son de nos voix! « Ah, le salaud, le comédien!... » s'exclame la mère de Bernard, furieuse de s'être laissé prendre...)

Bonhomme est maigre. Il lui faut plusieurs jours pour regrossir et se réadapter un peu. Le vétérinaire soigne sa blessure.

« Dès qu'il sera retapé, me dit Bernard avec décision, nous le remettrons chez mes amis. Avoir un chien en ville est de plus en plus impossible.

– C'est vrai », lui dis-je.

Huit jours passent, le regard de Bernard posé sur le chien s'assombrit. Bonhomme, au contraire, prospère. Ramené à Paris, où il a ses habitudes, il redresse enfin la queue. Faraud, il retrouve de vieux copains canins et humains. C'est lui qu'on salue, je ne suis que la personne au bout de la laisse...

Le jour fatidique du retour de Bonhomme en pension est arrivé. Bernard ne dit rien. Sans doute y a-t-il là une responsabilité qu'il ne veut pas prendre. Bonhomme, ne se doutant de rien, manifeste à mon égard la tolérance polie de qui sait vivre. Sans plus. Mais c'est de sa vie qu'il s'agit, justement. S'il retourne dans ce lieu non gardé, le même accident va se reproduire... Cette fois fatal, on n'a pas toujours de la chance...

Est-ce mes lectures romantiques sur l'adoption spontanée de « l'enfant trouvé » par quelque ouvrier ou paysan au grand cœur?

« Allez, dis-je à Bernard, on le garde! »

Quel sourire a Bernard, qui ose enfin caresser Bonhomme pour de bon, ne craignant plus de laisser s'exprimer leur mutuel amour.

Une grâce, à moi aussi, m'est accordée.

Six heures, c'est l'heure où apparaissent les premiers balayeurs. Hommes sombres sur le noir de l'asphalte. Je les salue, sans bien les distinguer les uns des autres.

Eux me connaissent. Venus de tous les bouts affamés de l'Europe et de l'Afrique partager ce que nous avons de plus précieux, le travail, ils ont l'œil.

Se disent-ils que si je suis à l'ouverture pour prendre avec eux et comme eux le premier café matinal, c'est que j'ai aussi mes problèmes? Et mon travail?

Nous ne nous parlons pas. A ces heures-là, ce quartier et cet établissement sont leur domaine. Je m'y tiens comme une invitée. Plus tard, Paris est aux autres, secrétaires manucurées et parfumées, cadres moyens pressés et affairés, grands patrons fermés, désinvoltes, femmes compétitives ou totalement nonchalantes, enfants, chiens de toute espèce, agents de police, gardiens, commerçants sur le pas de leur porte, voitures, motos, vélos, landaus, poussettes, enfin tout!

Au moins, que les hommes de l'aube soient tout à fait chez eux ce bout de temps.

A l'heure dite, des quatre coins de l'avenue je les vois venir, traînant derrière eux leurs balais, qu'ils laissent, comme les skieurs leurs skis, contre le mur du premier café à ouvrir à cette heure-là. Lui, l'Auvergnat.

Après quelques surprise et abois, une paix s'est faite entre Bonhomme, qui n'aime pas les comportements « irréguliers » – balayer, ramasser les poubelles, réglementer la circulation –, et les balayeurs, qui eux n'aiment pas les chiens.

Un matin, toujours sans avoir l'air d'avoir remarqué ma présence, l'un d'entre eux prend un petit sucre dans le sucrier et, sans me regarder, le donne au chien. Le sucre n'est pas recommandé à Bonhomme, mais je ne dis rien, éblouie.

Une paix s'est faite entre le chien et l'homme – plus jamais Bonhomme n'aboiera contre aucun d'entre eux –, c'est-à-dire entre l'homme et moi, et du coup entre toute sa race et toute ma race. Grâce à cet homme-là, quelque chose a recommencé à s'établir entre les hommes et moi, que Bernard avait brisé.

Un autre jour, le cafetier me dit :
« Non, ce matin vous ne me devez rien.
– Pourquoi ça?
– Parce que c'est déjà payé.
– Par qui?
– Il m'a dit de ne pas vous le dire. »
Ils étaient plus de six tout à l'heure. Je ne saurai jamais lequel d'entre eux m'a signifié, comme avec Bonhomme, qu'il pouvait y avoir, entre les femmes et les hommes, autre chose que la guerre.

Long est le chemin qui mène à la paix.

Matins gelés, boueux, verglacés, nuits sans lune, aubes noires, j'ai tout connu, cet hiver-là.

Dès le début, Bernard me l'avait dit :

« Notre couple dérange... C'est notre différence d'âge!

– Qu'est-ce que ça peut faire?

– Elle est créatrice... C'est ce qu'on ne nous pardonne pas! »

Longtemps, pour vivre heureux, nous demeurons cachés. Dans les établissements de notre quartier, les seuls que nous fréquentions, je surprends quelques regards ironiques : Bernard a si souvent changé de compagne! Puis la curiosité cesse, notre stabilité rassure.

Nous évitons surtout ce qu'on nomme le « monde ».

C'est là que gît la bête qui, aussitôt après notre rupture, va me sauter dessus.

« Il était tellement plus petit que toi, c'est toi qui es quelqu'un de bien, pas lui! On l'a toujours su! » (Ils l'ont bien caché...) « D'ailleurs, on peut te le dire, maintenant, on se demandait ce que tu faisais avec lui. » (Je l'aimais) « Tu l'as formé. » (Hélas non!...) « Si on le voyait, c'était à cause de toi! » (Ah bon? Ils semblaient pourtant y prendre plaisir...)

Puis c'est au tour de ma remplaçante de recevoir

son paquet! Comme elle est d'origine méridionale –
avé l'assent! –, les plaisanteries vont bon train :

« Elle doit lui chanter allez-z'enfants!

– ?...

– Eh bien oui, quoi... *La Marseillaise*... puisqu'il
veut des enfants... »

On appuie aussi sur mes endroits sensibles :
« Elle aurait quand même pu te renvoyer tes affaires! »

Il est vrai qu'elle n'a pas respecté ma « tanière »,
contrairement aux animaux, qui attendent pour
occuper le nid d'autrui qu'il ait un peu refroidi...

Comment n'a-t-elle pas senti ce qu'aurait signifié
pour elle comme pour moi le retour de mon bien?
« Cela n'est pas ma faute s'il a changé d'amour...
Mais je vous promets que je m'occuperai de lui
aussi bien que vous l'avez fait! »

Un premier pas dans l'erreur n'allant jamais seul
– qui vole un œuf vole un bœuf! – j'apprends que
Bernard, pour justifier sa conduite à mon égard,
s'est trouvé un nouveau grief : je nuis à sa réputation.

Je commence par éclater de rire, tant c'est gros,
puis j'en parle à Germaine, en ajoutant : « Tu ne
crois pas qu'on l'établit soi-même sa réputation, et
que personne ne fait vraiment celle de quelqu'un
d'autre?

– Regarde-moi, me dit-elle en bombant le torse,
j'en suis l'exemple vivant. On a bavé sur moi pendant des années... Maintenant, du monde entier on
me demande mon avis, on me respecte, on me
fête... »

Je ne devrais pas livrer mon secret, mais si
Bernard m'avait dit : « J'ai besoin de la maison
pour mes futurs enfants... », je la lui aurais tout
simplement *donnée*... Comme j'ai donné sa liberté à
mon jeune mari quand j'ai senti qu'il désirait secrètement une descendance... « Jamais je ne l'aurais

quittée si elle ne me l'avait pas proposé la première », a-t-il confié par la suite. C'est d'avoir deviné qu'il était prêt à un tel sacrifice qui m'a motivée.

Qui résiste à la grandeur? Personne.

Bernard s'enfonce en sens inverse. Il se répand dans Paris – mais Paris a ses lois secrètes, ses tribunaux privés, ses verdicts impitoyables – en proclamant : « Mes avocats me conseillent de l'affamer, comme ça elle finira bien par céder sur la maison... »

Tant pis pour ses avocats, mes amis me nourrissent! (Certains ont pu s'étonner de me voir me précipiter goulûment sur la viande, pour l'avaler presque sans mâcher...)

Résistance qui ne plaît pas à tous!

« Ah, si tu étais restée chez toi à pleurer, me dit mon amie Rolande avant de chercher, elle aussi, à m'enfoncer, nous serions tous venus te consoler! » Il se trouve que je fais front, ce qui provoque les invectives et parfois les calomnies de Bernard.

Germaine en profite pour faire son diagnostic : « Tu n'as rien perdu! » Puis, me jetant un regard en biais comme chaque fois qu'elle va me dire quelque chose d'intime : « Moi je t'aime! »

Au début, elle est bien la seule!

Je devine ce que pensent la plupart des autres : « Ça lui apprendra à aimer en dessous d'elle! » Ils veulent dire : plus jeune qu'elle... Car le préjugé reste fort.

A peine avons-nous rompu que Bernard, qui longtemps avait exalté notre différence d'âge, comme un atout dans le jeu de notre amour, me la jette goujatement à la figure. Il est devenu aussi sclérosé que les autres!

Mon père, toutefois, a un mot magnifique : « Cet homme avait un joyau. Il l'a perdu par sa faute... Et il ne s'en aperçoit même pas... Le malheureux... »

Puis, lui qui ne s'est jamais permis de me donner un conseil, ajoute : « Tu dois cesser de penser à lui! C'est une injonction paternelle! »

Je n'y obéis pas – la preuve... –, mais je ne suis plus aussi seule.

Pour notre premier été, j'emmène Bernard et Ignace dans ma maison du Limousin. Dire qu'elle est à moi, c'est trop! Je la possède en indivision avec ma sœur, et ma mère en conserve l'usufruit. En somme, je ne peux toucher à rien! Si je plante un arbre, on me le reproche aussitôt : « Il serait mieux ailleurs, et d'une autre essence... »

N'empêche que j'aime *la Sauvagerie* justement parce qu'elle est sauvage, et peu à moi.

A bonne distance d'un gros bourg, la maison est située sur une hauteur, entourée de plusieurs collines. Deux par-devant ont l'air de seins. D'une autre, par-derrière, coule la source qui nous abreuve d'une eau froide, aux propriétés souveraines.

Ce coin du Limousin dédaigné par les touristes est un lieu secret... Aucun émir ne rôde! Rares sont les promeneurs égarés qui découvrent *la Sauvagerie*, dissimulée derrière son chêne tricentenaire, ses gros marronniers protecteurs et qui, par un chemin de terre, poussent jusque-là une pointe curieuse.

L'ensemble, construit au XVIIᵉ siècle en pierres énormes, est inchauffable et inchauffé. L'hiver, tout gèle, même l'eau dans les brocs. Nous n'y allons qu'en été. Le soir, on allume le feu dans la cheminée, quelques radiateurs électriques dans les chambres, et il m'est arrivé de mettre un bonnet pour dormir!

Mais quelle beauté! L'odeur des châtaigneraies, celle de la nuit, plus étoilée qu'ailleurs, sans doute à cause de la semi-altitude, les chouettes qui ululent au crépuscule, les brumes matinales autour de l'étang où, à temps régulier, au moment des migrations, les canards sauvages viennent un instant reprendre souffle...

De ce lieu magique, entouré d'une soixantaine d'hectares de forêts embroussaillées et de terre de bruyère, je connais chaque arbre, je pourrais dire chaque brin d'herbe. C'est mon royaume de petite fille. C'est là où j'ai tout lu, tout rêvé, sous un poirier moussu qui a fini par mourir, comme tout meurt, dans une solitude de début du monde.

Ma grand-mère, de son vivant, fit tracer quelques chemins dans les fougères par l'un de ces ouvriers ruraux qu'on trouvait alors facilement, manœuvres ou vieux paysans à la retraite.

Ma grand-mère est morte, ces gens n'existent plus, les chemins ont disparu. Pour errer sur le domaine, il faut de hautes bottes et une serpe.

Quand on aime quelqu'un, on l'imagine prêt à partager vos goûts les plus forts. Bernard, me disais-je, va adorer cette oasis fichée en plein cœur de la France, où tout de suite on recule d'un siècle, sinon de deux.

Au premier regard, entre Bernard et *la Sauvagerie*, ce fut la haine! La malchance s'en mêla : comme à l'île de Ré, il plut sans arrêt, et, deux jours après notre arrivée dans ces murs humides, Bernard se retrouva plus faible, plus fatigué, plus en proie à son virus que jamais.

Nous restons beaucoup au lit, vieux meuble large et court, un peu bancal, dans une grande chambre à deux fenêtres, tapissée d'un papier de Jouy, de teinte bleu passé. Leur dessin n'existe plus ni les rouleaux de cuivre qui servirent à l'imprimer. (Les Allemands les ont paraît-il emportés pour les fondre et en tirer des obus.) Le dessus-de-lit, la garniture des chaises, des fauteuils, sont dans un tissu assorti, taché de moisissure, mais qu'on ne change pas pour ne pas déparer l'ensemble.

Ignace, plus vaillant que d'habitude puisque Bernard et moi sommes si bas, nous a conduits jusque-là dans sa grosse berline avec téléphone. Bernard décide que marcher à pied est au-dessus de nos forces – c'est vrai –, et nous entreprenons, en voiture et par de petits chemins à peine voiturables, le tour de la région.

Je ne l'avais guère fait jusqu'ici, trop heureuse de demeurer sous mon poirier et près de mon étang, avec Alexandre Dumas et mes autres auteurs favoris.

Je découvre que les environs, en particulier le plateau de Millevaches, qui veut dire mille sources, sont un autre monde, encore plus primitif. Nous y escaladons quelques débris de ruines romaines. Poussons aussi des pointes dans la Creuse, où une amie comédienne cache ses amours et son amour des arbres.

Je songe à elle en voyant défiler les forêts interminables de cette région, l'une des plus pauvres de France en densité de population, avec la Meuse.

Chez nous non plus, il n'y a pas trop de monde! Bernard ne dit rien, mais à son visage tiré je me rends bien compte que quelque chose ne va pas!

Nous entreprenons, à trois, d'interminables parties de cartes. C'est notre seule et meilleure distraction – je n'ai pas retapé le carton depuis – hors les promenades quotidiennes.

Parfois, nous rencontrons une petite auberge, où des jeunes gens recommencent à fabriquer des mets dont je croyais la recette perdue : les crêpes de sarrasin. J'admire le courage de ces deux ou trois jeunes qui, après avoir balayé les grosses pierres inégales du sol, accroché au mur quelques vestiges des outils d'antan – houes, fléaux, roues de carriole –, acheté les vastes poêles de fonte qui conviennent au sarrasin, vivent, hiver comme été, une vie aussi rude que celle de nos aïeux. Des poules, quelques lapins, un chien peureux.

Bernard décide qu'étant donné l'humidité – invraisemblable pour un mois d'août – il doit y avoir des champignons. Il demande à Ignace d'arrêter la voiture et part à pied pour un tour bref et toujours vain. Cèpes et girolles, plus qu'abondants dans nos régions, estiment qu'il est trop tôt pour montrer le bout de leur chapeau, et Bernard ne trouve jamais rien. Son pauvre regard, lorsqu'il ressortait du bois, m'est resté sur le cœur. Il revenait toutefois les joues un peu plus roses, mais j'avais renoncé à l'accompagner, sachant que la cueillette n'aboutirait pas, et moi-même si lasse...

Un jour, bonheur imprévu, nous recevons la visite du metteur en scène qui nous avait présentés l'un à l'autre. Il est en tournée à Limoges, pour une soirée de gala sous un immense chapiteau qui l'abrite un peu de la pluie, mais pas ses admirateurs! Enorme succès quand même! Auparavant, il décide de pousser jusqu'à nous, avec sa grosse voiture américaine, son chauffeur, son assistant, son secrétaire, en somme l'entourage sans lequel une vedette de son calibre ne saurait se déplacer.

Nous le recevons dans la vaste cuisine, chauffée par un fourneau à bois qui brûle en permanence. Notre ami s'assoit tout joyeux, déclare qu'il meurt de faim. L'air limousin, bien sûr! J'ai prévu le coup et, grâce à l'obligeance de mes bons voisins cultivateurs, mis à revenir des cèpes du cru – eux savent où les dénicher! – avec une pointe d'ail.

Dévorant à belles dents cet exquis produit de notre sol, notre ami nous submerge de sa bonne humeur et de son entrain! J'en oublie d'être fatiguée, Bernard aussi!

En nous quittant pour rentrer à Limoges se préparer pour son spectacle du soir, le comédien m'embrasse à foison et me dit : « Quelle merveille de vous voir! Des gens si heureux d'être ensemble! Continuez... »

En dépit de tout, notre bonheur rayonne et fait envie!

Cette visite, dont le pays s'ébaubit, fut le seul rayon de soleil de ce sinistre été...

Une fois rentré à Paris, Bernard ne se contient plus. « Je déteste *la Sauvagerie*, et jamais plus je n'y remettrai les pieds! On étouffe dans cette végétation! »

Tant que je vécus avec Bernard, je n'y suis plus retournée. Sauf pour l'enterrement du bébé.

Quelques autres vont le précéder.

Jugeant bientôt notre union indissoluble, mon amant me déclare que nous n'avons plus rien à craindre de sa mère et nous invite ensemble au restaurant.

Que dire de « Nunu »? (Il se trouve que dans cette famille, à l'instar de ce qui se passe chez les aristocrates affligés de titres trop lourds pour l'intimité et qui s'inventent des sobriquets, chacun se trouve affecté d'un surnom formé de deux syllabes répétées de son prénom...)

Tout de suite après, je fais la connaissance de « Vava », sa sœur. Ces deux femmes ne se quittaient jamais. « Les deux fesses d'un même derrière », jette Germaine à propos de ce jumelage, dans un de ses accès de brutal réalisme.

Nunu, qu'hors de ses oreilles son fils appelle parfois Nunuche, a été l'une des plus belles femmes de Paris. Elle en garde l'allure. Pour le reste, on la sent perpétuellement anxieuse. Mon affection pour elle, grandie au fil du temps, finit par imaginer que la faute en revient à une famille misogyne, qui la priva de toute étude, comme sa sœur. Nunu, sans diplôme, n'a jamais travaillé et ne se croit bonne à rien.

« Pourtant, Maman est intelligente », me dit parfois Bernard, perplexe.

Nunu est intelligente pour saisir les situations. Dès qu'il est question d'agir, elle devient impuissante, les mains agitées de tics, le regard allant de droite à gauche, comme si elle réclamait du soutien. En particulier celui de son fils, qui le lui distribue parcimonieusement. Ou même, à l'époque où je fis leur connaissance à tous deux, pas du tout!

J'aime la chaleur, la douceur, l'intimité des femmes, et Nunu ne me fait aucunement peur. Pas plus que Vava, plus jeune que sa sœur, mais qui porte la trace de son goût immodéré pour la boisson et le tabac.

Un week-end où sa tante et sa mère résident à *l'Orée*, comme Bernard n'a pas encore pris la décision de nous réunir, nous séjournons non loin, chez des amis.

Bernard m'entraîne, pour quelques courses, dans une sorte de café rural qui fait libre-service. Le lieu est minuscule, mais on peut y pousser un chariot ou s'y servir dans un panier métallique.

Soudain, Bernard me touche du coude.

« Attention!

– A quoi?

– Là devant!

– Eh bien?

– Ma mère et ma tante! Elles ne nous ont pas vus! Vite, sortons. Elles sont à la caisse... »

Bernard file le premier et je me tords le cou, au passage, pour apercevoir le couple qui l'effraie tant. Deux dames assez fripées par des décades d'exposition au soleil dans tous les coins du monde à la mode, fort dignes, l'air triste et ouvert à la fois. La plus petite, qui est aussi la plus sociable, s'explique à voix forte et bien timbrée avec la caissière du magasin.

Rien dans cette vision ne m'épouvante! Ces femmes ressemblent énormément à celles que j'ai fréquentées toute ma vie : ma mère et les amies de ma mère, dont une certaine comtesse limousine, qui avait de la « branche », et la veuve d'un maréchal de France, consciente de sa fonction.

Ma mère les avait toutes les deux beaucoup vues et aimées. Bridges, déjeuners, thés chez les pâtissiers de la place du Trocadéro. Ou alors dans notre maison du Limousin, où la maréchale venait régulièrement résider les années précédant sa mort.

Je savais donc par cœur comment ces femmes qui estiment avoir un rang à tenir parlent, agissent – j'allais dire pensent! Or, dans ces milieux-là, la plupart des femmes ne pensent pas, ou plutôt pensent comme leur milieu! Une fois qu'on en connaît le code, il n'y a plus d'obstacles à une communication en apparence satisfaisante, en réalité complètement creuse.

Pour ces deux-là, sans leur avoir encore adressé la parole, je savais déjà comment prendre langue.

Bernard le perçut-il?

« Au fond, me dit-il, à la sortie du libre-service, je vais te présenter à ma mère, nous ne craignons plus rien. »

Dans la semaine, il nous invite au restaurant. Que savait Nunu de notre liaison? Assise à côté d'elle sur la banquette d'un établissement où Bernard et moi avons nos habitudes, je tâche de faire bonne impression, comme il est normal lorsqu'on fait la connaissance de la mère de l'homme que l'on aime.

Nunu m'observe énormément. D'un œil jaloux, forcément... Quelle mère peut voir sans sourciller sa « remplaçante »? D'autant que je suis plus âgée que Bernard et exerce sur lui un ascendant que Nunu n'a pas su prendre. Ou plutôt qui lui a échappé dès que Bernard s'est trouvé en âge de se défendre contre son autorité d'adulte.

Vrai?... Faux?... Il faut se méfier des souvenirs d'enfance, mais Bernard me raconte que sa mère l'a

148

beaucoup battu, pour l'empêcher de faire ci ou ça dont il mourait d'envie. Et comme il était souvent malade, il s'est trouvé vivre avec elle dans une intimité physique qui, me dit-il, l'a vite horripilé. D'où son besoin d'indépendance à tout prix...

L'histoire se tient, comme chaque fois qu'un être qui tente d'en séduire un autre élabore la sienne! Le signe qu'on est amoureux, c'est qu'on la « gobe » en prenant à fond – et sans autre preuve que sa parole – le parti de l'aimé! C'est si bon de croire aveuglément en quelqu'un, ne fût-ce que quelques instants...

Nunu est élégante, avec cette façon de se tenir et de se mouvoir que conservent toute leur vie les femmes qui ont été très admirées. Sur Nunu – c'est cela l'élégance – n'importe quel colifichet fait merveille.

Quand nous devenons plus intimes, je lui offre toutes sortes de vêtements, pour le plaisir de la voir dedans. Elle leur prête son allure, et Bernard me remercie de mettre sa mère en valeur. Enfant, sa beauté l'avait subjugué, et il en garde la nostalgie. (Quelle guerre j'ai menée contre Nunu s'obstinant à se promener en sabots, à *l'Orée*, diminuant d'autant sa prestance...)

Ai-je eu tort de tant m'occuper de Nunu, au lieu de ne songer qu'à moi? Germaine me répète ces temps-ci, de ce ton détaché qu'elle emploie pour vous sortir quelque vérité têtue : « Plus tu donnes, plus on prend! C'est à toi à fixer la limite! Les autres ne le font jamais... »

Au dernier Noël que nous fêtons ensemble et en « famille », Bernard et moi, j'ai cru bon d'offrir à Nunu un ensemble en velours éponge rouge vif qu'elle enfile aussitôt, tout heureuse de resplendir... Bernard m'en remercie plus qu'elle : il souffrait, il me l'avait dit, de la voir boudinée dans de médiocres tenues de jogging qui lui moulaient les fesses.

En tant que fils, il en était gêné. C'est de cette façon, entre autres, que je contribuais à améliorer leur liaison, au risque de détruire la mienne...

Allant récemment voir mon banquier – devenu le sien par mes soins –, Nunu, très élégante dans l'une des tenues que je lui ai offertes, discute de mes actuels et lourds problèmes avec son fils : « C'est qu'elle est si dépensière! » finit-elle par soupirer, sans se rendre compte qu'elle en exhibe les effets!

Reste que, lorsque je cesse de l'être, on s'étonne et on m'en veut : la prébende est devenue un dû...

« L'avidité est sans mesure, insiste Germaine, les gens prendront tout ce qu'il y a à prendre de toi. Souviens-toi de ça... Alors si tu donnes, ne t'en va pas le regretter après! » Elle m'a dit aussi : « Ça n'est pas ta faute, c'est plus fort que toi! Tu as des lolos, il faut que tu offres ton lait... Ça coule malgré toi... »

Moi, la femme stérile!

Quand il décide de m'abattre en ces jours de septembre, Bernard, dans le but de m'achever, me lance au téléphone (pour ses aveux les moins doux, il fuyait le direct...) : « Entre ma mère et toi, je choisis ma mère! »

Cette mère qu'il n'a cessé de fuir!

Sa phrase fit désagréablement écho, dans ma mémoire, à celle prononcée par Albert Camus, à Stockholm, à la remise de son prix Nobel : « Entre ma mère et la justice, je choisis ma mère! » La sentence stupéfia, de la part d'un moraliste de métier, et ses admirateurs tentèrent d'en amoindrir le sens et la portée. En fait, ciselée par un prince du verbe, elle exprime au mieux ce qu'un homme ne doit pas faire s'il veut être homme : retourner en arrière!

« Femme, qu'y a-t-il de commun entre vous et

moi? » dit le Christ à sa mère au moment d'entrer dans la vie publique.

« Tu quitteras ton père et ta mère », surenchérit l'Evangile.

C'est à ces paroles séculaires d'avoir fait leurs preuves que je demande de m'étayer, depuis que Germaine m'a fait relire le Livre de Job.

« C'est drôle, me dit un jour Bertrand au cours d'une consultation, je vois près de vous un gros livre noir, qu'est-ce que c'est?

– La Bible », lui dis-je sans hésiter.

Bientôt, à *l'Orée*, devenue maison commune, nous nous réunissons chaque fin de semaine, pour devenir, à ce que je croyais du moins, une « famille ». Chacun tolérant les défauts de l'autre, appréciant ses qualités.

C'était bien nécessaire. L'Epreuve était là.

Qui n'a vu mourir une puis deux personnes atteintes de ce mal abominable, le cancer du cerveau, ignore tout de ce qu'est trier, jour après jour, ce qui va dans le sens de la vie et ce qui va dans le sens de la mort. Parfois, je m'y perdais.

« Vous n'avez pas de chance, me dit Nunu dans une subite prise de conscience de ce que j'avais à charrier, vous entrez dans notre famille à un bien mauvais moment! »

Il ne s'agissait pas d'un moment, mais de l'aboutissement d'une longue histoire. Bernard a-t-il senti que j'étais la personne dont il avait besoin pour doubler le cap?

Après ces deux années d'agonie, lorsqu'il s'est agi de m'épauler, moi, ils m'ont lâchée. Les deux femmes – je vais le raconter – étaient mortes, je n'étais plus nécessaire.

Dans mon appartement solitaire et glacé, je relis encore la Bible :

Car je secourais le pauvre qui implore du secours,
Et l'orphelin dénué de tout appui
La bénédiction de celui qui allait périr venait sur
moi

*Et maintenant je suis la risée d'hommes plus jeunes
que moi
Et maintenant je suis l'objet de leurs chansons...*

L'on venait de me rapporter une scène que je n'aurais pas crue vraie sans la qualité des témoins!

Bernard dînait ce soir-là dans un restaurant dont les patrons sont mes amis, avec son oncle le Député Conseiller Général, une amie et sa maîtresse. Le repas est animé et de qualité, le vin bon (Bernard sait choisir ses bouteilles). Soudain – je viens à peine de sortir de l'hôpital –, c'est l'éclat de rire général : « Elle est bien incapable de se tuer! Tout ça, c'est de la comédie... La preuve : elle est vivante! »

On n'en finit pas de s'esclaffer!

Ceux qui ont assisté à la scène en sont effarés. Pour moi, je n'ai pas grand mal à l'imaginer, car je connais Bernard : un bras négligemment posé sur le dossier de la chaise de sa voisine, jouant avec art du charme souverain que lui donne sa férocité coutumière pour accabler avec raffinement sa « vieille maîtresse ».

La « nouvelle » s'épanouit, ravie d'apprendre que celle dont elle prend la place n'est qu'une comédienne – par contraste, elle pourra d'autant mieux prouver sa fraîcheur... Un peu apitoyée tout au fond d'elle-même... Le triomphe rend magnanime... (Et puis ce qui arrive à autrui vous pend toujours au nez!) Quant au Député Conseiller Général, soucieux de voir l' « ordre » rétabli, la famille enrichie – non seulement de mon argent, mais du désir exprimé par Bernard d'avoir des enfants –, il promène sur la table l'œil bénisseur de l'ancêtre qui sait qu'assurer la sécurité des siens ne va pas sans quelques... bavures!

Lui-même a éprouvé le besoin de me le dire au téléphone, et sans ambages!

Je tiens à peine sur mes jambes, ne sors dans la rue que dix minutes à la fois, quand il m'appelle. La jeune fille déléguée par ma famille couche toujours dans la pièce voisine de ma chambre, toutes portes ouvertes. Mais, dès que le téléphone sonne, je me précipite : si c'était Bernard!

C'est l'oncle...

Quand même l'un des siens... C'est donc avec ferveur que j'écoute la voix de discours électoral dérouler ses volutes.

« Je vous appelle, me dit-il, pour vous donner un conseil d'ami, et même paternel. C'est que j'ai quelque expérience! »

A voir ce qui m'arrive, je suis convaincue que j'ai grand besoin de conseils! Et depuis l'été où, lorsqu'il était mon hôte, le Député Conseiller Général m'a confié ses soucis sentimentaux, nous sommes « amis ».

« Bernard désire avoir des enfants, commence-t-il, c'est un sentiment tout à fait honorable... Moi-même j'en ai, et je peux vous dire que c'est bien important, bien important... » (La voix s'amollit, puis durcit d'un seul coup.) « Prenez vos affaires et partez! Pour le repos de Nunu! Elle a tellement envie d'être grand-mère, la pauvre!... »

Et moi qui ne suis même pas mère?

Mais je ne suis rien pour lui, et mieux vaut lui sembler réaliste, puisqu'il parle « conseil » et « expérience ».

« Cela n'est pas possible! La maison est à moi, vous le savez bien!... Bernard vous l'a fait visiter il y a quelques semaines... Je dois m'y installer pour Noël! »

Je revois encore l'homme politique humant une fleur comme s'il inaugurait une exposition de chrysanthèmes, et hochant paisiblement la tête à chaque explication de Bernard sur les travaux entrepris, ceux qui restent à faire, les difficultés surmontées, la longue recherche des matériaux appropriés, enfin *mon œuvre*!

Est-il possible que le Député Conseiller Général, lui-même propriétaire, ne me comprenne pas? Les ouvriers, eux, m'ont comprise. Quand je suis retournée les voir, jambes flageolantes, ces gens m'ont dit : « Ne vous en faites pas! On ne va pas vous laisser comme ça. Vous serez chez vous pour Noël, c'est promis. Ensuite, on viendra vous voir, vous allez vous remettre, vous verrez, vous vous remonterez avec nous... »

« Cette maison, c'est moi qui m'en suis occupée, je l'ai faite... »

Devant mon obstination – car il a l'habitude d'être obéi, et vite –, le Député Conseiller Général commence à se fâcher.

« Cette maison est celle de l'enfance de Bernard! Vous n'avez pas le droit d'y être...

– Mais enfin, Bernard l'avait vendue!... Sans moi, jamais il n'aurait pu la racheter. Il n'y aurait même pas pensé! J'ai vendu la mienne pour la payer.

– Je sais... Je sais... » (L'air excédé par les broutilles que sont ces questions d'argent...) « Et vous avez aidé Bernard à se réconcilier avec sa mère, qu'il ne voyait plus. De cela nous vous sommes reconnaissants. Pour le reste, vous avez joué... vous avez perdu... »

Perdu? Qu'entend-il par là? Devant mon silence interrogatif, l' « homme d'expérience » poursuit avec assurance (pour ne pas dire goujaterie) : « Bernard est un homme jeune! Il a sa vie à faire... »

D'un seul coup, je le vois tel qu'il est, enseveli sous les poncifs. Ce que nous avons vécu, Bernard et moi, lui échappe. A fortiori ce qui se passe maintenant.

« Quel est votre conseil?

– Déguerpissez! »

Il y met une telle haine... Malheureusement pour lui, nous ne sommes plus au temps où une parole humiliante suffisait à faire mourir la dame aux camélias qui avait initié le jeune homme de bonne famille, une fois son service auprès de lui accompli... Encore qu'à l'époque on la payât pour ce faire, et bien!

Là, ils cherchent à gagner sur tous les tableaux : accepter l'initiation, renvoyer la femme, garder son bien! J'ai tant de mal à le croire, de la part d'un homme que j'ai reçu, nourri, consolé, et aussi conseillé, que je tente une dernière fois de plaider ma cause.

« Comment vais-je faire pour payer mon loyer? J'ai tout donné à Bernard! »

Sa vivacité prouve qu'enfin j'ai visé juste, le portefeuille!

« Mais, ma chère, que croyez-vous? Moi aussi je suis en location. Je ne possède pas mon appartement. Quant à ma maison de campagne, elle me coûte horriblement cher! Ah, les maisons, quelle plaie!... Croyez-en mon expérience, on est mieux sans! »

Bernard – qui en était jaloux – m'a longuement expliqué l'origine et les ramifications de la fortune du Conseiller Général, et il y a de quoi rire!

Mais je n'ai pas envie de rire.

Face à mon mutisme, qu'il doit prendre pour un début d'ébranlement, cet homme qui a le talent de se convaincre lui-même dès qu'il ouvre la bouche se lance dans une évocation nostalgique du temps où ses propres parents ont séjourné dans cette petite maison, qu'on leur avait alors prêtée.

En somme, ce sont aussi ses souvenirs à lui que j'accapare! D'autant plus chers – ajoute-t-il – qu'à présent ses parents sont morts... (Si tous les fils de

parents morts présentaient leurs créances sentimentales sur les lieux où leurs géniteurs ont laissé
trace de leur passage, ce serait la guerre mondiale,
et perpétuelle!)

Cette fois, c'en est trop, et mes dents s'entrecho-
quent tandis que le Député Conseiller Général, de
plus en plus ému par son propre discours, larmoie
presque. Cette maison, c'est la sienne!... C'est tout à
fait abusivement que j'en ai pris possession et je
dois la lui rendre, moi, une femme de cœur...

Car je suis une femme de cœur, n'est-ce pas?

Oui, c'est vrai, je suis une femme de cœur! Sinon,
je n'aurais pas si mal à voir les hommes de la
famille de Bernard, par un retournement magistral
et profondément bourgeois – on a plus de dignité
dans le peuple –, fusionner en un seul groupe
ricanant contre moi.

Pour des questions de sous, bien sûr! Mais aussi
par envie de meurtre! On tue une femme! Et pour
ça, comme lorsqu'on les viole, on se met à plusieurs...

A PEINE étais-je rentrée chez moi que j'avais téléphoné à un médecin psychiatre et psychanalyste de ma connaissance, ainsi qu'il en était convenu avec l'hôpital, pour lui raconter ma tentative de suicide et demander son aide. Mais j'avais perdu le sens du temps et je l'appelle chez lui à cinq heures du matin!

Sa réponse – qui me parvient à travers une brume – me fait l'effet d'un couperet : « Il faut d'abord vous reposer en clinique! Je vais vous donner une adresse... »

Moi, en clinique? J'avais à l'esprit l'expérience vécue par une amie très chère, blessée par un deuil abominable et à qui, soi-disant pour l'aider à se remettre, comme on me le conseille maintenant, on infligea l'épreuve supplémentaire d'une cure de sommeil. Dans une chambre sans téléphone, grille aux fenêtres, verrous aux portes, elle macéra dans l'humiliation. Contrainte d'avaler des comprimés de force – sinon c'est l'attache aux barreaux du lit pour la perfusion –, la pauvre mimait la déglutition dans l'idée de rejeter ensuite le poison. Mais où? Ses muscles n'avaient plus le tonus nécessaire – ce qui faisait partie du « traitement »... – pour la porter jusqu'aux toilettes. D'ailleurs, sous l'effet des tranquillisants à si haute dose, ses sphincters s'étaient

158

relâchés et elle, si fière, « faisait » sous elle... Dans un ultime sursaut, mon amie, ma sœur, feignit la résignation, se prétendit « guérie », et le psychiatre la relâcha. Elle courut s'acheter un fusil de chasse, et, définitivement écœurée des hommes et de leur manie de l'emprisonnement – elle avait été en camp de concentration nazi à quinze ans –, se fit sauter la cervelle.

Elle était peintre.

Je suis écrivain.

« Jamais, dis-je à l'analyste. Je reste chez moi. »

En ce lieu que Bernard m'a appris à détester, mes maigres valises ouvertes à même le sol – elles vont y rester ainsi plusieurs mois –, je cours vers ma machine et m'abîme dans les mots. L'encre se met aussitôt à couler de moi comme du sang... du pus... de la haine... de l'amour... un appel au secours... un message en morse... (Que captent, semble-t-il, le chien et le chat.)

J'écris tout. Un recueil de nouvelles, *Le Geste fatal*; un journal de bord; un scénario, *La Femme abandonnée*; je recommence un roman; rédige lettre sur lettre à mon amant, ne les envoie pas, et ne m'arrête de taper que pour tomber sur mon lit, où le sommeil me fuit.

Alors je me relève, retourne au travail.

Je vais vivre ainsi des mois. (« Une ascèse », me dit maintenant un ami.) Entre-temps, j'ai retéléphoné à l'analyste à une heure ouvrable, pour solliciter un rendez-vous normal, qu'il m'accorde.

J'arrive avec Bonhomme. Je me revois, chien en laisse, maigre comme un échalas, dressée dans une attitude de défense devant le thérapeute qui m'accueille en souriant.

« Alors, ça va mieux?

– Ça ira mieux quand je vous aurai dit votre fait.

– Très bien », me répond l'homme, surpris.

Tête basse, il fait quelques pas dans son bureau. Revient vers moi, me dévisage :

« Mais pourquoi?

– Quand je vous ai téléphoné, quelqu'un me braquait un revolver sur le cœur... Et c'est moi que vous vouliez enfermer! »

Il rit franchement.

« Vous savez bien que c'est parfois la victime que l'on enferme, pour la protéger d'un meurtrier... Et puis il était cinq heures du matin, j'étais en pyjama, pas bien réveillé...

– Et maintenant, vous vous sentez réveillé?

– Oui.

– J'accepte vos excuses. Travaillons. »

Je n'en peux plus d'être debout, tant ma fatigue physique est intense, et j'avise le divan.

« J'ai besoin de m'allonger. »

L'analyste s'assied derrière moi. J'ai détaché le chien, qui vient se blottir tout contre le sofa et, par moments, cherche à lécher ma main pendante, pour vérifier si tout va bien. (Ce chien, « analysé » par Germaine, on va voir comment, saute même un jour à mes côtés, pour en tâter à son tour, j'imagine.)

C'est dans ces conditions – les miennes –, et leur acceptation par l'analyste, que je redémarre cet étrange processus qui consiste, par le truchement d'un autre, à s'expliquer à soi-même ce qu'on ne comprend pas de soi.

Il arrive, bien sûr, que l'analyste ne « pige » rien à ce qu'on dit, ni aux détours qu'on prend pour le dire (ou le taire!). Qu'importe! Des mots sont prononcés qui travaillent tout seuls. Me travaillent. Germaine me l'avait rabâché : « Il faut humaniser par le langage la barbarie qui est en nous... »

Le psychanalyste et moi sommes à l'œuvre sur cette sauvagerie primitive – celle que va me reprocher mon amie Rolande – dont je ne me défais pas. Au début, dès que je suis allongée sur le divan, je serre obstinément les poings et aussi les paupières, comme pour ne pas voir quelque chose que j'aurais trop vu. Mon malheur d'être sans enfants? L'amour que je continue à porter à mon « tueur »?... Ah, s'il suffisait de s'interroger et de tout oser penser pour avoir la réponse...

Après cette première séance, voulant sans doute me réconforter au-delà des mots, l'analyste tente de me donner l'accolade. Je fais un bond en arrière : « Je vous en prie, ne me touchez pas! Pas même pour me serrer la main... En ce moment, je ne supporte aucun contact... » (Comme Ignace certains jours, pauvre Ignace...)

Quant à ce qui s'est dit entre l'analyste et moi, moi parlant plus que lui, mais lui pas mal aussi, à raison de deux demi-heures par semaine pendant des mois, cela ferait un assez gros volume, si nous l'avions enregistré! Il ne m'en reste que les têtes de chapitres... Ces moments où la « vérité » affleure, comme le crâne d'un enfant qui veut, qui va naître... Mais il ne s'agit pas seulement d'être ému, gorge nouée, intestin tressautant, dans une bouffée de chaleur heureuse, il faut aussi « dire ». Formuler.

Après de longues années d'analyse, auxquelles je viens de rajouter encore celle-là, il me semble désormais que le plus important est peut-être – contrairement à ce qu'on croit – ce qui justement ne parvient pas jusqu'au langage. Une façon de se remuer dans son être le plus muet, pour s'installer autrement. Comme une bête à l'étable qui change de position et pousse ensuite un grand soupir.

J'aimerais pouvoir communiquer la saveur de ces instants de communion. On sent que quelque chose a lieu à deux. Ceux qui ont fait l'amour par amour ont connu des moments semblables, après l'acte, quand les cœurs s'accordent dans un non-dit paradisiaque.

Avec le temps, les cœurs peuvent se désaccorder.

Pas une analyse, puisque rien ne s'y est « noué ». Après chaque séance, on paie (comme au bordel). Cet argent abandonné sur le bureau signifie : pour solde de tous comptes. Et il arrive qu'on ne revienne jamais.

Bernard s'est débrouillé pour demeurer en comptes avec moi. Serait-ce pour nous garder liés ? Chacun sait qu'il n'y a pas meilleur payeur qu'un homme qui veut à tout prix se débarrasser d'une femme... Je le suggère en séance. « Attention ! » me souffle-t-on.

Dès que je parle de ce qui pourrait perdurer de cet amour, c'est le même sursaut dans ma nuque... Je souris et laisse mon analyste avoir peur pour moi ! Ne sait-il pas que je ne suis déjà plus la même ? Mais j'ai appris que les analystes sont loin, très loin de tout savoir – d'où la secrète tendresse que je leur porte.

Pour tenter d'y voir plus clair, je lui raconte comment, tous les matins, Bernard me réclamait des mots, encore des mots, au point qu'il ne me restait plus le temps d'en écrire... Moi, la solitaire, la silencieuse, j'étais devenue bavarde pour apaiser mon amant dont l'angoisse risquait de déborder. Je le voyais à sa subite pâleur. Et à ces comprimés qu'il absorbe, sans eau, dissimulés dans le creux de sa main.

Soudain, une illumination.

« Quand on n'est pas dans le désir, dis-je à l'analyste, la vie est tout à fait épouvantable ! »

Cela explose derrière le divan.

« Oui », me répond-il avec force.

Que veut ce bel homme dans mon dos ?

Avec lui, j'ai le sentiment que je peux m'abandonner à ce qui fait si peur, d'ordinaire, à la plupart des hommes : ma fureur d' « animal humain ».

S'il n'était pas mon analyste, je l'aimerais. Mais que deviendrions-nous ensemble, sinon fous ? Déjà, ce que nous disons ici – hors temps – l'est, fou. Mieux vaut la mort que la vie à tout prix... L'amour n'a ni sexe ni âge... L'ombre portée de la douceur, c'est la violence... Les plus grands saints sont les plus grands démons. Ainsi sœur Teresa, qui « jouit » dans son mouroir... Il nous arrive aussi de dire que chaque instant d'amour tombe dans l'éternité...

Je la sens, parfois, l'éternité, sous ma paume, comme le museau de Bonhomme quand je dis quelque chose qui lui plaît à lui, le chien.

Bernard ne voulait parler avec moi ni d'amour, ni de vie, ni de mort... ni de sexe... Seulement que je le préserve de son angoisse. Peu à peu nous cessons de lire ensemble de la poésie, et moi d'en écrire.

Me voici, sur la vie de Bernard, devenue couvercle, emplâtre. C'est ainsi que l'on sort de l'amour-passion : par un infini de tendresse et de sollicitude!

CE mur – le « mur de la honte » –, nous l'apercevions de loin.

Il démarre le long de la maison, sur son flanc droit, et descend dans la prairie, véritable mur de prison, gris, sale, jusqu'à la moitié du terrain, vers l'étang. Les clématites, la vigne vierge plantées à son pied profitent mal, privées de soleil et, probablement, d'enthousiasme.

Au milieu de ce vallon riant où poussent spontanément les fougères venues de la forêt, et germent les glands apportés par le vent, ce bloc de ciment choque. Comme une méchanceté.

Mon vieil ami, le grand couturier désormais à la retraite, lorsqu'il me parle de son métier, me dit : « Pour qu'un modèle soit réussi, ce qui compte, c'est l'harmonie! »

Le mur, c'est le contraire de l'harmonie. Un refus. De circuler. De voir au-delà. Un « non » planté par l'homme au sein de la nature. C'est ainsi que je le ressens, moi, femme, chaque fois que je viens à l'*Orée*.

Un jour, je n'y tiens plus, et je murmure à Bernard :

« La petite maison...

– Oui, quoi?

– Tu ne crois pas qu'on pourrait la racheter? »

Son silence est une supplication : « Oui, s'il te plaît, oui... » Puis il me répond :

« C'est impossible, on ne pourra jamais. Je viens de la leur vendre, cela ne fait pas deux ans, et ils n'ont même pas fini de l'installer...

– Et le mur ?

– Ils l'ont construit en quelques jours ! Maintenant, je crois qu'ils le regrettent. Une clôture de verdure aurait suffi... mais c'est fait ! »

Nous n'en parlons plus. Ou plutôt nous en parlons tout le temps, par des biais.

Nunu nous raconte comment elle et son mari ont acheté l'Orée, sur un coup de cœur, juste après la naissance de Bernard.

L'enfant est un peu fragile, ils veulent un lieu, non loin de Paris, en pleine campagne... La proximité de la forêt les séduit. C'est la patronne de l'auberge, une femme autoritaire et sympathique, qui leur indique ces deux maisons accolées que deux dames désirent vendre.

Les anciennes propriétaires jugent désormais trop isolée la situation de ce domaine qu'elles ont tant aimé. Il leur faut des voisins, des magasins à portée, le bruit de la vie humaine... Tout ce que l'on fuit lorsqu'on est plus jeune.

L'achat de l'Orée se fait dans l'heure.

« Il neigeait, se rappelle Nunu, c'était beau... »

Ce domaine est composé de deux bâtiments. La petite maison, accolée à la grande, est la dernière avant la forêt. Les effluves des arbres de toutes les essences l'enveloppent d'une façon balsamique.

La famille n'occupe que la grande maison, la petite, qui ne comporte alors qu'un rez-de-chaussée, est réservée aux enfants. On accède au grenier par une échelle. Une fois Bernard grandi, il fait de cette ancienne grange un lieu de jeux et de secrets. On s'y retrouve en bande complotante, pour s'y disputer, y flirter, s'isoler.

Plus j'habite la grande maison, plus la petite grandit en moi. J'ai le sentiment qu'elle m'appelle au secours : « Regarde ce qu'on m'a fait! »

Les actuels propriétaires n'ont pas beaucoup de temps ni d'argent à lui consacrer, mais une vaste famille à loger. Là aussi, comme dans l'appartement parisien de Bernard, ils ont cloisonné, bétonné, muré, condamné des fenêtres. La salle de bain, avec une baignoire en angle, n'a pas d'ouverture sur l'extérieur. L'échelle pour monter au premier a été remplacée par un escalier plutôt raide.

La maison, là-dessous, s'asphyxie : « Viens, me dit-elle, viens... »

Dans mes rêves, elle reprend vie.

Bonhomme, mon antenne sensible, va souvent la flairer, passant sous les barbelés. Il marque un peu le « territoire », puis revient vite de notre côté.

C'est le temps où débute l'Epreuve. Elle a commencé à aspirer notre énergie. Les fins de semaine à l'Orée nous épuisent et en même temps nous sont indispensables. Nous avons beau nous dire : « Cette fois, on passe le week-end à Paris », le vendredi soir ou le samedi matin, pour peu qu'il y ait un rayon de lumière et que la Seine étincelle, l' « appel de la forêt » est le plus fort et nous partons pour l'Orée.

Bernard conduit à toute allure en ne tenant aucun compte de ma peur. Si j'ai le malheur de protester, je me fais rembarrer : « J'ai besoin de passer mes nerfs! »

Ce sont les miens qu'il casse.

Je redoute d'autant plus de monter en voiture qu'il me faut « dompter » mes réflexes. Un sursaut, une façon d'appuyer sur un accélérateur imaginaire, de me suspendre à ma ceinture de sécurité, phalanges blanchies par la crispation, agacent le conducteur...

Je dois lui faire confiance.

A peine arrivés, nous changeons de chaussures et partons en forêt, précédés par les bondissements et les aboiements de Bonhomme. Enfin la vraie vie, a-t-il l'air de dire...

Pour l'heure, confiné entre un divan et un coin de tapis, le chien perd sa musculature et prend quelque embonpoint. Patience, lui dis-je, bientôt je retrouverai le courage de te ramener en forêt... Pour l'instant, tout est verglacé. Et puis, si je le lâche dans cette forêt qu'il connaît par cœur, il va immanquablement m'échapper et se pointer à *l'Orée* pour réclamer sa pitance et sa place devant la cheminée... J'aurai l'air de faire du *pushing* – comme disent les Anglais – par chien interposé, afin de forcer une porte qu'on m'a claquée au nez!

Comment l'idée a-t-elle fini par germer qu'il fallait à tout prix racheter la petite maison?

« On essaie? me dit un jour Bernard.

— Comment paierons-nous?

— On s'endettera... Et puis, tu sais, je finirai bien par gagner de l'argent...

— Je peux déjà vendre mon pavillon au sud de Paris, dis-je, ça fera un début...

— Tu viens à peine de l'installer!

— Si on rachète la petite maison, je l'oublierai vite... Bien sûr, je vais y perdre, mais on n'a rien sans rien...

— Maman peut aussi vendre son studio en montagne et nous en donner le prix... Pour nous aider à détruire le mur de la honte, elle est prête à tout...

— J'ai déjà les ouvriers, dis-je, des gens formidables! »

J'avais autrefois habité la région et j'en avais conservé non pas des fournisseurs, mais des amis, des vrais. Des gens avec qui on s'attable et s'entraide en cas de coup dur. Ils en avaient eu dans leur vie, moi dans la mienne. Je connaissais les familles, les enfants, les problèmes. On se tutoyait, s'embrassait. Ces gens-là allaient nous aider, j'en étais sûre, à moindres frais. Car, une fois tous nos sous engouffrés dans le rachat de la maison, il allait falloir procéder à l'économie...

Mais je dois d'abord raconter sur quel coup de haine Bernard l'a vendue!

Le couple Nunu/Vava avait pris l'habitude de régenter les enfants comme un unique troupeau, et elles croyaient leur avoir tout donné quand elles les avaient nourris, lavés et emmenés en vacances. Les enfants grandis, elles continuaient à les traiter globalement, elles-mêmes étant toujours ensemble.

« Quand je vais à *l'Orée*, me dit Bernard, qui avant notre rencontre n'y allait plus du tout, Vava est là. Comme chez elle... Elle a été incapable d'acheter sa propre maison, pourtant elle en a eu plusieurs fois l'occasion... Non, il fallait qu'elle soit chez nous, à y inviter ses amis, faire du bruit... Je ne me sentais pas chez moi et Maman laissait faire! »

Un jour, le jeune homme en a assez. Son père est mort et la petite maison lui appartient en pleine propriété. Son seul héritage, avec quelques documents, vieilles photos, costumes usés. Le fatras que j'ai pieusement trié et rangé.

Au cours d'une dispute avec ses cousins qui jugent bon de dévaloriser sa petite maison, Bernard prend la mouche! (Plus j'y pense, plus je m'aperçois à quel point ce lieu est pomme de discorde...)

On dit du mal de son seul bien? Ils vont voir... Le jeune homme fonce à l'agence immobilière la plus proche. Des clients sont par un fait exprès dans le bureau de l'agent... Bernard revient en brandissant un assez joli chèque.

Les cousins ont le bec cloué et Nunu s'effondre! « Si j'avais su, me répétait-elle, que Bernard avait à ce point besoin d'argent! » – comme s'il fallait être grand clerc pour le savoir – « j'aurais vendu quelque chose, mais pas la maison! »

Elle aussi me fendait le cœur, que j'ai sur ce plan-là fragile et vite atteint! Du coup, je me voyais leur rendant à tous deux la paix de l'âme, leur main à chacun d'eux dans l'une des miennes! Véritable image d'Epinal... que nous avons fini par vivre! (Car nous l'avons bel et bien rachetée, « la petite maison » et, dès le lendemain, avec l'aide des maçons, nous nous activions à jeter bas « le mur de la honte »... Que de cloisons mon passage dans cette famille aura consisté à abattre!)

Mais je n'envisageais pas l'épisode qui se trouve sur la page suivante : le bon donateur chassé à coups de pied! La Fontaine, pourtant, m'avait avertie par ses *Fables*, et Shakespeare par *Le Roi Lear*...

L'expérience d'autrui divertit et ne sert à rien!

Bernard, nanti de quelques sous pour la première fois de sa vie, part, comme il l'a toujours désiré, en « grand reportage », avec un copain pas plus déluré que lui!

Qu'on en juge. Avant leur départ de France pour les Amériques, les deux jeunes hommes, l'un se prenant pour le photographe et l'autre pour le journaliste, achètent un matériel entièrement neuf et haut de gamme (Bernard ne s'aventure qu'en première classe!). Magnétophones, appareils photos, objectifs perfectionnés, le tout payé par l'argent provenant de la vente de la petite maison.

Comme il convient à qui veut faire impression dans un pays du Sud, ils retiennent leur chambre dans un hôtel de grand standing.

Un peu sonnés par les heures de vol, ils prennent un taxi à l'aéroport, donnent l'adresse de l'hôtel. Tandis qu'ils s'occupent à payer le chauffeur dans une monnaie pour eux nouvelle, un portier galonné se précipite, s'empare de tous leurs bagages, valises, sacoches, appareils, qu'il suspend en grappe à ses épaules...

Contents d'être accueillis en « seigneurs », persuadés qu'ils en sont, les jeunes hommes laissent faire et pénètrent dans l'hôtel les mains dans les poches.

C'est d'ailleurs tout ce qui leur reste!

Le faux portier – sans doute avec la complicité du personnel de l'hôtel – est ressorti sans s'arrêter par une porte du fond, en emportant tout leur bien, et ne reparaît jamais! « Il fallut tout racheter », achève Bernard, riant de tout son cœur, comme s'il s'était fait une farce à lui-même.

A cette cadence, l'argent file. Lorsque Bernard revient à Paris, il n'a plus un sou, mais de magnifiques souvenirs.

Nous devions ensemble décrypter les cassettes, trier les photos, écrire le livre... En somme, faire de son rêve réalité.

Mais cette fois c'est Bernard qui joue le faux portier et s'éclipse par une porte dérobée avec, il faut bien le dire, le matériel...

MÊME s'il me laisse m'en occuper seule, Bonhomme est le chien de Bernard. Quel amour il y eut entre eux! Bernard m'a raconté l'histoire de leur rencontre.

A moins d'un an, Bonhomme est abandonné dans un préau d'école, au bout d'une corde nouée à un arbre. Tombé par hasard sur sa photo parue dans un magazine, Bernard téléphone aussitôt pour l'adopter. « C'était inexplicable! Je ne voulais pas de chien! J'avais bien assez à faire avec moi-même! Mais quand je l'ai vu, j'ai eu le coup de foudre, je me suis dit : il me le faut! » (Ce qui n'alla pas sans obstacles, car le chien venait d'être donné à un couple de retraités... Devant l'âge de Bernard et connaissant les capacités – futures – d'un individu de la race de Bonhomme, on eut le bon esprit d'aller le rechercher – il s'était déjà montré « insupportable » de dynamisme – pour le confier à un maître d'un niveau d'énergie correspondant...)

Avant mon entrée dans leur existence, le chien et l'homme avaient vécu en célibataires, libres et complices. Sortant à leur gré, et pas forcément ensemble, par les fenêtres toujours ouvertes de ce rez-de-chaussée où « campait » Bernard.

Dès le retour du chien, nous devenons trois inséparables. Appartement, voiture, hôtels, vols aériens, virées en mer, longues courses en forêt ou sur les plages sans fin de l'Atlantique, nous partageons tout. Bonhomme nous accompagne au restaurant, chez nos amis, même dans les grandes surfaces. En toute circonstance, il se conduit comme un animal qui tient à faire savoir qu'il a, chez lui, rang d'humain. Je crois qu'il était fier de nous comme nous de lui.

Subtilement, la situation se dégrade. Bernard cesse peu à peu de partager avec moi le soin de nourrir Bonhomme, de le baigner et, surtout, de le sortir entre cinq et six fois par jour.

Vu l'accroissement de la circulation dans le quartier, je m'étais refusée à ce que Bonhomme continue à vivre sauvagement et sans surveillance. (Deux fois déjà une voiture l'a renversé.) De surcroît, c'est illégal : les chiens, à Paris, doivent être tenus en laisse. Sinon c'est la fourrière, avec possibilité d'extermination presque immédiate. Je ne pouvais supporter l'idée d'un tel destin pour un être de la qualité de Bonhomme.

Je prends l'habitude de l'emmener partout avec moi, quitte à me faire refuser l'entrée des magasins – j'en change – ou celle des taxis – ce qui m'amène à faire des kilomètres à pied dans Paris lorsque Bernard se sert toute la journée de notre voiture.

Peu à peu, l'entretien de Bonhomme m'incombe complètement. Je ne m'en plains pas. Entre le chien et moi finit par se tisser un lien d'absolue confiance. Il y faut un certain temps. Abandonné une première fois, Bonhomme se méfiait et n'aimait que Bernard, son sauveur.

Bientôt, je renonce avec facilité à une sortie, ou même un voyage, pour ne pas laisser Bonhomme derrière moi. Je ne l'éprouve pas comme un sacrifice, mais comme un choix consenti.

Ce qui me dérange, c'est de sentir se distendre le lien entre Bernard et son chien. Cela devient patent lorsqu'il y a mutation brusque dans l'ascension sociale de Bernard et qu'il entre dans l'Entreprise. Le jour où je parle d'emmener Bonhomme, qui nous suit partout, dans la voiture de fonction dont se sert quotidiennement son maître, je vois ses sourcils se froncer.

« Pas de Bonhomme dans cette voiture! Il la salirait...

– Mais je prendrai sa couverture, il s'installera dessus!

– J'ai dit non. »

Quand je pars pour l'enterrement d'Anne, le bébé, et que je suggère à Bernard de garder le chien pendant mon absence, cet affreux voyage ne pouvant présenter aucun intérêt pour lui, Bernard me déclare sèchement : « Je n'emmènerai pas Bonhomme au bureau, il n'y a pas de place. »

Beaucoup de chiens accompagnent leur maître à son bureau, surtout quand il en est le patron! Je suis trop accablée par le chagrin pour discuter et je prends Bonhomme avec moi.

Jamais je ne l'ai vu si sage à l'arrière d'une voiture, ne cherchant pas à disputer aux petites filles l'attention que je leur consacrais. Une fois arrivé, lui qui n'aime pas trop les enfants demeura assis près d'elles, la tête un peu pendante. Les fillettes le caressaient, ayant compris qu'il les savait en deuil.

Si je parle autant de ce chien, c'est que je n'en avais jamais eu, jusque-là, et que je me mis à beaucoup l'observer. Etant donné son âge, il n'était plus question de le « dresser », nous avions à nous accommoder l'un de l'autre. Et sa charge m'en incombait de plus en plus.

J'étais si novice, côté chiens! Lorsqu'à notre première promenade en solo je le vis lever la patte contre un mur avec l'énergie contorsionniste du fox-terrier, je le crus piqué par quelque mouche!...

Je finis par comprendre que c'était sa façon de « faire »!

Bientôt, je sus presque tout de cet animal réputé sans langage. Quand Bernard rentrait à la maison trop las pour que je l'interroge sur sa journée, ses affaires, ses soucis, ou pour que je lui narre les miens, je parlais de Bonhomme et de ce qui nous était arrivé ce jour-là! Parfois, je me disais : « Arrête! Tu bêtifies avec cette bête!... »

En fait, Bonhomme était devenu le lieu de mon échange avec Bernard. Il « parlait » nos humeurs, nos inquiétudes, notre intimité, notre amour... et aussi nos antipathies.

Nos fatigues.

Tout commença par un coup de téléphone.

Bernard se trouvait encore en clinique, convalescent de son opération, quand sa cousine, un peu plus âgée que lui, appelle pour prendre de ses nouvelles.

« Cela va mieux de jour en jour, lui répond Bernard, heureux de ce témoignage d'affection, et toi? »

Un énorme sanglot lui répond.

« Mais que se passe-t-il? demande Bernard, surpris et attentif.

— J'ai mal à la tête, si tu savais comme j'ai mal à la tête!

— Prends de l'aspirine...

— C'est fait. J'ai tout essayé... Ça ne passe pas.

— Va voir un médecin!

— C'est fait!

— Un ostéopathe, un kinésithérapeute...

— Tout est inutile!... Cela m'a pris dans l'avion qui me ramenait de Nice, où je suis allée pour mon travail. Tout à coup, une douleur intolérable... L'hôtesse de l'air, tout le monde s'empresse autour de moi... C'est si atroce qu'à l'atterrissage on m'emmène à l'infirmerie de l'aéroport. Le médecin de service me conseille de me rendre immédiatement dans un hôpital...

– Et alors?

– L'interne m'a conseillé de faire un scanner. C'est la première fois que j'entends le mot.

– Très bien, dit Bernard, bientôt tu seras rassurée.

– Oui, mais pas avant quinze jours! On fait la queue pour les scanners, c'est long!

– D'ici là, ça t'aura passé », dit Bernard, rassurant.

Sa cousine est une belle femme, sportive, saine, superbement plantée.

« En attendant, tu ferais bien de consulter un psy...

– Je sais, dit Sylvie, toujours en pleurs tant elle souffre, j'ai sûrement besoin d'un psy... »

Bernard raccroche et me raconte alors rapidement ce qu'il sait de la vie de Sylvie. Son « abandonnisme » chronique, ses difficultés sentimentales du moment. Nous en concluons, avec notre assurance de gens bien portants agacés par les gémissements d'autrui, que tout cela relève, effectivement, d'une « bonne » psychanalyse.

Les résultats du scanner sont instantanés, mais il faut attendre son tour pour l'examen. Bernard est donc guéri, sorti de l'hôpital, et nous dînons ensemble chez mon ex-beau-frère, auquel je suis heureuse de présenter mon amant, lorsque celui-ci demande la permission de se lever de table pour téléphoner. Il a promis à Nunu et à Vava de les appeler pour avoir les résultats du scanner de Sylvie, qui a eu lieu dans l'après-midi.

Quand il revient s'asseoir, il est blême.

« Que se passe-t-il? lui dis-je.

– Je te le dirai tout à l'heure. »

La soirée est écourtée. Dès l'escalier, Bernard m'annonce la nouvelle : Sylvie a trois tumeurs cancéreuses au cerveau. Autrement dit, la jeune femme est perdue.

Huit jours plus tard, Sylvie, hospitalisée, attend une opération crânienne qui finalement n'aura pas lieu. La veille du jour fixé, après une tomographie approfondie, le chirurgien s'aperçoit que l'emplacement et le volume des tumeurs cérébrales les rendent inopérables.

Bernard, Ignace et moi nous serrons les coudes pour aller lui rendre visite. Dès le couloir, l'avancée dans ce service réservé aux cas désespérés est une épreuve. Par l'entrebâillement de chaque porte, les malades et leur famille lancent au visiteur des regards immobiles... Ils sont figés dans le temps, ou voudraient l'être... Cette immobilité m'évoque celle des pays où sévit la famine. Ici, dans le pavillon des cancéreux et des grands traumatisés, c'est la disette de l'espoir.

A notre lâche soulagement, Sylvie nous reçoit tout sourires! Après les baisers de rigueur, elle nous raconte, avec enthousiasme, comment cet « amour » de chirurgien a décidé – ce que nous savons déjà – de l'opérer pour la délivrer de son mal. Il a pris la peine – quel homme délicieux! – de lui expliquer longuement comment il va s'y prendre et les inconvénients qu'elle doit éprouver à son réveil d'une très longue anesthésie : paralysies de la main et de la parole!

Ensuite, après rééducation, elle se remettra complètement. C'est promis! D'ailleurs, c'est sûr, puisqu'elle le *veut*.

Bernard a communiqué directement avec le praticien, et nous savons qu'il n'en est rien. La pauvre Sylvie risque gros. Mais comment ne pas lui répondre par un optimisme aussi souriant que le sien!

Avec le recul, je me rends compte du pouvoir que, dès ce moment-là, Sylvie s'octroie sur son entourage. On ne peut qu'en passer par ses dires et ses volontés puisque, de toute façon, les médecins ont prévenu, *rien ne servira à rien*. Tout en étant parfaitement au courant de la nature et de la gravité de sa maladie, Sylvie, en fait, ne voulait pas de la vérité. Un cancer du cerveau? Et alors? Elle va s'en sortir... Même un ami prêtre qui l'accompagne jusqu'au bout de son agonie s'est plié devant ce fantasme de toute-puissance enfantine dont nous sommes tous capables dès qu'il s'agit de refuser ou de nier un répugnant destin.

Sylvie n'est encore pour moi qu'une vague connaissance. Pourtant, sa tragédie, je le sens tout de suite, me concerne au plus près. C'est qu'à partir du moment où nous avons pris délibérément le parti de dénier l'issue fatale du cancer – prévue par tous les médecins –, un « mensonge » s'introduit dans ma vie de couple avec Bernard. Mensonge que nous cultivons en famille : Sylvie va s'en sortir, et tous ceux qui osent penser autrement sont des traîtres, à éliminer de notre entourage...

Au début, je me dis qu'il s'agit d'une attitude pour nous faciliter la vie, mais à la longue moi aussi je finis par croire « sincèrement » le mensonge... De là à gober tous ceux qui vont suivre...

Les avertissements ne nous sont pourtant pas ménagés, car cette première visite tourne au drame... Est-ce par mesure d'autodéfense que, trop choqués, nous acceptons par la suite toutes les illusions?

Pour atténuer ses intolérables migraines, on a fait absorber à Sylvie de lourdes doses de produits médicamenteux aux effets mal contrôlables. Ravie de notre présence, la malade nous parle avec gaieté, presque allégresse... Tout à coup, quelque chose ne va pas... Le regard bleu se fige, puis panique! » « Je stresse... », a-t-elle le temps de murmurer.

La voilà qui ouvre démesurément la bouche, comme à l'approche d'un danger. En fait, la terreur est intérieure. Ses mots ne viennent plus. Elle en prononce d'incohérents... Ses mains se crispent sur le drap... Elle s'est redressée sur ses oreillers, prête, dirait-on, à jaillir du lit (ce qu'elle fera par la suite). Puis, d'un seul coup, le visage déformé par un effroi sans nom, elle hurle... (Moi aussi, après ma rupture avec Bernard, je vais hurler ainsi dès que je m'endors un instant, dans l'épouvante de ce qui monte du fond de moi. Ce sont mes hurlements – que j'attribue d'abord à quelqu'un d'autre – qui me réveillent.)

L'infirmière accourt. Elle cherche à paraître de sang-froid, mais elle est secouée, elle aussi. Elle appelle un interne qui fait une piqûre.

Personne ne s'occupe de nous trois, les visiteurs du monde normal, interdits, inutiles, pris au ventre. Jamais encore je n'avais connu ce genre de peur : elle touche à la démence.

C'est donc aussi *ça* la condition humaine?

Quand Sylvie cesse de hurler, le corps suffisamment décrispé pour qu'on puisse l'allonger, le personnel médical, prenant conscience de notre présence, nous prie de sortir.

Soulagés d'en recevoir l'ordre, nous fuyons comme des ombres.

Plusieurs jours sont nécessaires pour que disparaisse l'effet du produit accumulé dans l'organisme de Sylvie. Jusque-là ses accès de délire vont se répéter.

Bernard et moi, poussés par je ne sais quel sens du « devoir », retournons la voir. (Ignace a déclaré forfait.) Vava est là. Elle tient les deux mains de sa fille. Pour prévenir son délire, elle a trouvé une parade plus efficace que les « contre-médicaments » qu'on donne à la jeune femme. (Les médecins tâtonnent car il faut doser : si on interrompt brusquement le traitement, les intolérables douleurs risquent de reprendre.)

Prodige de l'amour maternel! Lorsque sa fille est sur le point de « craquer », Vava lui souffle les mots qu'elle ne trouve plus, dont certains mots-repères, que Sylvie semble avoir « inventés », les tirant d'on ne sait où et les inscrivant, d'une main tremblante, quand la parole lui fait défaut, sur des bouts de papier... Ainsi, par exemple, le mot « graffeuil » dont nous n'avons jamais décrypté la signification ni l'origine.

Graduellement désintoxiquée – pour être à la place bourrée de cortisone – la jeune femme finit par retrouver, sinon sa santé, du moins son calme. Et aussi sa lucidité. Sauf en ce qui concerne l'inévitabilité de sa mort, elle va la conserver jusqu'au bout. Bientôt, Sylvie est suffisamment valide pour nous raconter son « voyage » hors du champ de la conscience, car elle s'en souvient parfaitement.

« J'ai eu le sentiment de remonter le temps. D'abord jusqu'à ma naissance, puis bien au-delà... J'ai remonté les siècles et dépassé l'origine du temps... »

Nous connaissons suffisamment Sylvie pour savoir qu'elle est incapable de fiction, et même d'imagination. D'ailleurs elle nous relate ce voyage « sidéral » – et sidérant – comme s'il s'agissait d'un des nombreux reportages qu'elle a faits à travers le monde : avec réalisme et précision.

Bernard l'écoute intensément et hoche la tête en signe de compréhension. Puis il pose à sa cousine quelques questions supplémentaires. Elle y répond avec bonne grâce, contente de l'intérêt qu'un homme qu'elle admire porte à son expérience. Je sens Bernard tendu, concentré : il tente de se représenter le chemin que la jeune femme a parcouru, pour le refaire en imagination avec elle. Rasérénée d'être l'objet d'autant de considération – elle n'en a pas l'habitude – Sylvie s'épanouit. La voilà devenue presque « star »...

Dès la rue, mon amant me prend le bras, puis éclate en sanglots. Il pleure à chaudes larmes, sans souci des passants, sur l'horreur qui fait le fond de toute vie et sur l'impuissance des hommes à l'écarter de leur route. Je ne l'ai plus revu dans cet état depuis le jour où il a si convulsivement sangloté, croyant que je l'abandonnais.

Sur ce bout de trottoir, devant l'hôpital, la même résolution achève de s'ancrer en moi : Bernard ne fera pas face tout seul à cette abomination. Tant pis – toujours le fameux « tant pis » qui me vient si souvent à l'époque –, j'irai jusqu'au bout avec lui.

A quelqu'un qui me demande aujourd'hui (non sans une secrète inquiétude) : « Mais cet homme que tu as tant aimé, ne désires-tu pas le revoir? S'il t'appelle, ne vas-tu pas courir vers lui, te précipiter dans ses bras? » je réponds après réflexion : « Non, car j'ai vécu ce que nous avions à vivre ensemble *jusqu'au bout.* »

En partie grâce à Sylvie, qui nous a entraînés avec elle, très vite, là où la vie et la mort, inextricablement mêlées, agissent à l'état presque pur. Et dans une absolue violence.

Dès qu'elle est mieux – les fameuses rémissions –, Sylvie demande impérieusement à voir des arbres, de l'herbe, des oiseaux... Nunu et Vava la conduisent à *l'Orée.* Flageolant sur ses jambes, la grande malade bat des mains de bonheur. Son crâne est dissimulé sous un bonnet de laine destiné à la protéger du froid, car les rayons ont fait tomber le reste de ses cheveux tondus. Une fois habituée aux courants d'air, Sylvie refuse obstinément de se couvrir la tête. Comme certaines femmes africaines, elle exhibe volontiers cette boule luisante, qui brunit après les séances de rayons, puis pèle, rosit, pour rebrunir dès que le traitement reprend. Est-ce son mal qu'elle expose ainsi sans pudeur? Ou son besoin, inétanché, d'être aimée comme un nouveau-né?

On lui donne trois mois au maximum. Le verdict

prononcé, je sens Bernard atteint au plus profond.

Alors, parce que je l'aime, je plonge avec lui dans l'Epreuve.

Car le cancer ne ronge pas qu'une victime.

Dès que nous arrivions en vue de *l'Orée*, Bernard, qui n'aime que la vitesse, ralentissait considérablement. Il redoutait le spectacle qui nous attendait. Celui de Sylvie, de plus en plus recroquevillée sur le divan du rez-de-chaussée, bouffie par la cortisone, levant vers nous son inaltérable sourire.

Un sourire d'être dévoré, mais aussi dévorateur.

DIAGNOSTIQUÉ, confirmé, le cancer de Sylvie ne nous lâche plus, sourde percussion qui, en fait, sonne le glas.

Pour nous aussi, il y a quand même des rémissions. Ainsi le séjour à la neige, comme disent les enfants.

Bernard, ex-champion universitaire, n'a pas mis les pieds sur des skis depuis des années. (Sur les conseils paternels, il a renoncé à une carrière à la Killy pour faire des études supérieures.) Tient-il encore la forme? La question le titille, bien qu'il le nie. « Le ski? Sport de gosse... Maintenant j'ai mieux à faire. Nous venons juste prendre l'air... »

J'ai connu de très grands skieurs, amateurs ou professionnels. A force d'efforts et de chutes, je suis parvenue non pas à les suivre, mais à les accompagner suffisamment sur les pistes pour pouvoir, de loin, contempler leurs exploits. Je me débrouille presque partout, sauf en neige lourde et profonde.

C'est là où Bernard est inégalable. Jamais je n'ai vu une telle aisance, autant de joie, « vierge », justement, chez un skieur. Sans cette trace d'angoisse qu'on lit, à l'arrivée, sur le visage des champions les plus chevronnés.

L'angoisse, c'est pour moi! A l'arrêt le long d'une

piste en altitude, figée par l'inquiétude, je regarde Bernard s'aventurer tout seul sur un sommet « interdit », à cause du risque d'avalanche. Il choisit son point de départ, puis, d'un seul coup, après m'avoir saluée du bâton, se lance sur la pente nord en à-pic pour venir jusqu'à moi. S'il lui arrive quoi que ce soit, me voici dans l'incapacité totale de lui porter secours!

En même temps, la curiosité et bientôt l'enchantement sont les plus forts! Je n'ai rien vu de plus beau, de plus facile et de plus triomphal que la descente de Bernard du haut de ces crêtes rocheuses! D'autres skieurs de piste, ébahis comme moi, stoppent pour le contempler.

Sa trace est impeccable, souple, en guirlande. En quelques minutes, il m'a rejointe. Il arrive, les cheveux pleins de givre, pas même essoufflé. Il se jette vers moi, bâtons au bout de ses bras écartés, m'étreint. Il éclate de rire.

Il a « séduit » la neige comme il séduit les gens.

« C'est grâce à toi! » me dit-il.

A l'époque, il n'est que remerciements et mots tendres.

« J'avais décidé de ne plus jamais refaire de ski. Je me croyais vieux. » (Il n'a pas trente-cinq ans!) « Quelle joie j'éprouve! Le ski, c'est ce que j'aime le mieux au monde!

— Il faut continuer, mon amour.

— Tu as raison. Je vais me faire déposer en hélicoptère sur un glacier! ou alors au sommet de la cordillère des Andes... Il paraît que c'est magnifique! Totalement vierge! »

Mon cœur se serre : ce qu'il a, les Alpes entières à ses pieds, ne lui suffit donc pas.

« Pourquoi si loin?

— J'ai besoin d'immensité.

— Bon, si tu veux... », dis-je en soupirant déjà de

crainte et d'effroi devant les risques qu'il est capable de prendre et qu'il me faudra « encaisser ».

(J'apprends par la suite que ces excursions en hélicoptère sont interdites. On s'est aperçu que le lâchage de poignées de skieurs privilégiés au sommet de montagnes autrement inaccessibles provoque des glissements de terrain irréversibles. J'aurais perdu mon temps à l'expliquer à Bernard. Ce qu'il veut, c'est « consommer »!...)

Moi qui croyais avoir atteint mon « maximum », voici que Bernard me fait faire en peu de temps de notables progrès en ski! Avec très peu de conseils, mais il les tient de l'équipe de France. Surtout, Bernard sait d'instinct comment traiter la neige, jouer avec la pesanteur, son propre poids, et négocier la pente dans la souplesse, la décontraction, le laisser-aller... En somme, le plaisir!

Quand je le vois aussi habile et heureux dans ses performances en tout genre, sauts, vitesse, je me dis que cet homme possède un secret que je n'ai pas : slalomer entre tous les obstacles!

Mais la vie n'est pas un champ de neige. Lorsqu'on loupe une « porte », et qu'on se retrouve dans le décor, se remettre sur pied n'est pas aussi facile que sur les pentes. La « baignoire » qu'une chute a créée ressemble parfois à une tombe.

Cette fois aussi, Ignace nous accompagne. Son comportement, comme à l'habitude, me fait rire. Avant qu'il ose s'aventurer sur les pistes, où il se montre encore plus timoré que moi, il faut qu'il s'achète à grand prix de la sécurité. Ce que l'on fait de mieux à l'époque – déjà c'est dépassé! – dans le genre skis, bâtons, moufles, anoraks et surtout chaussures! Bernard et moi avons loué notre matériel, et, pour ma part, j'ai emprunté de vieilles tenues à Nunu et à Vava, qui ont si souvent séjourné à Megève.

Dans sa combinaison noire et ses chaussures

rouges toutes neuves, Ignace se casse la figure assez souvent. Je m'inquiète pour lui : il n'a que la peau sur les os, et il est tout de suite endolori. Je reviens quand je peux sur mes traces pour l'aider à se relever. Ignace, enneigé, a l'air aussi sérieux qu'un pape, comme s'il ne s'agissait pas d'un jeu... Quand il est en état de le faire, il repousse ma main. Ignace a toujours détesté mon aide, s'il la constate.

Celle, souterraine, que je n'ai cessé de lui fournir sans qu'il la remarque, il s'en est goulûment nourri. Sans rien donner en retour, car Ignace est à voie unique!

Tout ce qu'on peut dire pour sa défense, c'est qu'il ne s'en cache pas : c'est à prendre ou à laisser. Longtemps, j'ai pris. « Tu es une vache », m'avait dit Germaine, me contemplant d'un air rêveur comme si elle était le train et que c'était le train, ce jour-là, qui contemplait un ruminant... « Tu aimes allaiter! Tu aimes être traite! Eh bien, sache-le et ne te plains pas quand ça arrive... il y a des gens, comme ça, qui ont du lait à revendre!

— Moi? La femme stérile?

— Justement! Tiens, je vais te dire quelque chose que tu n'as pas l'air de savoir... Etre mère et maternelle n'a rien à voir avec le fait d'avoir ou de ne pas avoir d'enfants... Toi, tu es un être profondément maternel!

— Zut!

— Tu n'y peux rien! C'est comme ça! Tu as des lolos... »

Le soir, dans le petit appartement des neiges, qui appartient à Nunu et Vava, nous faisons la cuisine. Des pâtes, encore des pâtes! (Nous avons faim!) Puis le soir, dans le grand lit, Bernard et moi soignons nos courbatures. Huit jours plus tard, Bernard me fait admirer ses cuisses, qui ont retrouvé leur vigueur. Deux piliers, gros comme des torses d'enfant de dix ans... Ses pieds aussi sont forts, musclés, parfaits. Je comprends son assise.

Moi, avec mes « jolies » jambes qui font naturellement le grand écart, il me manque cette implantation. Peu m'importe, me dis-je, puisque lui, mon homme, est enraciné comme il faut! Je m'enracine en lui et, à ce que je crois, le tour est joué! Erreur...

Ce petit appartement en hauteur possède un balcon qui donne sur la forêt de sapins. Bernard m'entraîne sur le balcon. Il m'embrasse d'abord, puis va chercher un appareil photo.

Dans mon manteau de fourrure noire, tous mes cheveux dressés en auréole et comme électrifiés par l'orage qui s'approche, avec ma tête qui se détache sur le fond gris sombre des nuages, j'ai l'air d'être emportée par la tourmente.

Lorsque nous redescendons en voiture de cette petite station de montagne, Bernard m'affirme que cela n'est qu'un au revoir.

C'est un adieu.

Les hivers qui vont suivre seront consacrés à nos malades, à la petite maison, et surtout au redressement de la situation sociale de Bernard et à son entrée dans les affaires. Pas question de distraire un jour, ni quelque argent, pour aller vivre. Car c'était vivre, et vivre au plus haut, qu'être « nous les deux » – comme disent les Suisses – en montagne!

Je sens encore la pointe de ce bonheur aigu, presque intolérable – j'y pense le moins que je peux –, quand je bouclais mes fixations pour descendre derrière Bernard, tous les jours un peu mieux. Aiguillon de feu et de glace! Dans tous les domaines de la vie, me dis-je, il allait ainsi me faire progresser...

Je désire ne jamais revoir ces lieux. Mais je n'oublie ni leur configuration – je me souviens de chaque piste, chaque téléphérique ou remonte-pente – ni la joie qu'ils m'ont donnée.

Au retour, nous n'avons roulé que quelques dizaines de kilomètres, les plus ardus, lorsque nous nous arrêtons dans une auberge pour déjeuner. Nous venons juste de dépasser la ligne où s'arrête la neige. Par la fenêtre à petits carreaux du chalet-restaurant, je contemple la boue au bord de la route, la noirceur triste des derniers sapins, l'asphalte gelé et quelques plaques de neige sale et jaunie. Derniers vestiges de là-haut.

Un feu pétille dans la cheminée. Sans appréhension, je goûte ce dernier moment de détente et d'intimité, entre mon amant et mon ami.

Tout ce temps-là, le renouvellement de l'appartement se poursuit à pas lents. A peine de retour à Paris, après notre voyage en Suisse, mon amant avait trouvé un jeune architecte qu'il avait chargé d'exécuter ses plans. Le temps des travaux – qu'on nous a promis court... –, nous habiterons chez moi, malgré la répugnance de Bernard à quitter son quartier.

Ce fut l'adieu à notre premier bonheur, le plus profond. Le plus fou.

Moi aussi j'avais pris goût à cet environnement qui a changé mes gestes et, du coup, me change moi-même. Et puis, j'aime habiter là où Bernard a toujours vécu, je le sens à son aise dans ce qui est son royaume (il y est né). C'est ainsi qu'il me domine, et cela compense, me semble-t-il, notre différence d'âge.

La première fois que nous nous retrouvons sur le chantier, j'ai froid et peur. « C'est splendide, me dit Bernard, enthousiaste. Tu te rends compte de la vue ? »

Par l'enfilade des fenêtres enfin décloisonnées, on peut, d'un seul coup d'œil, contempler Paris et la Seine. Mais notre tanière a disparu. Nous sommes exposés aux regards de la rue. Vulnérables et sans défenses. Au début d'un amour, tout est acceptation.

Pour m'accueillir dans son nouveau « chez-lui », qui devient un « chez-nous », Bernard désire la meilleure qualité et s'en occupe lui-même. C'est sa façon de me remercier d'avoir accepté de vivre avec lui.

Je me souviens de l'après-midi où, surmontant notre fatigue, nous allons ensemble feuilleter du marbre en plaques chez un marbrier qui tient son stock en plein air, au bord de la Seine, face à Bercy. Depuis les inondations répétitives de ces deux dernières années, le marbrier s'est déplacé. Il est allé s'installer au-delà de Charenton, en grande banlieue. Le marbre y est aussi beau, mais le charme n'est plus le même.

Ce jour de printemps, nous sommes si las, Bernard et moi, qu'on nous donne un parasol pour nous protéger des pâles rayons du soleil nouveau. C'est dire à quel point nous ne supportons rien...

Le directeur de l'établissement nous fait faire le tour de ce qui ressemble à une vaste bibliothèque dont les livres seraient comme les Tables de la Loi : des feuilles minérales posées les une contre les autres. On les déplace pour les examiner. Un employé costaud est préposé à cet effet. Il porte un arrosoir car, pour apprécier l'exacte couleur d'un marbre, on doit l'humidifier.

La visite est longue, pour nous épuisante. La mode est au marbre rose, style « charcuterie ». On dirait, en effet, des tranches de salami ou de mortadelle. « C'est celui que préfèrent les émirs et qu'ils m'achètent à tour de bras, soupire le directeur. Je vous conseille autre chose. »

Il y a du marbre blanc, veiné de bleu, ou de jaune, ou de beige, ou de gris. Nous n'arrivons pas à nous décider. Soudain, Bernard tombe en arrêt devant l'oiseau rare. Il n'y en a qu'une plaque : il est blanc, à peine veiné d'un vert très pâle. Une splendeur. Raffiné. Délicat. En un instant, nous sommes tous les deux d'accord : c'est lui!

Une heure plus tard, nous nous allongeons sur le lit de mon appartement, à bout de fatigue mais bienheureux.

Pour la première fois de ma vie, j'ai le sentiment de m'installer en décidant de tout. Dans mon ancien appartement, une décoratrice mandée par mes beaux-parents s'était chargée du cadre où je vis encore. En ce qui concerne le pavillon de banlieue, il était préfait et prémâché. Je me suis contentée de changer peintures et rideaux.

Ici, non seulement je conçois, avec l'accord de Bernard, la destination de chaque pièce, mais j'y mets « mes » matériaux. J'ai choisi le marbre, le dallage blanc de la salle de bain, et aussi les pâtes de verre qui forment sur les murs un dessin géométrique et sans surcharge. Je décide également de l'emplacement des glaces, de leur taille et de la robinetterie.

C'est chez Bernard et grâce à lui que je me crois dans mes meubles!

D'où mon étonnement à m'entendre dire d'un instant sur l'autre : « Tu n'es plus chez toi! Va-t'en! »

Huit jours plus tard, une autre femme s'y prélasse, jouissant sans scrupules de mon chez-moi.

Heureusement que nous n'avons pas eu d'enfants! Etant donné cette séparation aux torts de l'homme, on m'en aurait attribué la garde. Le marbre, les miroirs me regrettent sûrement – les objets aussi s'attachent aux personnes, et portent malheur ou bonheur, c'est selon –, mais enfin, ils sont... de marbre! Un enfant, tout l'aurait meurtri!

Bonhomme, coupé de ses habitudes, ne vit que pour les heures où je le reconduis dans son ancien quartier. Frétillant, la queue droite, il n'est plus le même! Chaque réverbère, chaque coin de rue est une occasion de réjouissance.

« Pourquoi vas-tu là-bas, me dit-on, pour te retourner le couteau dans la plaie? » J'y vais pour Bonhomme. Et puis qu'est-ce que je risque? Les volets de notre rez-de-chaussée sont désormais toujours clos. L'appartement, lui aussi, est en deuil!

Lorsque nous passons devant notre ancienne porte cochère, Bonhomme ne lui jette pas un regard. A peine trotte-t-il un peu plus vite. Il « sait » que je souffre et ne tient pas à en rajouter.

Tous ceux qui viennent de subir un grand chagrin, dont le chien, selon ses moyens, tente de les consoler, savent de quoi je parle.

PAR goût des images, je prends sans cesse des photos. Avec Bernard, je me déchaîne et le photographie partout : dans notre lit, sous la douche, parlant au téléphone, rêvant, concentré, jouant avec Bonhomme...

Des tiers en prennent de nous deux comme nous sommes le plus souvent, dans les bras l'un de l'autre, nous tenant par la main.

Quand je regarde à présent ces clichés, quelque chose s'en dégage que je n'ai pas aperçu au moment où je les ai collés dans mon album (je ne voyais alors que le graphisme, ou la pose, plus ou moins réussie).

Sur nos premières photos, Bernard et moi sommes soudés, comme des siamois, dans une fusion où il semble que nous cherchons à mettre en contact la plus grande surface possible de nos deux corps, cheveux, doigts, souffles mêlés...

En revanche, les tout derniers clichés que j'ai pris à *l'Orée* montrent un homme fermé, le regard abrité derrière des lunettes noires, sans rayonnement, mâchoires crispées, le teint grisâtre. (Il revenait de Chine, où sa santé ne va jamais.) Sur ce domaine qui devait lui apparaître comme une prison, il jette des regards de haine.

Un ami m'a photographiée sur le même rouleau, cinq jours avant la rupture, ce beau dimanche de septembre. Assise, bras nus, aux côtés de mon amant – nos invités m'avaient ménagé cette place à table tandis que je m'activais à la cuisine, mais Bernard a écarté sa chaise dès que j'ai occupé la mienne –, j'ai l'air « molle ». Je ne peux définir autrement ce sourire aimable et vide sur mon visage, ni l'attitude relâchée de tout mon corps, si privé d'énergie que je suis obligée de soutenir ma tête dans ma main, le coude posé sur la table.

Dans quel malaise j'ai vécu cette journée, la dernière que nous passons ensemble à la campagne! Bernard, abrité par ses verres foncés, me répond de profil quand je lui adresse la parole! C'est laid, un homme qui se dérobe, et je me sens honteuse, face à cet inhabituel spectacle... Sur les photos – que je prends en abondance, sans doute pour comprendre plus tard ce qui m'échappe sur l'instant, ou que je ne veux pas m'avouer –, Bernard ressemble à un barbouze, visage mort, mâchoires serrées mais pas vraiment fermes.

J'eus la sottise de lui dire un jour : « Tu ressembles à Gérard Philipe, mais en plus viril, parce que tu as plus de mâchoires que lui! » J'avais demandé à Bernard de poser devant une affiche qui représente Gérard Philipe dans *Le Diable au corps*. Les deux hommes, par la coiffure, le regard, le port de tête, ont une similarité frappante. En fait, on dirait qu'il s'agit de la même personne! Sauf en ce qui concerne les mâchoires! Bernard serrait déjà les dents, je ne sais sur quel ennemi imaginaire... Aveuglée par l'amour, je me félicite alors de sa capacité à mordre – les piranhas l'ont aussi! –, sans m'imaginer une seconde que ces mandibules vont un jour se refermer sur moi... (Certains élèvent des crocodiles dans leur baignoire, ou des lionceaux dans leur jardin...)

J'ai rencontré Gérard Philipe, une seule fois. C'était à Rome, où je me sentais perdue. Mon journal m'avait envoyée interviewer la belle Monica Vitti, alors au faîte de sa gloire et épouse d'Antonioni. En attendant de me ramener à l'aéroport, les gens de la production du film m'entraînent dans l'une de ces parties dont le cinéma est friand. Puis ils m'abandonnent à moi-même après m'avoir présentée à deux ou trois personnes, dont Gérard Philipe, sans doute parce qu'il est français comme moi.

Gérard Philipe me serre la main et s'éloigne. Je reste plantée dans mon coin, avec mon verre de jus de fruits, quand l'acteur revient vers moi. « J'aime beaucoup votre robe », me dit-il.

Je porte ce jour-là une robe de rien, achetée exprès pour la simplicité de son allure, qui m'a paru convenir à ma mission de journaliste. En jersey gris fer, entièrement boutonnée par-devant, des poches plaquées comme une robe-chemisier, elle n'est relevée que par une ceinture mordorée qui souligne la minceur de ma taille.

Le compliment de Gérard Philipe m'éclaire sur l'homme : en ce lieu où toutes les femmes, pour la plupart italiennes, ont sorti leurs « plumes », la rigueur de mon accoutrement retient le regard de ce génie de la scène, qui voit l'essentiel.

Cette petite phrase – qui ne fut suivie d'aucune autre – retentit alors à mes oreilles comme une prédiction : « Continuez à être vous-même, c'est-à-dire différente. Ceux qui savent voir finiront, un jour, par vous remarquer... Vous ne serez plus seule... »

Des années plus tard, la photo que je prends de Bernard devant l'affiche du *Diable au corps* est un hommage secret rendu à Gérard Philipe. Une façon de dire à son souvenir et à la forte impression qu'il m'avait faite : « Vous aviez raison! Quelqu'un qui vous ressemble a fini par me remarquer! »

Avec, plutôt, le diable en tête...

C'est le second été que nous nous apprêtons à passer ensemble, et, après celui raté du Limousin, nous rêvons de vrai repos.

Voilà que Germaine nous invite à passer un mois d'août laborieux dans sa villa de la Côte, non loin de Cannes. Bernard et moi considérons d'abord l'invitation avec perplexité. Nous avons besoin de détente, plutôt que de travail. Mais la villa de Germaine se nomme *la Solitaire*, et le « virus » qui nous tarabuste encore se soigne par la chaleur...

« Il y a un grand jardin, ajoute Germaine pour achever de nous convaincre. Bonhomme pourra courir tout son soûl... »

Las au départ, nous ne sommes guère frais à l'arrivée, après les mille kilomètres de voiture. Germaine nous indique notre chambre au premier, dans laquelle nous poussons, halons nos quelques bagages. Un dessus-de-lit rose, impeccable et bien tiré, attire tout de suite l'œil de Bonhomme. Il saute dessus. Est-ce sa façon de nous dire : « Eh bien quoi, on est arrivés! Et on a une chambre... Tout ça n'est pas si mal! Pourquoi faites-vous cette tête-là? »

En fait, Bernard a déjà perçu, comme moi, ce qui nous attend, et son irritation s'abat sur le chien : « Descends de là! » Une tape leste accompagne l'ordre. Bonhomme n'a pas l'habitude d'être frappé. Stupéfait, il se met aussitôt... à marcher sur trois pattes!

« Simulateur, je te connais! » lui crie Bernard.

Mais le lendemain, Bonhomme boite toujours, et j'inspecte l'un après l'autre les coussinets de la patte qu'il tient repliée. Rien.

« Tu vas voir, me dit Bernard, cela va lui passer. »

Il lui lance un caillou. Bonhomme, qui n'y résiste jamais, part à toute barde, toujours sur trois pattes! Seulement voilà, dans son excitation, il s'est trompé de patte, il ne boite plus de la même!

Bernard éclate de rire, ce qui vexe le chien. Il s'arrête pile dans son élan, et revient se blottir sous une chaise, queue basse. Germaine, témoin du changement de patte, est stupéfaite.

« Viens ici, Bonhomme », lui dit-elle.

Germaine, d'habitude, ne s'intéresse pas aux chiens. Bonhomme lui obéit et s'assoit devant elle, tête inclinée.

J'entendrai toujours la voix d' « analyse » de Germaine entreprendre celle de Bonhomme, le chien.

« Tu crois que ton maître est fâché contre toi? Mais non, hier soir il était seulement fatigué, c'est pour ça qu'il t'a attrapé. Alors tu as voulu lui montrer que quelque chose clochait et tu t'es mis à boiter. Mais tu vois, aujourd'hui, c'est fini! Tout le monde est content, tout le monde t'aime et on est heureux de te voir courir! Alors tu n'as plus besoin de boiter... »

Aussitôt après cette interprétation donnée par la voix célèbre et guérisseuse, Bonhomme retrouve ses quatre pattes! Germaine s'en étonne à peine. La voilà qui commence à marmonner quelque chose sur le sens du symbolique chez les chiens, qui n'a aucune raison, n'est-ce pas, puisqu'ils sont sensibles au langage, de ne pas se rapprocher de celui des nouveau-nés... Tout juste si elle ne court pas rajouter un chapitre à ses œuvres!

Etrange séjour!

Pour Germaine, cette maison achetée quand ses enfants étaient petits reste ce que son nom désigne : un îlot de solitude, petit bout de paradis terrestre où elle les a élevés, où elle a aimé et vu mourir son mari. Et où elle achève, à toute allure, ses livres-sommes.

Assise sur la terrasse qu'ombrage un vaste vélum, ou bien devant la porte-fenêtre de sa chambre qui ouvre sur le jardin, elle ne voit que ce qu'elle veut voir : les arbres aux essences variées qu'elle a plantés, les plantes grimpantes qui envahissent le perron, et surtout son écriture, forte, régulière, infatigable, qui court à la vitesse de la pensée sur la page blanche, presque sans rature...

Rien de plus heureux que le visage pétillant de malice de Germaine lorsqu'elle déboule vers nous, après trois heures de réclusion, une dizaine de pages à la main :

« Regardez ce que j'ai écrit ce matin! J'ai fini mon chapitre! »

C'est un « cadeau de vie », pour parler à sa manière. La vie, tel le furet, est encore une fois passée par là...

En revanche, Bernard et moi nous sentons immédiatement dans une miniprison. N'ayant pas avec le lieu les attaches affectives de Germaine, nous apercevons dès le premier instant que le jardin est surplombé de buildings, de petite taille mais en béton quand même. Ils sont venus s'implanter entre le terrain de Germaine et la mer. Laquelle est bordée d'une voie express, comme tout ce coin de la côte, saccagé par nos prédécesseurs. La plage, étroite, empuantie, est interdite aux chiens. Je ne suis pas longue à l'interdire aux humains, c'est-à-dire à moi. Ça, la mer? Non!

Pour faire les courses, il suffit de tourner le coin de la rue, c'est vrai. Mais cette minisurface où l'on pousse son caddie respire tout sauf l'air des vacances... Il faut y aller tôt sous peine de faire la queue.

Si le jardin de Germaine ne comportait pas un garage, impossible de ranger son véhicule dans la journée!

Le dynamisme de cette femme exceptionnelle, son charme, sa vérité constante font de sa compagnie un privilège. Mais de vacances, point.

Bonhomme, après trois tours de jardin, déclare qu'il connaît tout et, assis sur son derrière, le museau pointé vers nous, réclame une promenade!

A peine dehors, je me rends compte que je dois le garder en laisse, comme en ville, sous peine d'écrasement sur la voie express ou de contravention sur la plage!

Je nous revois, Bernard et moi, partis en voiture à la recherche d'un coin de forêt où faire courir le pauvre chien. Un peu en retrait de la côte, nous découvrons un parc public... Il n'est pas interdit aux chiens, mais des parcours sont réservés aux joggers et il faut à tout instant le siffler, le rappeler. En somme, se tenir sur ses gardes.

Nous rentrons, frustrés tous les trois.

Heureusement, il y a le travail. La journée entière, Germaine et Bernard demeurent sous le vélum de la terrasse, lisant et commentant phrase à phrase le texte de Germaine. Je m'assieds non loin d'eux pour entreprendre à la plume et à l'encre de Chine des dessins « fouillés » – j'ai le temps – de Germaine et de Bernard au travail, sur fond de palmiers et de clématites.

Je me suis mise aussi à la peinture à l'huile. J'aime particulièrement la petite toile où je suis seule à reconnaître Bernard, assis sous le porche au rez-de-chaussée de la maison, rédigeant quelques pages revues par Germaine. Bonhomme, couché non loin, attend... Et moi aussi j'attends, en peignant cette scène de mon mois d'août solitaire...

Car je me sens seule. Exilée de leur travail à deux, incapable d'entreprendre le mien. Enfermée dans mes malaises. Raideur des jambes et des tendons d'Achille si prononcée que je dois m'acheter des chaussures spéciales sous peine – moi qui aime courir! – de ne pouvoir faire un pas.

Je digère mal. Je dors mal. En somme je souffre. Bonhomme aussi. D'irritation, il se provoque un abcès (ce n'est pas la première fois). Je connais à nouveau les affres de consulter un vétérinaire inconnu qui me propose de l'endormir pour l'opérer de ses glandes anales et en profiter pour lui détartrer les dents...

« Profiter », ça je comprends tout de suite que tel est le but de ce praticien qui abuse, comme il est de son intérêt, des touristes enchiennés... Mais rien qu'au mot « endormir » j'ai déjà pris mes jambes raides à mon cou...

Seule Germaine nage en pleine satisfaction : son œuvre avance! Dès le matin, elle nous appelle dans l'escalier pour nous convoquer à la cérémonie matinale du café. On la sent qui, déjà, se frotte les mains : une bonne journée de travail ininterrompu en perspective!

Bernard, mon amour stoïque, se prête avec courage à cet accouchement d'un livre qui n'est pas le sien. Je voudrais avoir la force de l'emmener là où le ciel et la mer se rejoignent, dans la solitude de l'amour. Je me jure que nous le ferons l'année suivante.

Il faut ajouter que nous ne nous baignons pas une fois. Trop compliqué. Il faut la voiture, escalader des rochers, avant de trouver un lieu qui ressemble à nos aspirations : sauvage. Nous n'en avons pas la force! Avec une détermination qui ressemble à de la bouderie, nous décidons que nous ne prendrons aucun bain dans cette Méditerranée-là, qui ne veut pas plus de nous que nous ne voulons d'elle!

« Si tu connaissais les îles grecques! me dit Bernard. Je t'emmènerai.

– Oui, tu m'emmèneras! »

Le soir, par tendresse pour Bonhomme, nous allons à pied jusqu'au bout de la jetée, où s'amoncellent quelques détritus. Bernard trouve un bout de bois convenable et le jette à la mer, où le chien, guéri de son abcès, la gueule fendue d'un sourire destiné à nous dérider, court le chercher parmi l'eau basse et le rapporte à son maître dans de grands abois. Je regarde autour de moi si ne survient aucun garde champêtre. Sur ce bout de littoral, nous sommes en « zone laisse ». Je crains aussi que les « chiens de guerre », trop souvent en liberté, ne viennent attaquer Monsieur l'Aboyeur. Un autre de ses surnoms.

Depuis qu'elle l'a « analysé », Germaine entretient avec le chien des rapports spéciaux. Comme avec le geai, qui, du haut du toit et de derrière une cheminée, surveille et ponctue de ses cris ce qui se passe sur la terrasse. Là aussi, à temps réguliers, Germaine interprète le langage de l'oiseau voyeur.

Ah! si Germaine avait pu interpréter ce qui se passait alors entre Bernard et moi et qui déjà clochait... (N'avions-nous pas mal aux jambes?) Elle a bien essayé, au moment du drame. Mais elle nous aimait trop tous les deux. Devant la douleur de ceux qu'ils aiment, les plus grands médecins sont impuissants. Germaine ne parvint à rien. Et même prit peur. Je peux ajouter ce haut fait à la liste de mes exploits involontaires : j'ai collé la frousse à Germaine, l'intrépide parmi les intrépides!

C'était l'une de mes premières sorties juste après ma tentative de suicide. Je vais dîner chez elle avec le chien, comme je l'ai fait tant de fois, en tête-à-tête. Mais une telle douleur émanait de moi que je vis bientôt, à table, Germaine se décomposer. A peine le dessert avalé, je lui dis : « Tu es fatiguée, je te laisse, je rentre.

– C'est vrai, me dit-elle, je ne sais pas ce que j'ai. »

Moi je savais. Pour une fois, j'en savais plus qu'elle.

Je rentre me coucher, Bonhomme se met au pied de mon lit. (Quand il vient dans ma chambre, c'est toujours le signe que j'ai besoin d'aide, il le sait avant moi.)

Ces premières semaines-là, dès que je perds conscience, je suis prise de hurlements qui me réveillent. Ou alors je fais ce que j'appelle mes rêves « galaxiques ». Je me vois propulsée dans l'espace, à toute allure, tandis que des débris informes, des vestiges sans nom défilent à ma droite et à ma gauche. Aucune apparence humaine, aucun sentiment humain.

Je suis retombée dans l'archaïque.

Épouvantable expérience. Je ne la souhaite à personne. Pourtant, elle m'a permis de comprendre ceux qui, comme moi, en sont la proie. Ne comptez pas sur les somnifères, ils sont sans effet. Ne comptez sur rien, pas même sur Germaine. N'espérez que dans le temps. Et dans votre courage.

Le lendemain, j'appelle ma chère et vieille amie.

« Tu as bien dormi ?

– Comme une masse. Dis donc, j'espère que tu ne m'en veux pas pour hier, de ne pas t'avoir gardée plus longtemps...

– Germaine, tu veux que je te dise ce qui s'est passé ?

– Quoi ? Quoi ?

– Tu ne m'as pas supportée parce que je souffrais trop.

– C'est vrai! me dit Germaine, soulagée d'avoir été devinée. C'est pour ça que je suis allée dormir. Et si j'ai dormi si profondément, c'est parce que je t'ai rejointe dans mon sommeil. »

Pour Germaine, le sommeil c'est le retour au plus enfoui et au plus enfantin de notre être. Ce qu'elle appelle « l'archaïque ». Désemparée de sentir à quel point j'ai régressé et j'en souffre – car nul ne supporte sans douleur de revenir en arrière –, Germaine n'a trouvé que ce moyen pour me rejoindre : dormir!

Je suis émue par tant d'humble tendresse et, du fond de ma peine, je me dis que je ne retournerai la voir que lorsque je serai redevenue « humaine » et supportable.

Pour cela, je dois tout oublier de mon mauvais amour, même ce merveilleux mois d'août à *la Solitaire*.

Mais oui, il fut merveilleux, puisque j'y étais avec Bernard! D'ailleurs, je ne l'oublie pas.

A PEINE étais-je née que j'habitais déjà une « petite maison »! Ma mère n'avait pas encore gagné l'argent qui lui permettrait d'en acheter une grande, au pays de ses origines.

Nous habitions donc la petite maison, achetée six cents francs de l'époque – j'ai les papiers – par mon arrière-grand-père. C'est là que ma grand-mère a mis au monde ses cinq enfants et vécu avec son mari, le tailleur de granit.

Les peupliers devant la maison sont encore ceux qu'escaladait mon jeune oncle, avant de partir mourir à cette guerre de 14 qu'il a méprisée et haïe.

La petite maison avait un escalier extérieur, en bois, couvert de plantes grimpantes. L'été, pour me laver, ma grand-mère sortait sur le palier de cet escalier une grande cuvette, un « tub », disait-elle dans le franglais d'alors, et m'y exposait toute nue. Puis, après m'avoir savonnée, m'arrosait d'un broc d'eau tiède.

Ce sont mes premiers souvenirs de sensualité.

Nous vivions encore réunis, mes deux parents ensemble. Famille insouciante qui, en fin d'après-midi, après la chaleur, s'égaillait dans le pré en pente situé juste au-dessous de la maison et que ma mère avait fini par acheter. Mon père, féru de plantations, le constella de résineux, de charmes et de bouleaux.

Ce pré a la taille exacte de celui de ma petite maison à *l'Orée*. Dans ce nouveau pré poussent aussi des peupliers, en bordure de terrain, et s'y cultive un potager. Comme dans la petite maison de mon enfance où, le long du potager, mon grand-père avait construit une cabane à outils, en planches mal jointes.

Mes plus grands bonheurs venaient de ce potager, où je rêvais ma vie en cueillant des groseilles et en tirant, pour voir ce qui allait venir, sur le feuillage des plantes à racine. A ma surprise, le même geste exhumait tantôt une carotte, un navet, tantôt toute une grappe de pommes de terre... Pochette-surprise naturelle qui me faisait m'exclamer!

Or, il y avait beau temps, croyais-je, que je ne pensais plus à la petite maison de jadis... Elle était là, pourtant, inoubliable, comme tous les lieux de nos premiers bonheurs.

Qui dit qu'au moment où j'aperçus Bernard, ce premier soir, chez Germaine, assis alors que j'étais debout, ne se profilaient pas, derrière ce visage levé vers moi, une petite maison et son potager?

Et qui dit que Bernard, en me voyant venir à lui de mon pas désinvolte, n'a pas perçu lui aussi, au-delà de la femme, la possibilité de retrouver sa petite maison? Pour recommencer à s'en séparer au moment même où il va l'habiter!

« Je ne sais que détruire! » m'a-t-il crié au téléphone, dans ce qui fut peut-être son seul élan vrai de ces jours de rupture.

On me dit : « Enfin, laissez-la-lui, c'est la maison de son enfance! » Mais non, ils se trompent : si je la lui laisse, Bernard la revendra sur-le-champ à quelque bêta... C'est la maison de « mon » enfance à moi!

« Je suis désolé », a-t-il fini par reconnaître avant de raccrocher définitivement.

Désolé veut dire seul. Je le sais bien, moi, qu'il est seul, prisonnier de cette terrible enfance, dont mon amour croyait pouvoir le délivrer.

L'ARCHITECTE a l'âge de Bernard. Lui et moi nous considérons d'abord avec suspicion. Que peut connaître ce beau jeune homme aux vieilles maisons, qu'il faut vider comme un œuf avant de les reconstruire et sans toucher un cheveu, ou presque, de la façade?

En quelques mois, Fabien va m'apprendre plus de choses sur les maisons que je n'en savais jusque-là! Il me laisse d'abord rêver les lieux, puis me tromper.

J'arrive affolée à la réunion de chantier :

« Enfin, Fabien, vous ne m'aviez pas dit qu'il manque une fenêtre, que la porte est trop étroite, que l'escalier débouche mal... »

Il rit, tandis que son œil, comme toujours, demeure froid.

« Je voulais que vous y parveniez toute seule!

— Mais le travail est à recommencer...

— Et alors? Ce qui compte, c'est que vous arriviez à bien sentir votre maison et qu'elle soit harmonieuse... »

Fabien m'explique qu'une maison est comme une symphonie : si on se trompe sur une mesure, la maison « réclame »...

« Comment s'y prend-elle?

– Vous finissez par rectifier de vous-même. A la fin, tout est en équilibre! »

Les travaux commencent par le nivelage du sol, la mise à bas de l'escalier antipathique et la construction de celui qu'a dessiné Fabien. Un ouvrier est chargé de l'exécuter. Pendant la semaine, Adrien est seul à travailler sur le chantier, avec son chien. Il réchauffe sa popote dans l'âtre où il a mis à brûler quelques branchages ramassés en forêt. Cette fumée est le premier signe que la maison reprend vie...

Adrien travaille sans relâche à « son » escalier, qu'il bâtit marche à marche, entre des ficelles tendues. Il m'enseigne la règle d'or de l'escalier : que les marches soient à la fois douces à monter et assez larges pour bien engager le pied, mais pas trop!

Mon escalier démarre dans la pièce du bas, tourne une première fois, suit le mur du fond, puis tourne encore pour se retrouver sur le palier. Un beau palier, que j'entends laisser vide pour qu'il soit le plus vaste possible. C'est dans les lieux vides, halls, cloîtres, corridors, qu'en se « dérangeant » le corps on se repose l'esprit.

Chaque maison que j'ai habitée, enfant, possédait un ou plusieurs escaliers où je passais mon temps, ayant l'air de le perdre, en fait prenant possession de mon espace intérieur. Celui qui allait me permettre de rêver, puis d'écrire. D'aimer aussi. Et de remercier les choses qui m'ont permis d'y parvenir.

Bernard vient moins souvent que moi sur le chantier et il me laisse la charge d'aller choisir les matériaux nécessaires. C'est dans une tuilerie du Morvan, où je me rends seule avec le chien, que je finis pas dénicher des carreaux aux teintes pâles et différenciées par l'inégalité de la cuisson.

J'ai encore dans les yeux la croulante beauté des

lilas de Saint-Sauveur-en-Puisaye, le jour où je me suis arrêtée dans la petite rue où vécut Sidonie, désormais rue Colette. Sur la plaque, la seule signature de l'écrivain.

Bonhomme, debout dans la voiture, aboie chaque fois que nous longeons un taillis : il voudrait y courir. Mais je crains les méchants chiens en liberté, comme si j'avais le pressentiment de ce qui nous attend, lui et moi.

Si Bernard me laisse en charge l'intendance, il a certaines exigences quant à la disposition des lieux : ce qu'il tient absolument à faire entrer chez nous, c'est la lumière. Là-dessus, il est obstiné, entêté, et il fait poser des velux jusqu'au-dessus de la baignoire! Ainsi pourra-t-on considérer le ciel, à travers les arbres, du fond de son bain!

Cette maison, je l'ai tellement rêvée, pendant les deux ans qu'ont duré les travaux, que j'ai fini par m'y voir!

Peignant ou dessinant dans la pièce-atelier que je me suis aménagée à cet effet, préparant les repas dans la vaste cuisine, surveillant par la fenêtre, située au-dessus de l'évier et de la plaque de feux, le jardin où s'ébat Bonhomme.

Au cours du week-end, Bernard et moi quittons à tout instant la grande maison pour courir sur notre chantier... Puis l'un appelle l'autre : « Viens voir! Tu ne crois pas que ce serait mieux si... » Ou alors : « Tu vas dire que j'exagère, mais il me semble que, là, on devrait modifier... »

Que de plans nous avons faits, défaits, refaits!

« Et l'argent? disait parfois l'un.

– On se débrouillera... », répondait l'autre.

On s'est débrouillés, en effet. La dernière année, je vends tout ce que je possède.

Reste que les souvenirs de la maison jamais habitée me soutiennent, par cet hiver glacial. Tous les exilés le savent : l'exil, c'est la mémoire!

La semaine où l'escalier est achevé, le vendredi soir à minuit, nous nous précipitons, Bernard et moi. A la lueur des lampes-torches, il nous paraît mal fichu, déparant la maison! Quelle nuit nous passons, à nous tourner et retourner dans notre lit, désespérés.

Le lendemain, levée à l'aube comme à mon habitude, je cours revoir mon escalier. Au premier regard, je me rends compte qu'il est parfait. C'était de ne voir que lui, dans le faisceau de nos lampes, qui en avait exagéré la taille!

Avec quelle impatience, revenue dans la grande maison, je guette les bruits d'eau qui vont m'avertir du réveil de Bernard! Enfin il descend, dans son pantalon de week-end et son chandail rêche que j'aime tant, l'air tout de même un peu détendu...

« L'escalier est superbe!

– Quoi? De quoi parles-tu?

– Mais de notre escalier!... Viens voir! »

A peine Bernard a-t-il aperçu le chef-d'œuvre de Fabien et d'Adrien qu'il se retourne, m'enlace.

Tout le temps que le sol du rez-de-chaussée est en terre battue, Bonhomme le compisse généreusement. Il faut le carrelage pour qu'il daigne considérer qu'il s'agit bien d'une maison. « C'est ta maison! » dit Bernard au chien qui lève vers lui un regard confiant et interrogateur.

Les hirondelles aussi trouvent le lieu à leur goût. Avant la pose des portes-fenêtres, l'une d'elles bâtit son nid dans la pièce du rez-de-chaussée, à l'encoignure d'une poutre et du plafond. J'ai jalousement surveillé ce nid des semaines durant. Une fois les portes installées, j'interdis qu'on les ferme avant l'envol de la nichée. Je ne m'en approche pas, pour ne pas la déranger, mais les déjections des beaux oiseaux, qui s'accumulent sur le carrelage, m'indiquent que les oisillons sont nombreux et se portent bien. La mère hirondelle s'habitue à ma présence comme à celle des ouvriers et continue son va-et-vient nourricier, nous frôlant les cheveux de l'aile.

Ce n'est qu'après son départ que j'autorise les ouvriers à fermer à clef les portes-fenêtres et à clore la maison. Elle l'est toujours.

Où vont aller les hirondelles?

CHAQUE fois que revenait Noël, j'avais dans la bouche un goût âcre. C'est sans entrain que je me laissais conduire devant un sapin ou un autre...

Il fallut que mon père perde sa seconde femme pour que j'apprenne de sa bouche les raisons de mon amertume.

C'est un soir de Noël que Papa nous a quittées, nous ses enfants, laissant derrière lui son foyer. Sans rien nous dire, comme on faisait en ce temps-là.

« J'ai voulu passer avec vous cette dernière journée de Noël. Puis j'ai attendu que vous soyez couchées et j'ai pris ma valise. Elle n'était pas lourde, je n'emportais que le strict nécessaire. Il était trop tard pour rentrer chez mon père, je suis allé terminer ma nuit à l'hôtel. Je me rappelle qu'il faisait bien froid... »

J'ai des souvenirs d'une époque plus précoce, mais j'ai tout oublié de ce Noël-là. Pourtant, le lendemain, parmi les jouets neufs, pour moi aussi il a dû faire froid.

Quand je rencontre Bernard pour la première fois, j'ai envie de fêter Noël avec faste! Plus étrange encore, avec mon père et ma mère *enfin réunis*! Ils sont tous les deux vivants, et mon père, depuis qu'il est veuf, est libre de rencontrer à nouveau ma mère...

Dans mon ancien appartement – celui de Bernard est trop vétuste –, je prépare une très grande table pour y asseoir tous les membres de ma famille, plus Bernard et Ignace. (Je ne connais pas encore Nunu.)

Grâce à l'amour que Bernard me porte, je peux réparer la pire blessure de mon enfance – la perte de mon père – et vivre à nouveau un Noël en famille... Sur les photos, que j'ai prises en grand nombre pour m'assurer que ce que je vivais là était bien *vrai*, je perçois toutefois une ombre sur le visage de Bernard. Il participe à « mon » Noël, non au sien.

Le sien n'aura lieu que deux ans plus tard.

Entre-temps, nous fêtons un « petit Noël » demeuré le plus cher à mon cœur. Ce 24 décembre, Bernard et moi, qui avons choisi la date exprès, emménageons dans son appartement enfin rénové, et dans notre véritable vie commune. Cette fois, j'ai définitivement lâché les amarres...

Les peintures sont à peine sèches, mais notre lit vient d'être livré et j'ai décoré un petit sapin avec les guirlandes qu'utilisait ma tante maternelle : ce soir de paix sur le monde, je « marie » le souvenir des disparus aux projets d'avenir des vivants!

Nous n'avons qu'un seul invité, Ignace. Comment le laisser seul un jour pareil? Pour souligner sa propre importance, à ses yeux comme aux nôtres, il apporte du champagne et quelques cadeaux de prix.

Quant au grand Noël familial, le troisième, il se fête l'année suivante. Entre-temps, j'ai fait la connaissance de Nunu et de Vava, je les ai présentées aux miens, et nos deux familles sont au complet. L'appartement, tout à fait meublé, est resplendissant : fleurs, grand sapin, un monceau de cadeaux, volaille, foie gras, et toujours le champagne d'Ignace!

Mon père arbore une expression que je ne lui ai jamais vue : celle du chef de famille enfin en fonction! Quant à Nunu, très élégante, elle couve, soulagée, son fils des yeux : il accepte de vivre une vie « normale »! Même Ignace a l'air plus détendu que d'habitude. Pour moi, j'assume à plein mon rôle : celui de maîtresse de maison. Bonhomme exulte! Comme beaucoup de chiens, il adore les paquets et n'en finit pas de tirer sur les ficelles et de froisser les papiers de soie... Bon Noël, cher Bonhomme!

Le Noël suivant, le quatrième, fut le dernier. Il a lieu à *l'Orée*. Bien que je sois chez Nunu et non chez moi, je m'active. Gui sous lequel s'embrasser, sapin à nouveau décoré avec la crèche et les étoiles de ma tante, tout est beau et rituel. C'est Nunu et Vava qui ont apporté la nourriture (Bernard et moi commençons à manquer d'argent).

Vava est triste : Sylvie est morte quelques mois plus tôt. Elle-même, nous ne le savons pas encore, est fatalement malade. J'invite une amie que je sais seule, son amant occupé avec ses grands enfants. Je ne veux pas de solitaire autour de moi! Mes parents, à Paris, sont en famille.

Au moment de minuit, Bernard me prend dans ses bras, lève sa coupe près de la mienne et me murmure à l'oreille, avant de m'embrasser : « L'année prochaine, nous fêterons Noël dans notre petite maison! »

Ce Noël si solennellement promis est là, et je suis plus seule qu'après le départ de mon père, ou mon divorce...

Bonhomme s'est couché au pied de mon lit. Il n'a pas de paquets à ouvrir, ni de souhaits de bonheur, ni de baisers, ni de cadeaux...

« Bernard joue des rôles successifs! » a soupiré

Nunu la dernière fois que je l'ai eue au téléphone.

Il est en train de fêter ce qui devait être *notre* Noël dans la petite maison avec sa nouvelle femme, devant un sapin de Noël tout en or...

Je l'ai aperçu, brillant avec insolence, à travers ce qui fut mes fenêtres, tandis que j'errais sur ce bout de trottoir, dans la nuit glacée... J'ai considéré avec effroi ce sapin pour riches. Le nôtre, en arbre vrai venu de la forêt, ne suffisait donc pas à mon amant?

Si je comprenais, j'irais mieux.

BERNARD, qui avait été journaliste dans un quotidien, continuait à faire une fixation sur ce milieu-là et à y avoir des amis. C'est par eux qu'il apprend qu'un poste de rédacteur est vacant dans une revue du style *Reader's Digest*. Il se présente. Sur sa bonne mine, on l'embauche aussitôt.

Sa tâche, consistant à « digérer » pour les lecteurs des faits divers, des souvenirs historiques, des livres, etc., n'était guère passionnante et lui prenait énormément de temps. Surtout – et pour moi c'est vite le plus dur – il n'est plus à la maison. Déjeunant sur place, il rentre fourbu, agacé par les mille médiocrités d'une vie pour laquelle il ne sait pas encore qu'il n'est pas fait.

Le journalisme des grands journaux donne au moins la satisfaction d'être entendu, écouté, et d'influencer l'opinion. Si on n'est pas au pouvoir, comme les hommes politiques, on en a parfois l'illusion. En tous les cas, on s'y réchauffe, fût-ce de loin.

Mais travailler pour les petits journaux – même à grand tirage –, ceux qui sont destinés à la distraction de lecteurs le plus souvent à la retraite, d'autant plus lettrés et exigeants – ils ont le temps de repérer la moindre faute! –, est peu gratifiant. Et le chèque, à la fin du mois, bien maigre...

Je trouve les efforts de Bernard infiniment respectables. Il est consciencieux, donne généreusement son temps, sa culture. M'utilise aussi, parfois. Je tape pour lui, à la machine, les textes qu'il a rapportés à la maison pour les corriger ou les rédiger la nuit et qu'il doit remettre au journal le lendemain matin. Il m'arrive de les récrire moi-même en lui disant : « Dors, tu es fatigué. Laisse-moi faire, j'ai du métier, pour moi ça n'est rien! »

Cette fatigue, nous croyons en découvrir enfin la cause lorsqu'il est pris soudain d'un mal de côté. Le chirurgien consulté le jour même conclut à une appendicite et lui déclare : « Si vous étiez mon fils, je vous opérerais demain matin. » Ce qui est fait.

Je traverse les angoisses qui consistent à attendre, dans une chambre de clinique à l'aspect neutre, le retour d'un opéré et son réveil.

Le sien touche à l'euphorie! « C'est le plus beau jour de ma vie! Les rêves merveilleux que j'ai faits! » s'exclame Bernard encore sous l'effet des neuroleptiques, tandis que des infirmiers, amusés de son enthousiasme, le soulèvent du chariot et l'installent dans son lit.

Quelques heures plus tard, tout à fait réveillé, il se met à souffrir, et souffre plus de vingt-quatre heures. Je ne le quitte que la nuit, il veut que je sois perpétuellement à ses côtés, dans la chambre où il sommeille.

Dès qu'il va mieux, comme il dort la plupart du temps, je m'installe à une table devant la fenêtre et je dessine, à la plume, ce que je vois du jardin et de ses serres tenues par les bons pères.

C'est une clinique dont le personnel est religieux. Ces hommes sont si sympathiques que, le dimanche suivant l'opération de Bernard, nous décidons d'assister à la messe célébrée dans la chapelle de l'établissement. Bernard enfile la robe de chambre chaude que je lui ai choisie – j'imagine qu'il la porte toujours – et, au fil des couloirs, nous nous retrouvons à l'étage supérieur, dans les stalles surplombant l'autel et le chœur. Dieu me paraît bon. Il veut notre amour. Bernard et moi prions ensemble. Nous sommes heureux.

Seul Bonhomme, à la maison, s'ennuie un peu. Un soir, je l'amène jusqu'à la porte de la clinique. Il n'a pas le droit d'entrer, mais Bernard, en pantoufles, vient jusqu'au seuil. Le chien et l'homme s'étreignent. « Ne t'en fais pas, Lulu, dit Bernard, qui lui donne toutes sortes de surnoms, je suis guéri, je reviens... Tout va bien! »

Hélas! c'est au cours de ce séjour en clinique que commence l'Epreuve.

Je ne puis qualifier autrement les trois années qui vont suivre et dont nous portons tous la marque ineffaçable. Peut-être est-ce elle, d'ailleurs, qui nous a finalement séparés, Bernard et moi. On dit que les malheurs rapprochent. Pas toujours. Certains quittent leurs compagnons de souffrance pour en trouver de tout nouveaux avec lesquels ils ne partagent, croient-ils, que les joies de la table rase.

Est-ce sur le vide qu'on construit?

LE temps de la mort lente a commencé.

Au début – acte de foi, inconscience? – nous voulons croire avec Sylvie qu'elle va s'en sortir. La cortisone la maintient relativement en forme et totalement en appétit. Les douleurs de tête ont cessé. Elle apprend à remarcher après de longues semaines d'alitement. Le printemps, à *l'Orée*, lui arrache des cris d'émerveillement.

C'est là qu'a lieu sa première crise.

Nous sommes sur la terrasse, un bel après-midi ensoleillé, et Sylvie décide de bronzer. Elle trouve qu'avec son manque de cheveux c'est plus joli d'avoir au moins le teint hâlé. Le côté pain brûlé que donnent les rayons est passé, et je crois aussi qu'elle aime les gestes du bain de soleil : se mettre de la crème, s'allonger, clore les yeux. Elle les a accomplis toute sa vie, ils ont un air de vacances qui la rassure.

Vers les cinq heures, nous nous regroupons autour de la table en fer du jardin pour prendre le thé ou l'apéritif, selon les goûts. Tout le monde bavarde en même temps, comme il est d'usage en famille. Soudain, Sylvie se tait. Cette tranquillité qu'on prend pour de l'apaisement est, en fait, de l'angoisse : des tics déforment son visage. Plusieurs personnes se lèvent en même temps pour la soutenir et l'entraînent à l'intérieur de la maison.

Une moitié du visage est paralysée et elle a perdu l'usage de la parole. Mais non ses esprits. Elle indique du geste qu'elle veut un crayon, du papier. D'une écriture déformée, elle fait savoir, en style télégraphique, qu'elle a besoin d'aide... Et aussi qu'elle veut boire...

L'horreur nous étreint. Tandis que le médecin, appelé d'urgence, tarde à venir – le coin est écarté –, Ignace et moi, qui ne sommes pas officiellement de la famille, faisons les cent pas dans le jardin.

Ignace tremble, je le vois à ses épaules. Moi je médite. Sylvie va mourir. Il faut se faire à cette idée.

Le médecin, un jeune interne qui a décidé, par hasard, d'assurer ce jour-là la garde dominicale à la place d'un confrère, ressort de la maison plus pâle qu'il n'y est entré. Il ne prescrit rien, sauf de faire appel au médecin traitant le plus vite possible. Au seul mot de cancer du cerveau, il s'est senti encore plus épouvanté que nous, qui sommes en quelque sorte « habitués ». Comment traite-t-on trois tumeurs cérébrales? La réponse ne doit pas figurer dans ses manuels.

C'est Sylvie qui l'a réconforté. Juste avant son départ, elle retrouve peu à peu la parole. Son premier mot est pour dire « merci ». Puis, quand elle peut à nouveau prononcer une phrase entière, elle nous dévisage un par un, médecin compris, et ajoute : « Vous êtes tous si gentils! »

Nous n'étions qu'impuissance et terreur. Cela rend gentil, en effet.

On attribue son malaise au soleil, et il est convenu qu'elle n'y exposera plus son crâne dénudé. Elle doit porter un chapeau dès qu'elle sort de la maison. Je lui offre le mien, une paille ornée d'un gros-grain noir et de deux cerises en plastique.

Le médecin traitant, consulté dès le lendemain, s'étonne, vu l'emplacement des tumeurs, que cette première crise comitiale n'ait pas eu lieu plus tôt. Peu à peu, en effet, les accès se multiplient. Survenant à l'improviste, ils transforment notre vie en cauchemar.

A tout instant, dans la rue, au restaurant, Sylvie peut perdre la parole, le visage secoué de tics épileptiques... Avec un courage qui explique en partie pourquoi je me suis tant attachée à cette famille, en oubliant de me protéger contre elle, Sylvie s'obstine à vivre normalement. Quand elle n'est pas à l'hôpital pour sa chimio, elle est au théâtre, au cinéma, chez des amis. Plutôt des femmes. Je finis par m'apercevoir que les hommes, dans l'ensemble, prennent la tangente...

Cela n'est pas un reproche. Quel spectacle de voir se dégrader une femme, quand on les aime!

Bernard et Ignace le supportent si peu que je prends l'habitude de faire tampon entre Sylvie et eux. Je suis toujours là quand ils sont en présence de Sylvie. Ce qui ne veut pas dire que cela ne m'use pas.

Ces temps d'horreur, je parle beaucoup à Nunu et Vava, pour tromper l'attente de la mort, et elles me racontent leur enfance. Je finis par la connaître presque aussi bien qu'elles. Elles me narrent également leurs vies maritales – toutes les deux en ont connu plusieurs – et leurs déboires conjugaux. Leurs voyages, surtout. Contrairement à moi, la sédendaire, elles ont fait plusieurs fois le tour du monde.

J'admire la façon dont, jusqu'à la dernière seconde, elles vont parler à Sylvie, non pas comme d'une malade, mais comme d'un être à part entière. « Sylvie veut... Sylvie ne veut pas... Sylvie a décidé... » Elle a perdu la parole, on respecte encore sa volonté. Jamais on ne lui a rien imposé, même sur le choix de ses médecins ou de ses traitements.

Il se trouve qu'au début de sa maladie on m'avait donné l'adresse d'un cancérologue qui – à tort? à raison? – croyait possible de la tirer de là. Sylvie, parce qu'elle avait confiance dans ses médecins, ne voulut jamais le rencontrer. Personne n'insista. La volonté de Sylvie primait en tout.

Avec une ténacité qui relève du prodige, elle a brodé jusqu'à son dernier jour. A la fin, quand elle n'y voit presque plus, j'ai l'idée de lui acheter une lampe halogène au long pied, dont la tête pliante s'incline jusqu'à toucher son ouvrage. Le dernier coup de téléphone que parvient à me donner Sylvie, c'est pour m'en remercier : « Grâce à toi, je peux continuer à travailler... Je ne voyais plus rien... Merci! Merci! »

Que de « merci » je reçois à l'époque! Reste qu'ils ne me réchauffent pas le cœur, du moins pas totalement. Depuis quelque temps, un glaçon s'est installé en son centre que rien, plus rien, ne parvient à faire fondre. Sauf, peut-être, les promenades en forêt avec Bonhomme, lorsqu'il court comme un dératé après un semblant de lapin, ou nous ramène, tout fier, dans sa gueule ensanglantée, un hérisson que je m'empresse de lui ôter.

J'aime les hérissons – « Hérisson égale nourrisson », me dit Germaine, toujours prête à m'éclairer –, et je n'aime pas voir saigner Bonhomme. (Ce qui va m'arriver, bien sûr. Etres de voyance que nous sommes, c'est ce que nous redoutons le plus qui nous attend).

Le chien m'en veut une minute de lui arracher sa proie, puis n'y pense plus. Il me l'a apportée pour m'en faire présent. Puisque je me suis approprié son offrande, tout est dans son ordre de bon chien.

Bernard est de plus en plus sombre. Il sursaute à

chaque appel téléphonique. Il a peur, moi aussi. En plus de Sylvie, je songe à mes parents, qui sont âgés.

Tout nous paraît si fragile. Sauf, en ce temps-là, notre amour.

On dit que les épreuves soudent ceux qui les partagent.

BIENTÔT, à *l'Orée*, le jardin a repris forme et gloire. Dès son rachat, Nunu s'est précipitée dans notre commun potager. Ce rapport aux plantes ménagères lui fait du bien. A Vava aussi. Ces deux femmes, qui ont passé leur vie dans le monde, se découvrent les doigts verts. Carottes, pommes de terre, tomates, salades, semées puis dûment repiquées, croissent et prospèrent.

Je m'occupe plutôt des roses. J'ai la passion des roses, nouvelles, anciennes, grimpantes, remontantes. Et des cosmos, pour leur désordre coloré. Peut-être, aussi, à cause du nom... J'en sème partout afin de dissimuler le chantier, qui traîne, s'éternise.

Le vendredi soir, quand nous nous précipitons pour juger de ses progrès à la lueur de nos lampes, Bernard est souvent pris d'un accès de fureur. « Ils n'ont rien fait! Ils n'ont pas travaillé! » C'est le geste brutal qu'il rentre se coucher dans la grande maison. Je me tiens à distance, attendant que l'accès lui passe. Au lit, il me tourne le dos dans un sursaut brusque, pour s'endormir avant moi. Cela signifie : « Ferme donc ta lumière, tu ne comprends pas que tu m'empêches de dormir? » J'éteins et je reste longtemps les yeux ouverts dans le noir. Je tente de penser à autre chose qu'à cette maison qui n'avance pas et à la mort qui, elle, galope.

Ce fléau procède par rémissions. Je revois Sylvie, dans le jardin, assise sous un arbre... Brodant sans fin des nappes, des serviettes... Je la revois épluchant des légumes, car elle avait toujours faim... Parfois, elle tentait de faire trois pas.

A mon bras, un jour, elle parcourt cent mètres en direction de la forêt, puis déclare forfait.

« Tu sais, me dit-elle en pesant de plus en plus lourdement sur moi, il y a des moments où je perds l'espoir. Pourtant, je vais guérir, j'en suis sûre!

— Bien sûr que tu vas guérir! lui dis-je transportée d'horreur à l'idée qu'il pourrait en être autrement, puisqu'elle est là, me parlant, à mon bras, souriante.

— Va moins vite, je fatigue. »

C'était le temps qui allait trop vite. Pour elle, pour moi. Pour nous.

Un matin, Bernard me déclare :

« Il faut que j'aille en Amérique du Sud, c'est la seule façon pour nous de gagner de l'argent! »

Je trouve ça loin.

« Pourquoi en Amérique du Sud? »

Bernard se lance alors dans l'une de ses « constructions imaginaires » qui s'envolent, au petit déjeuner, comme autant de bulles de savon.

Au début de nos relations, je crois bon de lui faire remarquer l'irréalisme ou l'invraisemblance de certains de ses projets.

« Pourquoi, me censures-tu? J'ai besoin de laisser courir mon imagination, moi, sinon je n'arrive à rien... »

« Il a raison, me dis-je. Quand le jeune Napo, en Corse, a dit à sa Maman, au petit déjeuner : " Je serai empereur des Français! " si elle lui avait répondu : " C'est déjà bien si tu deviens caporal! " elle l'aurait peut-être détourné du trône... Et nous n'aurions pas l'Arc de Triomphe, qui est si beau et que j'aime tant! »

Les « darsons » – comme nous disons, Bernard et moi – sont faits pour surprendre les filles. Alors je me tais et j'écoute Bernard me raconter comment, à la rédaction du journal où il occupe les fonctions aussi mal payées qu'épuisantes de rédacteur en chef adjoint, il vient de saisir un « fil conducteur ». (Le premier qui va lui servir à tresser la corde pour s'évader de nous...)

Il s'agit d'un Américain du Sud barbu, fort bel homme en exil, et en liaison intime avec ceux qui risquent de prendre le pouvoir, après des élections où les militaires – à ce qu'on prévoit – seront battus. A partir de quoi, une nouvelle ère doit commencer pour le pays et ses échanges commerciaux. Avec son sens incomparable de « l'écoute », Bernard laisse parler son interlocuteur, que le reste de la rédaction, absorbée par ses soucis d'actualité, tente d'expulser des bureaux. Bernard, en fait peu journaliste, se lie avec l'ex-guérillero, marche à fond. (Là aussi, il aura recours à ma bourse, pour aider son ami...)

Le Sud-Américain lui explique par le menu, et Bernard m'en fait part sans m'épargner une tête de bétail, toute la situation financière de son pays, qu'il n'a pas revu depuis des années.

En classe, il y avait une matière où j'étais presque nulle : la géographie. Pour être quand même première – la seule place qui me parût convenable, ma mère n'a-t-elle pas débuté comme « première » d'atelier? –, j'apprends tout par cœur, quitte à l'oublier l'examen réussi.

Maintenant, le « par cœur » recommence, car il le faut! Si je ne retiens pas le nom d'un lieu exotique dont me parle Bernard ou de l'un de ses nombreux « contacts », c'est la scène! « Tu ne t'intéresses pas à ce que je te dis! Je ne peux pas compter sur toi!... »

Quel métier que d'aimer! Il me faut tout enregistrer sans discernement, afin d'être en mesure de sortir ma « fiche » à la première réquisition... Prénom des épouses, âge, nombre et sexe des enfants s'il y en a, adresses, phrases échangées et même, parfois, numéros de téléphone.

Il arrive, toutefois, que la position de Bernard évolue face à ses interlocuteurs, quand elle ne s'inverse pas complètement, l'ami de la veille étant devenu « planche pourrie »! Il oublie ou n'a pas le temps de m'en informer! Quand j'exhibe ma fiche, elle n'est plus à jour! Je subis ses reproches, impavide et fascinée : où va-t-il aboutir?

Bon nombre de journalistes et d'hommes politiques ont autrefois mis sur pied, dans mon appartement, des plans pour l'avenir qui paraissaient à ma jeunesse d'un ennui souverain! A côté des plus grands écrivains que j'avais la chance et le loisir de fréquenter, les politiciens et leurs fantasmes me semblaient totalement dépourvus d'érotisme! Et je m'enfuyais sur la pointe des pieds rejoindre le quarteron d'idéologues et de scribouillards dont les élucubrations, parfois géniales quand ils s'appelaient Sartre, faisaient, en ce temps-là, mes délices...

Beaucoup plus tard, la plupart de ces hommes politiques se sont retrouvés au pouvoir (deux d'entre eux successivement chefs de l'Etat), et moi étonnée!

Cette fois, me dis-je, on ne va pas me prendre au dépourvu, et Bernard, s'il réussit, ne me laissera pas en arrière, comme font tant d'hommes aux femmes qui leur ont servi de tremplin, ou de détonateur.

Et voilà qu'il le fait! Je m'en plains à l'analyste.

« Depuis que je suis née, je procède par la méthode des essais et des erreurs... N'y a-t-il pas des gens qui savent tout d'emblée?

— Non, me répond Georges avec fermeté.

— Il faut donc tout s'apprendre à soi-même?

— Oui.

— C'est pour ça qu'aucune expérience n'est transmissible?

— C'est pour ça. »

Gros soupir. Rassurement. Réconfort. L'une des

meilleures choses du monde : cesser de se sentir coupable.

Je me mets donc à croire Bernard et j'ouvre des dossiers, classe, range, fais le standard téléphonique. « C'est formidable ce que tu m'aides! » me dit Bernard ébloui.

Le jour où il s'envole pour l'Amérique du Sud, sa valise bourrée de dossiers et de quelques costumes neufs (sans compter les cadeaux de prix pour les indigènes, grands parfums, foulards Hermès), je ne le vis pas comme un arrachement, mais comme l'aboutissement d'un plan mûri depuis des mois.

Je pars avec Bernard, même s'il part sans moi.

Au retour de l'aéroport Charles-de-Gaulle, j'ai pourtant le cœur gros. Ignace a tenu à nous accompagner. Car c'est lui le sponsor : son entreprise paie tous les frais de Bernard.

« Je vous emmène dans le restaurant de votre choix! me dit Ignace, déterminé à m'offrir son meilleur, le pauvre petit.

– Non, Ignace, merci, mais je préfère me coucher.

– Sans manger?

– Oui. »

Une fois à la maison, je me bourre de somnifères : c'est notre première séparation, Bernard en a-t-il conscience? A mon réveil, je calcule ses heures de vol. Compte tenu du décalage horaire, il sera en Amérique du Sud à.... Je n'ai pas le temps de me formuler un chiffre qu'il m'appelle de l'aéroport d'arrivée!

Les premiers temps de ses grands voyages, Bernard me téléphone au moins une fois par jour! Ses notes de frais téléphoniques – payées par l'entreprise d'Ignace – vont s'élever à plusieurs millions de centimes. A tel point que, en période de blocage de devises, il s'aperçoit au moment de payer qu'il n'a plus de quoi régler l'hôtel. Il ne peut pas revenir!

« Je suis en otage! » appelle-t-il en riant, allongeant d'autant sa rançon.

Il est tranquille. Il sait que je vais me « débrouiller ». Banquiers, bureaux concernés du ministère des Finances, appuis, je parviens en effet à le « libérer ».

Quand je le récupère, à l'aéroport de Roissy, je tombe dans ses bras les yeux fermés. Cela m'évite de voir la petite paillette de dureté qui commence à luire dans les siens lorsqu'il me regarde.

BERNARD parti aux Amériques, mes relations avec Ignace se resserrent brusquement. D'une certaine façon, nous partageons la même « trouille » : que va-t-il advenir de ce voyage?

Ignace prend le pli de me téléphoner tous les jours à son réveil, c'est-à-dire vers trois heures de l'après-midi. Il n'hésite plus à m'emmener dans ses « cantines » de grand luxe où Bonhomme, silencieusement couché sous la table et sur une moquette de haute laine, fait figure de lévrier.

Parfois, Ignace vient manger chez moi la cuisine que j'ai l'habitude de préparer pour Bernard : potage aux légumes, poulet à l'estragon, compote tiède. Ensemble, nous regardons la télévision jusqu'à la fin des programmes, puis nous sortons Bonhomme pour sa promenade vespérale avant l'extinction des feux.

L'un de nous trouve toujours le moyen de glisser : « En ce moment, là-bas, il est telle heure... » J'ai d'ailleurs acheté une montre en forme de globe terrestre qui donne à tout instant l'heure de Paris et l'heure locale. Mais je n'ai pas besoin de la consulter : mon corps, comme certains moteurs, vit sur deux temps.

Le week-end, Ignace m'accompagne à l'Orée, où je surveille l'avancement des travaux de ma petite maison. Il m'aide à la cuisine, bavarde avec Nunu et Vava, guette les sonneries du téléphone. Il n'y a que marcher en forêt qu'Ignace refuse obstinément.

De temps à autre, nous prenons la voiture à téléphone, conduite par Nestor, le valet de chambre-nounou avec lequel j'ai noué des relations d'amitié – il me raconte quelles éminentes personnalités il a servies, dont un homme littéraire exquis et de premier rang que j'ai un peu connu –, et nous partons en courses.

J'apprécie la tolérance d'Ignace à l'égard de Bonhomme. Dans la limousine, le bon chien piétine allégrement les cuirs, le téléphone situé entre les deux sièges avant, et aboie comme un fou à tout chien qui a le tort d'être plus gros ou plus petit que lui...

Bonhomme n'aime que les chiennes, qu'il détecte même à travers une vitre fermée. On dirait que, pour lui, elles ont de longs cils et se déhanchent, comme les petites créatures provocantes des dessins animés! Sa queue trépide. Bien installé sur ses pattes arrière écartées, il lance à la belle – de préférence une caniche toilettée ou une chienne-louve – des regards énamourés. S'il peut les contacter, il leur flaire d'abord la commissure des lèvres, puis le creux des oreilles, qu'il soulève délicatement de son museau quand elles sont pendantes.

Un vrai mâle en action! Totalement désinvolte. En réalité, il n'y a que Maman qui compte, c'est-à-dire moi, et la soupe! Puis le dodo. Un mot qu'il reconnaît. Quand je lui dis : « On va faire dodo », Bonhomme grimpe lentement l'escalier – mimant une intense fatigue – et gagne sa couche, où il se laisse lourdement tomber. A Paris, il va se lover sur sa couverture.

A Bernard aussi, certains soirs, il m'est arrivé de dire « dodo », pour le voir s'éclipser et aller poser sa tête sur l'oreiller, où il s'endormait aussitôt.

Mais je ne pouvais pas dire « dodo » à ses rêves. N'y songeais pas.

Le cher Ignace a une constante : « J'ai peur de mourir! » répète-t-il. Je le rassure : sous ses apparences de fragilité, n'est-il pas en excellente santé? Fort buveur, terrible fumeur, jamais malade?

Maintenant, face à la mort imminente de Sylvie, sa plainte d'enfant malade d'avoir été trop gâté – ou l'inverse, gâté d'avoir été trop malade – commence à m'agacer.

« Enfin, Ignace, puisque vous dites que vous êtes malheureux comme les pierres, que vous passez vos journées, que dis-je? des semaines entières, au lit, la tête enfouie sous votre oreiller, à pleurer, comment pouvez-vous tenir à une telle vie? C'est l'antichambre de la mort... Vous n'avez pas grand-chose à perdre, convenez-en! »

Ignace me lance un regard noir! Je me rends compte que je n'y vais pas de main morte. Mais c'est en quelque sorte la « correction maternelle »... Il l'a bien méritée, aussi!

« N'empêche que j'ai peur de mourir! reprend-il froidement, l'air sournois et buté, l'œil à moitié clos comme celui des lézards.

– Les gens comme vous ne meurent pas! » finis-je par lui dire, excédée. (Cette conversation se reproduit à plusieurs reprises, identique.) « Les gens comme vous enterrent tout le monde!... Pour votre père, c'est déjà fait... Le reste va suivre, ne vous en faites pas! »

Il faillit bien m'enterrer, moi!

Si je suis si « barbare » en paroles, c'est que l'étau, autour de moi, se resserre un peu plus chaque jour. Et que je ne pourrai pas compter sur Ignace à l'heure dite, je le sais.

La mort fut lente à venir.

Puis en quelques jours triompha.

Sylvie n'a plus la parole. Ni son contrôle. On l'hospitalise. La veille de son décès, je reste seule à côté d'elle, près d'une heure. Je ne me souviens pas d'avoir jamais fait un tel effort d'âme.

Sylvie, dont je tiens la main exsangue, me regarde droit dans les yeux. Elle n'a plus la parole alors que je l'ai, moi, pour nous deux. Qu'en faire? Que lui dire?

Les mots qui me brûlent les lèvres ne sont pas dicibles. Au nom de quoi prononcer les paroles qui montent en moi? D'apaisement, d'encouragement au « voyage ». Promesse de « revoyure », aussi. Elle part la première, mais qu'elle ne s'en fasse pas, nous irons la rejoindre, un jour ou l'autre...

Ces mots-là ne peuvent pas passer. Je me sens paralysée par un interdit : ça ne se fait pas, on ne profite pas de ce que quelqu'un est à l'agonie pour lui exposer ses propres idées sur la mort! (Pourtant, que font d'autre les prêtres?) En même temps, je me dis : c'est peut-être ce qu'elle attend? Que je mette en mots ce qu'elle sait, ressent... Mais que sait-elle et que veut-elle savoir? Si encore elle pouvait parler, je lui dirais : « Alors, que t'arrivet-il ? » Et, selon sa réponse, je verrais jusqu'où je peux aller... Non pour m'entendre moi, mais pour l'entendre elle...

Alors, sans repères, je lui souris interminablement, comme elle me sourit en retour. Moment, paradoxalement, d'espérance.

Soudain, l'illumination me vient. Je vais lui parler de ce qu'elle a aimé jusqu'à son dernier instant avant l'hospitalisation : le restaurant, la nourriture... Et me voici évoquant les repas que nous avons pris ensemble, l'été précédent, dans leur maison de la Côte, où Vava, cuisinière d'élite, s'est surpassée.

Dans cette chambre d'hôpital où la lumière du jour achève de s'effacer sans que je songe à allumer l'électricité, je parle bouffe. Bouillabaisse, pommes de terre sautées, haricot de mouton, lapin à la moutarde... Le sourire de Sylvie s'élargit de seconde en seconde, j'en conclus que je suis sur la bonne voie... Toutefois, mes connaissances culinaires sont piètres. A l'énoncé d'une recette, je commets une erreur. Je vois les sourcils de Sylvie se froncer. Souffre-t-elle ? Non, elle fait un énorme effort pour articuler quelque chose. Soudain le mot vient : « Fenouil ! » C'est de fenouil qu'il faut accompagner le plat dont je parle !

Dernier mot que j'entends d'elle au cours de sa vie vivante.

Un instant plus tard, la porte s'ouvre sur l'un de ses plus fidèles amis. Il me salue, tout heureux de me trouver là, comme je le suis de le voir venir me relever dans mon rôle de vigile. Nous échangeons quelques paroles fausses et civiles, puis je lui offre ma place auprès de Sylvie, qui soulève un peu la main pour tenter de la lui tendre.

Je ramasse mes affaires et je m'enfuis. Je me sens si bête ! Si impuissante, devant cet immense mystère du « passage »... Je n'ai rien su dire! Les mots m'ont manqué. A tel point que Sylvie s'est trouvée obligée de m'en fournir un!

Le lendemain, elle était morte.

L'ENTERREMENT, lui aussi, fut dur. Pour ne pas dire atroce. Il pleuvait à verse et on avait, comme du temps de sa maladie, respecté jusqu'au bout les dernières volontés de Sylvie (dictées juste au début, quand elle ne croyait pas à sa fin).

La cérémonie est musicale. Sylvie a laissé une cassette sur laquelle est enregistrée une messe antillaise, très belle, chantée, mais fort... joyeuse!

Dans la sinistre chapelle d'un grand cimetière parisien, pendant qu'a lieu la crémation, ouïr ces chants invitant à la danse, au balancement de tout le corps, me congèle. Je suis blottie contre Bernard, nous n'avons même pas la force de nous tenir la main, juste envie de sentir la chaleur animale l'un de l'autre.

Nous sommes les seuls à posséder un break, avec une vaste plage arrière. Le maître des cérémonies, après avoir d'un regard jaugé le parc des voitures, n'hésite pas. C'est vers nous qu'il se dirige, l'œil brillant, son urne encore chaude à la main. « Attention, ne vous brûlez pas! » dit-il sur le ton du maître d'hôtel en gants blancs qui pose devant vous une assiette préalablement chauffée.

Nous traversons tout Paris, avec cette urne contenant les restes d'une personne aimée, pour aller la déposer chez Vava, sans proférer un seul mot.

Vava range l'urne dans l'un de ses placards, en attendant le moment de l'emmener par avion dans le Midi, pour en disperser le contenu au-dessus de la mer, comme l'a demandé sa fille.

Moi à qui l'on ne demande rien, je trouve ces rites-là d'une cruauté sans mesure. Je préfère un bon enterrement. Pourriture au sol et dans le sol. Comme il est d'usage chez les animaux. Nous sommes animal, restons-le.

La vie reprend. En apparence. En réalité, Vava, l'œil sec, grand ouvert, la parole toujours affable, très belle quand elle s'habillait pour sortir, avait pris sa décision : mourir.

Sans, bien sûr, en avertir personne. Pas même elle-même.

Je m'en aperçois à quelques signes minimes. Ses gestes, à *l'Orée*, déjà brusques de nature, sont devenus violents, et même maladroits.

Un jour, elle s'entame fortement le doigt avec un couteau de cuisine, néglige de soigner sa plaie. Quelque temps plus tard, un panaris se déclare. Là aussi, Vava refuse de consulter et de se faire opérer. Aucun argument ne parvient à la décider. J'en trouve un que je crois imparable :

« Enfin, Vava, vous rendez-vous compte! Vous nous faites la cuisine avec un panaris suppurant... Ce n'est pas sain! » Elle me regarde de son bel œil absent, et dans l'instant je regrette ma remarque. Il s'agit bien de ce qui est sain et de ce qui ne l'est pas! Mais comment décider à vivre quelqu'un qui y a renoncé?

Elle se met à traîner les pieds. « Artérite, lui dit un spécialiste de cette race scientifique et inhumaine que je hais, vous fumez trop, vous buvez trop. Cessez tout. »

Vava avait besoin de boire et de fumer comme un

239

animal blessé de lécher sa plaie. Quand elle avait un peu bu, elle se sentait légèrement mieux. Pour cet instant de mieux, vague oasis dans l'océan désertique de sa souffrance, elle achève de ruiner sa santé. Nunu et moi en soupirons ensemble! Bernard est prodigieusement agacé par le spectacle de ce suicide à petit feu. Rencontrer Vava l'épuise.

Quand notre maison sera-t-elle prête? Quand pourrons-nous échapper, nous écarter, revenir à nous-mêmes?

Les derniers mois de sa vie, Vava nous supplie de venir dîner chez elle pour étrenner la nappe et les serviettes brodées par Sylvie, et terminées huit jours avant sa mort.

La Cène, en quelque sorte!

Je refuse et refuse, trouvant mes prétextes dans les obligations de travail de Bernard, qui n'en manque pas. Je sais bien que cette cérémonie lui serait intolérable.

Il me fallait à toute force le préserver! C'est drôle, tout ce qu'on épargne à quelqu'un sur le plan des forces spirituelles, il va le dépenser ailleurs... Avec d'autres!

L'ÉTÉ revient. L'avant-dernier pour Bernard et moi. Cette année-là, nous partons pour *le Manoir*, petit château granitique au bord de la rivière d'Etel, obligeamment loué par ses propriétaires à Ignace, qui connaît l'un des membres de leur famille.

C'est la première fois que je viens en Bretagne, liée que je suis par ma famille paternelle à la Vendée et aux Charentes. La maison, confortable, est dissimulée derrière la ferme. Il faut traverser la cour pour y parvenir.

Bouffées d'enfance : dans le Limousin aussi, la maison fut longtemps au cœur de la ferme. Fumier non loin, vaches longeant nos murs pour rejoindre leur étable.

Au *Manoir*, la cultivatrice, Mme Le Guillec, et moi, nous dévisageons. Les deux poings plantés sur les hanches, cette femme au visage rond et net est au milieu de son étable, à surveiller la traite, désormais mécanique. Finis les seaux, les tabourets, mais non les meuglements ni l'odeur émouvante. La cultivatrice perçoit tout de suite que je suis honorée d'être sur son domaine et respecte sa souveraineté.

Pour Mme Le Guillec, nous sommes les « touristes », comme elle dit, race à part. Mais pas des touristes ordinaires! L'année dernière, nos prédécesseurs étaient allemands, bien « corrects ». Bernard, Ignace et moi lui sommes plus proches. Au fil des jours, elle va même me considérer avec une gentillesse qui tourne à l'affection.

Moi aussi je me trouve dans une forme de « culture », Mme Le Guillec le sent. Et j'aime son pays. Avec la timidité de qui tente seulement de se faire admettre.

Un jour, Mme Le Guillec m'invite à entrer chez elle manger deux œufs frais pondus. « Sans façons. » Me voici pardonnée d'être touriste. Adoption. Mais non fusion. Nous sommes à tout jamais autres. C'est ce qui permet l'affection. Ça n'est pas dit cette fois, mais le sera l'année suivante.

Ce premier été breton, août est très sec. (Pour me tromper sur ses intentions véritables?) Je déguste à petits coups l'air marin, tous ces gris, l'amitié de ces gens affables et secrets.

En bateau, j'ai peur. C'est sur la barre d'Etel, que nous franchissons chaque jour pour sortir du port, que Bombard faillit se noyer et vit périr les marins du cru accourus à son secours.

Je garde les yeux fixés sur Bernard qui tient le gouvernail de notre bateau gonflable – un descendant du « Bombard », justement. Assis très droit, l'œil auquel rien n'échappe, je le sens prêt à parer à tous les dangers. Mais, comme en voiture et dans la vie, il faut qu'il fonce, sans tenir compte de ses passagers. Le voilà qui ne freine qu'au tout dernier moment face à l'obstacle, rocher, jetée, embarcation. Ou alors il oblige le bateau, sans ralentir l'allure, à « virer sur l'aile » sous une grosse vague qui nous inonde.

Je tiens fermement le chien par le collier, j'ai peur qu'il décanille... Mais, habitué par son maître à la navigation, il est aux anges! Il aboie à chaque cormoran, chaque mouette. Cherche à se jeter à l'eau, où il nage comme un phoque. Bernard accoste sur un îlot rocheux. Bonhomme, aussitôt à terre, bondit faire le tour du tas de pierres. Soudain, un essaim d'oiseaux tournoie et se rapproche de nous comme un essaim de guêpes. Leur cri est un cri de guerre. Bonhomme, à notre insu et avec l'imprudence qu'il tient de son maître, est en train de croquer des oisillons au nid! Nous rembarquons en catastrophe, sous l'œil noir des grands voltigeurs qui nous giflent de leurs ailes. Ils ont raison. Bonhomme est morigéné. Il s'en fiche. Quand la mer est calme, il guette les longs poissons, des bars, qui nagent en surface, prêt à plonger à leur poursuite.

Je passe cet été à « retenir » Bonhomme. Sa force animale se déchaîne d'être au cœur des éléments : eau, sable, herbe, odeurs de ferme.

Bernard, lui, est sans cesse à mes côtés. Plus de rendez-vous à l'extérieur. Quoi qu'il fasse, bateau, nage, promenades, il exige que je sois près de lui. Ensemble, nous explorons Carnac, Houat, Quiberon, lieux bretons touristiques et aussi lieux secrets. En fait, j'y songe maintenant, c'est Bernard, comme moi pour Bonhomme, qui me « retient » toujours auprès de lui par mon collier...

Nous parlons moins. Il hâle, rosit aussi. Mange comme un affamé le « poisson de la nuit » que l'on va chercher au matin. Le fait cuire lui-même sur quelques roches plates qu'il a assemblées devant la maison sous une grille de fortune. J'ai récolté des branches sèches. Jour et nuit, nous dégustons le plus aigu de la mer (la maison est à cent mètres de l'eau), le buvons, le respirons, l'ingérons. La santé revient.

Je ne suis pas vraiment heureuse. Mais je ne demande pas à l'être. Je suis en marche. Je veux aboutir.

« On va y arriver, me dit parfois Bernard.

– Bien sûr. »

Je ne lui demande plus à quoi. Le tout, me semble-t-il, c'est d'*arriver*.

Est-ce pour symboliser notre avancée que nous marchons pendant des heures sur des plages sans fin, les jours où la mer tumultueuse ne permet pas la navigation? Le ciel se reflète dans les grandes flaques laissées par le ressac. Bonhomme, infatigable, part en fusée à l'assaut des troupeaux de mouettes, qui attendent la dernière seconde pour lui filer sous le nez, en laissant tomber comme une impertinence une plume blanche et duveteuse que le chien flaire d'un air agacé. Qu'est-ce que c'est que ces bêtes-là sur lesquelles il n'a pas de prise, qui sentent à la fois le volatile et le poisson?

Les jours où la mer est calme, Bernard – qui ne peut être satisfait que lorsqu'il transgresse un interdit – m'emmène en bateau jusqu'au point où nous perdons de vue la côte. (Notre esquif, trop frêle, n'est pas autorisé à ce genre de sorties.) Pas une vaguelette. L'Atlantique, ce jour-là, est plat comme la main.

Soudain, Bernard arrête le moteur. Rien ne trouble le silence. Le soleil a baissé à l'horizon. Une brume légère s'est élevée. On ne distingue plus la ligne de partage du ciel et des eaux.

Nous baignons dans un élément qui ressemble, j'imagine, à celui où pénètrent les astronautes quand ils sortent de leur vaisseau, dans le silence infini des espaces étoilés. Même Bonhomme, subjugué, en oublie d'aboyer après les rares oiseaux marins qui, posés sur la mer, semblent somnoler sur un lac de douceur.

Nous restons ainsi de longues minutes. Nous regardant de temps en temps l'un l'autre. Sans rien nous dire. Nous venons de pénétrer au cœur de notre amour. Comme s'il n'était plus un sentiment mais un lieu concret. Flottant... Mouvant... Une île où le pèlerinage est impossible. N'en reste que ma mémoire. Et la sienne que je n'interrogerai jamais.

En cet instant, je ne ressens plus la moindre peur sur l'élément liquide. La vie ressemble enfin à l'image que je m'en fais. Deux êtres seuls au monde, avec près d'eux une petite âme animale.

Pourquoi Bernard décide-t-il soudain de remettre en marche le moteur? Tazieff nous prédit un tremblement de terre en Europe avant la fin de ce siècle. Dommage qu'il n'ait pas eu lieu à cette minute-là! Point d'orgue de ce qui fut tout mon bonheur terrestre.

A la maison, Ignace, inquiet de notre absence, s'est activé à préparer les pommes de terre, le poisson, a mis le couvert. Cendrillon, il a entretenu la vie, que nous venons, pour notre compte, de dépenser à grandes brassées.

Quelque temps plus tard, on remballe – ça n'est pas une mince affaire – et nous rentrons sur Paris à deux voitures. J'ai l'esprit occupé par des détails. Bernard me laisse un peu conduire. Il prend des notes sur son carnet et prépare l'« assaut ». De touristes, nous voici redevenus combattants en première ligne.

« Revenez, m'a dit Mme Le Guillec. Et dépêchez-vous de retenir, sinon, ce sera les Allemands. »

Non, non, ce sera moi!

Entre-temps, ce qui nous attend, c'est à nouveau la mort.

Son sac de voyage, qu'elle tient à porter elle-même, à la main, Vava débarque de semaine en semaine plus fatiguée à *l'Orée*.

Je la sais mourante, et pourtant elle m'énerve. Je sens trop qu'elle ne se défend pas, et ne s'est jamais défendue. Au stade où elle en est, il m'arrive encore de la brusquer : « Enfin, Vava, ne vous laissez pas faire! Arrêtez les courses... Laissez tomber les paquets... Cessez de trouver tout le monde " gentil "!... Ils ne sont pas gentils autour de vous... Ils... »

A quoi bon? Mon indignation ne m'a même pas permis de me préparer aux coups qu'« ils » allaient me porter...

Un jour, à Paris, dans son appartement, Vava est frappée de ce que pudiquement on appelle une « petite attaque ». (Proust, dans la *Recherche*, décrit d'une façon poignante celle qui mit à mal sa grand-mère, dans les toilettes des jardins des Champs-Elysées. Ces quelques pages de notre littérature font partie de celles que je ne peux relire sans pleurer.) Mais là, nous sommes dans le réel. Quand Vava se relève, elle n'est plus tout à fait la même. Sa main droite fonctionne mal, un coin de sa bouche reste paralysé et entrave sa diction.

« L'artérite, proclame sereinement le spécialiste.

Avez-vous fait ce que je vous ai recommandé : cessé de boire et de fumer? »

Un scanner est décidé. Peut-être pourra-t-on déboucher ensuite l'artère éventuellement encombrée? C'est ce qu'espère Vava. Paradoxalement, alors qu'elle a décrété sa propre mort, l'espoir persiste. Elle nous entretient de sa guérison prochaine, paraît la souhaiter...

Le résultat du scanner est fatal. Cinq tumeurs cérébrales. Plus que Sylvie.

Nunu me regarde avec un effroi où l'emporte l'étonnement. Le cancer, comme on sait, n'est pas contagieux. Comment Vava a-t-elle fait pour développer en si peu de temps la même maladie que sa fille?

La famille, dont je ne fais pas partie, se réunit en conseil et décide que Vava ne subira pas le vain parcours du cancéreux... Rayons, chimiothérapie... On ne va lui donner que de la cortisone, qui soutient et permet quelques rémissions. Des embellies sans lendemain.

Vava profite de ses rémissions pour venir passer ses deux ou trois derniers week-ends à *l'Orée*. Moi aussi, sans le savoir, je vis ici mes derniers jours...

La mort est dans la maison. Plus que jamais je vais en promenade, en forêt, avec Bonhomme.

Puis Vava, inconsciente de sa fin prochaine mais la sentant venir, demande à se rendre dans sa maison du Midi pour y voir la mer. Celle où elle a elle-même dispersé, il y a quelques mois, les cendres de sa fille.

Elle part en avion, en compagnie d'une infirmière diplômée et de Nunu, tremblante à l'idée d'une « attaque » déclenchée par le vol.

Presque tous les jours je téléphone. C'est Vava qui décroche. Au son de sa voix, on perçoit très bien que, de jour en jour, elle perd un peu plus la parole.

A la fin, il n'y a plus que son : « Allô? » de compréhensible, puis : « Je vous embrasse. »

C'est le dernier mot que j'entends d'elle, début septembre. Il vient, je le sais, du fond du cœur.

De temps à autre, Nunu va à la poste pour m'appeler et me dire ce qu'il en est véritablement de l'extinction de sa sœur. Je continue à la soutenir.

« Voulez-vous que je vienne?

– Non, cela n'est pas la peine... Je suis entourée. »

C'est vrai. Des gens du cru. Solides et généreux comme ceux que j'ai envie d'appeler les « humbles », par rapport aux « puissants ». Ceux-là – sauf un, une star très aimée de la télévision, que je ne nommerai pas – se défilent autant qu'ils le peuvent. Croient-ils que c'est en fuyant la mort des autres qu'on préserve sa propre vie?

LE chapelet des morts continue à s'égrener.

J'apprends qu'une autre amie très chère en est au dernier stade d'un cancer généralisé. L'annonce de sa maladie a été tenue secrète. Sénateur et maire, elle occupe des fonctions importantes qu'elle veut assumer et remplira jusqu'au bout.

Le jour de la Libération, Viviane – j'ai envie de lui donner ce nom de fée – offre à de Gaulle, à son arrivée à l'Hôtel de Ville, le bouquet tricolore. Décorée de la croix de guerre pour fait de Résistance, elle a dix-huit ans.

Elle m'invite assez souvent à déjeuner en tête-à-tête, au Sénat. « Ça va, bébé? » me lance-t-elle du plus loin qu'elle me voit, d'une grosse voix qui surprend chez un être aussi délicat. La formule d'accueil est rituelle : ses sœurs et moi, à travers les années, restons ses « bébés ». Les huissiers se retournent sur le mot, la voient, me voient. Se font une raison. Ils connaissent son indépendance, sa générosité sans mesure, sa liberté de parole.

Viviane m'entraîne au restaurant privé des sénateurs. Peu de femmes présentes, encore moins de femmes sénateurs. « Nous sommes cinq ou six, me dit Viviane à voix très haute. La plupart des autres sont communistes, alors tu comprends, elles n'ont pas besoin de travailler leur circonscription : on les met d'office en tête de liste! Avec la discipline de vote, elles passent à coup sûr! »

Toute sa vie, Viviane a ramé. Elle continue. Rapporteur au Sénat de la Commission de la presse, elle écrit un ultime livre, qui ne plaît pas. La presse, déclare-t-elle, est tenue. Mise en coupe. Elle explique comment, pourquoi, par qui. De par sa fonction, elle est à la source des renseignements. Et elle a les chiffres. La presse, on s'en doute, n'apprécie pas. Le livre est partiellement étouffé.

C'est à ce moment-là – hasard? coïncidence? – que débute le cancer. Viviane ne tient aucun compte des premiers symptômes, lassitude immense, ganglions. Elle dissimule son mal à tous, même à son mari.

Un soir, en réunion publique, elle va vers lui et le regarde de son œil bleu, direct, pétillant, toujours plissé par la malice, mais ce jour-là terni par la souffrance. « Je n'en peux plus, ramène-moi à la maison. »

C'est la première fois, de toute sa vie, que madame le Sénateur quitte avant les autres une réunion politique, surtout régionale. Ce soir-là, elle peut à peine marcher, son mari la porte plus qu'il ne la soutient.

Comme pour Sylvie, les médecins donnent rapidement leur verdict : elle est perdue. Comme Sylvie, Viviane décide de lutter et de gagner. Avec d'autant plus de conviction que, jusqu'ici, elle a remporté tous les combats. Même « sa » guerre contre le nazisme! Et puis, elle est d'une famille où on ne « lâche » pas.

Contrairement à Sylvie, Viviane veut mener sa partie toute seule. Elle commence par interdire que la nouvelle de sa maladie se propage. Même moi, l'un de ses « bébés », je ne l'apprends qu'au tout dernier instant. Je me jette sur le téléphone pour

250

prendre rendez-vous, la voir, lui parler. Comprendre... (Comme s'il y avait à comprendre!)

On me dit qu'elle est en traitement à l'hôpital et qu'elle me rappellera dès son retour chez elle. Deux jours après :

« C'est moi, bébé...

– Alors, qu'est-ce qui t'arrive? »

Je suis joviale. On en a vu d'autres, elle et moi. Que je crois.

« Cette fatigue, si tu savais, je n'ai jamais été aussi fatiguée de ma vie... Je ne peux plus rien faire...

– Eh bien, repose-toi! C'est la première fois de ta vie que tu te reposes! Quand puis-je venir te voir?

– Ecoute, bébé... »

Soudain, la voix craque.

« Personne ne vient me voir... Juste ma mère parce que je ne peux pas faire autrement... Dès que j'irai mieux...

– Mais...

– Non! »

Avec Viviane, non c'est non. Elle meurt dans des souffrances dont seuls son mari et ses enfants sont les témoins.

A l'enterrement, leurs visages défaits, épouvantés, racontent plus que des mots. Je les prends dans mes bras, les uns après les autres. Puisque je n'ai pas pu dire au revoir à Viviane comme je le désirais – elle ne le désirant pas –, c'est à eux que je le dis.

Chagrin silencieux et dur.

Quand, le soir venu, je raconte cette journée à Bernard – il connaissait Viviane, qui lui a donné un coup de main pour une introduction –, son regard est absent. Il a fait son plein du cancer et de la mort. Ras le bol de mes contes funèbres!

Il va pourtant falloir les continuer.

Est-ce que cela se raconte, la mort d'un bébé?

Nous en étions encore à nous féliciter de sa naissance, au sortir de l'hiver, juste deux mois auparavant. Avec le printemps, la petite Anne se met à gazouiller, en même temps que les oiseaux.

Est-ce parce que la mort fauche si roide sous mes pieds, je m'étais réjouie comme d'aucune autre de la venue au monde de cette petite fille. J'en avais vraiment fait « tout un plat », de ma troisième petite-nièce. Les deux premières étaient dans l'ordre des choses... Mais Anne, c'était le surplus, le luxe. J'avais décidé qu'elle serait mon héritière. Non de mes sous, mais de ce que j'ai de talent : elle continuerait mon œuvre, si j'en ai une, s'occuperait de mes papiers, trier, ranger, publier, écrire elle-même.

Enfin, bon, je me l'étais appropriée. J'avais tort.

Le destin, qui me veut stérile, me tapa violemment sur les doigts : « Lâche, les enfants ça n'est pas pour toi! »

C'est Anne qui m'a lâchée.

La lettre écrite le jour de sa naissance, à lui remettre le jour de ses dix-huit ans, est près de moi. Non dans l'espoir que son esprit désincarné en prenne connaissance, mais parce que j'ai besoin, moi, de ce lien posthume. « Plus jamais, me dis-je, je ne m'intéresserai à un autre enfant à naître. » Anne aura été ma seule « folie » de maternité, par nièce interposée.

Revenons à sa naissance. Bernard est en voyage d'affaires. Mon père et moi décidons d'aller rendre visite à la nouvelle-née. Dès la voiture, une allégresse me transporte. J'ai l'impression que je vais célébrer avec mon père, l'homme qui m'a manqué toute ma vie, ma propre naissance! Je suis d'autant plus libre de m'abandonner à ma rêverie que tous les jours Bernard m'envoie de longs coups de téléphone amoureux. Nos relations sont au beau fixe.

Dans la petite chambre du service de maternité, mon appareil photo s'active. La jeune maman est un peu pâle, déjà debout. Ses petites filles sont venues lui rendre visite, ainsi qu'au bébé. Pour les avertir de l'arrivée de la « nouvelle », nous avons suivi à la lettre les préceptes de Germaine : exprimer à la place de l'enfant, et pour lui, ses « mauvais sentiments », qu'il n'a pas l'audace ou les moyens de dire : « Vous n'avez pas de chance! Voilà qu'il vous arrive une petite sœur! Un tout petit bébé qui va crier, se salir, accaparer l'attention de Maman et Papa, vous n'aviez vraiment pas besoin de ça! »

Géniale Germaine! Les mauvais sentiments reconnus, ce sont les bons qui débordent : les fillettes se penchent sur le berceau, touchent le petit visage d'un doigt léger, éclatent de rire... Emue, silencieuse, j'emmagasine ce que je n'ai jamais vécu pour mon propre compte : le mystère de l'arrivée d'un enfant neuf dans une famille où règne l'amour.

Cela me donne envie d'en savoir plus long sur ma propre naissance, et au retour, dans la voiture, j'interroge mon père. Il m'en raconte les circonstances, la voix un peu nouée. Là aussi, j'ai le sentiment de vivre un grand moment. Mon père est très âgé, et sans Anne, cet être neuf qui fait sauter les barrières, j'aurais pu ne jamais lui poser la question. Continuer à savoir sans savoir, comme c'est généralement le cas. Quelle chance j'ai d'avoir près de moi cette mémoire vivante, et aussi la force et le désir de la solliciter.

J'arrête la voiture porte d'Orléans pour acheter du fromage, en particulier du cantal, dont mon père est très friand. Il m'attend dans le véhicule, avec Bonhomme. Pourquoi est-ce que je revois encore le bout de trottoir, gris et sale, devant la fromagerie?

Un autre trottoir occupe déjà mon souvenir. Il y a plus de vingt ans, d'un instant à l'autre, ma mère tombe dans le coma après un accident vasculaire qui faillit lui coûter la vie. Devant l'hôpital où on l'a conduite d'urgence, alors que nous la croyons perdue, je contemple longuement le macadam et la grille de fer qui entoure et protège le pied d'un arbre.

Voilà que le même message, le même avertissement me vient aujourd'hui de la terre, la grande enfouisseuse, pour me dire qu'une fin est proche. Celle de l'un de mes bonheurs. (Quelques mois avant sa mort, ma tante a rêvé d'une main qui sortait de la terre, cherchant à la saisir...) Mais cette fois non plus je ne déchiffre pas le message. Tant mieux. Cela me permet de goûter jusqu'au bout la joie de ce jour-là. Et des deux mois qui vont suivre.

Car je vais revoir Anne une seconde fois. Ce sera la dernière.

Elle est rentrée chez elle. Sa mère vient de la nourrir et la dépose entre mes bras. Elle dort d'un sommeil extrêmement paisible. Trop paisible.

« Elle est bien contre toi, me dit sa mère, ça se voit. » C'est moi qui suis bien contre elle. Je ne sais pas alors que dans ces trois quarts d'heure de corps à corps nous échangeons tout ce que nous avions à nous dire sur cette terre. Je rentre à Paris convaincue qu'un enfant vient de s'enraciner en moi qui l'ai tenu avec tant d'amour sur mon ventre. (D'une certaine façon c'est vrai, sauf que c'est un enfant mort.)

Quelque temps plus tard, je suis seule dans l'appartement, au travail. Bernard est rentré enchanté de son lointain voyage et des contacts qu'il a su prendre. Je suis occupée à ce qu'il ne sait pas faire : trier, classer, ranger ses notes et ses dossiers. Tout va bien. Le téléphone sonne. C'est ma sœur.

« Anne est morte », me dit-elle.

C'est curieux comme on comprend vite dès que le mot « mort » est prononcé. Dans le sentiment de recevoir un coup irrémédiable, dont l'horreur va mettre longtemps, très longtemps à se dévoiler toute... « Sa mère l'a trouvée morte dans son berceau en lui apportant le biberon. »

L'image s'imprime en moi. La petite chambre au papier fleuri, le berceau installé avec tant de soin, de joliesse, le biberon en main, et cette horreur pour « grandes personnes », la mort...

« Mais pourquoi ? Comment ? Que s'est-il passé ? »

Je dis ça pour tenter de meubler un vide qu'en fait, je le sais bien, rien ne va pouvoir combler et que nous tenterons quand même de dissimuler sous un tombereau de mots...

« C'est ce qu'on appelle la mort subite des bébés... »

J'apprends plus tard qu'il s'agit d'un fléau internationalement reconnu : le petit enfant « manque » une respiration et ne repart pas. Rien n'a permis de prévoir que ce bébé-là était, plus qu'un autre, un bébé à risques. Au contraire, il s'agit généralement des plus beaux, des plus paisibles, de ceux à qui il n'est rien arrivé à la naissance ni après, rien que la mort subite. Tous les laboratoires du monde sont au travail. Pour l'instant, ils ne font que dresser des statistiques et recevoir des parents foudroyés.

Je vais et viens dans l'appartement, les bras croisés sur le plexus. L'endroit de mon corps où j'ai tenu Anne. Je tâche de contenir ma douleur. Mais je la sens qui monte et va me déborder. Alors je veux joindre Bernard. Qu'il m'aide, nom de Dieu! C'est son tour. Je téléphone au bureau. Il est en conférence, me dit sa secrétaire, mais dès qu'il en sortira elle va l'avertir afin qu'il me rappelle.

Sans qu'il l'ait fait, ma sœur passe comme convenu me chercher, et nous partons au secours de la mère, du père, des petites sœurs, dont j'imagine à l'avance le désespoir, à cinquante kilomètres de là.

En route, nous nous apercevons, ma sœur et moi, que nous avons eu la même pensée, chacune de notre côté : nous en avons voulu aux femmes de notre ascendance qui, du haut du « paradis », ont laissé ce malheur arriver.

« Elles n'ont pas fait leur boulot! » me dit succinctement ma sœur. Et elle rit, de ce rire grinçant que je lui connais depuis notre enfance : son rire de désespoir. « Tu as raison », lui dis-je.

Pensée partagée de haine pour les « mortes » qui, où qu'elles soient, doivent se tordre de douleur, les pauvres – les morts aussi ont de grandes souffrances –, dans leur impuissance à nous expliquer pourquoi, comment, ce désastre devait arriver. Pourquoi et comment nous devons le traverser.

La mère nous attend sur le seuil et nous introduit auprès du bébé mort.

Mais je préfère taire les images. Par respect pour les miens et pour ne pas percer le cœur des autres. Déjà, les mots de la jeune maman pour me confier ce qu'elle a ressenti lorsque, son biberon à la main, elle est entrée dans la chambre du bébé sont particulièrement insoutenables. « J'ai tout de suite su, me dit-elle, car il m'a manqué un bruit. Alors le soleil que j'avais depuis des semaines dans ma poitrine est tombé pour toujours dans mes pieds... »

A moi aussi, toute ma vie, il va me manquer un « bruit » : la voix d'Anne, que je n'ai jamais entendue...

Quand je préviens mon père au téléphone – il est en province et je ne veux laisser ce soin affreux à personne –, il me répond d'une voix forte : « Tu me tues! » (Ratant quelques semaines plus tard une marche d'escalier, il manque, d'ailleurs, y passer.)

Moi-même, je sens que quelque chose en moi est tué. Alors je cherche désespérément au téléphone mon amie Rolande, la psychologue. Je m'imagine qu'étant hors du coup elle supportera mieux l'explosion de ma douleur que ceux de ma famille, devant qui je cherche à la contenir. Tout d'abord, je ne la trouve pas, et à ma surprise elle ne me rappelle pas. A la maison, Bernard me paraît lointain, absent. C'est en partie à cause de son attitude que je lui demande de ne pas m'accompagner à l'enterrement. Je sais que je vais au-devant de son désir, mais j'ai aussi le sentiment que nous venons d'« enterrer » trop de monde ensemble. Et que si cela continue, nous risquons d'y passer.

Je me trompe, car nous y passerons tout de même! Je commets encore l'erreur « maternelle » de tenter d'épargner Bernard, lequel ne demande que ça... (M'a-t-il épargnée, moi, quand les femmes de sa famille ont agonisé?)

C'est à l'enterrement, dans notre cimetière du Limousin, devant la tombe de granit taillée par mon grand-père maternel, que je m'effondre enfin, sur l'épaule de ma nièce.

Devant ce pauvre petit cercueil de poupée, je me

laisse couler dans ce lac sans fond qui s'appelle vivre en ce monde.

Je ne sais pourquoi ni comment je finis par revenir à la surface. Peut-être à cause des enfants, demeurées à la maison, et que nous devons retrouver.

DE retour à Paris, Germaine, qu'aussitôt je suis allée voir, me dit : « Mais pourquoi n'avez-vous pas emmené les enfants au cimetière? Et tu dis qu'elles n'ont pas vu le cadavre?... Il aurait pourtant fallu... Il faut que les enfants voient et touchent la mort, c'est comme ça qu'on se guérit. »

Les enfants, c'est évident, nous en voulaient. La plus petite serrait convulsivement deux poupées dans ses bras. Inutile de lui faire remarquer qu'elle serait mieux avec un bras libre pour manger, et qu'elle risque de tomber en marchant sur les cailloux pointus de la cour. (Ce qui finit par arriver!) A toute tentative, ces jours-là, pour la débarrasser de son fardeau, l'enfant de deux ans et demi ouvre grand la bouche, nous regarde droit dans les yeux, d'un regard lourd, accusateur, et hurle.

J'en conclus qu'elle ne veut pas qu'on lui en « tue » encore une, comme nous avons « tué » Anne, ou pas su la protéger. D'où les deux poupées : c'est elle, désormais, la plus petite de la famille, qui a décidé de monter la garde.

Jamais les fillettes ne se sont tenues plus droites, depuis leur naissance, d'un air plus décidé ni plus fier. C'est ainsi qu'elles nous manifestent leur intention de vivre, en dépit de nous, les adultes, qui ne savons pas défendre les bébés contre la mort.

Or, nous aussi, les parents, nous avons l'intention de vivre, et nous attachons avec plus d'attention et de persévérance que d'habitude aux gestes de la vie quotidienne : faire les lits, préparer les repas, s'occuper, par téléphone et par personnes interposées, des gens âgés demeurés au loin. Nous agissons avec calme et ferveur, en économisant les cris, les plaintes, tout ce qui use inutilement. Ce que font d'instinct les grands blessés, dont nous sommes.

C'est le moment que choisit mon amie Rolande pour me faire d'abord défaut, puis par la suite beaucoup de mal.

Je la connaissais depuis longtemps et j'avais en elle toute confiance. Peut-être, justement, parce que je m'étais beaucoup confiée à elle. Rolande est psychologue de métier et je m'imaginais qu'elle en savait plus long que moi sur la vie.

Je savais qu'elle avait travaillé avec Germaine et quelques autres très grands « psy », avant de devenir « lumière » elle-même. Rolande, en particulier, connaît sur le bout du doigt les théories de Lacan, Face au petit a, au grand A, à la bande à Moebius et autres « lacaneries », j'ai, quant à moi, tendance à béer... D'où mon admiration pour Rolande, que Jacques Lacan, le célèbre psychanalyste – il l'était moins à l'époque –, m'a fait connaître...

« Vous verrez, vous allez vous entendre », m'avait-il dit en m'enjoignant d'appeler Rolande, un jour où je lui demandais avec qui (je songeais en fait à lui...) je pourrais dialoguer d'un sujet encore tabou en ce temps-là, mais qui m'intriguait : la sexualité féminine.

Rolande, fort belle et très intelligente, m'impressionna d'autant plus que, ma cadette, elle se mouvait à l'aise dans les sphères du haut intellect où je perds pied.

A propos de pied, Rolande à une particularité : elle boite. C'était, me dis-je, un charme et un atout supplémentaires : La Vallière était boiteuse, et Louise de Vilmorin aussi. Mais ce trait influe peut-être en profondeur sur le caractère de Rolande. En apparence et en déclarations, elle m'aime. En réalité, elle me minait sourdement chaque fois qu'une occasion se présentait de me dire quelque abomination sur moi-même.

Longtemps, je me suis offerte à ses coups, poitrine découverte, convaincue qu'elle était plus compétente que moi en la matière. Si je ressortais abattue de l'un de nos tête-à-tête, je me disais que la flagellation est bonne pour la santé! Grâce à Rolande, qui voulait bien me dispenser, sans me le faire payer, quelque chose de son enseignement, je progressais sûrement dans ma vérité...

Dès ma rupture avec Bernard, voilà que ses propos fulminent, ce qui déjà m'étonne, en plus de me blesser.

« C'est uniquement ta faute si tu l'as perdu! Ne comprends-tu donc pas que cet homme ne te désire plus? Et je peux t'assurer qu'il ne te désirera jamais plus!... Je m'y connais! »

Je relève de ma tentative de suicide et je suis encore bien trop faible pour protester. Pourtant, un doute commence à m'effleurer quant à la justesse du point de vue et surtout l'impartialité de Rolande, que jusque-là je croyais totales. Et puis, j'ai l'intuition qu'aucun analyste, fût-il le plus doué, ne peut rien savoir de ce qui s'est en réalité passé entre deux personnes, ni de ce qui se passera ou ne se passera plus... Car tous, tant que nous sommes, ignorons tout, et c'est tant mieux, du plus important de la vie : le désir. Quant à en faire la théorie, comme le prétend Rolande, le Christ s'y risque, pour le nommer « mystère ».

Alors, quelle haine contre moi vient subitement de germer chez mon amie? A moins qu'elle ne fût toujours là, à son insu comme au mien...

J'écoute encore. Car tout cela se passe au téléphone : on se dérange peu, ces jours noirs, pour se rendre à mon chevet et me tenir compagnie. Je fais peur, je le sais, je suis allée trop loin dans la souffrance. Est-ce mon début d'incrédulité qui, soudain, exaspère Rolande?

« Je peux te le dire, maintenant... », commence-t-elle.

S'il est quelque chose que je hais, comme une lâcheté, c'est bien qu'on me dise les choses à retardement... Une fois le moment de l'opération à chaud passé, je trouve qu'il n'y a plus qu'à se taire, tant pis, il est trop tard. Ce sera pour une autre fois, si l'occasion se représente. Ou pour jamais. Mais Rolande continue, implacable, à vider son sac :

« Quand ta petite-nièce est morte, tu as montré une jouissance effrénée! »

Choc. Mutisme. Effarement. Mais de quoi me parle-t-on?

La voix de Rolande, naturellement aiguë, monte encore, comme si c'était elle qui allait atteindre le sommet de l'orgasme.

« Tu veux que je te dise? Tu étais dans une jouissance de bacchante... »

Une porte claque, à l'intérieur de mon être en décomposition. Sur Rolande. Mais non sur la réflexion.

C'est donc cela que la grande psy a retenu de l'effroyable douleur qui s'est emparée de moi à la mort subite du bébé : la jouissance!

En effet, je me tordais comme un ver coupé en deux – est-ce cela qu'elle nomme « jouissance »? –, tournant maladivement en rond, avant l'enterrement, à la recherche de lieux où nicher ma peine à l'extérieur de ma famille, déjà trop éprouvée. Comme Bernard lui refusait asile, j'avais cru utile et possible d'avoir recours à Rolande.

J'ai bien remarqué, dès ce moment-là, qu'elle ne

m'avait pas rappelée, après mon appel au secours, ni téléphoné dans le Limousin, où j'étais facilement joignable. Quand je parviens enfin à entrer en contact avec elle, elle me lâche aussitôt : « Si je ne t'ai pas rappelée, c'est parce que je pensais que tu avais besoin de silence... » (Ah?) Puis elle ajoute, d'une voix sévère : « Pourquoi souffres-tu tant? Après tout, ça n'est pas ta fille, ça n'est que ta nièce... »

Bernard aussi, quand je lui fis remarquer que Bonhomme, si attaché à son maître, va terriblement souffrir de notre rupture, m'a répondu : « Ça n'est qu'un chien! »

Ainsi, pour eux, je suis allée enterrer « ça n'est qu'une nièce » en compagnie de « ça n'est qu'un chien »?

Cette échelle de valeurs, je le dis bien haut, n'est pas la mienne.

Plus tard, Rolande me rappelle une dernière fois. Elle est dans le souci. C'est moi qui l'ai présenté à Bernard, ainsi que son mari. Ce dernier vient d'accepter de collaborer avec mon amant, il dispose désormais d'un bureau dans l'Entreprise et partage avec Bernard ses projets de s'enrichir en Chine, où d'ailleurs il l'accompagne.

Rolande vit dans un bel et cher appartement, ce dont je la félicite : les lieux où l'on passe le plus clair de son temps sont importants. Reste que, confrontée à la soudaine rupture entre Bernard et moi, elle décide de se laisser choir... du côté du tiroir-caisse! J'en ferais autant si j'avais le choix. Seulement, c'est comme pour avoir ou ne pas avoir des enfants, je ne l'ai pas!

Alors que je ne la croyais encore intéressée que par mon seul malheur, j'avais dis à Rolande : « Tu sais, je n'ai plus le sou. Je vais en être réduite à emprunter, jusqu'à ce que Bernard me rembourse...

– Tu me fais rire! s'exclame la grande psychanalyste, j'arrive chez toi avec un crayon, les comptes seront vite faits! »

Un an plus tard, les comptes ne sont ni faits ni réglés! Que sont devenus Rolande et son crayon? Et son mari, fait-il toujours tchin-tchin avec Bernard? Je crains que, pour notre génération, les châteaux en Chine ne soient en passe de remplacer les châteaux en Espagne...

Quant à Rolande, elle termine son appel, et ses relations avec moi, d'un ton rêveur : « Ça n'est pas ta faute, tu es parfois traversée par des pulsions de meurtre... Cela doit venir de beaucoup plus loin que toi... de ton ascendance... »

C'est donc le diagnostic de la grande psy à mon sujet, après quinze ans d'intime fréquentation?

Moi aussi j'ai le mien : vous comme moi – en ce moment présents sur la planète – sommes fils et filles d'assassins. Et des plus performants! De ceux qui l'ont emporté, au fil des millénaires, sur tous leurs ennemis et concurrents, rats compris... (Car sait-on qu'à une certaine ère les rats faillirent triompher de la race humaine? D'où leur mauvaise réputation, la haine instinctive qu'ils nous inspirent et les insultes dont on les abreuve...) Cet holocauste permanent, qui nous a permis de survivre, porte le nom délicat de « sélection naturelle ».

Rolande et moi, n'en déplaise à ma chère amie, participons toutes deux de la même ascendance assassine, celle qui a soumis les rats... Et quelques autres espèces!

A preuve, sa férocité à mon égard.

Que la mienne égale, j'espère.

COMMENT prendra–t-on ce que je vais dire maintenant?

Comme une preuve supplémentaire de l' « innocence » de Bernard? (Rien n'est plus dangereux que l'innocence...)

Ou alors de la mienne?

Bernard a commencé à m'expliquer ce que personne ne m'avait dit jusque-là, ce qu'est l'Entreprise d'Ignace et ce qu'on peut appeler sa mission.

La France vend des armes. Elle est même l'un des premiers pays producteurs et vendeurs d'armes. Je ne révèle pas un secret d'Etat. Tout le monde le sait. Les Français aussi.

La « foire aux armes », en France, a lieu une fois par an, à Saclay. Les journaux l'annoncent, mais ce n'est pas la foire aux bestiaux : pour pénétrer sur le terrain, il faut des laissez-passer, sévèrement distribués! Toutes les nations du monde sont au rendez-vous, à voir défiler nos chars, à examiner nos fusils mitrailleurs, nos canons, à regarder voler les avions et bien d'autres de nos jouets mortifères. Puis, après rapport aux autorités compétentes, les acheteurs passent commande. On n'a pas toujours tout en stock. Il y a même des cas où l'on ne met la chaîne de fabrication en marche que lorsque l'achat est sûr, et les arrhes versées. Comme dans tout commerce.

Une fois les fournitures disponibles, reste à les livrer!

« Où est le mal? » me dit Bernard, allant et venant devant moi, l'œil plus clair que son discours, dans lequel je découvre quelques « failles » logiques. Il est bien trop intelligent, je le sais, pour ne pas s'en rendre compte et il va rapidement « s'armer » sur le sujet.

Il en connaît déjà l'essentiel : la musique!

Chaque Français, me dit-il, vit de ce commerce-là, la vente d'armes. En ce qui concerne le transport, si l'Etat dirige et contrôle les usines d'armement, il se repose ensuite sur les entreprises privées, qui ne peuvent intervenir qu'avec un agrément d'Etat. En fait, ils sont cinq ou six à se disputer le marché.

Quand il y a un gros contrat avec l'Irak, l'Iran, l'Amérique du Sud, un pays africain ou un autre, il arrive – c'est même fréquent – qu'on partage le gâteau en tranches entre plusieurs entreprises.

La bataille est âpre, bien que courtoise. La « loi du milieu » exige que le silence – secret d'Etat – soit bien gardé, mais tous les coups sont permis pour désavantager le concurrent aux yeux du gouvernement, et rafler la plus grosse part du marché... Est-ce que je vois?

Il y a des choses qu'on comprend tout de suite...

Après la guerre, lorsqu'on m'a révélé en quoi consistait la réalité du régime colonial, moi qui avais appris par cœur, en classe, les comptoirs de la France en Inde et les splendeurs de notre empire partout dans le monde, j'ai immédiatement saisi. Ce n'était plus la peine de me faire un dessin!

Dans les salons, j'entendais vanter la beauté incomparable de nos territoires d'outre-mer, malheureusement souillée (on ne disait pas encore

« polluée ») par la fainéantise, le je-m'en-fichisme et la saleté des indigènes. Je me revois, dans mes robes coûteuses, sur des coins de divan qui ne l'étaient pas moins, écouter des messieurs et des dames « bien » égrener leurs souvenirs de voyage aux colonies, et leur indignation à voir ces gens, que nous avions tant aidés, se retourner contre nous. Et moi ressentir immédiatement le mensonge.

« L'avidité sans mesure », comme dit Germaine.

Pourtant, je ne bougeais pas. J'arrangeais délicatement un pli ou un autre de ma toilette, que je rapporterais à la maison de couture après usage. (Etait-ce miss Davis qui m'avait appris à ne pas interrompre la conversation de mes aînés ni, éventuellement, leur discours politique?) « Tu as de la chance, me disait ma mère, tu as la taille mannequin, tu peux mettre toutes les robes de la collection. Alors profites-en, je te les prête... » Je me faisais livrer, ou même emportais sur mon bras, toutes celles qui me plaisaient, sortant dans des tenues de femme fatale qui, avec mes dix-huit ans, faisaient de moi un chien savant. D'autant que je n'avais de fatal que le silence : je vivais alors dans la peur viscérale qu'on m'adresse la parole.

Mais qu'un seul homme, sur cette terre, fût en déportation, contention, esclavage, et tout en moi se révoltait.

C'est que dans ce luxe et ce privilège où je vivais, à l'époque où de Gaulle venait tout juste d'octroyer le droit de vote aux femmes et où Simone de Beauvoir n'avait pas encore écrit *Le Deuxième Sexe*, je me ressentais en exil.

Maintenant, face à cet homme jeune et dynamique qui dit m'appartenir – à moins que ça ne soit le contraire, moi qui lui appartienne – et qui m'explique la question passionnante des armes de la France (le mot est beau!), à nouveau quelque chose en moi n'adhère pas.

D'abord je ne trouve rien à répliquer.

Bernard m'explique bien patiemment, comme à un enfant. (Sans doute a-t-il aussi besoin de se convaincre lui-même...) Comment est-ce que je m'imagine que les Exocet se sont rendus en Argentine? A pattes? En nageant?

C'est vrai, ça! Je me représente les petites boules assez lourdes et je me souviens que notre minuscule avion, il y a maintenant des années, avait effectivement traversé l'Atlantique en caisses. Comme aujourd'hui les Exocet. Sous emballage minutieux et parfaitement contrôlé.

Je prends ma respiration et lance la question mauvaise : transport d'armes, vente d'armes, trafic d'armes, tout cela n'est-il pas la même chose?

Je me fais vertement tancer! Il ne s'agit pas d'un « trafic » mais d'un marché officiel dont s'occupent personnellement le ministre de la Défense, le gouvernement, la présidence. Et chaque Français. Que je n'oublie pas ça : chaque Français est concerné! Fût-il smicard, son niveau de vie dépend de la qualité et de la quantité de nos armes vendues à l'étranger. Et plus on en utilise, mieux ça vaut, car il faut remplacer! Chacun sait bien, dans l'industrie, que c'est sur les « pièces de rechange » qu'on gagne le plus. Pour l'automobile, par exemple. Alors, en ce qui concerne les armes...

J'écoute, j'enregistre. Les armes, c'est comme le cancer du cerveau. J'en avais ignoré non pas l'existence, mais la réalité. Là aussi, Bernard fait voler en éclats ma tour d'ivoire.

Reste que, dans ce domaine-là, je n'ai aucun moyen de contrôler ce qu'on me dit. Intoxe? Vérité? A partir d'une certaine quantité de milliards lourds, tout le monde ment. Trompe. Brouille les cartes. Parfois tue.

A partir de ce moment-là, aussi, j'ai moins aimé nos petits déjeuners, à Bernard et à moi, autour de la toile cirée fleurie. D'ailleurs, nous ne sommes plus seuls. Le téléphone, posé entre nous, le café et les croissants, sonne sans arrêt.

Certains matins, je n'échange pas un seul mot avec Bernard. Il parle, j'écoute, j'emmagasine. Je ne sais que faire de ce nouveau savoir dans des domaines où je n'ai ni ma place ni mes entrées. (Aucune femme dans le transport d'armes, sauf au niveau secrétariat.)

Je m'invente une fonction : celle de garde-fou. Je commence, en effet, à avoir peur pour Bernard, car je le sens tenté de s'engager sur des chemins que mon instinct (on peut l'appeler préjugé) réprouve.

« Avant tout, reste libre, lui dis-je.

– On n'est pas libre quand on n'a pas d'argent! » me répond-il.

Je lui affirme que si. Reste à le prouver.

Comment vais-je m'y prendre? En ne mangeant plus que des pommes de terre?

Un grand éditeur de mes amis m'a lancé avec humour : « Ma tâche, dans ma maison, consiste à surveiller le rouge du filet qui court sur la couverture blanche de mes livres... Du rose à l'orangé, vous n'imaginez pas comme il peut varier! »

A partir du moment où Bernard se rapproche de l'Entreprise d'Ignace – puis y entre –, ma tâche devient de surveiller le « rouge » de sa liberté.

Elle m'est aussi précieuse que la mienne.

C'est ainsi que j'ai dû finir par l'exaspérer!

Dans la salle d'attente des premières, à l'aéroport de Roissy, je suis assise tout près de Bernard, muette, apeurée, ma main dans la sienne. Bonhomme est collé contre ma jambe.

Bernard part pour Hongkong, la Chine vient d'entrer dans notre vie. J'ai aidé mon amant à faire ses valises, j'ai empaqueté ses chemises, cravates, pulls, sans trop savoir ce qui lui serait utile. Je ne l'apprends qu'après : une prise multiforme qui lui aurait permis de brancher son sèche-cheveux sur celles, non conformes, de la salle de bain de l'hôtel de Hongkong où il est descendu. Après sa douche matinale, sorti cheveux encore humides dans la ville portuaire et glaciale, il contracte une sinusite purulente qui ne le quitte pas. Des doses massives d'antibiotiques achèvent de l'épuiser. Il reviendra hâve.

« Pourquoi ne m'as-tu rien dit au téléphone?

– Je ne voulais pas t'inquiéter plus que tu ne l'étais. »

Etais-je si inquiète? Mon « horloge intérieure » reste branchée sur l'heure chinoise. Je n'ai pas besoin de calculer sur mes doigts. Je sais qu'en ce moment précis Bernard va dîner, puis se coucher, et, avant ce qui pour moi est l'aube, il se lève pour aller s'enfermer, toute la journée, dans les hauts buildings où se négocient les affaires de commerce.

Il m'appelle en pleine nuit.

« Je te réveille?

– Tu me fais plaisir. »

Il m'explique sa drôle de vie. Il s'est envolé solidement encadré des « connaissances » qu'il s'est faites par amis interposés, dans le quartier chinois du treizième arrondissement. Les Asiatiques l'emmènent dans les hôtels extra-territoriaux de Hongkong qui appartiennent à la Chine populaire. Il couche avec plusieurs Chinois dans des chambres-dortoirs. « Un honneur », me dit-il.

Je ne connais Hongkong et l'Extrême-Orient que par mes lectures plus ou moins récentes, Claudel, Robbe-Grillet, Bernard-Henri Lévy... Ou par le cinéma américain : James Bond et consorts. Hongkong ne me fascine pas, moi, il me fait peur. Ces ponts de péniches à quai où l'on s'aventure pour se retrouver en pleine eau quand on se croit encore à terre... Ce « coincement » entre mer et collines que j'ai déjà si peu aimé à Amalfi... Ces hauts buildings verre et béton semblables à toutes les tours inhumaines du monde. Fenêtres scellées à cause de l'air conditionné. Portes surveillées. Ascenseurs sous ordinateur. Végétation? Néant. Chiens? Dans les plats et les assiettes...

« J'ai aussi mangé du serpent, me dit-il, les copains riaient... »

Les copains sont jaunes et ils « collent » à Bernard, se relayant. (Le réservoir est inépuisable.)

« Dès ma descente d'avion je suis entré en conférence. Je n'ai pas une minute à moi pour voir la ville! »

Il parle dollars, dollars chinois, pétro-dollars, marks, livres, francs. Si l'argent a une capitale, c'est Hongkong, et il y est! Encerclé par les Chinois de la

Chine populaire. Il croit les séduire. Il est leur otage.

Jamais seul une seconde (la porte des chiottes est battante, celle des douches aussi). Dans le dortoir on couche à cinq, six, parfois huit. Nuit et jour, des allées et venues. Personnages énigmatiques qui viennent du continent rouge, y retournent. Visages entr'aperçus, toujours souriants. On le présente à tous, courtoisement, puis il ne sait plus ce qui se dit.

Je l'imagine comme ces voyageurs du corps humain dans ce film fantastique où de minuscules personnages, embarqués sur le fleuve du sang, s'agrippent comme à des radeaux à des globules infiniment grossis. Les lilliputiens parcourent ainsi, par la voie des conduits sanguins, tout l'intérieur d'un organisme. Affrontent ses sommeils et ses tempêtes.

Bernard aussi, sur son radeau chinois, est destiné à être emporté dans le grand corps de la Chine. Il s'y rend en fin de séjour, dans la province limitrophe. Puis, de voyage en voyage, s'enfonce chaque fois plus loin à l'intérieur de la chimère. Cette soudaineté dans l'intégration marque bien son destin. « Il a raison, me dis-je, c'est un honneur que lui font les Chinois de la Chine populaire en l'acceptant parmi eux. »

Mais tant de promiscuité, facile aux Asiates, pèse sur les Européens habitués à l'individualisme. Il me téléphone devant plusieurs personnes et, je le sens, pèse ses mots. Surtout ceux qui traduiraient sa trop grande dépendance à mon égard.

C'est par télex, ce moyen télégraphique et satellitaire de communiquer, qu'il me parle de la façon la plus intime... Au moins, pendant qu'il tape son télex, personne n'est dans son dos à l'écouter. Parfois, je suis en ligne et lui réponds immédiatement.

C'est de Hongkong, avec une intense émotion

dans la voix, qu'il m'annonce un jour son départ pour la Chine rouge : « Tu n'auras pas de nouvelles de moi pendant quelque temps. Il faut des heures pour obtenir un numéro en Europe. »

Il m'appelle, pourtant, d'un casino de Macao. « Je n'ai plus de dollars chinois, j'ai tout joué! me crie-t-il. Je t'aime! Je raccroche! »

Quand le silence devient total, je m'enfonce encore plus par la pensée dans le Grand Continent. Je n'ai pas à proprement parler d'images mentales de la Chine, mais un sentiment confus, fourmillant et paisible.

Bernard m'a dit avant de partir : « Tu n'as rien à craindre! Il n'y a pas de vols, là-bas, ni de crimes! Les méfaits sont trop sévèrement punis. Quant aux voitures, elles sont inexistantes, ou presque. » Il en aura une à sa disposition, pourtant, officielle. A son retour, il me raconte son malaise à rouler dans un véhicule motorisé remontant à contre-courant, très lentement, le flot des cyclistes qui vont à leur travail. S'écartant à peine. « Ils ont l'œil mort. On ne sait pas ce qu'ils pensent. Ils paraissent sans désir. »

Au milieu du cercle de ses copains chinois, il est le seul Blanc, situation de privilège qu'il apprécie. Il n'y a avec eux qu'une femme, interprète. Bernard croit bon de me rassurer : « Les femmes chinoises sont inapprochables. On m'a prévenu. Faire la cour à une Chinoise, de la part d'un étranger, c'est la pire des offenses. D'ailleurs, si tu les voyais, elles sont tout sauf sexy! »

J'ai longuement contemplé les clichés qu'il me rapporte de là-bas. Il est en effet le seul Blanc, à table ou au milieu de groupes debout et en rangs comme lorsqu'on pose dans la cour des lycées. Derrière lui, des constructions basses et grisâtres, ou alors des paysages de Chine, qui ont ceci d'étrange, pour mes yeux d'Européenne, qu'on n'y voit ni route, ni fils télégraphiques, ni maisons. La terre nue. Pas même un arbre sur les collines. Bernard, au milieu des Jaunes, est parfois le seul à sourire. De son sourire forcé dont je ne suis pas parvenue à le consoler.

Et moi, dans tout ça?

Je contacte, je relaie, je transmets. Hommes d'affaires français, industriels, services du ministère de l'Economie et du Commerce extérieur sont vite intéressés. Et me sollicitent. Je représente l'antenne qui permet de communiquer avec Bernard, devenu à leurs yeux « fer de lance ». Ils n'ont que mon numéro de téléphone et celui de mon télex.

La nuit, j'entends le tapotis saccadé de l'appareil en fonctionnement. Si je sors quelques minutes, à mon retour les bandes se sont déroulées : ces messages imprimés quémandent interminablement réponses, renseignements, informations. Dévident chiffres, quotas, pourcentages...

Qui suis-je pour ces gens-là?

J'emmagasine un vocabulaire chiffré (comme celui de l'amour?). Je sais que télex se transmet TLX. MOM (attendez) – MOMPPR (attendez j'ai des difficultés avec le papier) – JFE (bureau fermé jour férié) – NA (cet abonné n'est pas adressé à la correspondance publique) – NC (pas de circuit disponible pour le moment) – OK (d'accord) – RP (je vous rappellerai) – RPT (répétez s'il vous plaît) – RTTAA (répétez tout à partir de). Je connais les numéros d'assistance auxquels s'adresser en cas de panne, de difficulté, de ligne perpétuellement occupée...(OCC.) L'assistance elle-même se demande par télex (sauf arrêt total et rarissime de l'appareil). Dans ce monde à part, tout se passe par bandes.

Je me souviens du jour où, après un échange humoristique avec l'assistant inconnu qui répond à mon appel de détresse – la désinvolture est de règle chez les télexistes, sans doute parce qu'on reste sans nom et sans visage –, je vois s'imprimer cette phrase humiliante : « Vous savez télexer, oui ou merde? »

C'était merde... Je ne sais pas... j'apprends. Scotchés sur le mur devant moi, deux numéros d'entrée : celui de Hongkong et celui de la Chine populaire. Parfois je me trompe et je peste tout haut!

Bonhomme s'est habitué à ma télexite! Il ne bronche plus. Au début, il aboie quand l'appareil se met tout seul en marche, ou prévient, par un son particulier, qu'un message urgent vient de tomber.

Je me sens revenue à mes apprentissages de journaliste. Quand il fallait légender, titrer, soustitrer, couper un papier, avec pour objectif l'économie de signes – c'est-à-dire ôter tous les mots inutiles, la phraséologie, et, plus délicat, remplacer un mot long par son équivalent plus court.

Ici, ce n'est pas la place qui manque – j'ai fait provision de rouleaux de papier –, c'est que chaque mot, ou plutôt chaque lettre, et même chaque point, chaque virgule coûte cher. C'est moi qui paie. Bernard me dit : « Tu investis! »

Quand il revient, il m'apprend dans quoi j'ai investi. Des carrières de granit! (Mânes de mon grand-père, le tailleur de pierre limousin!) « Les carrières sont immenses, inentamées, et la pierre est plus belle que toutes celles que l'on extrait en France et en Europe... Crois-moi, j'y suis allé! »

Bizarrement, je n'y crois pas. Je suis bien la seule. Dès le petit déjeuner débarquent de jeunes hommes d'affaires de province, alléchés, les yeux brillants, les dents de devant qui « raclent le plancher », comme dit Bernard.

La Chine existe-t-elle?

Je ne la vois, pour l'instant, que sous la forme du monceau de bandes de papier qui commence à occuper mon entrée, comme autrefois la pyramide de papier mâché encombrant le vieil appartement.

Ignace y croit-il plus que moi? Accroupi sur ses talons, sa position favorite, il écoute celui qu'il nomme son « ami d'enfance » – en fait son double – dévider ses contes chinois. Il fume.

« Ignace, vous fumez trop! »

Il écrase sa cigarette pour en rallumer une autre...

« Ignace, attention! En tous les cas pas dans ma chambre... Au moins videz vos cendriers... »

Il me regarde de son grand œil immobile – je comprends soudain les torgnoles que lui filait sa mère –, continue à fumer, me laisse des cendriers débordants, des bouteilles de whisky vides. Sa morphologie est celle d'un conduit, cheminée par le haut, tout-à-l'égout par le bas. Rien au milieu. Que pense-t-il, lui, du granit de la Chine, dont nous avons désormais quelques échantillons posés comme des ex-voto sur la cheminée?

Impossible de lui arracher un mot, une opinion!

« Alors, Ignace, vous n'avez pas d'idées? Jamais? »

Bernard enchaîne : « Les frontières commencent à s'ouvrir, les Chinois ont besoin de tout! De scies à métaux pour leurs carrières de granit, mais aussi de jus de fruits, de bicyclettes plus performantes (Peugeot est intéressé), de semences, de technologies fines... »

Tous les matins, il se jette sur le téléphone, posé entre le café et les croissants. (Il y a cinq appareils, désormais, dans la maison, dont un portatif qu'il emmène avec lui quand il se rase ou dans les toilettes.) Puis le défilé des visiteurs commence. Quand il ne part pas à l'aube à son premier rendez-vous, dans un ministère ou un autre, avec un P-DG à la Défense ou dans une zone industrielle, avant d'aller déjeuner avec un groupe affamé de sa « chanson d'argent facile », dans l'un des restaurants les plus cotés de Paris. Ceux où on ne paie qu'en notes de frais. (Depuis qu'il y mange deux fois par jour, une « panne » enrobe son corps que j'ai connu si musculeux et désirant.)

C'est l'Entreprise d'Ignace qui continue à débourser, Ignace a-t-il enfin commencé à croire que la Chine existe?

Les Chinois, eux, sûrement!

Ils ont commencé à débarquer chez moi par petits paquets. Bien polis, parlant admirablement le français, mais pas « ma langue ». Ces regards qui me traversent, sans me juger ni me jauger, me glacent. Mes hôtes s'inclinent infiniment si je leur propose une tasse de thé ou de café, mais il me faut du temps pour comprendre s'ils l'acceptent ou la refusent... Les mains croisées sur les genoux, ils contemplent Bernard qui parle, parle, parle...

La frontière entre l'Occident et l'Extrême-Orient passe désormais à l'intérieur de cet appartement du bord de Seine! Des objets venus de Chine populaire l'envahissent. Certains me rappellent invinciblement ceux que l'on gagnait aux stands forains où m'entraînait mon père, quand j'étais petite. Mon père tirait bien. Nous revenions avec des vases, des dragons (fabriqués à Courbevoie?).

Maintenant, de vrais Chinois m'offrent une multitude de véritables chinoiseries : peintures, gravures, vases, vestes brodées, tuniques, foulards de soie peints de montagnes noires et de pins tordus. J'accroche aux murs, installe bien en vue. J'essaie aussi de porter! Je me contemple dans des vestes jaune bouton d'or brodées de dragons violets... Mânes de ma marraine couturière!

A force de sensibiliser les services des ministères concernés, Bernard y obtient ses entrées. Puis ces messieurs le rappellent à leur tour. Abasourdis : bien peu de fonctionnaires ont le courage d'aller coucher en dortoir en Chine populaire et de manger du chien et du serpent... Surtout, d'écouter des heures et des heures, sans ciller, avec le sourire – le fameux sourire forcé a enfin trouvé son emploi ! – , les infinis palabres au bout desquels il y a peut-être, pour la France, la conquête d'un marché.

Le gouvernement finit par réagir à son tour. Bernard obtient une subvention de l'Etat pour continuer son travail d'intermédiaire, qu'il a initié seul. (Avec moi.) Il fonde une association, dont je fais partie, et je vais moi-même en déposer les statuts à la Préfecture de police.

C'est grâce à l'argent de l'Entreprise d'Ignace, – Ignace, je l'ai dit, n'est qu'une « flaque mouillée » sous le rire de Bernard – que ce dernier peut entreprendre tous ces grands voyages. Prospection, dit-il. Investissements à long terme. Défrichage de champs d'action, etc.

Et soudain, coup de théâtre ! Ignace se relève de sa position de sphinx accroupi et offre à Bernard – dont il veut faire son double actif, lui-même restant passivement à la maison – un poste au cœur de l'Entreprise. Et non des moindres : celui de directeur général.

Cela se décide dans nos lieux habituels, sur le ton usuel de nos conversations, entre nous trois. Et tout se fait si familièrement que, sur l'instant, je n'en suis pas autrement épatée. (J'ai vu chez moi, autrefois, se faire et défaire quelques gouvernements...) « Cela sera plus commode, dit Ignace de son ton mourant qui dédramatise tout. Tu auras bureau, secrétaire, télex. A propos, la voiture viendra te chercher demain matin, j'ai prévenu le chauffeur. Comme ça, ajoute Ignace en se tournant vers moi, vous pourrez disposer de la vôtre... »

C'est vrai que, sauf quand je vais la chercher le

matin au parking, je la vois peu. Cela me gêne surtout pour Bonhomme, mal vu dans le métro et par les chauffeurs de taxi.

Le lendemain matin, quand j'ouvre à mon habitude les volets de notre rez-de-chaussée, garée sur le trottoir d'en face, elle est là! Noire, surmontée de sa longue antenne de téléphone. Le chauffeur joue au chauffeur... (Comme le garçon de café, dans *L'Etre et le Néant*, joue au garçon de café...) Le temps est léger, cet homme moustachu et de bonne allure, descendu du véhicule, astique ostensiblement une carrosserie qui n'en a nul besoin, avec une légère et luxueuse peau de chamois!

Cette voiture me trouble comme un signe fatal. Je demeure un instant à la contempler, tous mes souvenirs littéraires et cinématographiques affluent : les motocyclettes de Cocteau, le corbillard d'Ingmar Bergman, les autos des nomenklatures, des polices parallèles...

Je me reprends et appelle Bernard, qui vient de sortir de la douche, en peignoir. « Viens voir! » Il s'approche de la fenêtre.

Je n'oublierai jamais la façon dont, soudain, il se redresse, gonfle la poitrine. Puis il saisit son téléphone, compose un numéro après l'avoir vérifié dans son carnet. Je vois le chauffeur rentrer aussitôt dans la voiture, décrocher.

« Dans dix minutes, Laurent », ordonne Bernard sans prendre la peine de dire « Allô ».

Plus tard, Bernard me dira : « Mais tu ne t'es vraiment rendu compte de rien ? »

Si.

Il m'arrivait d'avoir froid sous son regard, et de rajouter un chandail. Mais je pensais que c'était les circonstances qui étaient difficiles, et Bernard trop absent.

Quand il n'est pas en Chine, en Amérique du Sud, à Riyad, en Languedoc, en Suisse, il est au bureau du matin au soir, jusqu'à tard dans la nuit. Quand je l'appelle sur sa ligne directe, je sens que je le dérange. Si je passe par sa secrétaire, elle me répond qu'il est « en conférence », peut-elle prendre un message ?

Cela va s'arranger au moment des vacances.

A nouveau nous serons ensemble comme à l'accoutumée, vingt-quatre heures sur vingt-quatre, et je pourrai lui faire part de ce que je ne partage plus avec personne, mes idées, mes projets, mes sentiments, mes réflexions, et cultiver notre amour.

Nous relouons *le Manoir*. Cette fois nous voyons grand : pour l'été entier !

Connaissant les lieux, je planifie l'installation et le séjour. Bernard commencera par dormir, il en a besoin. Puis, le bateau gonflable remis en état, il prendra la mer. Il adore cette lutte vague à vague avec les éléments, se fixer des buts lointains, une balise, un phare, une île, les atteindre...

Quant à moi, j'ai envie d'écrire un roman, gai et sensuel, dont j'ai déjà le sujet, mais, chut! c'est un secret...

« Tu es un auteur comique! me répète Bernard pour avoir lu et apprécié mes pièces de théâtre. Tu ne le sais pas encore, mais tu vas voir...! »

Comme je place le comique en littérature au-dessus de tout, je suis comblée par ses compliments...

En fait, s'il est heureux que j'écrive pour le théâtre, c'est qu'ainsi je ne parle plus de moi en direct et de ce qu'il redoute le plus au monde : mon érotisme. (Dont les souvenirs, de ce que j'appellerai crûment mes « chaleurs ». Je les croyais « effacés », ils n'étaient qu'au « cachot »...)

Je dresse pour l'instant la liste de ce que je vais devoir faire dans cette maison bien meublée mais dépourvue d'ustensiles en suffisance et de linge. Je commence à empaqueter, sans oublier les vêtements chauds pour la navigation, légers pour les jours de chaleur. J'écris à la femme de ménage qui a travaillé pour nous l'année dernière, une Bretonne qui n'a jamais quitté le lieu où elle est née de plus d'une vingtaine de kilomètres, m'a-t-elle dit, et qui, rude et bonne, est devenue une amie. Je songe aussi à relouer la télévision chez le marchand dont j'ai conservé le numéro de téléphone... Enfin, je m'active à l'intendance, sans m'inquiéter outre mesure de l'humeur de plus en plus sombre de Bernard. Je continue d'en accuser sa fatigue, et le manque de résultats immédiats et tangibles dans ses affaires de commerce. Quant à l'entreprise, elle est suspendue à la conclusion d'un gros contrat, qui se fait attendre... Ignace, lui aussi, est nerveux : l'affaire est d'importance.

« Allez, leur dis-je, moi qui n'y connais rien, ne

vous en faites pas, vous savez bien que les affaires, c'est long! Bientôt nous mangerons du poisson de la nuit... Vous avez besoin d'iode, et de phosphore...

– Ah, du poisson vivant!... Je ne pense qu'à ça!... », me dit Bernard avec un tel élan que je ne devine pas qu'il ment.

Qui ménage-t-il par ses mensonges?

Lui-même, bien entendu! Car j'ai fini par comprendre que chacun ne pense qu'à soi... Même et surtout en amour...

Il paraît que les hommes ne songent qu'à protéger leur virilité? Que va devenir ce qu'il ressent comme sa virilité dans cette « salade »? Et cette tromperie?

Juste avant le départ, une amie me demande de lui rendre un service. Elle voudrait que je rencontre quelqu'un qui compte beaucoup pour elle et qui vient de publier un livre un peu à part, afin, si son ouvrage et lui-même m'intéressent, que j'en parle dans ma chronique littéraire.

C'est une fois chez elle que j'apprends le nom de l'auteur et le sujet du livre. Il s'agit d'un voyant sans lequel, me dit-elle, elle n'aurait pas survécu et qui raconte ses expériences. Elle-même peut en témoigner : non seulement il a prévu la mort subite de son mari, mais, après le drame, n'a cessé de la secourir.

J'aurais plutôt des préjugés, quant à la voyance! Pour avoir eu affaire à certains de ses grands prêtres, parmi les plus réputés, j'en ai conclu que ce sont de puissants « intuitifs », qui ont le talent de dire à leurs clients ce que ceux-ci désirent entendre... Ainsi tout le monde est content!... Pour ce qui est de leurs soi-disant prédictions, à force d'« arroser » – un voyage, une mort, une rupture, une maladie, un accident, un amour, un enfant –, ils finissent bien par avoir raison sur un point! C'est le seul qu'on retient quand il se réalise!

Le voyant est en retard. Soudain, il arrive. Un homme brun, pas très grand, l'air un peu timide, le regard sombre et brillant. Mon amie nous présente l'un et l'autre et... sort de la pièce!

Je ne m'attendais pas à ce tête-à-tête! Je me tais. Le voyant aussi. En fait, il se concentre. C'est lui qui prend le premier la parole : « Vous vivrez très vieille... »

Comme je ne suis pas demandeuse, je n'ai pas l'intention de me laisser impressionner par aucune de ses prédictions, si favorable soit-elle.

« Pourquoi pas? » lui dis-je avec désinvolture. Toutefois, à l'intérieur de moi, je me répète : pourquoi pas? Mes deux parents ont dépassé les quatre-vingt-dix ans, l'espérance de vie, dans ma famille, est de loin au-dessus de la moyenne! (Voilà comme on est pris, malgré soi, dans n'importe quel filet de « sens » que quelqu'un d'inconnu jette sur vous...)

Sans se laisser démonter, Bertrand poursuit, de sa voix toujours aussi douce...

« Vous allez faire un triomphe au théâtre...

– C'est vrai que j'écris pour le théâtre, ces temps-ci! »

La réponse est venue malgré moi. Puis je me dis que mon amie a dû informer le voyant de mes activités, qui ne sont un secret pour personne : mon travail est régulièrement diffusé à la radio...

Bertrand sourit, se concentre encore.

« Vous êtes en train de vous faire escroquer sentimentalement et affectivement... »

Là, je proteste violemment!

« Ah non, lui dis-je, ça n'est pas possible! »

Je me sens aussi sûre de Bernard que je le suis de moi-même! N'avons-nous pas un « contrat moral »? Le jour où l'un trompe l'autre, il est convenu qu'on se le dit aussitôt... Et puis nous travaillons tant, tous les deux, à un objectif commun : nous sortir de nos

dettes, terminer la petite maison, réussir ses premières affaires... Bernard, comme moi, ne songe
qu'à ça! Assurer notre commune réussite.

En fait, mon amant a déjà dû rencontrer ma
remplaçante, et ses voyages en province ont cessé
d'être des voyages d'affaires!

Je l'ignore, et pourtant le voyant le « perçoit »
autour de moi.

Signe, tout de même, que je suis touchée au plus
vif, je continue à protester :

« Cela m'est arrivé de me faire escroquer... Mais
c'est du passé... En ce moment, je suis dans une
totale sécurité!

– Il est possible que je me trompe, dit paisiblement Bertrand devenu depuis mon ami. Vous savez,
la voyance ne permet pas de situer dans le temps.
Des images s'imposent, mais elles peuvent venir du
passé comme de l'avenir... »

Occupée à préparer le thé, mon amie n'est toujours pas revenue et, pour ne pas céder à l'inquiétude que la voyance de Bertrand vient d'instaurer
en moi, j'ajoute :

« Je manque de temps pour travailler!

– Bientôt vous allez avoir tout le temps qu'il vous
faut! »

Que c'était vrai!

Le soir, quand Bernard, du ton inintéressé qu'il a
ces temps-ci pour me parler de mes occupations,
me demande : « Qu'as-tu fait aujourd'hui? », par
acquit de conscience, et quand même contente qu'il
m'ait posé la question, je lui narre l'insolite rencontre...

« Les voyants, c'est de la blague! Tous des tru-
queurs! me répond-il avec violence.

– Je suis de ton avis », dis-je pour le calmer.

Car si j'ai raconté à Bernard mon « thé » avec le
voyant, je ne lui rapporte rien de ce que le mage

m'a révélé. D'où me vient cette retenue vis-à-vis de mon amant, à qui d'habitude je dis tout?

C'est que les mots de Bertrand ont mis au jour ce que je sais déjà : une immensité de douleur est en marche. Avec un seul but : me détruire!

ET puis, c'est fini!

Je veux dire que mon amant n'est plus le même homme, et moi, par conséquent, je ne suis plus la même femme... Bernard a changé de centre d'intérêt et, comme un tourbillon qui de centrifuge devient centripète, il se met tout doucement, puis de plus en plus vite, à m'expulser de sa vie.

Pas instantanément, bien sûr! A peine, ce premier matin, avais-je vu la voiture tourner le coin de la rue que mon téléphone a sonné. C'est Bernard qui m'appelle! Mieux qu'une déclaration d'amour – à cause de la proximité du chauffeur –, c'est l'affirmation de notre complicité!

Peut-être ai-je un peu de jalousie d'avoir vu mon amant partir si pompeusement au travail quand je reste sur place, avec le ménage à faire, les courses, le chien à sortir, et Bernard l'a-t-il senti... Dès son arrivée au bureau, il m'appelle pour me donner le numéro de sa ligne directe – puis me rappelle en cours de journée. Il me décrit les lieux, m'explique comment il s'est installé dans la plus belle pièce de ces locaux d'entreprise où je ne mettrai jamais les pieds, me donne le nom et la fonction de chaque membre important du personnel – en tout une quarantaine de personnes – pour que je continue à le suivre par la pensée.

Là aussi, je me crée un univers imaginaire dans lequel, moi nulle en mathématiques, j'évolue avec la sûreté d'un astronome dans ses galaxies.

Je trouve même le moyen de reconvertir mon activité de télexiste : dès que l'appareil se met en route, j'appuie sur une certaine touche et une bande perforée se déroule en même temps que s'imprime un message. Je n'ai plus qu'à former le numéro de télex de l'entreprise – que m'a donné Bernard en me disant : « Appelle-moi, j'ai peur de m'ennuyer… » – et, grâce à la bande perforée, le message est retransmis. Une secrétaire le reçoit et le lui apporte. Bernard me téléphone aussitôt pour me remercier. Recevoir des télex de cette importance, dès son premier jour au bureau, le pose…

Reste que pour appuyer sur la touche « bande perforée », à l'instant où le télex se met en marche, je ne peux me permettre de trop m'éloigner de l'appareil. Me voici plus « femme à la maison » que jamais!

Le soir, Bernard me remercie encore :

« Sans toi, je n'y arriverais jamais…

– Ça n'est rien, lui dis-je. Grâce à toi, j'ai appris quelque chose.

– Quoi?

– Les affaires, c'est facile! »

C'est vrai. Ce sont les affaires du cœur et des corps qui ne le sont pas.

Bernard, pour l'instant, se moque de l'intériorité et, au bout de quelques jours, exulte : « Enfin je me sens à ma vraie place! C'est que j'étais fait pour diriger, moi! »

Cela ne l'empêche pas de se plaindre de son nouvel entourage : les gens sont lents, les horaires absorbants, la routine insupportable pour qui n'aime que l'imprévu… Ah, s'il pouvait s'inscrire comme passager de l'espace, c'est là qu'il pourrait donner toute sa mesure! (C'était avant *Challenger*...)

Certains jours de « blues », il me parle même de devenir agent.

« Agent de quoi?

– Mais de ce que tu sais... C'est ça qui doit être amusant... Une forme de grand reportage! Je suis fait pour ça, moi, je te l'ai toujours dit, pour le grand reportage! »

Je tremble. Non pas de le voir s'engager sur « de mauvais chemins », comme dit Balzac – tant que je serai là, je l'en empêcherai – mais devant son immense, son incorrigible innocence. C'est par là qu'il me tient! Une éternelle enfance, qu'il conserverait en enfer, s'il y allait!

Quant il commence pour de bon à s'initier aux affaires, c'est une autre chanson : « Ah, si j'avais des capitaux! On serait vite riches... Il y a de ces occasions, en ce moment... Et je suis bien placé, tu peux me croire... »

Coup d'œil en biais vers moi : « Tu n'as vraiment plus d'argent? » Non, par chance, je n'ai vraiment plus d'argent...

C'est pour cela qu'il finit par se tourner vers une autre... Pourvu qu'il garde quand même son innocence! Et le bleu de son regard...

Les jours qui précèdent le départ en vacances, Bernard doit faire face aux demandes croissantes venues de Chine, comme à celles des industriels français qui commencent à prendre conscience qu'un « bureau chinois » fonctionne dans notre appartement.

Il y a aussi ces voyages que mon amant fait de plus en plus souvent en province. C'est lui qui m'appelle. Ou plutôt qui ne m'appelle plus... Il téléphone à l'Entreprise, laquelle, éventuellement, me transmet un message de sa part.

Est-ce parce que je perçois qu'une forme de mort est en train de tout scléroser dans notre amour et nos deux vies, mais j'ai de plus en plus hâte de voir la mer...

> *Très grande chose en marche vers le soir et vers la transgression divine...*
> *La Mer plus haut que notre face, à hauteur de notre âme...*
> *Mer au parfum d'entrailles femelles et de phosphore dans les grands fouets claquants du rapt!*
> *Mer saisissable au feu des plus beaux actes de l'esprit!...*

289

C'est là-bas que nous nous retrouverons, Bernard et moi, en relisant ensemble Saint-John Perse, qui a bercé notre rencontre.

> *Etroits sont les vaisseaux, étroite notre couche.*
> *Immense l'étendue des eaux, plus vaste notre*
> *empire. Aux chambres closes du désir...*
> *S'ouvre l'été qui vit de mer.*

Je compte sur l'environnement maritime pour nous ramener au bonheur de l'année dernière...

Entouré par son clan d'amis, qui acceptent d'enthousiasme notre invitation, Bernard, loin du souci, des affaires et de l'argent, redeviendra drôle, accessible à la tendresse, chaleureux, positif...

Ce qu'il a cessé d'être!

Un matin, je charge le break à ras bord – sans oublier les valises de ces messieurs les P-DG, qui ont décidé de prendre l'avion du soir les mains dans les poches – et je démarre!

J'ai quelques centaines de kilomètres à faire sans arrêt si je tiens à les accueillir dans une maison dûment « ouverte ». Il fait chaud. Après Rennes, les routes s'étrécissent, jusqu'au dernier chemin de sable.

J'ai un moment de joie et de satisfaction en pénétrant dans la cour de la ferme où Mme Le Guillec, dans sa blouse de travail à carreaux mauves, a l'air de m'attendre. Je sors de mon véhicule, en même temps qu'en jaillit Bonhomme, tout de suite familier des aîtres, et la cultivatrice et moi nous embrassons avec affection.

« Ça va?

– L'année a été dure... Nous avons perdu un bébé de deux mois...

– Oh! » me dit-elle, intimement choquée.

Puis elle me raconte ses problèmes avec les

animaux, des vaches souvent malades, le temps dégoûtant cet hiver, boueux, puis trop sec. (De ce jour-là il devient trop humide : plus une journée sans pleuvoir!) Pendant que nous échangeons ce qui peut apparaître comme des banalités mais qui dit l'essentiel sur le fardeau que je porte comme sur le sien, Bonhomme sympathise avec Sésame, le vieux chien de la ferme, un peu jaloux de son territoire. Toutefois, lui aussi semble reconnaître Bonhomme et l'admettre.

Puis je remonte dans la voiture pour aller la garer devant la maison, où j'ai tout à préparer avant l'arrivée de Bernard et d'Ignace. J'ai fait le marché, il me reste à décharger, mettre le potage en train, le poulet au four, faire les lits.

Au moment où j'ai introduit dans la serrure la clef que m'a remise Mme Le Guillec, le téléphone a sonné. Je n'ai pas le temps d'entrer ni de décrocher qu'il s'est tu. Ce contretemps m'a agacée, mais j'en ai conclu que Bernard et Ignace m'avaient appelée d'Orly, qu'ils arrivent.

Quand tout est prêt, je sors sur le vaste terre-plein planté d'hortensias qui entoure la maison et d'où on aperçoit la rivière, ce bras de mer intérieur, sinueux comme un fjord. C'est beau et Bonhomme, fou de joie d'être enfin libre, gambade en aboyant aux mouettes...

Quelques fleurs, graminées, églantines, poussent contre un vieux mur. L'envie me vient de faire un bouquet. A peine l'ai-je en main qu'une voiture tourne le coin : le taxi de l'aéroport qui amène les deux hommes.

Ce que je vois alors, ça n'est pas eux mais l'image que les arrivants ont de moi, dans ma robe d'été et ce tout dernier rayon du soleil couchant, mon bouquet de fleurs champêtres à la main, souriante, la mer à l'horizon. Une carte postale sur laquelle on aurait pu inscrire : « Bienvenue! »

Je me précipite pour les accueillir. Sans un regard pour mon bouquet, Bernard, l'air soucieux, me pousse dans la maison en me prenant l'épaule, geste que je déteste, tandis qu'Ignace paie le chauffeur.

« Qu'y a-t-il?

– Ignace est en pleine déprime! Il ne cesse pas de pleurer... Il m'agace... Nous avons failli rater l'avion... »

Ignace, dans son éternel costume gris sombre, gilet, cravate, a les yeux rouges.

« Venez, dis-je, le dîner est prêt. Asseyez-vous, je vais vous servir. J'ai même du vin, Mme Le Guillec m'en a donné du sien. »

Quand nous terminons de dîner, la nuit est tombée. Et c'est fini. Il n'y aura plus un jour de soleil de tout cet été-là, ni sur la Bretagne, ni sur nos vies.

Bernard m'explique qu'il ne peut pas se mettre en vacances, il n'est venu que pour le week-end, il doit rentrer dès lundi matin préparer son nouveau voyage en Chine. Il reviendra encore une fois le week-end suivant, toujours dans les mêmes conditions, aller et retour par Air Inter, puis s'embarquera pour Pékin.

« Mais ça va être le mois d'août! Les vacances!

– En Chine, me répond-il, il n'y a pas de vacances! Les Chinois travaillent, eux...

– Mais toi, tu as besoin de vacances! Tu es épuisé! Tu as vu ta mine?

– Je tâcherai d'abréger mon séjour, mais ça n'est pas facile, car les Chinois ont tout leur temps et ne comprennent pas qu'on ne l'ait pas aussi quand on veut travailler avec eux... Je reviendrai quand même passer une dizaine de jours ici, à me reposer vraiment...

– C'est indispensable! Sinon tu vas tomber malade...

– Il y a des moments où il faut tenir! En plus,

regarde dans quel état est Ignace, je ne peux pas compter sur lui...

— Et tes amis?

— Tu les recevras, tu leur expliqueras...

— Et le bateau au chantier naval?

— Tu iras le chercher.

— Et... »

Je ne dis pas « et moi », ce n'est pas le moment. Peut-être ai-je peur de la réponse. Je me contente de penser : si Bernard ne prend pas de vacances, eh bien, je n'en prendrai pas non plus... Je travaillerai, j'écrirai... Je tiendrai la maison... J'attendrai...

« Tu ne veux pas que je rentre à Paris avec toi? Pour être au télex pendant que tu es en Chine?

— Mais non, l'entreprise s'en occupera... Je préfère que tu veilles sur Ignace, c'est plus important. J'espère que ça ne va pas être trop lourd pour toi, sinon, la semaine prochaine, je le ramène à Paris...

— Je vais m'en débrouiller, ne t'en fais pas... »

Tout ce week-end, Bernard ne fait que dormir et manger, sans même aller saluer Mme Le Guillec. Il me charge de l'en excuser auprès d'elle.

« Vous savez, lui dis-je, il a été nommé à un poste important dans une entreprise et...

— Ah! là, là, si je sais, coupe-t-elle. Les patrons sont terribles quand on vient d'entrer en fonction! Pas de vacances, pas de relâchement, sinon on est renvoyé... »

Comment lui expliquer que le grand patron, c'est ce pauvre Ignace, maigre comme un échalas, l'air mourant sur sa chaise longue?

J'installe le transat de mon ami au soleil, puis à l'ombre. Pendant qu'il dort, je vais lui acheter du poisson sur le port, lui prépare des petites pommes de terre nouvelles comme il les aime, le force à manger un peu. Je regarde avec lui la télévision.

Puis je vais me coucher la première. Je me lève très tôt pour écrire le matin.

Ignace, ami des heures nocturnes où aucun danger ne le menace – l'ennemi, pour lui, c'est l'humain –, va et vient toute la nuit dans la grande maison. Boit sa bière. Fume ses clopes. Râle contre la télévision muette, se console en écoutant la radio, s'endort à l'aube...

Je le supplie de ne pas fermer sa porte à clef et je ne l'obtiens pas. J'aimerais pourtant, vers onze heures, midi, parfois deux heures de l'après-midi, pouvoir constater qu'il est toujours en vie... Que son souffle est normal... C'est qu'il avale tant de somnifères sur tant d'alcool...

Mais j'en suis réduite à attendre et m'angoisser. Quand je n'attends pas Bernard, j'attends donc Ignace? Drôle de vie! Heureusement, j'ai ma machine, qui ne cesse de crépiter comme la pluie de tomber.

Car il pleut, désormais, et il va pleuvoir sans arrêt, cette fin de juillet et tout ce mois d'août. L'été le plus pluvieux et le plus glacial, foi de Breton, qu'on ait enregistré dans ce coin généralement favorisé, où poussent le mimosa et des plantes frileuses...

Le camping aussi y fleurit. Car les bains de mer sont salubres. Mais, cette année-là encore, je ne me baigne pas! L'Océan est froid et hostile. Tout l'est, d'ailleurs. Bernard téléphone peu et vite, toujours entouré de secrétaires, puis de Chinois, d'industriels...

« Ça va bien?

– Oui, lui dis-je, prenant sur moi pour lui dissimuler la lourdeur des choses.

– Bon, je serai là vendredi soir.

– J'irai te chercher à l'aéroport...

– Non, je préfère prendre un taxi. »

J y vais quand même. J'ai besoin de mon amant, si lui n'a pas besoin de moi.

Il sourit un peu en m'apercevant, plus largement en découvrant Bonhomme resté dans la voiture, petit corps dressé, oreilles aussi, à la vue de son maître bien-aimé.

« Alors, mon Bonhomme, tu vas bien? Tu te baignes?

– Lui se baigne, mais pas moi. Imagine-toi qu'il pleut sans arrêt et que...

– Temps de merde! » me dit Bernard en prenant le volant et en nous raccompagnant à une telle vitesse au *Manoir* que, dents serrées, je ne prononce plus un seul mot. Etait-ce le but?

Avec Ignace, qui va un peu mieux, Bernard échange des nouvelles du bureau, puis bâille. « Je suis crevé, moi! » Se couche. Se réveille tard. Consent à faire quelques pas jusqu'au bord de la rivière. C'est marée basse, et quand l'eau, peu profonde à cet endroit-là, se retire, elle laisse un fond boueux où l'on s'enfonce jusqu'à mi-mollets. Je n'ose m'y aventurer, craignant je ne sais quels sables mouvants...

Mais Bernard, pris d'une frénésie que je ne m'explique pas, décide d'y envoyer Bonhomme. Il lui lance un galet, puis un autre, qui disparaissent aussitôt dans la boue! Bonhomme, que le jeu rend fou, se précipite, gratte des deux pattes avant, s'enlise jusqu'au ventre, enfonce son museau puis toute sa tête dans la vase, jusqu'à ce qu'il en extraie – ou non – le galet lancé par son maître. Faraud quand il le rapporte à Bernard, qui le reprend et le relance.

Ce jeu violent me fait peur. Et si Bonhomme allait disparaître en entier dans la boue? Je demande à Bernard d'arrêter. Il a toute la prairie pour faire courir le chien, et il sait bien qu'il vaut mieux, pour ses dents, lui lancer des morceaux de bois plutôt que des cailloux...

Rien n'y fait! Bernard a l'air de ne pas m'entendre, et sans doute ne m'entend plus! J'assiste impuissante à cet embarbouillage du chien. Bientôt, Bonhomme n'est plus qu'un « tas de boue » noirâtre. Il a l'air de porter un masque dans lequel surnage le blanc de ses yeux, le reste est couleur... eh bien, de merde!

Pour soulager mon anxiété, je prends une ou deux photos. Quand je revois ce chien dégoulinant de vase et de boue par la volonté de son maître, je me dis que Bernard tentait, à travers l'animal, de me montrer ce qu'il n'osait pas encore me dire, ni se formuler à lui-même. Que nous deux – notre avenir, notre destin – sommes en train de nous enliser. Le pire, c'est qu'il est d'accord! Pousse à la roue! (Il me dira : « Je ne sais que détruire... »)

J'essaie une dernière fois : « Arrête, Bernard, arrête, fais-moi ce plaisir, tu vois bien que j'ai peur des sables mouvants... Dis à Bonhomme de revenir... »

Mes supplications sont inutiles. Les dés sont jetés.

Dès ce moment-là, Bonhomme et moi sommes sacrifiés.

C'est sur le petit aéroport breton, vêtu de son costume foncé de citadin, éclairé par un polo dans ces tons pastel qui lui vont si bien, que Bernard me lance son dernier « regard d'amour ». Ou qui me parut tel.

Il part pour la Chine, dont il va revenir très vite, m'assure-t-il, terminer l'été ici avec moi.

Ça n'est pas vrai, il ment.

Il ne sait pas encore qu'il ment. Moi non plus, je ne le sais pas. J'ai confiance. (Je découvre à cette occasion qu'avoir confiance n'est rien d'autre qu'avoir confiance en soi! Or, je me sentais tellement inébranlable!)

C'est moi qui ai conduit la voiture, et pas trop vite. Comme les condamnés du haut de leur dernière charrette, je regardais avidement défiler le décor campagnard, de chaque côté de la voie express, puis la petite route de plus en plus sinueuse qui longe une ferme, des poules, quelques vaches au pré, pour déboucher sur l'aéroport.

Est-ce parce que cette piste – qui pourtant ne l'est pas – me paraît perdue? Je songe soudain à celle de Pindamonhangaba, au Brésil, sur laquelle, d'après mon mari, j'ai gagné autrefois mes galons du courage. Ou parce que je retiens une formidable envie de pleurer?

Pour occuper le temps mort et détestable de l'attente, et aussi continuer à me montrer « efficace », comme le veut Bernard, je m'informe de son passeport, son visa, sa carte d'assistance internationale. Tout est-il en ordre? A-t-il pensé à ses médicaments?

Bernard me répond par monosyllabes.

« Je l'embête », me dis-je.

C'est sans doute vrai. Nous sommes tous si inadéquats les uns pour les autres. Et puis c'est moi qui aurais dû partir, non lui, c'est moi qui suis devenue « en trop ». L'idée ne m'en effleure pas, tant je suis de cette race obstinée qui continue, même sous les bombes, à cultiver un lopin de terre, qu'elle ne lâchera que si on l'en exproprie!

Et pour me consoler, moi, de le sentir déjà si loin, je me mets à le consoler, lui, qui n'en a nul besoin :

« Ne t'en fais pas, quinze jours, c'est vite passé! Tu vas faire un beau voyage... Tu seras bien dans le gros avion, demain... Tu vas pouvoir dormir, récupérer... Tu es en première?

– Il n'est pas question que je voyage autrement.

– Qui t'attend, à l'arrivée?

– Mais je n'en sais rien! Des Chinois... Un envoyé de la Mission de France!...

– Et tu y vas pour quoi faire?

– Je te l'ai déjà dit cent fois!

– Je sais bien, mais ce que tu fais varie tant... »

Il me tourne le dos sous prétexte d'aller s'informer de l'heure d'arrivée à Paris, qu'il connaît puisqu'il l'a communiquée à Laurent, le chauffeur de l'Entreprise, qui doit l'attendre à Orly.

Quand il revient, je tente encore de lustrer une réalité rétive :

« Je suis contente, parce que j'ai beaucoup à faire! Terminer ce que j'ai commencé à écrire...

M'occuper d'Ignace... Tu ne trouves pas qu'il va un peu mieux?

– Il me pompe!... Heureusement qu'il ne vient pas avec moi!

– Pourquoi le lui as-tu proposé?

– Parce que je savais qu'il allait refuser! Mais j'ai fait le geste!... Après tout, c'est son entreprise qui me paie le voyage... Ce qui m'énerve le plus, c'est que j'ai dû l'associer à mes affaires et que, lorsque je gagnerai de l'argent, il en touchera une grosse part, alors qu'il n'aura rien fait...

– C'est la loi du capitalisme, elle joue aussi pour toi...

– Si seulement j'avais pu me financer seul! »

Allusion discrète à mes « défaillances »...

Bernard est sans bagages et nous allons et venons sur le terre-plein devant l'aéroport. Les autres passagers arrivent, familles avec enfants, hommes d'affaires – c'est le lundi –, vieilles gens, chiens aussi. Bonhomme flaire, s'agite, cherche une occasion d'aboyer, conscient de la solennité du moment. Il m'oblige à pirouetter sur moi-même pour désembrouiller sa laisse.

Que ne puis-je en faire autant avec Bernard!

C'est la dernière fois de ma vie que je l'accompagne sur un aéroport. Je n'ai pourtant aucune appréhension, seulement cette poignante envie de pleurer, doublée du refus obstiné de me laisser aller. Il a besoin que je tienne.

D'ailleurs, il me le confirme.

« Dis donc, n'oublie pas que j'ai invité Gabriel, le fils du Député Conseiller Général, il va débarquer un de ces jours avec sa fiancée... Tu t'occuperas d'eux?

– Bien sûr.

– Son père aussi a dit qu'il passerait peut-être...

– Ah?

« – Oui, il doit venir dans la région pour roder sa nouvelle Mercedes...

– Ne t'en fais pas! Je suis là...

– Et puis, si tu pouvais faire quelque chose pour Maman... C'est son premier été sans Vava...

– Je sais. »

Tant qu'il s'appuie sur moi, c'est qu'il a besoin de moi, qu'il compte sur moi, donc qu'il m'aime... Ce curieux syllogisme, que font toutes les femmes amoureuses est faux.

Soudain, il regarde sa montre à quartz : « Il faut que j'y aille! »

Il a envie d'abréger.

Je l'embrasse, ou plus exactement je tends mon visage vers lui pour qu'il m'embrasse à son idée... Il choisit de me donner ce baiser sur les lèvres qui, dans notre langage d'amoureux, signifie « tout va bien »...(« Rogers », disent les aviateurs.)

Or, rien ne va plus et il n'est plus amoureux.

Deux jours plus tard, le jeune couple de fiancés débarque au *Manoir*. Ils ont roulé d'une traite depuis Paris et, grâce à la précision de mes indications, sont parvenus sans une erreur jusqu'à la maison... Ils sont contents et affichent le resplendissant sourire des amoureux en vacances. Cela me fait plaisir.

« Où est Bernard?

– Il vient de s'envoler pour la Chine.

– Ah? Et quand revient-il?

– Bientôt. Pour prendre enfin quelque repos ici... Il en a bien besoin. Pour l'instant, avec ce temps, il ne perd rien... »

Il pleut, et travailler ne m'est pas difficile. Tous les matins, levée avant les autres, je m'installe dans la vaste pièce du bas, devant la porte-fenêtre grande ouverte. Auparavant, j'ai fait un tour avec Bonhomme, jusqu'au bras de mer. Dès qu'il m'entend frapper sur le clavier de la machine à écrire, le chien grimpe sur un transat ou un canapé et, la tête entre les pattes, attend que « ça me passe »…

Deux jours plus tard, Gabriel, reposé, se lève à la même heure que moi et part faire du jogging. Il tient à entretenir sa forme de jeune mâle en pleine santé. Auparavant, nous parlons autour d'une tasse de café. Son apparence d'équilibre dissimule, bien sûr, quelques failles, des souffrances anciennes, des inhibitions, des peurs, et aussi une détermination qui me plaît. Il a compris que rien ne s'accomplit sans la volonté.

Je l'écoute avec cette attention dont je sais, depuis mes relations avec Germaine, qu'à elle seule elle est « guérisseuse ». (Elle m'a dit une fois : « Si nous étions capables d'une attention suffisante, c'est-à-dire totale, une seule séance de psychanalyse pourrait suffire! ») Même si tout n'est pas dit, on sert de médiateur entre celui qui parle et la partie de lui-même qui se tait.

Gabriel m'entretient de son travail, de ses projets, de Rosalie, et aussi de son père, le Député Conseiller Général, pour lequel je me sens une estime prête à devenir de l'affection.

Quant à moi, je parle longuement de Bernard. C'est parler de moi : la réussite de mon amant et ses progrès sont les miens!

Je sais que les deux cousins ne sont pas très liés – c'est la première fois qu'ils s'apprêtaient à passer quelques jours de vacances ensemble, m'a dit Bernard – et je crois bon de tenter de les rapprocher.

J'expose à Gabriel à quel point ils nourrissent un semblable désir d'entreprendre, et de maîtriser le futur. Découvrant à travers moi des secteurs de l'activité de Bernard dont il ignorait tout, Gabriel s'emballe! Le voici pris du désir de travailler avec celui qu'il devait considérer jusque-là, à l'instar du reste de la famille, comme un « mouton noir ».

Bernard a fait trop de métiers, trop changé de direction, exhibé sans doute trop de filles, et montré trop d'insolence, pour faire passer le tout!

J'affirme à Gabriel que son cousin a totalement changé. Ne renonce-t-il pas à prendre des vacances pour achever son travail? Là aussi je marque des points. Au retour de Bernard, je pourrai lui annoncer qu'il possède un nouvel allié au sein même de sa famille. Je m'en réjouis, et je le pouvais, car j'avais réussi : après la rupture, c'est avec Bernard que Gabriel va se solidariser, sans plus se soucier de mon existence!

Pour l'instant, débordant d'empressement et de sollicitude, Rosalie et lui se proposent d'aller faire le plus gros des courses à ma place, ce qui libère mon temps pour mon travail d'écriture.

Sans que j'aie eu un mot à dire, ils ont pris conscience de l'état d'Ignace, et s'en inquiètent avec moi. Quand Ignace n'est pas levé à l'heure du déjeuner, je peux partager mon anxiété avec Gabriel. Aurait-il eu un malaise? Gabriel a l'air soucieux. Il sait ce que sont les malades, il en a soigné, lui aussi. Bientôt, je me laisse aller à quelques confidences : ces vacances, pour moi, ne sont pas des vacances, tout est si lourd... Heureusement, j'ai mon travail. En quelques jours, je viens d'écrire une bien étrange pièce en cinq actes. Elle est sortie de moi comme naît un enfant, achevée!... Le titre aussi s'est imposé : *Quelques secondes d'atrocité*... (De retour à Paris, ceux à qui je la ferai lire seront surpris par ce qui se dégage de ce drame où le personnage principal est un ex-bourreau des camps de la mort...)

Gabriel m'écoute poliment. Mes fulgurances littéraires ne l'intéressent qu'à moitié. Je reviens à ses préoccupations, l'Amérique, la Chine, les marchés internationaux, l'informatique, l'organisation concrète de l'existence dans nos grandes villes, où préserver sa santé physique et morale exige une vraie discipline.

Rosalie nous rejoint un peu plus tard dans la matinée. Blonde, racée, elle est à l'apogée de sa jeune beauté et porte sans apprêt un tee-shirt sur lequel je lis le nom d'une des universités féminines les plus cotées des Etats-Unis, Brynn Mawr. Elle s'étonne que je la connaisse. Y suis-je allée?

Certes non, mais je lui cite le mot d'Hélène Carrère d'Encausse, la grande spécialiste des affaires russes, à qui l'on demandait comment elle faisait pour connaître la réalité – pourtant cachée – de l'Union soviétique : « Mais je lis! Il n'y a qu'à lire... Tout est dans la *Pravda*!... Pas besoin d'espions...! »

J'ai lu. Je lis. Beaucoup. J'écoute, aussi.

Une autre partie de mon temps est occupée à éplucher les légumes. Les faire cuire, mettre le couvert, desservir, faire le marché, contempler la beauté luisante des gros poissons qui scintillent encore de toute la splendeur de la mer. Je souffre de les voir devenus cadavres, mais je passe outre : leur énergie va devenir la mienne et je tâcherai d'en faire bon usage... C'est cela, se nourrir...

Je passe aussi beaucoup de temps à regarder. L'horizon, une branche qui se détache sur un ciel gris, un rideau de pluie qui succède à un autre... Jamais je ne suis lasse de contempler les détails du monde, qui, d'année en année, me paraissent plus pleins. Comme si je parvenais à lire de mieux en mieux les structures de l'univers à travers n'importe quelle brindille, n'importe quel morceau de mousse, insecte, caillou même... Le même paysage m'est un enchantement renouvelé, puisque sans cesse y varie la lumière. Et la qualité de mon regard.

Bonhomme court comme un dératé. Je le poursuis interminablement à travers la campagne, pour le récupérer de ferme en ferme où l'attire le fumet des chiennes en chasse.

La plus surprenante de ses conquêtes : une grosse bête jaunasse, encordée à sa niche. Très « chic parisien » d'allure, dans son pelage noir et blanc, Bonhomme, en pleine action fusionnelle, me regardait venir, l'œil en coin. Debout à l'arrière-train de sa gigantesque amie, qui s'était surbaissée dans l'espoir vain de lui faciliter la tâche, il ne parvenait à rien. Mais n'en continuait pas moins, tel un acteur qui mime, pour amuser son public, les mouvements du coït, toute une série de secousses, saccades, ahanements, qui, en effet, me firent éclater de rire.

Je ramenai le séducteur à la maison, puceux comme un diable, mais convaincu qu'il m'avait bien épatée!

Je me promis de raconter la scène à Bernard, sans oublier l'œillade complice de Bonhomme : « Vise un peu ce que je me suis trouvé! » Il y a toujours du tragique sous le comique : Bernard devait être en train d'en faire autant!

Puis Gabriel et Rosalie, se déclarant enchantés de leur séjour en dépit de la pluie, repartirent pour Paris. Ils m'assurèrent que nous allions vite nous revoir. (Jamais cela n'eut lieu.)

J'eus alors l'idée d'inviter Nunu, qui ne se le fit pas dire deux fois, à passer quelques jours au *Manoir*. Elle faisait son « tour de châteaux », c'est-à-dire s'en allait à travers la France résider chez les uns et les autres. C'est surtout l'idée de ces déplacements qui devait lui plaire, plus que leur réalité, car elle ne restait nulle part!

Chez moi, en revanche, elle s'installa pour deux semaines, avec plaisir. Elle se rapprochait de son fils : dès qu'il donnerait de ses nouvelles, elle les aurait en même temps que moi. Et elle serait sur place, s'il revenait comme promis.

Un autre couple vint nous rejoindre : un ami de Bernard, que l'annonce de son absence n'avait pas découragé de passer ses vacances en notre compagnie, avec sa femme et un bébé. Moins lève-tôt que Gabriel, Jean-Paul était quand même le premier à prendre avec moi un deuxième café matinal. (Je me préparais le premier à l'aube, dans ce moment que j'aime tant du retour de la lumière. J'y étais encore plus sensible depuis que je savais Bernard en Chine : avec quelque décalage, elle m'apportait de ses nouvelles...)

Là aussi, nous causions. Un point commun : l'amour de la paperasse! Dossiers, journaux, manuscrits, Jean-Paul en disséminait partout autour de lui. Il s'était installé à la grande table de la salle à manger, près du téléphone qui sonnait sans cesse pour lui. A l'heure des repas, il se contentait de repousser du bras son tas de papier pour loger son assiette, puis le ramenait ensuite vers lui pour se remettre à travailler. Nous discutions. Socialiste militant, Jean-Paul savait le régime sur la pente descendante, mais ne s'en affectait pas outre mesure. Il pensait que la confrontation avec la réalité politique avait dissipé bien des mythes et des illusions qui encombraient les esprits de gauche. (Peut-être aussi le sien...) C'était un peu tard pour devenir réaliste, le vent avait tourné, la chance aussi! Mais le temps ne compte pas, en politique. Tout se digère, s'assimile, s'oublie, se transforme, et recommence. Avec d'autres hommes. Souvent les mêmes. Il suffit d'attendre, et Jean-Paul, homme jeune, était bien décidé à obtenir les responsabilités qu'il ambitionne et que mérite son intransigeance.

Quand arrivaient les femmes, nous causions d'autre chose. Du mauvais temps, de la petite fille souvent fiévreuse, de ce pays qui est beau et dont les habitants savent se montrer accueillants. Enfin de Bernard, qui ne se manifestait pas!

Je parlais indéfiniment de lui avec Nunu, tout en la regardant à la dérobée. Elle avait la « ligne », comme on dit en couture, un superbe profil, presque inhumain d'être trop pur. Mais la ligne – l'alignement – me laisse toujours sur ma faim. Si j'en admire la discipline, je préfère ce qui déborde, dépasse, et parle au cœur.

En fait, au milieu de ces gens courtois et presque respectueux à mon égard, je me sentais abominablement seule.

Là où je me trouvais le mieux, c'était au cours de mes promenades avec Bonhomme, ou quand je roulais en voiture. L'air marin contribuait à me redonner des forces. (J'allais en avoir besoin à la rentrée!)

La pluie ne cessait toujours pas.

Je téléphone à mon père, dans les Charentes. Il s'est mal remis de son accident, survenu après la mort du bébé. Très secoué, comme nous tous, il a perdu l'équilibre dans un escalier mécanique. Déchirure de la cuisse, épaule déboîtée, quinze jours d'hôpital. Au moins jouit-il du soleil! Je décide d'aller lui rendre une courte visite et, en passant le pont de la Loire, à Nantes, je vois en effet s'ouvrir le rideau des nuages.

Quand je regagne *le Manoir*, pour continuer d'y attendre Bernard, même phénomène en sens inverse : dès la rive droite de la Loire, la pluie m'accueille et me reprend en main.

Ignace est absent. Il a fait un saut à Paris, pour aller, m'a-t-il dit, signer quelques chèques à l'Entreprise.

Qu'est-ce que je fais, toute seule, dans cette maison étrangère et glaciale?

Le silence de Bernard m'épuise.

Au début du séjour, un très bel homme, au regard vif et orgueilleux, était venu à plusieurs reprises nous rendre impromptu une courte visite. Ce Breton grand seigneur, rentrant d'une virée plus au nord, allait chez lui, dans le golfe du Morbihan, en faisant étape au *Manoir*. Nous nous connaissions depuis Paris, où il réside la moitié de l'année. Il arrivait sur sa grosse cylindrée, tout de cuir vêtu, casqué, et je ne l'entendais pas approcher, car il avait pratiquement coupé les gaz en passant par la cour de la ferme, pour ne pas effrayer les animaux.

Cette douceur, de la part de quelqu'un qui, il y a quelques années, avait traversé l'Atlantique à la rame me touchait profondément. (Quand j'appris à Mme Le Guillec qui était le délicat motocycliste, son glorieux compatriote, d'abord elle ne voulut pas me croire...) Il s'asseyait à la grande table et, pendant que je lui confectionnais une omelette, buvait du vin du pays en nous racontant qu'il revenait d'Afrique, où il avait aidé à s'organiser une expédition bizarre, qui s'apprêtait à descendre un fleuve sur des bateaux gonflables.

Je l'écoutais d'une oreille, car j'en avais un peu assez, pour mon compte, de ces expéditions « viriles » qui font trembler les femmes restées à la maison.

Soudain, ce fut le drame. Les membres de l'expédition disparurent dans des rapides! La France entière s'émut, des recherches furent entreprises, et notre ami le motocycliste prit l'avion du jour au lendemain pour se rendre sur place, y participer, car il connaissait mieux que n'importe qui les ressources des bateaux utilisés et leurs capacités de résistance.

Quand il revint, quinze jours plus tard, il hochait tristement la tête. Il m'avait dit auparavant, en mangeant de fort bon appétit le poisson de la nuit : « J'ai peur de la mer et j'ai peur de l'eau, mais j'aime être dessus. C'est pour ça que j'aime les bateaux et que je leur accorde tellement d'attention et d'importance. J'ai mis des années à rêver puis à construire celui sur lequel je me suis embarqué pour ma traversée en solitaire... »

Mais je crois qu'à cet instant il n'aimait même plus les bateaux!

Ce drame de l'été devint aussi le mien.

C'est là-dessus que le Député Conseiller Général m'annonça par téléphone son arrivée : il était non loin, dans un petit hôtel breton, et pouvait se trouver chez moi dans une couple d'heures, si j'étais d'accord. C'est avec empressement que je l'en prie! La cordialité de son ton de bonimenteur – qu'il doit à sa fonction, où le discours public est quotidien – a sur mes nerfs à vif l'effet d'une potion calmante, placebo peut-être, efficace quand même.

Moi qui ne m'ennuie jamais, surtout quand je suis seule, j'ai terriblement besoin d'être « distraite », non de moi mais de mon angoisse, qui devient monstrueuse depuis la disparition, maintenant confirmée, des navigateurs du fleuve africain.

Le Député Conseiller Général m'a tout l'air taillé pour ça!

Mais lui aussi avait ses problèmes et, sous des apparences d'amabilité, c'est à mort que nous allons nous entrechoquer.

A PEINE ai-je aperçu la Mercedes, conduite par cet encore bel homme aux cheveux blancs, se garant en douceur le long des hortensias, que je comprends que mon devoir d'hôtesse est de lui dédier le meilleur de mon attention et de mes compliments. Pourtant, elle est de série, comme le sont aujourd'hui la plupart de nos véhicules.

Que sont devenus les bijoux d'antan? La petite Salmson, au cannage jaune pâle sur fond bordeaux, spécialement carrossée pour Maryse Hilz et que mon père avait acquise d'occasion, presque neuve, après la mort tragique de l'aviatrice? (Réquisitionnée pendant la guerre par les FFI, puis envolée, m'a-t-il dit...) Et la Peugeot beige rosé de ma mère? Un modèle rare qui ressemblait à une tête de chien?

N'empêche que la décapotable vert métallisé du Député Conseiller Général, avec sa garniture de cuir gris pâle, son tableau de bord en bois, a bonne allure.

Bonhomme tourne autour, ayant déjà compris que sa carrosserie n'est pas pour ses pattes!

« Je suis content d'être là, me dit le DCG, élégant dans son petit costume de coton bleu marine et se frottant les mains de froid et de plaisir. C'est que j'aime la Bretagne!

« – Alors venez visiter la maison, elle est typique! »

Cette longue bâtisse, de deux âges différents, est entièrement en granit. On nous dit maintenant que le granit est cancérigène, car radioactif... J'aime cette pierre, humide quand le baromètre est à la baisse, sèche et bleutée par beau temps. Je la sens vivante – c'est vrai, elle « émet » – d'un rayonnement venu de la préhistoire et que rien n'émousse.

La demeure, tournée vers le midi, a cette posture arc-boutée des constructions destinées à braver les intempéries. A l'intérieur, un plancher neuf et des revêtements de bois lui donnent l'aspect d'un navire. Tout le monde a du sang marin, en Bretagne, même ceux qui n'ont jamais mis les pieds sur la mer. Les plantes aussi, ajoncs, chênes-lièges, ont l'air tourmenté et robuste de qui, nuit et jour, rêve du large...

Le bon Député Conseiller Général – je le voyais ainsi à l'époque –, sa trousse de toilette à la main, s'installe, avec ce qui m'apparaît comme un ronronnement, dans la meilleure chambre, fleurie par mes soins d'un bouquet récolté dans les champs. Il m'annonce que, pour son compte, il a horreur de la navigation et des bateaux. Mais qu'il adore la mer, vue d'une terrasse ou d'une fenêtre haut située.

S'il pouvait disposer, dans un coin comme ici, d'une table à écrire, il rédigerait aussitôt un livre, il le sent, il en est convaincu. Ce qui lui a manqué jusqu'à présent, c'est le lieu et le temps. Quelle chance j'ai de pouvoir disposer des deux!

Je sais, d'expérience, que ceux qui écrivent ne pourront jamais faire comprendre à ceux qui n'écrivent pas que la table et le temps n'y sont pas pour grand-chose! Seule compte la détermination.

Implacable.

On est en famille, entre amis, et on sait déjà qu'on

a largué les amarres... L'entourage ne le voit pas encore, mais va finir par s'en apercevoir. Alors ce sera le rejet, l'exil. Ou pire.

Tous les écrivains ont redouté ce moment où leur « anomalie », pour ne pas dire leur monstruosité, va se révéler et les rendre inacceptables.

Pour en retarder le moment, face à cet homme qui me traite avec une bonhomie familiale, je joue le rôle de la maîtresse de maison qui connaît son affaire. Lui prépare le meilleur des savoureux aliments du cru, homards, pommes sautées, beurre demi-sel. Lui propose virées et excursions dans les plus beaux coins, visite des parcs à huîtres, montée au calvaire.

Ah, ce calvaire! Une seule pierre grisâtre aux bras levés, d'une taille en apparence maladroite, en fait sublime... « C'est très beau, me dit-il avec componction. C'est ici que j'aimerais avoir une maison, près du banc là-bas où se repose le vieux grand-père, face à la mer! Tiens, ça n'est pas un livre que j'écrirais, c'est un chef-d'œuvre! »

Il ne fait pas trop vilain, pour la première fois de ce mois d'août, et ce peu de jours, où je suis quand même sur des œufs, se passent en douceur.

Ignace, revenu de Paris, se tire très honorablement de son rôle de troisième, achète le whisky, m'aide à l'épluchage, discute Mercedes comme je ne saurais le faire.

Mais, au petit déjeuner, Ignace dort et le DCG m'entreprend. Il me cause « métier », le sien, grandes et lourdes affaires départementales et d'Etat, passe aux confidences sur quelques-uns de ses tourments privés. Banals, on s'en doute. Qui n'a les siens? Et tous se ressemblent!

Puis m'attaque à nouveau : « Comment faites-vous pour écrire? »

Je veux m'imaginer qu'il cherche des encouragements, sinon je l'enverrais braire! C'est peut-être vrai, me dis-je, que cet homme approchant du retour d'âge a envie de tout plaquer pour s'engager dans la quête têtue qui vous mène forcément là où l'on ne voulait pas aller?...

« Nous avons tous une musique en nous-mêmes, lui dis-je. Ecrire n'est rien d'autre que se mettre à l'écoute de cette mélodie intérieure et la transcrire. C'est cela la tâche de l'écrivain : laisser faire, ne rien empêcher! Car, la plupart du temps, nous bloquons et l'écriture n'a pas lieu...

– Cela demande beaucoup de travail? » me dit-il l'œil clair et quémandeur.

En moi-même, j'essaie de m'imaginer quel genre de « musique » traverse, à ses heures, le Député Conseiller Général.

« Aucun... L'effort, je vous l'ai dit, c'est de se mettre en condition. D'écarter de soi tout ce qui fait barrière... »

C'est exprès que je ne prononce pas les mots « censure », « préjugés », « personnalité »... Pourtant, il faut arriver à s'oublier. Et à ce moment-là, sur des pattes de colombe...

Mais si je parlais pour de bon de ce que Georges Bataille a nommé « l'expérience intérieure » à cet homme qui déguste son café noir en y trempant ses croissants, son gros œil bleu fixé sur ma personne, il penserait que je fais « du genre »... La plupart d'entre nous tiennent à ce qu'écrire soit une construction minutieuse, du genre Meccano... (Cela leur donne le sentiment que, s'ils s'y collent, ils finiront par y arriver...) Ou alors le patient enluminage d'une miniature, un travail de réduction du monde que l'on a sous les yeux : on garde un œil sur le réel, l'autre sur la page blanche, et on copie... Les mots, parmi lesquels on fait son choix, vous défilent dans la tête comme sur un prompteur... S'il en manque un, on cherche dans le dictionnaire...

Jamais je n'ouvre un dictionnaire, lorsque j'écris!

Mais j'entends la musique, et, si elle est absente, je me lève, sans insister.

« J'en aurais des choses à dire, moi! s'exclame le DCG après mon petit discours, en confiturant ses tartines. Si vous saviez tout ce qu'on peut voir en politique! »

Je ne doute pas un instant que ce soit « romanesque »!

« Et vous, ma chère, qu'écrivez-vous en ce moment? »

Je ne peux me retenir de lui parler de ma pièce. En atténuant quand même la violence du sujet et en en diminuant la portée. En somme, en minimisant mon œuvre. Comme si je la sentais en danger.

C'est moi qui le suis.

Car le Député Conseiller Général – il n'en conviendra jamais –, en écoutant ce qui frémit d'assurance en moi, et malgré moi, quand je parle écriture, en conçut, j'en suis désormais convaincue, une fureur sans bornes.

Pourquoi cette femme, pas même capable de faire des enfants, possédait-elle un privilège qui lui était refusé à lui, le bel homme, le personnage important? En somme, qu'est-ce qui prend à l'Esprit de souffler n'importe où et n'importe comment?

L'aurais-je calmé – m'épargnant ainsi bien des ennuis par la suite – si j'avais révélé ma « misère »? C'est par pudeur qu'on cache le prix à payer pour faire de soi un écrivain... Et si j'ai su d'emblée leur parler, aux plus grands rencontrés dans mon métier de journaliste, c'est que je la savais déjà, cette misère. Rien qu'à les lire, je l'avais devinée. Et ils ont compris tout de suite, en recevant mes vingt ans, que je connaissais l'existence, sous la gloire, du délabrement, de la solitude, et des « guenilles »... en somme du « fumier ».

Mais le Député Conseiller Général, habitué aux honneurs que confère la réussite politique, n'entrevoyait qu'académie, prix littéraires, palmes et dorures... Tout ce qu'ont ignoré, de Céline à Malcolm Lowry, de Flaubert à Fitzgerald, et Proust, ceux qui nous enchantent.

La littérature, c'est comme la drogue : chacun pense qu'il saura en obtenir le nirvâna tout en se préservant de l'enfer...

Le Député Conseiller Général a quitté *le Manoir* convaincu qu'à la première « récré » que lui accorderait le pouvoir il allait l'écrire, son bouquin! Il avait bien noté la recette, et surtout s'était dit : « Si elle peut, je peux! »

Moi, je l'ai trouvé plutôt touchant. Dans toute « demande » pour devenir autre chose que soi-même, il y a l'embryon du seul vrai désir : celui de tout laisser derrière soi pour partir, à pied, vers la Parole...

Ah, je précise qu'il n'y a rien eu de sentimental entre le DCG et moi au cours de son séjour breton. Rien non plus de trouble ni de sexuel. Mais un courant est passé... Peut-être parce qu'il m'a montré, quelques instants, à quel point il était démuni – en dépit de ses accointances en haut lieu – face à l'essentiel.

Une fois évanoui le doux bruit du moteur surpuissant de la Mercedes, je suis revenue à celui, beaucoup moins attrayant, de ma machine à écrire.

Quelques heures plus tard, dans son jean délavé et son chandail en cashmere rouge vif, porté sur une chemise blanche – un vrai drapeau –, Ignace est descendu. Record : il était midi!

« Alors, il est parti?

– Oui.

– Ça ne s'est pas trop mal passé, non?

– Grâce à vous, Ignace, vous m'avez bien aidée... Mais je suis contente de me retrouver seule avec vous! Au fond, on ne s'entend pas si mal, vous et moi? »

Ni sourire, ni reponse.

« Si seulement j'avais des nouvelles de Bernard! »

Mais Ignace n'est pas quelqu'un qui donne de l'espoir ou du réconfort.

« Tenez, je crois qu'il reste du café de ce matin, je vais vous le faire réchauffer. »

C'est toujours pareil : quand on ne reçoit pas, on donne!

Pourquoi ai-je tant de mal à évoquer cette scène qui n'a laissé que quelques cicatrices corporelles alors que j'ai pu raconter l'irréparable? La mort de Sylvie, celle de Vava, celle de Viviane et celle du bébé? Pourquoi revivre par la pensée ces quelques secondes d'atrocité dans la cour de la ferme suffit-il pour que tout en moi, à nouveau, s'épouvante?

Comme si ces images en cachaient d'autres, dont je reste sans connaissance.

Est-ce à ce moment précis que Bernard a couché pour la première fois avec ma remplaçante? Lui disant : « C'est promis, je vais l'abandonner pour toi »? Ou qu'il s'est mis à penser : « Mais, au fond, je ne l'aime plus! »

Ou serait-ce autre chose? (Bernard m'avait dit une fois : « Il ne faut pas raconter ça à Ignace! Il ne comprendrait pas, il aurait peur... » Moi aussi je n'ai pas dû tout savoir!)

Tout semble pourtant bien paisible, en cette fin d'après-midi d'août, au *Manoir*. Un oblique rayon du soleil couchant est même parvenu à percer les nuages, et je propose à Ignace une petite promenade comme il les aime, à pas lents et pas trop longue. Nous nous dirigeons vers la rivière, c'est-à-dire le bras de mer. Bonhomme gambade devant nous, mais je le surveille : il y a peu de jours, il a commis un haut fait qui l'a rendu tout fier, moi moins!

Pénétrant dans l'enclos ceint de barbelés électrifiés où paît le gros troupeau de vaches blondes et bicolores – une trentaine de têtes à peu près –, il a tant aboyé à leurs jarrets que l'une d'elles, paniquée, a défoncé la barrière de bois et que toutes les autres, à sa suite, sont rentrées au triple galop à l'étable... On se serait cru dans un western, la horde des bêtes à cornes, meuglantes, excitées, dans un nuage de poussière, prête à tout piétiner sur son passage! Mais à leurs trousses, au lieu de cowboys à cheval, un très petit quadrupède noir et blanc, ivre de puissance canine...

Ayant constaté qu'il n'y a pas eu de dommage causé, ni au blé mûr, qu'elles ont heureusement contourné, ni aux bêtes elles-mêmes, Mme Le Guillec a vite interrompu le flot de mes excuses. Mais je me suis promis que l'incident ne recommencerait plus, et Bonhomme est interdit de course aux vaches...

Tandis que le chien nage et patauge à la recherche de quelque bois flottant ou, si par bonheur il en trouvait, d'un rat musqué, nous contemplons les métamorphoses de la lumière.

Au loin, quelques îlots, puis, brumeuse et dorée, l'autre rive. Les mouettes volent bas. Peu de bruit. Une vache qui meugle. Le cri d'un paysan rameutant son troupeau.

C'est la paix, et dès que c'est la paix, on parle.

Du silence de Bernard.

Ne m'appelait-il pas trois fois par jour d'Amérique du Sud? La Chine n'est pas tellement plus loin... Ignace, cette fois, me rassure : « L'attente téléphonique doit être très longue, le pays est encore sous-équipé... »

Tout en l'écoutant, je me rassasie du calme de la nature, car j'en manque.

Sur le chemin du retour, l'importante question du dîner est abordée.

« Et si on se faisait des œufs à la coque?

– Bonne idée, mais on n'en a pas!

– Allons en demander à Mme Le Guillec. »

La cultivatrice est devant son étable, avec sa fille, à veiller à la traite qui, une fois démarrée, se fait seule. Cela laisse du temps pour causer.

Le chien va et vient librement dans la cour de la ferme, humant les odeurs délectables. Mine de rien, Bonhomme fait un peu le « beau » en trottant sous le nez de Sésame, qui se déplace avec difficulté.

Soudain, j'entends le bruit d'une agitation sourde et je me retourne : les deux bêtes se roulent dans la poussière, le gros sur le petit. Je crois à un jeu, mais vite je comprends qu'il s'agit d'une attaque, et féroce.

La jeune fille, sachant qu'il aime « rapporter », a envoyé un caillou à Bonhomme. Sésame a-t-il cru que sa jeune maîtresse offrait à l'intrus quelque bon morceau? Ou s'est-il dit : « Ça y est! On le renvoie! Depuis le temps que j'attendais ça! La chasse est ouverte! Je peux y aller... »? Toujours est-il que, se déplaçant au plus vite de ses moyens, le vieux chien s'est jeté sur un Bonhomme hors de ses gardes et l'a saisi à la gorge.

Le fox tente de se défendre, mais Sésame, plus lourd, mauvais, a l'avantage. Je me précipite pour intervenir. Bernard m'a donné des conseils pour, éventuellement, faire lâcher prise à un assaillant : « Tire sur la queue. » Je tire sur la queue. « Tords les couilles. » Je tords les couilles. Sésame est si transporté de fureur qu'il ne sent rien. Alors je prends Bonhomme dans mes bras, pour le soulever. Sésame le lâche un instant, c'est pour mieux planter ses crocs dans la patte de Bonhomme, qui geint et s'agite pour mordre en retour, affolé. Je vois ses yeux saillir, rougir, comme s'ils allaient lui sauter hors de la tête.

Soudain, je m'aperçois que, dans ses efforts aveugles et désespérés pour saisir quelque morceau de Sésame, c'est ma main qu'il mord! J'entends encore ma voix douce, comme désincarnée : « Mais, Bonhomme, c'est moi que tu mords! »

La pauvre bête me lâche aussitôt.

Peut-être est-ce cette bonté, dans un tel moment, qui m'a fait si mal. Ou alors mon impuissance. Nous sommes si maladroits avec ceux que nous aimons le plus! Si dépourvus de bons réflexes. N'est-ce pas ce que j'ai été avec Bernard, tout au long de cet amour? Le « soulevant » quand j'aurais peut-être dû le laisser à terre... Ne me méfiant pas assez des « méchants chiens »... En somme sans intuition... Sourde, aveugle, manquant de « voyance »... Inexcusable à mes propres yeux!

A bout de respiration, Sésame finit par ouvrir la gueule. J'en profite pour me reculer, mon chien dans les bras, tout éclaboussée de son sang. Je ne connais pas encore l'ampleur de ses blessures, mais j'ai peur. Très peur.

« Venez, me dit Ignace, rentrons à la maison. »

Bonhomme tremble de tout son corps quand je le dépose sur une table, et un peu de force me revient pour examiner ses plaies. La plus grave, c'est celle de la cuisse.

« Il faut aller chez un vétérinaire », dit Ignace.

Par chance, j'en connais un, contacté pour une griffure que Bonhomme s'était faite à la cornée en coursant un lapin dans un roncier. Il est presque huit heures du soir quand je téléphone chez lui. On me dit qu'il est en tournée, mais que je peux venir. A son retour, prévenu, il m'attendra.

J'enveloppe Bonhomme dans un de mes châles, tandis qu'Ignace, qui a conservé son sang-froid, me verse et se verse un peu de cognac. Puis il nous installe toutes les deux, la bête et moi, à l'arrière de sa voiture. Démarre. Pendant ces vingt kilomètres nous n'échangeons pas un mot. Le sang du chien continue à couler sur moi.

En pensée, je revis la scène. J'aurais dû... il aurait fallu... Tout ça pour des œufs! Enfin, l'éternel discours qu'on remâche malgré soi après un accident, dans l'espoir vain de remonter le temps à la recherche du mauvais aiguillage, où l'on voudrait pouvoir se resituer pour tout faire tourner autrement...

Dire qu'au lieu de vivre ce carnage nous pourrions être tranquillement à table, Ignace et moi, avec Bonhomme allant de l'un à l'autre pour quémander quelque miette! Moi le grondant : « Tu es trop gourmand! Arrête! Tu sais bien que ton maître n'aime pas ces façons de mendier... »

Au fond de la voiture d'Ignace, la langue de la « victime » me lèche doucement, comme pour me dire qu'il sait que je souffre moi aussi, même si c'est lui qui a pris le « coup » dans son petit corps.

Le cabinet du vétérinaire est à la périphérie d'une petite ville voisine, en bordure de route. Nous garons la voiture dans une avant-cour pour attendre le retour du praticien, dont le cabinet est fermé. Je m'aperçois alors que mon sang se mêle à celui du chien : j'ai plusieurs morsures entre les doigts.

Je sors du véhicule et je vais sonner à la porte de la maison d'à côté. Je vois l'œil effaré de ceux qui m'ouvrent se poser sur mon corsage ensanglanté, et j'explique ce qui vient de se passer. En attendant le retour de leur voisin, le vétérinaire, est-ce que je peux me laver les mains chez eux?

Tandis que je fais longuement couler le robinet de l'évier sur mes plaies, un groupe d'enfants de cinq à douze ans s'agglutine autour de moi.

Je sens qu'ils ont besoin d'explications et je leur dis comment ces deux chiens, qui semblaient s'admettre, ont brusquement cherché à s'entre-tuer. Sans doute pour des questions de jalousie.

Les enfants m'écoutent attentivement. Ils savent sûrement de quoi je parle. Lequel d'entre eux n'a pas eu envie de supprimer un rival? Et voilà que ça vient d'arriver, entre chiens... Ils m'accompagnent jusqu'à la voiture pour contempler la pauvre victime. Souhaitant et ne souhaitant pas la voir morte. Ainsi sont les enfants. Soucieux d'expérience.

Le jeune vétérinaire vient d'arriver. Il boite et m'accueille en souriant : « Excusez-moi d'avoir tardé, mais je viens de recevoir un coup de pied d'une vache...

— Vous vous êtes mis derrière elle?

— Mais non! Seulement les vaches ruent aussi de côté... Elles ont le genou ainsi fait qu'elles " bottent " en tout sens! Celle-là avait l'air si tranquille que je ne me suis pas méfié. J'espère que je n'ai rien de cassé... Voyons ce qui vous amène. »

Sautillant et un peu pâle, il me précède dans son cabinet. Je dépose Bonhomme, inerte, sur la table de consultation. Le médecin examine sa cuisse. C'est grave.

« Il faut désinfecter. Et recoudre. Je vais l'anesthésier.

— Non.

— Comment ça, non? »

Je lui raconte comment j'ai perdu une chatte. Je la tenais entre mes mains pour la piqûre anesthésiante, et j'ai senti son cœur s'arrêter sous mes doigts... Je me revois me cognant la tête contre le mur du cabinet médical, le mur de l'impuissance et de la mort... Je suis incapable de revivre ça.

« Ecoutez, je ne peux pas recoudre cette blessure sans anesthésie. Je m'y refuse. L'animal souffrirait trop.

— S'il lui arrive quelque chose, vous n'aurez plus qu'à me piquer, moi! »

Alors, avec une grande douceur, oublieux du besoin qu'il a de se soigner lui-même, ce jeune homme m'explique les progrès qu'on a faits en anesthésiants. En plus, il usera, me dit-il, d'une dose très faible.

Ce soin qu'il prend de mon mal me fait consentir.

Mais, cette fois, je n'ai pas l'énergie de tenir moi-même le patient. C'est Ignace qui s'en charge, tandis que je vais m'asseoir dehors, à même le gravillon de la cour, les jambes repliées entre mes bras.

Brusquement, je ressens quelque chose que je n'avais jamais éprouvé de ma vie : le sentiment que pour moi c'est la fin!

Oui, tout ce qui me fait vivre et me pousse en avant s'arrête net. Je suis réellement « à terre », incapable d'aborder la minute suivante. Ne le désirant plus. La lumière sur ma vie s'est éteinte.

Ténèbres.

« C'est fini, tout s'est très bien passé! » me dit soudain la voix d'Ignace dans mon dos.

Je dois m'accrocher à lui pour me relever et retourner auprès du chien. Il dort, geint un peu, les yeux entrouverts, la langue pendant sur le côté, mais je sais qu'il entend comme tous ceux qui sont dans le coma ou l'inconscience. Ma main posée sur lui, je lui affirme que bientôt il courra comme avant.

Le vétérinaire en est moins sûr. Les dommages sont importants et il ne sait pas si certains nerfs et tendons ne sont pas irrémédiablement touchés. Il faut attendre et voir, dans les jours à venir, comment il se ressert de sa patte.

Je remonte dans la voiture, le chien emmailloté dans mon châle. Il bat des paupières. Je m'aperçois que l'un de ses yeux, celui déjà griffé, a presque doublé de volume. Pendant la bataille, le sang lui est monté si fort à la tête, sous l'effet de la peur et de la douleur, que l'œil est entré en hypertension. Ce qu'on nomme un « glaucome ».

Arrivée à la maison, je l'installe sur mon lit. Il tremble, se réveille peu à peu. Un gros pansement immobilise une partie de son arrière-train. Dire que, quelques heures plus tôt, il galopait comme un fou... Dire qu'un instant avant que Bernard me dise : « C'est pas marrant », je croyais, moi, vivre l'amour fou...

C'est ce à quoi je ne me fais pas, si j'arrive peu à peu à me faire à tout le reste, au ravage de l'innocence! On croit tenir un petit bonheur bien simple, comme tout ce qui est vrai... et puis un coup de vent l'emporte.

Le lendemain, il pleut. Je descends l'escalier, mon chien dans les bras, et je le dépose devant la maison, pour qu'il urine. Mais il ne veut pas. Ce chien, jusque-là si courageux, est terrorisé... De son œil gonflé par le glaucome il jette des regards éperdus vers la ferme qu'on aperçoit entre les arbres... L'aboiement lointain de Sésame le fait tressauter... Moi aussi... Sur trois pattes, il regagne vite le premier étage et mon lit.

Le vétérinaire, qui nous attend à son cabinet, lui prend sa température, refait des antibiotiques, ne se prononce pas : la patte est enflée jusqu'aux griffes.

Le lendemain, le chien n'a toujours pas voulu uriner et je m'inquiète. Le vétérinaire, auquel je téléphone, se révèle une nouvelle fois intuitif : « Emmenez-le dans un lieu où il y a des odeurs d'autres chiens... Si ça ne suffit pas, venez, il ne doit pas rester comme ça... »

Ignace nous conduit dans sa belle voiture au cuir beige clair, sans se soucier des salissures comme il ne s'est pas soucié du sang le jour de l'accident. Nous allons jusqu'au premier village. Je dépose précautionneusement le chien sur la grand-place, contre l'église. Le voilà qui se met à flairer à droite et à gauche, tandis qu'Ignace surveille s'il ne vient pas de congénères. Soudain, Bonhomme lève comme il peut la patte malade et, d'un long jet, arrose l'édifice divin! Il lui faut répéter dix fois la cérémonie pour se soulager entièrement.

La vie ordinaire a repris, et que demande-t-on à la vie, même quand on s'en plaint, sinon d'être tout à fait ordinaire? Qu'il en faut des drames pour vous l'apprendre!

Quelques jours plus tard, le pansement défait, nous constatons que la blessure cicatrise bien. Mais le chien ne pose sa patte à terre qu'avec difficulté, il préfère la garder repliée sous lui. Sur trois pattes, il fait l'acrobate avec, me semble-t-il, un rien d'humour!

Seulement je ne veux plus qu'il entre en contact avec son ennemi, et puisque Sésame est en liberté, Bonhomme ne l'est plus. Je le garde au bout d'une chaîne, fixée à un piquet que je plante en terre, devant la maison. Et je ne le quitte plus. Je lis, dessine près de lui. Quand je rentre, il rentre. Dès qu'il recommence à marcher, je me taille un gourdin et nous partons en promenade, loin de la ferme.

En revenant de l'un de ces tours, j'entends sonner le téléphone et tout de suite je me dis : « C'est Bernard! Enfin! » Ignace, présent, a répondu. Tandis que j'attends mon tour de parole, toutes sortes de mots se pressent dans ma tête : « Où es-tu?... Quand reviens-tu?... Bonhomme s'est fait mordre par Sésame, il va mieux mais j'ai eu si peur!... Tu me manques!... Je t'aime!... Es-tu content?... »

Quand Ignace me passe l'appareil, je trouve la voix de mon amant bien froide. Il me raconte qu'il revient du désert de Gobi et que retrouver Pékin, ses touristes et la civilisation lui a paru détestable...

Il a tant aimé être, cette fois encore, le seul Blanc dans des lieux où l'on n'a pas l'habitude de voir du monde. En somme, goûter un privilège... Et transgresser un interdit : « Aucun étranger n'a le droit d'aller là-bas, j'étais le premier!...

— Quand rentres-tu?

— Mais je n'en sais rien!

— La location d'août se termine, mais je peux m'arranger avec les propriétaires pour empiéter sur septembre... Je vais t'attendre. Jusqu'à quand?

— Ne pose pas de questions idiotes, je ne sais pas, moi!

— Alors que dois-je faire? Veux-tu que je rentre à Paris?

— Mais ça n'est pas mon problème! Faites ce que vous voudrez... »

Le téléphone raccroché, je reste sur ma chaise, les mains entre les genoux. Pourquoi Bernard a-t-il dit : « Faites ce que *vous* voudrez »? Ce n'est pas avec Ignace ni avec Bonhomme que je fais couple, c'est avec lui! Si je me trouve ici avec eux, c'est pour lui, à cause de lui...

Je trouve quelque chose de malotru à sa remarque.

Ignace, consulté, sort pour une fois de sa réserve et tente d'atténuer... On se comprend mal quand on est aussi loin, séparés par l'espace mais aussi par le temps : nous ne sommes pas sur les mêmes fuseaux horaires, Bernard et moi...

Mais rien ne m'apaise. Je sens bien que si ce coup de téléphone tant attendu m'a fait du mal au lieu de me faire du bien, c'est que Bernard l'a voulu ainsi.

C'est sans regret, cette fois, que je me prépare à quitter *le Manoir*. Ce séjour m'a trop coûté.

Les dernières heures avant la mise en route, une intense activité s'empare de moi. Ranger, emballer, nettoyer, classer les objets, les papiers, donner les dernières instructions à Mme Roizic, la femme de ménage, poster d'ultimes cartes postales – « Bien pensé à vous sous la pluie bretonne! » –, vérifier que je laisse tout « dans l'état où je l'ai trouvé », comme il est recommandé aux locataires consciencieux.

En fait, c'est moi qui ne suis plus dans l'état où je suis arrivée. Au lieu de me détendre, je me suis crispée, « crampée », mal remise de l'effroi que m'a causé Bonhomme, et je reste sur le qui-vive, sans savoir encore d'où va venir le danger.

Bernard, toujours aussi désinvolte avec les objets, m'a dit : « Laisse donc tout ça ici, les transats, le linge, les ustensiles ménagers... », ajoutant – légèreté? hypocrisie? – « pour l'année prochaine »... Or, je m'escrime au contraire à tout faire entrer à l'arrière du break.

Devant ce chargement hétéroclite et encombrant, Ignace lève les sourcils avec mépris. Tout ce qui fait peuple, « ringard » ou « beauf » a droit à son dédain. Dans son élégante voiture noire, perpétuellement astiquée, il n'admet que quelques valises de prix à son chiffre. Il les dissimule dans le coffre pour ne rien laisser sur les banquettes qu'un journal et une paire de gants disposés avec soin.

Aucun auto-stoppeur n'aura pour autant ses faveurs! Ce « vide » lui appartient, et il le chérit tel quel!

Quand tout est prêt de mon côté – Mme Roizic ne cesse de me ramener ci ou ça –, j'entre dans sa chambre voir où en est Ignace. Je le trouve sur son lit, bras ballants, dans son costume trois pièces gris foncé.

« Enfin, Ignace, que vous prend-il à déjà vous habiller en Parisien? Vous avez six cents kilomètres à faire, et en plus c'est le week-end!

– Mon costume se froisse moins sur moi que dans la valise...

– C'est une raison, quoique votre confort me paraisse plus important que celui de votre costume... Mais la cravate... les boutons de manchette... les chaussures à lacets... On dirait que vous allez à un conseil d'administration! »

J'imagine déjà le fou rire de Bernard quand je lui raconterai le retour de vacances d'Ignace!

« Par habitude. »

Chez Ignace, l'habitude est la pire des maîtresses et je ne saurais lutter contre. Je le considère avec perplexité : jambes serrées, mains pendantes, il reste assis au bord de son lit, sans remuer ni même fumer.

« Qu'est-ce qui ne va pas?

– Je crains de partir d'ici.

– Vous n'y avez pas été si heureux... Souvenez-vous de votre arrivée!

– Je vais mieux maintenant et j'ai le sentiment que Paris va être l'horreur... »

Il a raison, mais je me sens dans le mouvement du retour et je le secoue :

« Voyons, Ignace, pensez à votre bel appartement tout neuf qui vous attend! Et puis, à Paris, je suis là... même si nous n'habitons plus ensemble... Et Bernard qui va rentrer de Chine!

– Je suis impatient de revoir Bernard, murmure-t-il comme pour lui-même.

– Et moi donc!... Ces derniers jours sans nouvelles m'ont paru interminables... Il me semble qu'une fois à Paris je serai quand même plus près de lui! La Chine sera toujours aussi loin, mais c'est ainsi... »

Une hâte me prend :

« Allez, Ignace, partons! Tenez, nous allons nous suivre, vous voulez bien?

– Non, je préfère rouler à mon rythme. »

J'avais oublié la propension d'Ignace à me dire « non »!

« Comme vous voudrez... Mais nous pouvons peut-être nous retrouver à *l'Orée*... C'est sur la route... Je veux y déposer les chaises longues et les ustensiles de ménage... »

Son œil clignote, soudain réveillé par le sarcasme.

« Pourquoi ramenez-vous ce fatras? Vous devriez tout jeter!

– Je m'attache aux objets, moi, vous le savez bien! Et puis tout racheter chaque fois qu'on part en vacances est dispendieux... »

Il me considère de ses gros yeux qui ont l'air de soupeser les objets d'un côté, l'argent de l'autre. S'il ne dépense pas facilement, mon cher ami est prêt, pour ne pas faire d'effort physique, à payer n'importe quel prix! Et il trouve ridicule le mal que je me donne depuis ce matin pour rassembler mon bien. Nous vivons sur deux planètes différentes. Avec une différence essentielle : je peux comprendre cet homme fragile et délicat, tandis qu'Ignace me regarde comme une incongruité. Il est choqué par ma façon de « patauger », flac, flac, dans la vie alors qu'il s'escrime à marcher délicatement sur son

bord, par crainte des éclaboussures... Malgré moi
– « Tu n'y peux rien, t'as des lolos », m'a dit
Germaine –, je continue à tenter de le materner :

« J'ai envie de coucher à *l'Orée*. C'est une bonne
étape avant la vraie rentrée de lundi... Restez avec
moi! J'emporte du fromage, du pain et du jambon, il
y aura bien quelques légumes dans le potager...

– Bien, me dit-il, faisons ça. »

Il faut vraiment qu'il aille mal pour me dire enfin
« oui », et je ne lui laisse pas le temps de changer
d'avis : « Je pars la première, ne tardez pas
trop! »

Si je me souviens avec autant de précision de
cette scène, c'est qu'elle a été notre dernier instant
d'accord, j'allais dire d'amitié : plus jamais, par la
suite, Ignace ne va me dire « oui »...

J'embrasse Mme Roizic, qui me dit : « A l'année
prochaine... », je monte dans la voiture, roule doucement dans la cour de la ferme pour ne pas
effrayer les animaux, et stoppe une fois le coin
tourné.

J'ai décidé de ne pas arrêter la voiture devant la
maison de Mme Le Guillec pour éviter que Sésame
et Bonhomme ne s'injurient à travers les vitres. Je
ne supporte plus les querelles. Ni la haine animale.

Je sors de la voiture, que je ferme à clef pour plus
de sûreté. Bonhomme est dressé sur ses pattes
arrière comme une vipère sur sa queue, guettant
l'arrivée de « l'ennemi », tandis que je retourne sur
mes pas à la recherche de la cultivatrice.

Elle est sur le seuil de sa porte et me regarde
venir, l'œil vif.

« Je croyais que vous partiez sans me dire au
revoir!

– Vous plaisantez, Mme Le Guillec! C'est à cause
de Sésame et Bonhomme que je me suis garée plus
loin...

« – Ah oui, c'est vrai!... Quelle histoire!... Vous n'avez pas eu de chance, cet été!... Ce vilain temps... Et tous ces accidents... Et puis vous étiez bien seule...

– L'été n'a pas été trop bon pour vous non plus... Vos récoltes...

– Ah! là, là... L'humidité a été terrible! Il va y en avoir, de la perte... Déjà le grain pourrit!

– Allez, ce sera meilleur l'année prochaine, vous allez voir! »

Elle rit, avec l'optimisme de ceux qui savent, de dure et longue expérience, qu'après la pluie le beau temps... Moi aussi je le sais, avec toutes ces générations de paysans derrière moi, qui m'ont légué leur dur désir de survivre.

On s'embrasse.

« Bon retour et à l'année prochaine! »

Je ne réponds pas, car je ne « sens » pas l'année prochaine. Sans doute est-ce pour cela que j'emporte jusqu'à la dernière petite cuillère... Comme pour dire à la grosse maison de granit : tu m'as mal protégée et je ne veux plus te voir, toi et tes hortensias trompeurs!

Sésame s'approche d'un air coupable et boitillant. Je n'ai plus voulu l'appeler ni le toucher depuis l'attaque, car je ne tenais pas à ce qu'il vienne rôder autour de moi et de la maison. Maintenant, je m'agenouille près de la vieille bête et je lui parle, une main sur sa tête.

« Tu as fait une grosse bêtise et tu le sais... C'est dommage que tu aies si méchamment mordu Bonhomme, parce que je t'aimais bien... Tu es un bon chien, au fond! »

La tête un peu baissée, Sésame me lèche. Je sens qu'il est content qu'on soit réconciliés, ça lui pesait, à lui aussi. Et comme il m'aime, il a compris que je pars. Lui seul sait que c'est pour toujours.

APRÈS avoir régulièrement roulé sur l'autoroute de Nantes, je la quitte pour emprunter les petites routes qui conduisent à *l'Orée*. A un carrefour que je connais bien, un épouvantable accident interrompt la circulation et l'oblige à dévier. Je dois revenir sur mes pas, obliquer...

L'arrivée à *l'Orée* me soulage. Comme prévu, la maison n'a pas progressé pendant l'été, mais toutes les fleurs, cosmos, roses d'Inde, débordent dans un enchevêtrement romantique qui me plaît follement.

Je décharge avec allégresse ce que j'ai embarqué si péniblement le matin même, tandis que Bonhomme, enfin débarrassé de son piquet et de sa laisse, court en tout sens!

Il finit par m'entraîner faire le tour du petit bois, brève promenade que nous avons surnommée le « tour de cochon ». (En laissant croire à Bonhomme que l'on part pour une vaste randonnée, puis en revenant à la maison par un raccourci, nous lui jouons un tour de cochon...)

Je mets à cuire les légumes, que j'arrache du jardin, pour faire un potage. J'épluche mes pommes de terre. Je lave mes salades. Je suis enfin chez moi et non plus chez les autres.

Une heure plus tard, Ignace est là. Je le revois se

dirigeant vers moi dans son costume de ville, l'air si
« monsieur », derrière ses Ray-Ban, qu'un instant je
ne le reconnais pas! Ce n'est plus mon compagnon
de vacances.

Nous dînons dans la cuisine, la porte grande
ouverte sur le jardin. Un beau mois de septembre se
prépare.

« Ignace, voulez-vous dormir ici?

– Non, je préfère rentrer à Paris. Sortir mes
valises, ranger mes affaires dans mes armoires... »

Ignace, c'est vrai, déteste l'improvisation. Et il
n'est tranquille que chaque chose à sa place. « L'ordre est une arrivée, le désordre est un départ... » La
phrase de Léon-Paul Fargue me trotte dans la tête
tandis que je dis au revoir à Ignace, que je sens
pressé d'être chez lui. Me quitter ne lui fait rien.

Dans le désordre du chantier de ma petite maison, mais aussi de ma vie – quand donc va rentrer
Bernard? –, j'éprouve une sorte de bonheur et je
m'endors du sommeil paisible de qui a fait sa tâche
et ne craint rien du Seigneur.

Mais les voies du Seigneur sont impénétrables.

Bernard, cette nuit-là, est avec une autre
femme.

Le lendemain, j'ai hâte d'être à Paris où, d'une
façon ou d'une autre, j'aurai des nouvelles de Bernard. Après un dernier « tour de cochon », Bonhomme grimpe sans grand plaisir dans la voiture,
son petit corps encore affaibli par l'accident.

A Paris, je dois à nouveau me coltiner valises,
vêtements, paniers, livres, machine à écrire... Puis je
range la voiture au parking, accompagnée par Bonhomme qui reprend du poil de la bête à flairer les
odeurs citadines.

Mon premier geste a été de téléphoner à l'Entreprise. Ont-ils reçu un télex? Non. Toutefois, le
bureau, aussi impatient que moi de voir revenir
Bernard, s'est renseigné : le premier avion Pékin-

Paris arrive dans deux jours. Bernard sera sûrement dedans.

Cela donne le temps d'aller chez le coiffeur, ranger l'appartement, mettre des fleurs... Et puis Bernard doit bien se douter que je suis de retour à Paris, il va m'appeler...

Les valises ouvertes à même le sol, je fais couler un bain. Au moment où je vais y entrer, le concierge ouvre la porte de la cuisine et m'appelle avec excitation : « Madame! Madame! Monsieur Bernard arrive, je viens de le voir. Il est sur le trottoir! »

Impossible, le concierge doit se tromper! Bernard ne serait pas revenu sans me prévenir! Mais un bruit familier dans la serrure, l'aboi vif et joyeux de Bonhomme me convainquent : c'est bien lui!

J'ai juste le temps de me rajuster et, pieds nus, le souffle coupé, je me précipite dans ses bras, prête, pour la première fois de ma vie, à m'évanouir.

Bernard me retient et je vois à son regard qu'il est surpris par ma soudaine faiblesse.

« Quelle surprise tu me fais! lui dis-je, étonnée moi-même de mon état, j'ai cru m'évanouir.

– Je n'aurais pas aimé ça! répond-il en me repoussant dès que je tiens sur mes jambes.

– C'est la joie!... Tu m'aurais ranimée... Je suis si heureuse de te voir... »

Mais pas plus que ma faiblesse mon contentement ne lui convient, je le sens. Il a pourtant l'air heureux, lui aussi.

« J'ai trouvé un filon formidable! Mes affaires de Chine vont marcher magnifiquement! »

Cette fois-ci il revient triomphant!

– Tu vas tout me raconter... Mais comment es-tu revenu? On ne t'attendait que dans deux jours.

– J'ai pris une ligne anglaise qui fait Pékin-Londres. Comme j'étais crevé, j'ai passé la nuit dans un hôtel à l'aéroport de Londres. Dès que j'ai eu

assez dormi, j'ai pris le premier avion en partance...
Londres-Paris, c'est la navette... »

Pas un instant je ne soupçonne le mensonge. Il a
l'air si « clair », et le retrouver sans avoir eu
l'anxiété de le savoir en vol est un soulagement.

« C'est Ignace qui va être content! Il était si
déprimé de rentrer à Paris! Tiens, si tu veux, je
l'appelle... »

L'absence de Bernard nous a tant pesé à l'un
comme à l'autre!

« Devinez qui est là! » dis-je en passant le
combiné à mon amant.

Les deux amis échangent quelques mots, tandis
que j'achève de me vêtir tout en me repaissant de la
vue des bagages de Bernard mêlés aux miens.
L'horrible été est fini. Nous sommes à nouveau
réunis.

« Viens, me dit Bernard, qui a raccroché, on va
vite manger quelque chose, après j'irai au bureau.

— Déjà?

— Si tu savais tout ce que j'ai à faire! »

Je me convaincs que sa hâte est parfaitement
justifiée : il a planté un clou, il veut achever de
l'enfoncer!

Je ne sais pas encore de quel clou il s'agit.

A table, je tente de lui raconter la fin de mon été.
La visite impromptue du Député Conseiller Général, le séjour de ses amis, Gabriel, Jean-Paul, le mal
que j'ai eu à tenir Bonhomme au piquet, après son
accident, la pluie, et mon plaisir de la veille à
retrouver notre petite maison si bien fleurie...

Je fais aussi allusion à la souffrance que m'a
causée son absence, et j'ajoute : « Dès que tu auras
mis tes affaires en ordre, on partira n'importe où,
tous les deux, mais seuls... et au soleil! J'en ai autant
besoin que toi!

— Il n'en est pas question, me dit-il, j'ai trop à
faire et je ne suis pas fatigué.

« – Et le décalage horaire que tu supportes si mal?

– Ça va très bien. »

Il a eu le temps de s'en remettre!

Le café avalé, nous retournons à l'appartement, où Bernard ouvre ses bagages pour en tirer les petits souvenirs rapportés de Chine.

« Il n'y a rien dans les magasins, tu ne peux pas savoir comme ils sont pauvres...

– Mon cadeau c'est toi! »

Sans me répondre, il tire de son sac quelques objets insolites. Des masques en papier mâché d'une expression diabolique assez particulière. Et une casquette à la Mao. « Regarde comme elle est emballée! On dirait un sandwich! » Une feuille de papier carré par en dessous, une autre identique par-dessus, qui ne se rejoignent pas. Un unique tour de ficelle tient le tout ensemble.

« C'est pour Ignace! La casquette de commissaire du Parti! J'ai eu du mal à en trouver une, on m'a emmené dans le magasin réservé où on les vend.

– Ignace va adorer ton cadeau! Surtout l'emballage... »

Puis Bernard me met dans les mains toutes sortes de petits objets qu'on ne trouve pas dans nos merceries, d'où leur charme... Animaux de bois découpés main, dragons en plastique, éventails de papier doré... « Fais-en ce que tu veux!... Donne-les!... Ah, ça, c'est pour toi! »

Deux pochettes semblables, une grande et une petite, sur lesquelles se tortille un dragon vert! Cela fait « ordinaire », mais vient de Chine et donc ne l'est pas. Et puis je sais qu'en les achetant Bernard a pensé à moi. « Cela me plaît infiniment », dis-je en m'approchant de lui pour le remercier. Il me repousse du bras.

D'Argentine, il m'avait rapporté un portefeuille en lézard fin que je ne quittais pas... « Ce qu'ils ont de mieux là-bas, m'avait-il dit en me le mettant tendrement entre les mains, ce sont leurs cuirs! Et puis la viande! Ah! les steaks argentins! Comme ça! » Et il m'avait décrit ces ranches immenses où maisonnée, piscines, chevaux, parcs de voitures et de jets privés, tout est colossal... Il avait été invité dans celui d'un des hommes les plus riches du pays... Il avait une fille. (Déjà, les héritières!...)

De son premier voyage en Chine Bernard m'a ramené des cadeaux d'un peu plus de prix que les pochettes en rayonne. Un chandail en lainage noir rebrodé de jais qu'il mit tant de temps à choisir, d'après l'un de ses compagnons de voyage, qu'il faillit rater l'avion du retour! Cette fois, il n'a pas fait de vraies courses. Que m'importe, il est là!

Tandis qu'il part pour le bureau, où il compte passer l'après-midi, je défais ses valises et les miennes. Comme à *l'Orée*, je suis heureuse de me retrouver vraiment chez moi!

Le soir, Bernard, sans m'avoir prévenue, ramène Ignace pour que nous allions dîner à trois au restaurant.

Au moment de sortir, je prends ma nouvelle pochette, en guise de sac, et y glisse mes clefs. Tout le temps du repas, Bernard, en verve, raconte. Ses découvertes, ses étonnements, ses succès, les difficultés de sa « percée », les personnes importantes qu'il a fini par rencontrer, le temps perdu dans les hôtels, les réunions, les conférences, à ne rien faire qu'à être présent... « C'est là où les Chinois sont imbattables, dans l'attente! »

Moi, j'en ai assez! J'ai envie de me retrouver seule avec lui, chez nous. « Tu n'as pas sommeil? Tu ne commences pas à sentir les effets du jet-lag? »

Il s'impatiente : « Je t'ai déjà dit que je me suis reposé à Londres. »

Depuis combien de temps était-il à Londres? (Ou ailleurs?) Enfin, nous rentrons à la maison.

Dès l'entrée de l'immeuble, j'ouvre ma pochette chinoise, qui signifie « J'ai pensé à toi », pour en tirer les clefs. J'entends un léger tintement, auquel je ne m'arrête pas, puisque j'ai les clefs en main. Mais je vois Bernard se baisser rapidement pour ramasser quelque chose sur le carrelage.

Une fois chez nous, il me le tend.

« Tiens, c'est pour toi, la bague que je t'ai rapportée!

– Comment ça? D'où la sors-tu?

– Elle était dans la pochette... » (Il rit un peu gauchement.)

« Je l'avais complètement oubliée, et elle vient de tomber... Je l'ai retrouvée! »

La bague a dû glisser à terre quand j'ai ouvert la pochette pour y prendre les clefs, ce qui lui a rafraîchi la mémoire...

C'est une bague de jade vert, assez belle comme tout ce qui est en jade, que je passe aussitôt à l'annulaire de ma main droite, sans songer à m'offusquer de la façon dont il me l'offre. (A ma main gauche, j'ai la bague aux trois ors de nos « fiançailles ».) Elle me va parfaitement.

Je remercie Bernard avec effusion. Je n'ai pas idée de la valeur de l'objet. Cela n'est sûrement pas un bijou de prix, mais peu importe, c'est une bague, et une bague, pour une femme, c'est le plus précieux des symboles : un anneau!

Dès cet instant, je ne quitte plus la bague. Je la porte tous les jours, la couve du regard, la dépose près de moi pour dormir, la reprends dès mon réveil. C'est la bague au doigt que je commets ma tentative de suicide.

A l'hôpital non plus je ne la quitte pas. La rupture avec mon amant a lieu que je m'y accroche toujours, désespérément... De retour chez moi, quand je tremble encore sans arrêt sous le coup du choc nerveux, je ne quitte plus du tout ma bague. Même au lit.

Puisque Bernard m'a acheté un anneau quand il était en Chine, c'est donc qu'il pensait à moi, m'aimait encore, et s'il m'aimait encore il y a quinze jours, c'est que mon amant m'aime toujours! Cela ne disparaît pas comme ça, l'amour, comme un objet qu'on perd... D'ailleurs, je n'ai pas perdu la bague!

Ah! cette bague.

Après l'injonction incongrue du Député Conseiller Général : « Partez immédiatement de chez Nunu! Emportez vos affaires! » j'ai eu envie de m'en aller. Non pour lui obéir – je n'avais plus peur de rien, je l'ai dit –, mais parce qu'un lieu où je ne suis plus souhaitée ne peut que me déplaire.

Je revois l'empressement avec lequel le cercle de famille m'avait fêtée, le jour du rachat de la petite maison! J'étais l'héroïne de la journée! En sortant de chez le notaire, de retour à *l'Orée*, Sylvie et Vava nous attendaient. On a débouché le champagne en mon honneur! Baisers, remerciements, souhaits de bonheur, yeux pétillants...

A quelques encablures de l'ingratitude!

Il faut l'avoir vécu soi-même, sinon on ne le croit pas!

Pour retirer mes effets personnels et une partie des enjolivements dont j'avais cru bon de gratifier la maison de Nunu, Ignace me prête deux déménageurs de l'entreprise qu'il a précipitamment mis à mon service, sans doute pour faire plaisir à Bernard. Conscients de mon extrême faiblesse, ces gens simples feignent, par compassion, d'ignorer les larmes qui coulent sans arrêt sur mes joues.

Brusquement, d'un geste non prémédité, j'ôte de mon doigt la bague de jade... Je la contemple une dernière fois. Elle est tout ce qu'il me reste de l'amour de Bernard, son dernier cadeau...

Echappant à la vigilance des déménageurs, je cours la cacher dans un endroit connu de moi seule. J'ai tant pratiqué ces deux maisons que j'en possède les moindres recoins. Là où j'ai déposé la bague, nul n'ira la découvrir!

Avant de la lâcher, je la serre fortement dans ma main gauche, et je lui dis : « Bague, tu es la bague de la trahison! Tant que je ne reviendrai pas te reprendre, tant que je ne te dirai pas : " Arrête ", il n'y aura plus, pour eux, que des échecs, du déchirement et du malheur! Je reviendrai t'ôter ton pouvoir, mais seulement s'ils font amende honorable! »

Plus le temps passe, et plus la bague de jade rayonne. Peu à peu, c'est toute la maison, blessée et vengeresse, qui, invisiblement et sans qu'ils s'en doutent, devient une maison de jade!

Dans la quiétude du cabinet du psychanalyste, je me dis que l'ensevelissement de la bague de jade a été mon premier « non » depuis que je connais Bernard. Mon premier geste de révolte à l'égard de cette famille et de ce qu'elle a tenté de m'infliger. Jusque-là, je m'étais laissé faire, dans l'étonnement sans bornes des bêtes de boucherie qui ne comprennent pas pourquoi, après les avoir tant cajolées, si bien nourries, on les conduit soudain à l'abattoir!

« C'est exact, me dit l'analyste, vous étiez la femme à abattre...

— Mais pourquoi, Georges, pourquoi?

— Vous avez incarné la mort!

— Après avoir incarné la vie? »

Je revois encore Bernard rentrant de son premier jour de haute responsabilité à l'Entreprise et se jetant dans mes bras : « Mimi, merci, c'est grâce à toi! C'est merveilleux!... Enfin je vis la vie que j'ai toujours voulu vivre... »

« Justement, c'était trop fort... Vous les poussiez en avant et ils n'ont pas pu le supporter... Il fallait que ça se renverse...

— Au point de vouloir ma mort?

— Oui. »

Il ajoute, d'une voix presque silencieuse : « Ils se

sont défendus contre vous comme si vous étiez la mort... »

Enfin quelqu'un l'a dit!

« Je tremble jusque dans mes os », lit-on dans le Livre de Job.

J'ai si longtemps tremblé de tout mon corps.

L'épais linceul qui venait de m'ensevelir pesait de tout son poids et je « vivais » ma mort de l'intérieur du tombeau.

Est-ce pour cela que je n'ai plus eu peur de rien?

Je me souviens de ces rêves si terrifiants que je ne voulais plus m'endormir. Je tombais indéfiniment dans le vide abyssal. Sans aucun être humain autour de moi. Plus d'humanité. Terminé. Rien que des particules de matière informe, défilant à ma droite et à ma gauche à une vitesse croissante... J'étais en accélération dans le néant...

Mes cris me réveillaient!

Bonhomme, qui avait alors décidé de coucher sur mon lit, lui qui n'aime pas ça, trop jaloux de son indépendance (mais rien ne l'aurait décidé à ne pas veiller sur moi), sursautait, se dressant sur ses pattes pour me regarder.

Je sanglotais, m'accrochais à lui, posais ma tête, mon front, ma joue sur son petit corps vigoureux. Murmurais son nom... Lui demandais pardon de l'effrayer ainsi... Mais je ne pouvais pas faire autrement...

« Et Bernard? » me demande ex abrupto Germaine, un soir où je suis allée dîner chez elle à pied. (Elle habite un quartier de Paris presque à l'opposé du mien, mais, à l'époque, j'avais besoin de beaucoup marcher pour me préparer à l'épreuve qui consistait à tenter de dormir.) « Il est marié?

– Non.

– Il l'a eu, cet enfant?

– Non.

– Alors, il s'est fait escroquer », conclut-elle, souveraine et pythonisse.

C'est à Bertrand, le voyant, que j'ose enfin parler
de la bague de jade et de la cérémonie de son
ensevelissement, simulacre de ce qu'on a voulu me
faire...

« Savez-vous que le jade porte malheur? me
demande calmement Bertrand.

– Mais la Chine en est pleine!

– Uniquement aux Européens... Le jade est malé-
fique pour nous! Pas pour eux... »

Quelle intuition a poussé Bernard à m'offrir cet
anneau au moment même où il cherche à se débarrasser de moi et nourrit à mon égard des pensées
de meurtre?

Et quelle autre, le jour du déménagement, m'a
inspiré de retourner le maléfice contre eux, dans un
effet boomerang?

A l'un de nos tout derniers échanges au téléphone
– pourquoi m'appelait-il? –, un peu embêtée, tout de
même, de jouer les sorcières, je lui en touche un
mot :

« Tu te rappelles, la bague de jade que tu m'as
rapportée de Chine?...

– Non... Ah, si... Et alors?

– Tu m'avais dit que tu n'avais pas eu le temps de
me chercher un plus beau cadeau... Est-ce que ça
n'était pas que tu avais gardé tout ton argent pour
lui en faire un, à elle?

– C'est bien possible! » me dit Bernard avec un
rire de gorge. Puis, pour faire bon poids de canail-
lerie, il me lance : « Je te conseille, désormais, de
prendre des hommes plus âgés que toi! » Est-il,
pour son compte, passé aux béjaunes?

« C'est impossible! Tu ne peux pas faire des enfants sur une trahison!... Ils ne seront pas heureux!

– Ah! Ah! La malédiction!... Tu ne me fais pas peur avec ta malédiction! »

J'avais seulement voulu articuler une évidence, qu'il aurait dû comprendre seul... N'avait-il pas rédigé les *Enseignements* de Germaine?... En travaillant sur notre roman commun, *François et Nicolas*, il suffisait qu'il commence une phrase pour que je la termine... Ou l'inverse... Cette proximité n'avait donc aucun sens?... Je n'arrivais pas à le croire...

A propos du verbe « croire », qui me vient si souvent, je lis dans saint François de Sales une réflexion qui m'éclaire. La croyance, dit-il, n'est pas passive. Elle est au contraire action, énergie. Pour « croire », on ne cesse de rejeter tout ce qui ne va pas dans le sens de notre croyance, et on ne retient que ce qui la conforte! D'où tous les fanatismes.

D'où mon aveuglement?

« Tu ne t'étais aperçue de rien? me répète Bernard à l'un de ses tout derniers coups de fil.

– Moi? Non! De quoi aurais-je dû m'apercevoir? »

Plus cela devenait lourd, plus je fermais les yeux pour mieux bander mes muscles, comme les gymnastes qui se concentrent avant de soulever les poids.

Trois jours avant la fin, j'ai dû pourtant dresser l'oreille, puisque je me souviens de l'incident. Bonhomme, sur le rebord de la fenêtre, aboyait comme à son habitude contre tous les passants. « Ce chien m'énerve! » jette soudain Bernard, dents serrées. Le démonstratif m'a surprise. Ça n'était plus « mon » chien, ni même Bonhomme, c'était ce chien... Je suis passée outre... Alors qu'il signifiait, ni plus ni moins, que je n'étais plus « sa » femme et que je l'excédais!

Dans les tout derniers jours, je confie à Rolande : « Je ne comprends plus Bernard... Il se tient complètement à distance de moi, depuis son retour de Chine...

– Tu ne crois pas qu'il y a une autre femme? »

Etrangement, je ne repousse pas tout de suite l'hypothèse, mais j'interroge les signes. Les dernières déclarations de Bernard... Son comportement... Les hommes, dit-on, mentent mal...

Puis je conclus : « Non, c'est impossible!

– Tu as raison! c'est impossible », confirme mon amie, qui le connaît bien elle aussi.

Pourtant il y avait une autre femme.

Mais peut-être avais-je raison quand même et n'était-ce pas ça qui comptait. « Tu n'as pas de rivale, me dira plus tard Gérard. Ta seule rivale, c'est la Chine! »

La Chine, mangeuse d'hommes.

Bernard m'a raconté : là-bas, les femmes n'existent pas. Ou si peu : uniquement en tant que mères, filles, sœurs, nièces, épouses... Celles que Bernard a rencontrées dans un rôle de pouvoir le détenaient – m'a-t-il dit – comme représentantes d'un homme de leur famille, quelque haut dignitaire qui les déléguait en son nom...

Je m'aperçois maintenant que, depuis sa première nuit en dortoir, Bernard a adoré ce monde qu'il a trouvé viril, alors qu'il n'est que « macho », comme tous les univers où l'on ne reconnaît pas leur place aux femmes.

Mais Bernard – l'avalé familial – a sans doute cru qu'il tenait enfin sa revanche contre les femmes « bouffeuses » d'hommes de sa famille !

Et aussi contre moi.

C'est à l'aube, sur les trottoirs mouillés, que je mâche et remâche ce passé. Cherchant, j'imagine, à le digérer.

Un matin, je remarque la température de l'air, inhabituelle pour un jour de décembre... On dirait l'été en hiver! Dans cette semi-canicule, les arbres, dépourvus de leur feuillage, paraissent encore plus nus. Et plus beau leur graphisme.

Comme le visage de ma mère, née en décembre.

Il arrive à la vieillesse de n'être que sérénité, quand survient le grand âge. C'est son cas. Plus son temps avance et moins Maman s'inquiète du paysage parfois terrifiant de la vie contemporaine. En voiture, son beau visage calme et ridé sous un turban ou une toque de fourrure juste à la hauteur du pare-brise, elle s'exclame sur un seul petit morceau du décor urbain qui conserve sa beauté. Un arbre. Un coin de verdure. Un balcon ornementé. Une jolie femme... Le reste, Maman ne le voit pas, à ce qu'il semble. En tout cas, feint de l'ignorer. Comme l'hiver, ce matin, feint d'ignorer que le calendrier exige glace et verglas.

Notre amour, en prenant de l'âge, connut aussi des heures d'une infinie douceur.

Réveillée bien avant mon compagnon, mon premier geste était de courir aux fenêtres. Cela vient-il de ce que j'ai si longtemps vécu seule? Mon rythme vital prime, et j'ai dû apprendre à tenir compte du sien. Ce grand sportif est peu ami des petits matins. C'est avec une certaine précaution, la porte refermée sur la chambre où mon amant reste blotti sous l'édredon, que je cours ouvrir les lourds volets de bois. Il faut tirer sur une corde. Au début, je n'y parviens pas. Puis mes muscles se font et j'ai le sentiment, en manipulant ces cordages, de hisser la grand-voile de notre esquif.

Puis nous déjeunons. Que de paroles se sont échangées de part et d'autre de cette petite table, devant les tasses, la toile cirée!

La télévision est installée au pied de notre lit. Le soir, Bernard s'empare de la télécommande, saute d'une chaîne à l'autre : notre façon de voyager. Nous aimons les mêmes visages, nous agaçons des mêmes tics chez les présentateurs. Cette communauté de réactions, entre gens qui s'aiment, est banale. En fait, quand on sursaute ensemble de joie ou de déplaisir devant un même spectacle, c'est encore une manière de s'aimer. Il en est tant.

Celle, pour moi, qui a consisté à attendre.

J'ai attendu Bernard des heures, parfois des nuits entières, dans ce rez-de-chaussée dont je devais, à la nuit tombante, et fût-il cinq heures de l'après-midi, clore tous les volets. A la première lampe allumée, chacun voyait chez nous comme il voulait!

Dans la minuscule cuisine, face à la télévision qui donne « Des chiffres et des lettres », à peler poireaux, navets, carottes, pommes de terre, sans oublier l'oignon, l'ail, l'ajout d'herbes venues du jardin et, au dernier instant, de sel marin, clou de girofle (quelle tendresse dans son regard quand il trouve le potage à son goût, la compote tiède), j'éprouve un bonheur inconnu.

Au moindre échec, il fait appel à moi. Nous en

parlions en dînant, puis longtemps encore dans le lit. Je suis devenue la femme d'un homme!

Deux nuits avant la rupture, je me rappelle lui avoir longuement démonté le mécanisme de ce qu'il croyait une irrattrapable erreur : il avait donné à ses associés deux versions différentes de la même histoire... Il ne s'agit pas d'un échec, lui disais-je, mais d'un détour. Dans la conquête du succès, la ligne droite n'existe pas. La force des grands, c'est d'aussitôt faire marche arrière pour réattaquer ailleurs, autrement, sans jamais camper sur leurs défaites. Qu'ils rayent, c'est bien connu, de leurs biographies officielles...

Bercé par ces contes de nourrice, Bernard finit par s'endormir. Exigeant toutefois que je le caresse jusqu'au fond de son sommeil.

Le lendemain, il avait retrouvé toute son énergie et sa confiance en lui-même. Et je m'applaudissais de lui avoir redonné du courage, convaincue que j'étais en train de « faire » un homme, moi qui n'ai pas pu avoir d'enfant.

Je me trompais. Aucune femme ne fait un homme. Ils se font tout seuls. Ou pas du tout.

Mais j'ai « fait » l'amour... Ce mythe qu'un homme et une femme peuvent se fondre en un seul être est devenu vérité quotidienne, dans cette chambre biscornue et cette petite cuisine où l'on ne se tient pas à deux, sauf si l'on s'aime.

J'ai goûté l'extrême de l'union amoureuse... Ces gestes animaux pour se gratter l'entrejambe, porter ses doigts à ses narines, comme s'il était nécessaire à la bête que nous sommes d'explorer ses suints, ses humeurs, ses excrétions, pour escalader les cimes de l'être qui pense, et qui prie.

Je me suis dilatée au point d'englober toute la création. C'est vrai, tout fut moi! Et de ce paradis j'ai nourri mon espoir, une fois réintégré ce corps dont j'accepte maintenant qu'il mûrisse, se dessèche, puis pourrisse.

Qu'est-ce que l'amour, sinon ce qui résiste à tout, mort comprise?

Avant de nous coucher, le rite était de promener une dernière fois Bonhomme. Il nous le rappelait, si nous avions envie de l'oublier – les jours d'averse, par exemple! –, en s'allongeant queue contre la porte d'entrée, tête entre ses pattes tendues, surveillant nos gestes de l'œil rond et mobile qu'il tient de sa race.

L'un de nous, conscient de cette garde, finissait toujours par dire : « Allez, on y va! » Bonhomme se dressait d'un bond, « secouait » sa peau, et se retournait, nez, cette fois, contre la porte...

J'avais pris l'habitude de laisser une serviette-éponge dans notre petite entrée carrelée pour lui essuyer soigneusement les quatre pattes au retour. Au début, surpris par ce rite, Bonhomme finit par s'y plier, comme à tout ce qui venait de nous.

Les derniers temps, devant l'immense fatigue de Bernard, l'accablement dû aux soucis – il en a plus que je ne crois! – et à l'effort qu'il fournit pour n'en rien laisser transparaître à ses interlocuteurs (« les requins », dit-il), je sors Bonhomme sans lui.

C'est ainsi que je prends de plus en plus de charges sur mes épaules, convaincue qu'une fois la maison terminée, nous dedans, Bernard me le revaudra.

Et puis, l'argent va bien finir par rentrer.

« J'ai mal dormi, me confie mon amant au réveil. Dans mes insomnies, je ne pense qu'à ça, l'argent!

– Tu vas en gagner... Tu travailles tant!... Personne ne travaille autant que toi! »

Travaillait-il ou fuyait-il?

J'avais classé tous ses papiers dans des registres aux feuillets de plastique, dépliant les anciennes lettres pour qu'elles s'abîment moins, glissant les photos dans des albums, autrement les clichés jaunissent, se gondolent et s'estompent.

Je me disais avec optimisme : quand, d'une façon ou d'une autre, je disparaîtrai de la vie de Bernard, grâce à moi ses enfants sauront quelque chose de leurs origines... C'est ainsi que je laisserai une trace...

A mes derniers rangements, je tombe sur une photo de Bernard enfant, devant son arbre de Noël. Le petit garçon ouvre un paquet d'un air enthousiaste, mais je vois bien qu'il n'en a que l'air! Il joue le rôle de l'enfant surpris et ravi, comblé par des parents gâteaux, tandis que son regard reste froid et distant. A ses côtés, son père, lunettes sur le nez, affiche une expression sévère, presque irritée. Quant à Nunu, elle s'apprête à prendre une photo, son appareil flash en main.

Qui donc a pris celle que je contemple comme si elle m'était destinée?

Car moi aussi je n'ai été dans la vie de Bernard qu'un arbre de Noël jugé par lui insuffisant!

Il m'a si souvent raconté sa première existence, ses rêves, fantasmes, déceptions, amertumes... Je me suis imaginé qu'il s'était mis à accepter ses souvenirs – devenus presque les miens – grâce à la tendresse que je leur accordais.

Je me trompais.

Quelque chose en lui n'était pas encore « mûr » pour pardonner à son enfance.

Le jour se lève. Les hommes de la nuit, balayeurs, éboueurs, se sont évanouis, tirant leurs balais derrière eux.

Le tissu de ma vie est déchiré, mais comme il est difficile de renoncer à l'espérance...

Saint-John Perse le dit autrement : « En moi, j'écoute, ô mon amour, toutes choses courir à leurs fins. »

BERTRAND, le voyant, avait donc vu juste quant à l'escroquerie sentimentale et financière qui me menaçait...

Quand le souvenir de sa « voyance » m'est revenu à l'esprit – car, sur l'instant, **je** l'avais bien oubliée! –, j'en suis restée confondue... Puis j'ai téléphoné à l'amie qui m'avait fait rencontrer Bertrand pour lui demander où le joindre. Elle me donne un numéro, que j'appelle aussitôt.

D'abord, je ne reconnais pas la voix neutre et lointaine qui me répond, mais je me lance. (A l'époque, j'étais prête à me jeter dans n'importe quoi, même par la fenêtre, alors, pourquoi pas dans les bras d'un mage? Dans la rue, je parlais comme à des intimes à tous ceux que je croisais. En somme, j'étais « folle ». De douleur!)

« Monsieur, ce que vous m'avez prédit s'est entièrement réalisé!

– Ah oui..., me dit-il en homme habitué à ce genre de déclaration.

– Mais j'ai quand même été prise de court... Je ne vous avais pas cru... J'ai tenté de me suicider... J'en sors à peine... J'aimerais vous voir...

– Je vous attends demain en fin d'après-midi. »

Il faut plusieurs semaines – je l'apprendrai – pour obtenir un rendez-vous avec Bertrand, qu'on sollicite du monde entier, mais cet homme a tout de suite l'intuition de ma détresse et décommande quelqu'un. Encore incapable de conduire, je me fais mener jusqu'à sa porte par une âme charitable. L'immeuble où exerce Bertrand, situé dans une jolie rue de la proche banlieue de Paris, est si modeste qu'aussitôt la porte franchie je me sens à mon aise, loin des puissants et de leurs trompeuses « façades »! Mais ma lassitude est telle que Bonhomme doit me haler au haut des cinq étages, comme un chien de traîneau.

Bertrand m'introduit dans une petite pièce au plafond bas, où règne une semi-obscurité bienfaisante. Cet homme sait parler d'une voix douce, sans forcer ni appuyer.

« Asseyez-vous là, je vous prie. »

La table est contre un mur. Je m'installe à un bout, le voyant se place face au mur. Rien, sur la table, qu'une lampe pâle. Bonhomme s'est glissé sous ma chaise pour rester en contact avec mon pied ou ma jambe, comme s'il voulait m'assurer de son appui. Sans que j'aie rien à dire, le voyant se met à me bercer de paroles :

« C'est l'épreuve... Cela va être dur... très dur... Mais vous vous en sortirez... » (Sa voix s'est abaissée au niveau de la douce lumière que diffuse sa lampe.) « Vous êtes soutenue par des êtres invisibles...

— Ah?

— Oui, des elfes... des divinités de la nature... Je ne sais comment les appeler... Mais je les vois autour de vous...

— Cela doit être les habitants de ma forêt... »

Je songe aussi à tous ces animaux que j'ai aimés. Selon une légende hindoue, les bêtes qui furent nôtres font la chaîne, au moment de notre mort, pour nous hisser jusqu'au paradis... C'est peut-être elles qui ont appelé le Samu, jugeant que mon heure n'était pas encore venue?... Je ne cherche pas à éclaircir ce qui doit rester un mystère, mais désormais plus rien ne m'étonne du surnaturel.

Est-ce parce que j'ai évoqué en silence ces âmes animales? Bonhomme sort soudain de sous la table et veut boire. C'est très rare, quand le temps n'est pas à la canicule, que le chien ait soif au point de réclamer de l'eau hors de chez nous.

« Que veut-il? demande Bertrand intrigué par son manège.

– Boire. »

Bertrand se lève, passe dans la petite cuisine attenante, et revient avec un bol d'eau qu'il dépose très délicatement au beau milieu de la pièce, puis il s'éloigne pour ne pas effaroucher l'animal. Cet inconnu a pour Bonhomme les égards que l'on réserve d'habitude aux personnes, ce qui achève de me donner confiance en lui.

Tandis que Bonhomme boit longuement, je m'interroge : quelle « source » coule ici, qu'a perçue le chien et à laquelle il s'abreuve?

En tous les cas, ce lieu est un lieu d'énergie. Car à peine Bertrand m'a-t-il dit : « Vous êtes soutenue par des forces invisibles » que je me suis sentie capable de réaliser ce qui était, à ce moment-là, mon seul désir : retourner à *l'Orée*, pour aller dormir dans cette maison où j'avais désiré mourir.

Bertrand ne m'a presque rien dit d'autre, ce jour-là, sinon qu'il voyait arriver du « mal » pour ceux qui m'avaient autant blessée. Mais je me suis sentie plus vigoureuse, une fois sortie de chez lui, et j'ai assuré à la personne qui m'avait accompagnée et qui m'attendait qu'elle pouvait tranquillement rentrer chez elle. Je n'avais plus besoin des services d'un chauffeur. Et, pour la première fois depuis des jours, j'ai repris le volant de ma voiture, dans l'intention de me rendre à *l'Orée*, située à une soixantaine de kilomètres de là.

Je conduisais lentement et sans impatience. Toutefois, j'avais le cœur serré, et il le sera, j'imagine, jusqu'à ce que j'aie fini ce récit. Un problème me préoccupait un peu : je n'avais pas mes clefs, demeurées à l'intérieur de la maison de Nunu la nuit où l'on m'avait conduite à l'hôpital.

Moins d'une heure plus tard, j'arrêtai la voiture le long du haut grillage que j'avais fait installer pour protéger Bonhomme contre ses envies de fugue. Des lauriers le bordent d'un côté, des genêts de l'autre. Le portail, cadenassé, a plus de deux mètres de haut. J'ai pris Bonhomme dans mes bras pour lui faire franchir la clôture, du côté des genêts. Mais il restait à me hisser moi-même.

Me croira-t-on? A peine l'avais-je décidé que, sans avoir le moindre effort à faire, je me suis sentie soulevée, « lévitée »... et je me suis retrouvée de l'autre côté, sur la prairie! Jamais une telle chose ne m'était arrivée, ni ne s'est reproduite depuis.

C'est d'un pas sûr, guidée par les senteurs végétales, Bonhomme trottant autour de moi par cette nuit sans lune, que j'ai traversé le jardin en direction de la maison... le romarin... puis la menthe... le pied d'estragon... le cerfeuil... le thym... l'odeur amère des buis... enfin mes géraniums!

« Bonsoir, ont murmuré les plantes de leur voix nocturne, c'est bon de te revoir. »

Le chat, je le savais, était resté seul. Une fenêtre du rez-de-chaussée demeure, dans ce cas, légèrement entrouverte. Ce ne fut pas un problème méritant l'aide des « forces invisibles » que de l'escalader et d'aller ouvrir la porte d'entrée à Bonhomme.

Un instant plus tard, le gros matou timide était là, lui aussi, miaulant de bonheur et de détresse : « Mais pourquoi m'as-tu abandonné?

« – Mais parce que je l'étais moi-même, chat, et que plus personne, sauf moi, n'a plus pensé à toi! »

Après avoir nourri les deux bêtes – pour moi je ne mangeais toujours rien –, je me suis étendue sur ce qui fut notre couche. Et, en quelque sorte, mon lit d'« agonie ».

Les yeux ouverts, j'ai fait et refait du regard le tour de la pièce, comme pour déchiffrer ce qu'elle avait conservé de notre amour. Et de mon aveuglement...

Aux murs, mes tableaux et mes dessins, qui tout à coup me parurent dépourvus de sens et de raison d'être. Mes tapis recouvraient le plancher poussiéreux, mes objets de toilette étaient sur la tablette du lavabo, mes pulls dans les armoires... Ma « présence » était demeurée, et je n'y étais plus!

Les animaux ont-ils perçu mon désarroi? Ce soir-là, aucun d'eux n'a quitté ma chambre, où ils ont couché l'un sur mon lit, l'autre au pied. Pourtant, j'avais laissé toutes les portes de la maison ouvertes... Car je ne craignais plus rien, je l'ai dit.

C'est cette nuit-là, aussi, que ces animaux qui jusque-là s'évitaient ont commencé à vraiment bien s'entendre. Comme si, en secret, ils s'étaient partagé le « boulot » de veiller sur moi!

Je cherchais le sommeil, mais rien à faire, et j'ai fini par m'assommer avec les comprimés prescrits par le psychiatre, que j'avais toujours sur moi désormais.

Le lendemain, j'ai quitté la maison avec le chien et le chat. Une fois de retour dans mon vieil appartement, toutes mes valises gisant à même le sol dans ce décor vétuste, parmi ces ustensiles ménagers antiques, ces téléphones datant de mon mariage, à nouveau j'ai senti que je m'écroulais.

C'est alors que Germaine est accourue et, avec

l'accord de Bernard, m'a proposé de retourner à *l'Orée*, où elle prendrait soin de moi aussi longtemps qu'elle le pourrait.

Je me suis laissé faire. *L'Orée* n'était plus un « lieu de vie », je venais d'en faire l'expérience, mais Germaine!

Depuis des années, j'avais le sentiment que cette femme que certains traitaient de « mémère » détenait au contraire une vérité forte et féroce, d'où sa réputation, trahissant la crainte qu'on avait d'elle.

Pour grandir – on grandit à tout âge – j'avais besoin qu'elle m'aide à achever de me libérer de mes préjugés et de mon éducation. Seule, je n'y parviendrais pas : aucun trajet spirituel, de Thérèse d'Avila à Dante, ne s'est fait sans aide, et à chacun son « gourou »...

A travers ses livres, ses écrits, ses propos, c'était incontestablement Germaine qui me faisait le plus progresser. Parfois avec dureté, quand elle m'obligeait à renoncer aux belles et bonnes images que j'entretenais de moi-même. Mais il lui arrivait aussi de faire l'inverse et de me « renarcissiser », quand elle considérait que je m'étais trop fustigée ou laissé détruire :

« Occupe-toi un peu de la petite...

– La petite?

– Eh bien oui, toi... »

Pour tout dire, Germaine, je l'aimais. Avant même qu'elle m'ait remarquée ou distinguée de la masse de ses patients. Car si Germaine, c'est son métier, s'occupe d'aider les gens à se remettre sur le chemin de leur désir, elle ne se mêle pas de les y accompagner, sinon elle ne serait plus disponible pour les suivants.

En dépit de ces obstacles et de la distance qui nous séparait, je n'avais cessé de poursuivre mon but : devenir son intime. C'est pourquoi je n'avais pas hésité à quitter mon lieu de vacances pour venir passer vingt-quatre heures à Paris et assister à la cérémonie qui célébrait la mémoire de son mari.

C'est là, je l'ai dit, que j'ai rencontré Bernard, qui ne m'a plus quittée depuis. Dans un premier temps, j'avais attribué la soudaineté de cette passion à l'esprit du mort qui nous aurait fait une « blague »! Maintenant, je me demande si ce n'est pas le moyen – détourné – qu'a trouvé le mort pour me rapprocher non de Bernard, qui n'allait être qu'une étape, mais de Germaine, désormais sa veuve?

En tout cas, c'est depuis ce moment que Germaine a cessé d'être mon analyste pour devenir mon amie.

Le jour où elle me le prouve, en lâchant ses consultations, ses cours, ses voyages, ses séminaires, afin de me prendre en charge dans une maison qui n'est pas la sienne, est-ce parce que je suis trop épuisée de l'avoir payé si cher, mais je ne me rends pas compte que j'ai réussi et que Germaine, elle aussi, m'aime! Elle me l'a pourtant dit, et ce ne sont pas des mots qu'elle galvaude, elle en connaît trop le sens, vivifiant ou meurtrier, selon les circonstances.

Pourtant, je me sens encore tellement « ailleurs » que je ne suis pas étonnée de voir la grande thérapeute tout abandonner pour m'emmener dans sa voiture à *l'Orée* – avec la permission et même l'encouragement de Bernard et de Nunu –, où elle s'occupe de me faire des petites purées que je n'arrive pas à déglutir.

L'important, c'est qu'elle parle!

J'entends encore la voix vibrante me répéter des paroles venues de son tréfonds.

Mais que m'a-t-elle dit?

Avec le recul, ma perte de mémoire me paraît énorme, étant donné l'extraordinaire des circonstances... Une semaine durant, j'ai bénéficié d'un rare privilège, un tête-à-tête avec la star actuelle de la psychanalyse, et il ne m'en reste rien! (Mais aurais-je trouvé la force de me mettre à ce récit sans son secret « travail » sur moi?)

Voilà, me dis-je pour m'en consoler, le « grand luxe » – rien à voir avec le « gros fric » dont se grise Bernard! –, avoir eu Germaine pour moi toute seule et avoir tout oublié!

Quand même, je conserve les images. Je la revois, rapide et ronde, allant chercher du bois au bûcher pour alimenter un feu dans la cheminée, car je continuais à perpétuellement trembler sous l'effet du traumatisme. Tellement lasse que j'étais incapable de l'aider ou de faire un geste, sauf celui, très lent, de porter quelques cuillerées de purée à ma bouche.

Ma très chère amie me jetait un vif coup d'œil, par-dessus ses lunettes – quel regard pénétrant! –, puis elle me disait : « Tu ne m'en veux pas, hein? Mais moi, il faut que je mange!... »

Me demandant de l'excuser, au lieu de m' « attraper », comme aurait fait n'importe qui! C'était son cœur qui parlait, mais aussi sa clinique, car je n'étais pas, on s'en doute, sa première anorexique... Germaine savait qu'il était important de me laisser libre de ne pas me nourrir, à ce moment-là, car si je jeûnais c'est que j'avais mes raisons, même si ni elle ni moi ne les connaissions... (En fait, je trouvais mauvais tout ce qui me venait de ce monde extérieur qui m'avait trop trahie, et puis mon corps désirait se débarrasser de cette graisse qu'il avait stockée au cours de ma vie avec Bernard où, obtenant de moins en moins de satisfactions affectives, je me rattrapais sur la nourriture...)

Toutefois, quand elle prenait dans le plat un petit cœur de côtelette – elle en avait préparé deux –, Germaine ne manquait pas de me dire : « Ça ne te tente pas ? » Je hochais négativement la tête. Je me sentais encore trop « bouffée » pour avoir envie de bouffer les autres... (J'ai fini par redevenir carnivore, car la férocité revient toujours...) « Bon », me disait Germaine. Et elle ajoutait : « Ça ne fait rien. » Ce qui voulait dire : « Ne t'inquiète pas, tu ne me blesses pas en refusant la nourriture que je t'ai préparée. » Blessée, je l'étais tant qu'il n'y avait plus place, en moi, pour le plus léger scrupule... Et Germaine me l'épargnait.

La nuit, elle laissait grande ouverte la porte de sa chambre. « Tu m'appelles, hein, si tu as besoin de moi ? Parce que je dors, moi ! » Elle mangeait, dormait, travaillait, et je la regardais manger, dormir, travailler. Téléphoner aussi. Et c'était ça, sans que je m'en aperçoive et par désir d'imitation, qui, peu à peu, m'en redonnait l'envie...

Aussi, parce que c'était *bien* fait. Je veux dire avec élégance et netteté, comme tout ce que fait Germaine. (Rien à voir avec le « cafouillage » dans lequel je m'étais laissé embarquer...)

La grandeur de Germaine, c'est qu'elle n'attendait rien de moi en retour. Elle se contentait d'être là et d'exister, sachant que la vie, en moi, allait décider sans nous si j'avais un avenir.

C'est bien ce qui éloignait les autres à ce moment-là, leur peur que je ne vive pas. On m'évitait pour avoir moins à souffrir si, finalement, j'en arrivais à disparaître. Je ne les blâme pas. Je « dégageais » une douleur trop atroce. Même Germaine, un certain soir, à Paris, ne l'a plus supporté – je l'ai raconté – et s'est endormie, pour me fuir dans un lieu au-delà, ou en deçà, de la vie ordinaire. Ce qu'on nomme le sommeil...

Tout ce temps de balancement entre la vie et la mort s'est vécu dans la maison de Nunu, accolée à la mienne, et il me semble que les deux maisons ont retenu leur souffle, tout en continuant leur travail de maison, protéger, abriter du vent et de la pluie, garder le feu dans l'âtre...

Et il y avait quelque chose de simple et de grandiose dans le tête-à-tête de ces deux femmes autour d'un amour mort. L'une stérile, l'autre ayant passé sa vie à aider des enfants « esquintés », le plus souvent par leurs parents eux-mêmes. Lesquels pâtissaient encore de ce que leur avaient fait leurs propres parents...

Comment « casser » le terrible engrenage?

Germaine n'attend pas qu'un enfant ait trois ans pour le pousser à « se prendre en main ». Tant de fois elle m'a raconté certains de ces cas qui ont tout l'air de guérisons miraculeuses, tellement la volte-face du petit patient est parfois subite! L'enfant est encore porté dans les bras que Germaine, en position de consultante – elle ne s'adresse pas à ceux qui ne lui sont pas présentés –, lui parle de ses origines, pour qu'il sache que, de toute façon, il est le fruit de l'amour... Même si ses parents sont séparés ou l'ont abandonné, même si sa mère a été violée, puisqu'elle ne s'est pas fait avorter et qu'il est là... Ou alors, il est le produit de l'amour qu'il se porte à lui-même... N'est-il pas vivant? C'est qu'il y a donc, pour lui, « de quoi vivre »...

Mais il peut mourir, s'il préfère mourir.

La première fois que Germaine m'a raconté tout cela, sa belle voix vibrait avec plus d'intensité que d'habitude, et son émotion s'est communiquée à moi : « Tu sais, j'ai fini par découvrir que même les nourrissons peuvent délibérément avoir envie d'attenter à leur vie, et qu'ils y parviennent... Et quand je le leur dis, qu'ils désirent mourir, et leur explique ce qui est probablement la raison de leur désespoir, et aussi qu'il y a pour eux de l'espérance, je vois qu'ils me comprennent, même s'ils ne parlent pas encore... Une fois que je leur ai dit leur mal et leur envie de suicide, bien souvent ils y renoncent... »

Auprès de Germaine, ces jours-là, j'étais redevenue une toute petite enfant.

Quelques-unes de ses paroles ont fini par me revenir – nous étions trop intimes, je l'ai dit, pour qu'elle puisse désormais être mon analyste, et elle ne faisait que me formuler ce qu'elle ressentait dans son cœur : « C'est parce que tu as été blessée au meilleur de toi-même que tu as eu si mal et que tu as voulu mourir... » Puis elle a ajouté des mots durs, qui n'ont fait que très lentement leur chemin en moi : « Etant donné la façon dont il se conduit maintenant avec toi, dis-toi qu'en le perdant tu n'as rien perdu. »

Non, ça n'est pas avec Bernard que j'ai cherché la réponse à la question douloureuse qui aura régné sur ma vie : qu'est-ce qu'un enfant? Mais avec cette femme d'âge qui en a eu plusieurs pour son compte, et qui a dialogué avec des milliers d'autres.

Je ne peux repenser à ces jours tout à fait à part dans mon existence, jours de tombeau mais aussi de résurrection, la pluie d'automne ruisselant sur l'herbe verte et les rosiers tristes, le gravier boueux, avec le « torrent » derrière la maison que Bernard m'avait fait franchir dans ses bras, la première fois, sans ressentir à nouveau l'immense douleur de l'amour.

A propos, si je ne sais toujours pas ce qu'est un enfant, je commence à savoir à quoi il sert : un enfant, c'est ce qu'on n'a pas réussi à vivre et qu'on tente de vivre à travers quelqu'un d'autre. Comme moi à travers Bernard.

GERMAINE devait rentrer à Paris et, un lundi matin, elle me dépose devant mon ancien appartement, où Bonhomme s'empresse d'assurer la relève.

C'est alors que le Député Conseiller Général, au courant par Nunu de mon dernier séjour à *l'Orée* – Bernard était pourtant d'accord! –, prend son téléphone pour me prier de déguerpir pour cause d'« indécence »...

A sa décharge, il n'est pas le seul à me conseiller de vider les lieux! (Ah, ce goût humain, trop humain, de l'ordre qui nous rapetisse tous!) De tous côtés, on me presse de reprendre mes meubles, en somme mes billes... On parle – légèrement – d'acte chirurgical, d'amputation, et on m'assure qu'une fois bien mutilée je remonterai la pente – avec quels bras? quelles jambes? – et que, forcément, j'irai mieux...

Je devrais le penser, moi aussi, mais voilà, je ne le pense pas! Et si j'accepte quand même d'ôter une partie de mes affaires de notre rez-de-chaussée, c'est dans le désir secret de revenir encore une fois dans mon « chez-moi »!

Quel affreux moment, car c'était détruire!

Je reprenais la nappe et laissais la table... Je séparais les photos... triais les couteaux et les four-chettes... mes inox de sa vieille argenterie que

j'avais soigneusement récupérée, nettoyée, rangée...
Le pire, c'était les objets que nous avions choisis
ensemble : le paravent, la table basse que nous
étions si fiers d'avoir trouvée en solde, le tapis de
corde à nos couleurs... Et puis les livres : ce « Sartre » est à lui, mais cet autre « Sartre » est à moi...
Soudain, j'ai abrégé. J'ai dit aux déménageurs
d'Ignace (toujours prêt à fournir le transport de ce
qui blesse...) : « Ça suffit!

— Mais les deux télévisions? me dit l'un de ces
jeunes gens, à l'air vif et fureteur. Vous n'allez pas
lui laisser les deux postes?

— Si, si, ça n'a pas d'importance...

— Et le magnétoscope, il n'est pas à vous, le
magnétoscope?

— Oui, il est à moi...

— Alors on l'emporte! »

D'autorité, il l'a soigneusement emballé, tout fier
de lui, et le magnétoscope, toujours emballé, ne me
sert à rien... Qu'à me rappeler ce garçon qui voulait
mon « bien » malgré moi...

Quant au reste, incapable de poursuivre plus
avant le brisement de cette coquille que j'avais mis
le « meilleur de moi-même », comme dit Germaine,
à constituer, tel un coquillage ou un escargot la
sienne, je l'ai abandonné...

Le jour où mon jeune mari a quitté l'appartement, juste après notre divorce, une unique valise à
la main, il s'est évanoui!

Cette fois, c'était moi qui m'évanouissais de la vie
de Bernard! Le lendemain, il faisait changer les
serrures...

CETTE clef – la clef de ce qui est redevenu l'appartement du seul Bernard –, je devais la rendre. Je voulais la rendre. Et cela m'était très dur. Depuis que j'avais fait moi-même venir le serrurier pour blinder nos portes et mettre des serrures à cinq points, comme il est nécessaire quand on habite un rez-de-chaussée, la clef n'avait pas quitté mon sac, ni ma proximité. Dès le matin, je courais faire mes courses avec cette clef bien serrée dans ma main. Quand elle était à mon trousseau, pour la retrouver plus vite, je l'avais marquée d'un trait rouge de vernis à ongles. Dès que j'ouvrais mon sac, je l'apercevais.

Après la rupture, je ne l'avais pas détachée. Les autres m'étaient utiles, mais celle-là, dont je ne me servais plus, je la gardais comme un talisman. Or, je savais que je devais la rendre même si Bernard (et pour cause...) ne me le demandait pas!

Un jour, je me décide brusquement au « sacrifice ». Sans me donner le temps de changer d'avis, je saute dans ma voiture, roule à une heure creuse vers mon ancien quartier, gare la voiture sur le trottoir sans en faire descendre Bonhomme pour aller plus vite, cours vers la maison, avec, dans la main, la clef que j'ai l'intention de rendre.

Mais lorsque je passe devant ce qui fut *ma* porte,

un irrésistible besoin de voir si elle fonctionne toujours s'empare de moi. Bernard, je viens de le constater à ses volets clos, est en voyage. Vite, j'introduis la clef dans la serrure, de ce geste que j'ai fait tant de fois, et la clef n'ouvre plus!

Cela me foudroie, mais aussi me dépersonnalise.

Je ne me sens plus moi, mais l'une de ces femmes anonymes qui, sans avertissement, se retrouvent à la porte de chez elles, avec parfois un cabas ou un enfant au bras, essayant vainement de faire jouer une clef devenue inutile dans une serrure désormais trafiquée...

C'est à pas lents que je me suis dirigée vers la loge du gardien. Je n'ai pas eu le courage de frapper, d'entrer et de pleurer sur l'épaule de sa femme, comme je l'avais déjà fait le jour de mon départ. Elle pleurait, son mari pleurait, nous étions trois fontaines! Ridicule, peut-être, mais il y avait dans ce ridicule un trésor de bonté qui allait me soutenir dans les heures à venir.

Je glisse la clef dans la boîte aux lettres, où elle atterrit avec le tintement sinistre d'un cercueil qu'on descend.

Par la vitre arrière de la voiture, Bonhomme me regarde venir sans rien manifester. Il sent que je suis humiliée. En plus du malheur.

GERMAINE est retournée à son travail et puis, je l'ai dit, j'avais fini par lui faire peur. Dans ce désert il m'arrive parfois de compter ceux qui restent...

Ils ont fondu comme beurre au soleil! Nunu, bien entendu, s'est éclipsée, mais aussi le Député Conseiller Général (qui, à l'entendre, devait me rappeler...), ses enfants, toute la famille de Bernard, cousins, cousines, neveux, c'est la fuite éperdue!

Seul La Fontaine a su décrire avec le réalisme convenable la précipitation des humains à s'éloigner de celui qui chute pour rallier l'astre montant à l'horizon! Surtout s'il leur paraît briller de tous les feux de l'or!

« Il me reste Ignace! » me dis-je un matin. Lui ne peut pas subir la fascination du métal jaune, il en a bien assez!

Je me mets à rêver : il va m'emmener dîner, puisque je me sens un peu mieux... Nous irons tous deux au cinéma, vers les quatre ou six heures... Et dès que j'irai encore mieux, il demandera à Nestor de me conduire au Bois, avec Bonhomme, pour réapprendre à marcher... (J'ai fini par réapprendre, mais seule, sur les trottoirs de mon quartier, puis en allant à pied chez l'analyste, tirée par Bonhomme, chien de paralytique en l'occurrence...)

Je lui téléphone : « Allô, Ignace! C'est moi! Comment allez-vous? »

Je me dépêche de poser la question, sans doute pour m'aveugler sur le fait qu'il ne l'a pas fait.

Silence, d'abord, au bout du fil. Je le mets sur le compte de la surprise.

« Vous savez, Ignace, je vais mieux... Allô... Ignace?... Vous êtes là? »

Une voix que je ne lui connaissais pas, une voix vulgaire, exaspérée, me canonne alors la plus belle série de « non » qu'Ignace ait jamais prononcés à la suite! « Non, je ne veux plus vous voir! Non, je ne veux plus vous parler!... Je ne veux plus que vous m'appeliez... Non! Vous m'entendez! Non!... » Et il ajoute : « Bernard est mon ami d'enfance! »

Entre la femme et l'homme, Ignace choisit l'homme, comme s'il était besoin de choisir...

Croit-il tomber ainsi dans le camp de la virilité?

Quand je rapporte à mon analyste la brutale désertion d'Ignace, que je croyais mon ami, depuis l'été vécu en commun et l'épreuve partagée de l'accident de Bonhomme, Georges me parle de « sacrifice ».

Je suis abasourdie!

Alors, Georges m'explique, avec la voix calme de qui a longuement médité sur le sujet : le sacrifice, cet acte propitiatoire, est, à temps réguliers, nécessaire aux humains. Mais il exige une victime « innocente »...

« Pourquoi innocente? »

La voix se durcit jusqu'au sarcasme : « Parce qu'elle ne peut pas se défendre, pardi! Ni même se venger... »

J'ai comme un éclair : « Vous voulez dire l'Agneau de Dieu?

— C'est ça », répond Georges, content comme

chaque fois que j'arrive, plus ou moins aidée, à la vérité.

Je me tais, pour mieux digérer cette révélation apportant de la lumière sur ce « drame » qui m'est resté incompréhensible. Surtout dans la façon agressive et féroce dont la rupture m'a été signifiée. Et pas seulement par Bernard, par le groupe joint des hommes autour de lui, Ignace compris! C'est donc ce rôle de « victime innocente », d'Agneau de Dieu, sans cesse redistribué par l'Histoire aux plus faibles, que j'ai failli jouer dans leurs tristes saturnales?...

« C'est encore mieux si la victime est consentante... », m'assure, implacable, l'analyste.

Cette fois, c'en est trop!

« Hé!... Ho!..., dis-je soudain furieuse. Mais c'est que je ne le suis pas, moi, consentante!... Enfin, je ne le suis plus!... »

Car je ne peux nier que je l'ai été! Au point de chercher à me tuer moi-même, comme pour leur faciliter la tâche...

Voilà qui expliquerait la colère de Bernard quand il a vu que j'échappais, et que le sacrifice – qui sans doute lui était nécessaire pour continuer glorieusement son ascension – n'aurait pas lieu! D'où sa fureur et son dépit, qui l'ont fait se retourner contre moi sans plus cacher son jeu : « Salope, saute par la fenêtre! »

Ce n'est pourtant pas moi qui ai retenu le couteau! Je me suis au contraire empressée de tendre le cou... (Si c'est Dieu, je me dis que Bernard a grand tort, à travers moi, de Le maudire, car Dieu, Lui, n'est pas « sans défense »...)

Plus rien n'arrête mon esprit sur la voie de l'enquête. (Notre vie entière en est une.) Et je commence à comprendre quel démon s'est subitement emparé d'Ignace. Lui si souvent bouc émissaire a cru son heure venue de changer de rôle! Me voyant, moi d'habitude plus forte que lui, écrasée, piétinée, il s'est dit que, en se rangeant, pour m'achever, aux côtés de son « ami d'enfance », il allait accéder au rang de « sacrificateur »!

Ces renversements de situation sont, en effet, chose courante!

Mais ça n'a pas marché! Une puissance invisible a contré le projet. Ignace, après un moment d'euphorie, s'enfonce un peu plus tous les jours, maigrit de huit kilos, frôle la mort...

Pensera-t-on que c'est Nestor qui m'informe, si je dis à quel point le brave homme est désolé de voir son patron « faire la poule »? (C'est l'amusante image trouvée par Nestor pour désigner cette propension qu'a Ignace, les mauvais jours, à s'asseoir sur ses talons, dos contre un mur, et à y demeurer des heures de suite.) En fait, Nestor aime Ignace comme son nourrisson. On finit par s'attacher à ceux dont on essuie les caprices.

Un vilain incident me revient en mémoire. L'été dernier, trop déprimé pour conduire, Ignace a pris l'avion afin de me rejoindre en Bretagne, puis demandé à Nestor de faire seul les six cents kilomètres d'autoroute afin de lui amener sa belle voiture.

Nestor, levé à l'aube, arrive sur le coup de midi, et il est entendu que c'est moi qui dois le ramener le soir même à l'aéroport où il doit prendre l'avion du retour. En chemin, nous bavardons, Nestor et moi. Il est content. Nous avons déjeuné tous les trois dans la grande salle à manger et j'ai moi-même fait la cuisine et servi ces messieurs en interdisant à Nestor, un peu las, de m'aider.

Quand je reviens au *Manoir*, Ignace fume, bras et jambes croisés, comme il lui arrive quand il se prend pour Popeye, le mangeur d'épinards dont il a la moue. Assis dans le meilleur fauteuil, il m'accueille avec son mince et fugitif sourire. « C'est curieux! C'est la première fois que je m'attable avec mon valet de chambre! »

Il ne s'attablera plus avec moi.

Vava l'a-t-elle su que Bernard et moi étions séparés? Vava aimait notre entente et elle avait longuement insisté pour que je fasse la connaissance de ce qui lui tenait le plus à cœur, après les siens, cette maison du Midi où elle se sentait en harmonie avec le pays, la lumière, et les hôtes innombrables qu'elle y accueillait avec une incomparable élégance.

Chez elle, en effet, tout le monde avait toujours « raison » de mener sa vie à son gré... Vava se contentait de fournir l'intendance, inlassablement prête à offrir un bout de table ou un coin de divan à l'hôte inattendu ou surnuméraire.

J'avais fini par me rendre à ses instances, et à peine avions-nous débarqué chez elle que Bernard m'entraîne sur la plus haute terrasse de la maison pour me faire admirer la rade. « Regarde comme c'est beau! C'est là que j'ai appris à nager, à naviguer, à rêver de la Grèce et, d'une certaine façon, de toi que j'aimais sans le savoir, mon Gran Namou... »

Le carrelage rose me brûlait la plante des pieds – j'avais ôté mes chaussures pour mieux, là aussi, m'enraciner... –, et Bonhomme tournait autour de nous en aboyant frénétiquement : il voulait aller à la mer... Car il adore nager, comme nous tous, vieux descendants d'animalcules marins...

Mer, lieu d'origine et d'ensevelissement.

Lorsque Vava n'a plus pu parler, assise toute la journée sans rien faire sur la terrasse ombragée, elle lançait de « longs regards sur le calme des flots » et, m'a-t-on raconté, hochait douloureusement la tête en poussant un long soupir... Car elle n'avait pas perdu sa lucidité et savait qu'elle contemplait là ce qui allait devenir sa tombe...

Quand j'appris que tout était fini, j'eus envie d'aller saluer ses restes avant leur disparition dans cette mer qui s'était révélée si traîtresse. Car j'avais encore dans les yeux sa lumière étincelante au moment où Bernard me l'avait présentée en m'assurant de son amour... Un rayonnement si violent que je n'y pouvais songer sans cligner instinctivement les paupières.

Bien sûr, j'aurais pu y aller sans être invitée, comme Bernard, lorsqu'il a assisté à la dispersion des cendres du mari de Germaine. Après tout, ces cérémonies sont publiques, comme les mariages...

Quelque chose m'a retenue. Un sentiment qui n'est venu en surface, c'est-à-dire à ma conscience, que des mois plus tard... Je me suis imaginé que si cette famille s'opposait en bloc à ma venue pour ce qui devait être un moment de recueillement collectif – nous en avions tous tant besoin, pas seulement moi –, c'est qu'elle avait une raison impérative : Bernard allait probablement s'y trouver la main dans la main avec ma remplaçante et, par compassion, on voulait m'épargner ce spectacle!

C'est vrai que la vue de ce nouveau couple formé avec les vestiges du mien – Bernard n'avait pas dû innover, en matière d'amour : mêmes regards, mêmes mots, mêmes câlins! – aurait anéanti le peu de radicelles que j'avais recommencé à développer.

C'est donc moi – acceptant enfin d'avoir pitié de moi-même – qui ai jugé préférable de m'éviter la

plus triste des constatations : l'oubli des vivants...
pire que l'oubli des morts!

Or, j'avais tort! La jeune dame avait mieux à faire
qu'à aller à l'enterrement d'une personne âgée
qu'elle ne connaissait pas... Elle était dans la « vie »,
du moins ce que Bernard appelle désormais la vie,
c'est-à-dire les plaisirs et les activités que procure
l'argent.

C'est donc pour rien que Vava est partie sans
mon dernier adieu.

Que craignait-elle tant, la pauvre Nunu? Que
Bernard fonde à ma seule vue? Alors adieu les
petits-enfants tant espérés, ainsi que la riche belle-
fille juste entrevue?

Mais Nunu, là aussi, se trompait. Bernard n'aurait
certainement pas fondu en me rencontrant, sauf en
pleurs, « déluge » qui nous aurait fait le plus grand
bien à tous les deux... Il nous aurait ravivés et
nettoyés, comme un bon orage. Le mot « salutaire »
aurait même trouvé son juste emploi! Qui dit, en
effet, que nous n'aurions pas, ensuite, réglé plus vite
et mieux nos affaires? Et ce récit n'aurait pas lieu
d'être...

Puis, n'oublions pas l'essentiel : Vava m'aimait et
je l'aimais! Je l'ai bien senti, en ce jour de son
enterrement que j'ai passé seule, roulée en boule
sur mon lit... J'ai cru la voir, ombre diaphane, se
retournant une dernière fois avant de prendre son
envol, murmurant à la foule de ses familiers :
« Mais quelqu'un d'entre vous manque? »

Mélo? Non, vérité du cœur.

J'en possède une preuve étrange.

Juste avant son ultime voyage, j'avais pris à *l'Orée*
quelques photos de Vava. Oublié dans mon appareil
autofocus – qui ne rate jamais aucun cliché –, je
n'ai pas fait développer ce rouleau que tout récemment... Toutes les photos, dont celles qui représen-
tent notre dernier week-end à *l'Orée* et où je suis

374

assise à côté de Bernard regardant ailleurs, sont excellentes. Seuls quelques clichés sont flous : justement ceux où se trouve Vava!

Avec quel soin je les ai inspectés, à l'affût d'un message... Sa fatigue de grande malade est visible à l'arrondi accentué de son dos, mais son beau et large regard, toujours un peu mouillé, me fixe avec insistance à travers la « buée » du flou, comme pour me dire : « Voilà, je m'éloigne... Déjà je ne suis plus " nette "... Je vous en avertis, je pars... »

Avait-elle un pressentiment pour m'avoir laissé, par pellicule interposée, cet adieu tout personnel? Qu'on se rassure, mon exclusion de la cérémonie ne m'a pas empêchée d'être avec Vava. De quoi se nourrissent les morts, sinon de nos pensées? Peut-être sont-ils à l'origine de ce que nous nommons « visions » – comme celles que reçoit Bertrand – et nos images mentales seraient alors des espèces de « photos » que les morts nous envoient de l'au-delà...

Quoi qu'il en soit, en ce jour de chagrin qui était aussi, pour moi, un jour de jeûne, soudain j'ai *vu* le groupe des hommes de la famille! En noir ou en costume foncé – sauf l'un qui était en blanc –, ils se tenaient debout, au coude à coude, sur le bateau emportant les cendres de Vava rejoindre celles de Sylvie... Curieusement, je n'ai pas aperçu les femmes.

Mais j'ai bien reconnu Bernard. Plus crispé que les autres, il se tenait serré contre le Député Conseiller Général... Et je me suis dit que ces mâles n'avaient pas encore pris conscience de ce qui était en train de leur arriver : perdre, les unes après les autres, toutes les femmes de leur famille...

J'avais eu déjà l'intuition de cette hécatombe, juste avant la mort de Vava, et voulu en parler à Nunu. Mais au téléphone, et pendant l'agonie de sa sœur, c'était dur à dire. Je m'étais contentée de lui lancer, comme un avertissement : « Nunu, quand je vous reverrai, il faudra que je vous dise ce qui m'est venu à l'esprit, à la suite de ce que vous m'avez raconté, sur la façon dont sont mortes toutes les femmes de votre famille... »

(Dans certains cas, ce sont les hommes qui disparaissent les uns après les autres, comme à la guerre de 14...)

Mais je n'étais pas alertée, à ce moment-là, sur la notion de « sacrifice », et avant que j'aie pu aller plus loin dans ma réflexion et mon enquête, le coutelas s'est levé sur moi! Sans doute pour me faire taire... (Comme dans l'un de ces romans d'Agatha Christie où, dès que quelqu'un est trop près de découvrir le meurtrier, le voilà qui disparaît!)

A ce propos, ce n'est pas vrai – car il est désormais trop tard pour me faire taire et l'on saura tout – que le Député Conseiller Général avait une réunion politique et qu'il était parti avant les autres! Il a bien pris le même avion que le reste de la famille, au départ de Paris, et Bernard occupait le fauteuil à côté du sien.

Ma sœur, qui n'a pas les yeux ni la langue dans sa poche, n'a pas manqué d'en faire la réflexion : « Ce voyage a dû être bien commode pour leur permettre d'arranger leurs affaires ensemble! »

Sur l'instant, j'ai trouvé qu'elle était féroce, et même cynique – j'avais tellement besoin de continuer à faire confiance! Pourtant, c'est au retour de l'enterrement de Vava que le Député Conseiller Général s'est aperçu qu'il aimait ma petite maison comme si c'était la sienne! Et que ma présence sur les lieux était devenue « tout à fait indécente »...

MACHINALEMENT, j'ouvre tous les matins un journal. Un titre en troisième page me saute un jour aux yeux :

LE PÉRIPHÉRIQUE BLOQUÉ
POUR SAUVER UN CHIEN TERRIFIÉ

Je lis, de ce regard rapide et fasciné que l'on n'a que pour ce qui vous concerne au plus vif :

> « Sympathique berger allemand, encore tout fou pour ses deux ans, Vaillant a fugué pour la première fois de sa vie lorsque ses propriétaires, qui exploitent un café à Montreuil, ont voulu l'entraîner vers leur lieu de travail... »

C'est ainsi que le chien se retrouve sur le périphérique, réfugié sur le rail central. A droite et à gauche, la circulation fuse, ininterrompue. Des automobilistes l'aperçoivent et sortent de leur voiture à la première borne, pour demander à la police de venir à son secours.

> « Nous avons aperçu deux oreilles et un museau, spectacle complètement inhabituel à cet endroit »,

racontent les braves conducteurs. La police, ensuite, intervient :

> « Cinq véhicules officiels bloquent le périphérique et, en douceur, Vaillant rejoint le commissariat de la place Gambetta... Ses proprié-

taires sont vite retrouvés, ravis que l'aventure se termine bien. » (*France-Soir*, 24 mars 1986.)

A peine ai-je lu l'article jusqu'au bout que les larmes inondent mon visage. Je pleure à gros sanglots et je m'en étonne... Rien, depuis plusieurs mois, ne me fait plus pleurer! Le journal, pourtant, ne manque pas d'atrocités, de crimes, d'horreurs, d'injustices... Ma propre vie en est tissée, ces temps-ci, avec presque tous les jours une nouvelle ignominie, à tout le moins inélégance, à mon égard, de la part de ceux qui ont décidé de me proscrire. Ignace y compris. Et c'est ce tout petit fait divers, l'odyssée d'un chien perdu, qui, après des mois de raidissement, me permet de pleurer... sur moi?

Car, je l'ai bien compris, le « chien perdu », c'est moi! Et c'est toute seule – ou presque – que je travaille à me « retrouver »... Remontant ma vie, dans mes rêves, ou avec l'analyste, comme autrefois ma grand-mère, avec son crochet, les échelles dans les bas de soie de ma tante ou de ma mère... maille à maille...

C'est ma seule tâche – je n'ai toujours pas vidé mes valises, ne mange que des aliments en boîte ou surgelés –, mais elle est de tous les moments. Rares sont ceux qui viennent, une heure, une soirée, me tenir compagnie dans ce qui doit être, pour leurs oreilles, un fastidieux travail...

Ce soir-là, c'est Gérard, si attentif et généreux, tout en prenant grand soin de ne pas le laisser paraître, qui m'écoute parler, rabâcher, tenter de comprendre et me comprendre... Cela n'est pas « drôle », je le sais, car ma situation est encore trop périlleuse pour que je puisse éviter d'être perpétuellement au niveau le plus grave, sans cet humour et ce batifolage qui font le charme des conversations.

« Vous savez, Gérard, j'ai bien réfléchi...

– Oui?

– Je suis une femme, et les femmes qui ont payé pour l'être ne craignent plus les hommes...

– Que voulez-vous dire?

– Eh bien, prenez Dominique Prieur, par exemple...

– Et alors?

– Elle est en prison... Commissionnée, arrêtée, jugée et emprisonnée par des hommes. Tout ça parce qu'elle a voulu faire le garçon!... Maintenant, c'est fini, elle est " épinglée ", et vous croyez qu'elle a peur? Non. On le voit à son regard : les hommes, elle se sent désormais plus forte qu'eux... Cela la rend patiente, peut-être un tout petit peu méprisante... C'est qu'elle regrette de s'être laissée aller à jouer leur jeu... »

Il est bien évident que je parle de moi, par personne interposée. Gérard s'en rend-il compte? Je poursuis d'une haleine, une main cramponnée à ce verre de bordeaux léger et parfumé que je ne bois pas, mais dont la robe me rappelle les heures heureuses où, moi aussi, je faisais le « garçon » parmi les garçons :

« Désormais, elle sait qu'elle est une femme, et, de jour en jour, ses forces lui reviennent...

– Vous croyez? » dit Gérard, demandant l'addition – il sait que pour moi il commence à être tard – avant de quitter ce bon restaurant où il nous emmène à temps réguliers nous « refaire », Bonhomme et moi.

« Mais j'en suis sûre!

– Qu'est-ce qui vous donne autant d'assurance...? »

J'hésite un peu. Gérard va-t-il me croire folle? Et puis non, la folie, ça n'est pas moi, ce sont les autres. Ils l'ont prouvé et Gérard en est le témoin :

« Des êtres invisibles... »

Ceux dont m'a parlé Bertrand, bien sûr, et dont je constate si souvent la présence tutélaire – que d'« accidents », de bêtises ils m'évitent, à une époque où je ne fais attention à rien, pas même en traversant la rue –, mais aussi les mânes de ceux qui sont morts et que j'ai accepté d'accueillir en moi. Ainsi mon jeune oncle, victime et héros de la guerre de 14... Mon amie peintre, aussi, à laquelle j'en ai si longtemps voulu de l'acte agressif qu'avait représenté son suicide.

Depuis que je suis devenue plus humble et modeste quant aux actes suicidaires, me promenant un jour dans un lieu qu'elle a aimé, près du Luxembourg, je l'ai sentie revenir tout doucement vers moi... Apaisée... Consolée de son propre destin... Et me soutenant moi, maintenant, puisque j'en ai besoin...

Comme aussi la grande actrice, la star, récemment disparue... Elle m'avait téléphoné de sa campagne, quatre jours avant sa mort, pour me dire : « Viens me voir la semaine prochaine! » Et elle m'avait expliqué ce que j'ignorais : on venait de l'opérer d'une maladie grave, très grave, mais dont certains se sortent, et c'était bien son intention... Sa voix était si calme et décidée – toujours aussi magnifique – que je l'avais crue... Et c'était sans appréhension que j'avais raccroché, notant dans ma tête de l'appeler le lundi suivant...

C'était la veille de ma rupture avec Bernard, et le lundi suivant j'étais à l'hôpital, reprenant connaissance, en salle commune.

Tout à coup, j'ai entendu une rumeur, venue du couloir. On prononçait son nom, ajoutant : « Elle est morte! » Je me suis dressée dans mon lit, stupéfaite : ça n'était pas possible, elle venait de me parler si normalement! Plaisantant même... Me disant : « Je suis assez contente de moi parce que j'ai tenu jusqu'au bout du film que je jouais... Je me suis effondrée juste le lendemain du dernier jour de tournage... »

Et moi, sourde, aveugle :

« Ça ne m'étonne pas de toi... C'est bien toi... Je suis fière de toi! »

Et elle :

« Le plus dur, c'est de soutenir le moral de la famille... »

Puis :

« Au revoir, à bientôt! »

Alors qu'elle s'apprêtait à me lâcher? Au moment même où j'avais si terriblement besoin d'elle... Car si quelqu'un savait remonter les autres, les défendre, prendre leur parti, s'engager dans une bataille qui n'était pas la sienne, et « tenir », tenir jusqu'au bout, c'était bien elle!

Et puis, d'un seul coup, j'ai compris : son coup de téléphone, comme ça, en plein après-midi, si peu de jours avant sa fin, et la veille de mon drame, c'était pour me prévenir, justement, qu'elle ne me lâcherait pas. D'ailleurs, elle est là. Je le sens. Elle en a pourtant d'autres à « soutenir », son mari, les siens, ses vieux amis... Je n'étais qu'une amie récente, même si, entre elle et moi, ce fut foudroyant...

C'est alors que je suis sortie de mon lit et me suis rhabillée, pour quitter l'hôpital. Je n'avais plus rien à y faire. Pour le meilleur comme pour le pire, j'étais « réveillée ».

« Je vous assure, Gérard, je suis soutenue...

– Bon », me dit Gérard en me prenant par le bras pour m'aider à ne pas glisser sur le pavé rendu dangereux par la dernière neige.

Quelques pas plus loin, c'est lui qui glisse et moi qui le retiens.

Je me souvenais avec acuité de ce que m'avait dit Bernard, peu de temps après notre « mise en ménage » :

« Quand tu es partie pour le Limousin, au matin de notre première nuit, j'ai cru que je devenais fou!

– Pourquoi ça? On ne s'était rien promis...

– Justement! Tu m'étais indispensable! Il fallait que je t'aie... Et tu ne m'avais rien promis! Ah, que je t'en ai voulu! »

Impossible de le tirer de cette rancœur... Trois ans plus tard, il continuait à l'évoquer, en ajoutant : « Pendant ces quatre jours, j'ai eu le sentiment que j'étais un oiseau, ou un avion, tournoyant à toute vitesse et sans fin au-dessus de Paris, des toits, de la tour Eiffel... Je suis passé et repassé cent fois devant ton appartement, cherchant des yeux tes fenêtres pour voir si par hasard elles n'étaient pas allumées et si tu n'étais pas revenue sans me prévenir, garce! »

Mon amant fou cherchait alors un lieu où « atterrir », et il m'a choisie! Une sorte de porte-avions qui n'avait pas le droit de lui faire défaut, mais qu'il devait pouvoir quitter quand bon lui semblerait!

S'est-il jamais rendu compte de son égoïsme?

Ce jour-là, je vais et viens de mon lit au lavabo,

épuisée, légère, aussi, sans faim ni soif. Soudain, le téléphone sonne. C'est rare, ces temps-ci. Je décroche, dépourvue, cette fois, de prémonition.

Rien qu'au son de la voix, et sans que quoi que ce soit ait été dit, l'ordre du « quotidien » se rétablit, car c'est Bernard!

S'il m'appelle, me dit-il, c'est qu'il a reçu ma lettre. Quelle lettre? J'ai déjà oublié lui avoir écrit, ou plutôt avoir posté ma missive. Car je lui écris presque toutes les heures, ces temps-ci, des lettres « illisibles », autant par le sens que par l'écriture, que je n'envoie pas... Puis cela me revient : il s'agit d'un mot d'apaisement, comme si c'était moi la coupable et que j'estimais devoir faire les premiers pas! Je lui disais : « Ce sont des choses qui arrivent entre les hommes et les femmes... »

Je voulais parler de sa trahison.

Ça lui a plu! (La première chose venue de moi qui lui plaisait depuis longtemps!) Il est content, me dit-il, que j'aie écrit ça, et il ajoute : « Je suis un homme seul. »

Je sursaute : qu'entend-il par là?

« Et ta " fiancée "?

– Rien n'est conclu... Je vis en solitaire... Je travaille et je suis seul... Je suis seul et je travaille... C'est tout. »

Sa voix s'est assombrie, avec des accents furieux. Je ne sais plus ce que je réponds, tant je suis stupéfaite. Il raccroche après m'avoir dit : « Il faut que j'aille à mes rendez-vous, je te quitte. » Là, j'ai quand même la présence d'esprit de répliquer : « C'est déjà fait! » Ce qui le laisse silencieux. Et moi meurtrie.

Je réfléchis; que signifie son : « Je suis un homme seul »? Chercherait-il à me raccrocher? Tout le monde m'a mise en garde : attention, il va revenir sonner à votre porte, c'est le pire qui puisse vous arriver, car vous lui ouvrirez... C'est donc de ça qu'il s'agit? Et si vite?

Pour une fois, les avertissements d'autrui vont me servir : je me retiens de le rappeler le soir même pour m'offrir à aller tenir compagnie à sa solitude... Cela me coûte : il a l'air si triste, le pauvre, si démuni... J'imagine sans peine le « trou » que mon absence doit causer dans sa vie... Je me retrouve un rôle – comme on vit mal sans... –, celui de consolatrice... de mon propre départ!

Trois jours plus tard, je n'ai plus eu de nouvelles, et voilà que je m'inquiète... pour lui! Se serait-il suicidé? Abandonné comme il l'est de tous et de toutes! Je jure que je l'ai pensé... La preuve : j'appelle Nunu, qui s'en souviendra, pour la mettre en garde et qu'elle téléphone à son fils chéri, l'entoure, le surveille... Enfin, n'y tenant plus, je l'appelle chez lui.

C'est une voix féminine qui me répond. Sidérée, je demande mécaniquement Bernard et on me répond qu'il est au bureau. Alors, pour continuer d'entendre la voix, je m'informe du numéro, qu'en fait je connais par cœur... On me le donne, et je cesse aussitôt d'être jalouse! Car la voix est sans vibration, sans érotisme, haut perchée, un peu « sotte »... Nunuche, en somme... BCBG, mais de province... Enfin ce que je pouvais imaginer de pire, c'est-à-dire de mieux pour moi... Bernard ne m'a pas remplacée, il s'est pris quelqu'un, incapable de demeurer seul cinq minutes, comme la plupart des hommes... surtout après une rupture. Non seulement il ne veut pas « penser », mais toute une série de gestes, d'attitudes, doivent continuer comme avant... Sinon, c'est la panique! (Bien des femmes jalouses devraient rencontrer leur remplaçante, ça leur passerait...)

Au bureau, la secrétaire me dit que Bernard est absent. Elle ajoute : « Y a-t-il un message?

– Non. »

Le soir, pourtant, Bernard me rappelle. (On me trouve chez moi à toute heure!)

« Tu m'as demandé au bureau?

– Mais je n'ai pas laissé mon nom...

– La secrétaire t'a reconnue... »

C'est vrai que nous avons beaucoup travaillé ensemble, par téléphone, Marie et moi.

« Pourquoi m'as-tu appelé?

– Ecoute, Bernard, tu me téléphones il y a trois jours pour m'annoncer que tu es un homme seul! Aujourd'hui, lundi, une voix de femme qui n'est pas celle de la femme de ménage, que j'ai moi-même engagée, me répond... C'est ça que tu appelles être un homme seul?

– C'est exact, je ne le suis plus!...

– Je ne comprends pas.

– Je me suis trompé... Jeudi, quand je t'ai appelée, j'ai cru que je l'étais... Nous nous étions disputés... » (Jamais il ne s'était disputé avec moi!)... « Et puis, dimanche, elle est revenue... Nous nous marions et je pars pour la Chine...

– Ainsi tu m'as rappelée parce que tu t'es cru abandonné?

– Pardonne-moi, mais j'ai vraiment cru que je l'étais!... Sa mère, tu comprends, s'oppose à notre mariage... Mais elle a décidé de passer outre... »

C'est bien Bernard. A nouveau ballotté entre les femmes!...

Devant mon profond silence, gêné, il bavarde, m'expliquant que ma remplaçante – décidément, je suis bien bonne de croire qu'on peut me remplacer! – est déjà repartie pour sa province hâter ses préparatifs de noces... Autrement dit – je le connais si bien – il est en train de me faire savoir qu'il est à nouveau seul ce soir! (D'où la téléphonade.) Préparant sa valise pour la Chine, car son avion part très tôt...

Il y a des craquelures dans sa voix! Comment se fait-il qu'à certains moments il puisse tout me cacher et à d'autres rien? Je comprends que ce voyage lui pèse et l'ennuie... et qu'il est en train de chercher auprès de moi un peu de réconfort!

Sensible à l'ironie de la situation, j'en profite, moi aussi, pour me délivrer, en la confessant, d'un petit morceau de ma peine :

« Ce mois d'août a été horrible... j'avais si peur pour toi! Je ne savais pas où tu étais... Et puis tu m'avais laissée toute seule, sous la pluie, à recevoir tes amis, ta mère, ton oncle... Bonhomme était blessé... J'attendais sans cesse de tes nouvelles, qui n'arrivaient pas...

– Je suis désolé... désolé... »

Il n'en finit pas de répéter le mot – qui veut dire « seul » – comme une mélopée. Puis il raccroche. Et je reste longtemps devant ce téléphone. Trompeur. Assassin. Inutile.

Aucun somnifère, cette nuit-là, n'est parvenu à m'endormir, ne fût-ce que quelques minutes. A cinq heures – c'est l'hiver, il fait nuit noire –, je suis debout, projetée hors de mon lit comme par un ressort, et dans les premiers vêtements qui me tombent sous la main. Un instant plus tard, Bonhomme et moi roulons en direction de l'appartement de Bernard.

J'ai bien songé à le prévenir de mon arrivée par téléphone, mais s'il m'avait dit : « Je t'interdis de venir! » en y allant quand même je me serais trouvée en faute. Or, je ne peux pas ne pas y aller! C'est, comme on dit, plus fort que moi!

Jamais, jusqu'ici, je n'ai raté l'un de ses grands départs. Je sens que je dois être à celui-là, d'autant qu'elle n'y est pas, l'autre, la lâcheuse...

Dès le trottoir, où je me gare juste en face de ses fenêtres, je vois que la lumière filtre sous ses persiennes. J'ouvre avec ma clef – celle-là je l'ai conservée – la porte cochère, puis je sonne à la porte. (Qui demeure, pour moi, « notre » porte. N'ai-je pas les pieds posés sur le paillasson que j'ai fait marquer à nos deux initiales?) Bonhomme, près de moi, penche la tête de côté, en attente, presque joyeux.

Rien ne répond. Je finis par percevoir le bruit de l'eau qui coule : il est sous la douche. Dès que ça cesse, je sonne encore, une fois, deux fois, trois fois, dans l'impatience et l'énervement. Un besoin croissant qu'on m'ouvre, que quelque chose se passe, que je le voie! Que c'en soit fini de ces atermoiements...

Et rien n'a lieu!

Jamais je ne pourrai décrire l'excitation et le désespoir de ce moment. J'attendais, en quelque sorte, que Lazare – c'est-à-dire notre amour – sorte vivant de son tombeau... Sans me l'avouer, bien sûr!

Je finis par laisser mon doigt en permanence sur la sonnette. Je n'en connaissais pas le son mélodieux et feutré qu'on entend de l'extérieur quand on est visiteur... Blessure, encore... Et chacune des minutes suivantes va m'en faire une autre.

Soudain, son pas résonne sur le carrelage de l'entrée, et les oreilles de Bonhomme se dressent. Mais, au lieu d'ouvrir, Bernard gronde et pleurniche, d'une voix que je ne lui connais pas :

« Qu'est-ce que c'est que ces façons? Je n'ai pas l'habitude d'ouvrir ma porte aux gens qui ne s'annoncent pas d'abord...

– Ecoute, Bernard, ne déconne pas, je ne suis pas les gens... C'est moi! Et je suis avec Bonhomme... Nous sommes juste venus te dire au revoir...

– Je n'ouvrirai pas!

– Mais que crains-tu? J'ai les mains dans les poches... Je n'ai pas d'armes, moi... Ni envie de te faire du mal...

– Va-t'en! »

C'est justement ce que je ne peux pas faire.

« Je te jure que ma visite est amicale...

– Si tu ne pars pas immédiatement, j'appelle Police secours!

– Eh bien, appelle la police!... Je m'expliquerai avec ces messieurs... Je leur dirai que ta femme et ton chien sont venus te souhaiter bon voyage... Ils comprendront, eux... »

Les oreilles de Bonhomme, devant le tour qu'a pris la conversation, sont retombées. Maintenant, il me tire violemment vers la porte de sortie et vers la rue.

Plus jamais, par la suite, ce chien ne voudra entrer volontairement dans cet immeuble. Que lui a donc dit Bernard, tout en me parlant à moi, qui l'a blessé et dégoûté à ce point de son maître bien-aimé? Qu'a-t-il perçu, bien avant moi, d'inadmissible et de mortifère? Les chiens ont horreur de l'odeur de cadavre... Mais moi, plus dure à comprendre, plus opaque, comme tous les humains, je ne veux pas partir avant d'avoir revu mon amant.

Je recommence à sonner, continûment. Et Bernard, apeuré, exaspéré, finit par entrouvrir la porte d'entrée bloquée par l'entrebâilleur.

« Cette fois, j'appelle la police! »

Il en est là! Se mettre sous l'aile de la police...

« Cela ne m'effraie pas... Les policiers sont de braves gens et je ne fais pas de mal...

– Ils t'emmèneront au commissariat!

– Eh bien, j'irai! Je discuterai avec monsieur le commissaire, je lui dirai que je suis venue dire au revoir à mon amant qui part pour la Chine... »

Il entrouvre la porte avec l'entrebâilleur pour me jeter d'une voix basse et furieuse (aurait-il peur des voisins?) : « Je te préviens, va-t'en, sinon je vais me fâcher... » Puis claque la porte, et j'entends ses pas qui s'éloignent vers l'intérieur de l'appartement.

Je me remets à sonner. Si le car de flics arrive, pas sûr qu'ils prennent son parti à lui... Mes meubles, mes livres – facile à prouver – sont chez lui!

Soudain, Bernard se met à hurler comme un dément : « Cette fois, c'en est assez! Je débranche la sonnette! »

Et il le fait.

Alors je passe dans la cour, sur laquelle donne la fenêtre de notre cuisine, oblitérée par un store que j'ai moi-même fait poser. Il se manie de l'extérieur, et, comme la cuisine est éclairée, je vois tout.

La pièce, peinte en blanc sur lequel ressortent les meubles en laque rouge sombre, où pendant trois ans j'ai tant travaillé et attendu Bernard, m'est désormais interdite par des barreaux de fer qui ont l'épaisseur de barreaux de cachot.

Je regarde toujours. Rien n'a changé, sauf la toile cirée! La mienne était gaie, décorée de fleurettes multicolores. Celle-ci est vert foncé et bien triste. Le gardien, mon ami, me l'a dit : « La vie et la joie ont quitté la maison avec vous! »

Soudain, Bernard apparaît derrière la grille, en costume de voyage gris foncé, gilet de cashmere bleu pâle.

Un instant, nous nous fixons sans rien nous dire.

Moment extraordinaire!

J'ai froid, dans cette nuit verglacée de décembre. Mon amant, lui, est au chaud, dans ce que je considère comme mon foyer – je n'ai pas démérité –, et il ne m'ouvre pas!

C'est une scène digne de Dostoïevski! (Etait-ce parce que je prévoyais que j'allais en vivre une semblable que j'avais si bien lu, enfant, sous mon poirier limousin, l'œuvre du grand écrivain?)

« Va-t'en », répète-t-il soudain... Puis, d'une voix plus basse : « Tu aurais dû téléphoner... »

Argument faible, pour qui me répétait, il y a trois

jours : « Je suis un homme seul! » en m'appelant à son secours... Seul, il l'est toujours, et même de plus en plus.

« Attends, lui dis-je, Bonhomme veut te voir, lui aussi... »

Je me baisse pour hisser le chien, qui y met tant de mauvaise volonté que, lorsque j'y parviens, Bernard a disparu de ma vue et éteint la lumière.

Face à ce trou noir, il ne me reste qu'à retourner devant la porte d'entrée et la sonnette muette. J'ai si froid que je m'assois sur le paillasson à mes initiales, les jambes repliées contre ma poitrine.

Je me dis qu'il ne pourra pas partir pour la Chine sans m'enjamber... à moins de passer par l'une des fenêtres! A cette idée, je vais pour me précipiter sur le trottoir, quand j'aperçois, à travers la vitre de la porte cochère, la silhouette de Laurent, le chauffeur de l'Entreprise venu chercher Bernard pour le conduire à l'aéroport. Bernard a vite pris le pli des hommes au pouvoir : ne rien faire tout seul!

Laurent cherche à pénétrer dans l'immeuble, mais, comme il n'en a pas la clef, n'y parvient pas. Je vois la voiture noire de fonction garée sur le trottoir à la suite de la mienne. Soudain, Laurent tend l'oreille et retourne dans son véhicule, décroche le téléphone. A travers la porte blindée de notre appartement, j'entends Bernard parler à Laurent. Il l'avertit de ma présence et du « danger » que je représente!

Laurent raccroche, retourne à la porte cochère, et je lui ouvre.

« Bonjour, Laurent, je suis venue dire au revoir à votre grand chef avant son départ pour la Chine! Imaginez-vous que je lui fais peur... Vous avez peur de moi, vous? »

Laurent se baisse – signe qu'il ne me craint pas – pour caresser la tête du pitoyable Bonhomme, puis il se redresse et me regarde droit dans les yeux.

« Non, Madame. Vous ne me faites pas peur.

– Vous avez raison, Laurent. »

Le chauffeur s'approche de la porte d'entrée et sonne... inutilement.

« Il faut taper, Laurent, la sonnette est débranchée. »

Laurent frappe du poing. Une petite voix qui a cessé de me toucher s'enquiert :

« C'est vous, Laurent?

– Oui, Monsieur.

– Est-ce que Madame est avec vous? »

Car je reste « Madame », pour Laurent...

« Oui, Monsieur.

– Je vais ouvrir, mais ne la laissez pas entrer. »

Dans *ma* maison? Il n'a donc pas peur du ridicule, ni de l'odieux... Je dis à Laurent, en haussant les épaules :

« Ne vous en faites pas, Laurent, je n'ai pas l'intention de m'introduire là où on ne veut pas de moi... »

En lui parlant, je remarque un insigne à sa boutonnière.

« Qu'est-ce que c'est?

– Le don du sang. »

C'est drôle, à nouveau un « sauveteur » sur ma route... Comme le cafetier pompier qui m'accueille à l'aube... Tous les hommes ne sont donc pas uniquement des « tueurs » et des pourvoyeurs de mort violente?

La porte s'entrouvre à peine, Laurent doit se faufiler de profil! Un fou rire solitaire s'empare de moi. Ces deux costauds pour s'opposer à ma faible et féminine personne!

Puis Laurent ressort par une porte maintenue entrebâillée en tenant d'une seule main les deux valises de Bernard. J'ai le temps de constater qu'elles sont neuves, de haut luxe et pas trop lourdes... Il aurait pu sans mal les porter lui-même, mais quand on dispose d'un chauffeur garde du corps... Il en a d'ailleurs toujours disposé : avant Laurent, le préposé au coltinage et aux mouvements de la voiture pour qu'il la trouve toujours devant sa porte ou à l'aéroport, lavée, le plein fait, c'était moi!

Je sors de l'immeuble à la suite de Laurent. Je me sens mieux en sa compagnie qu'en celle du paillasson. Laurent s'assoit face à son volant et je m'accoude à la portière de la voiture noire avec téléphone, signe de la réussite de Bernard et de la fin d'une liaison. Si je lui demandais l'hospitalité du véhicule, par ce froid, je sais que Laurent me l'accorderait. Mais je n'en ai pas envie. Le chauffeur garde du corps baisse la vitre automatique. Sans doute pour qu'on se parle.

« Ah! là, là, les problèmes entre les hommes et les femmes, lui dis-je... Vous connaissez ça, Laurent?

— Cela m'est arrivé, Madame.

— Votre patron me quitte. Pourquoi pas... Ce qu'il y a, c'est qu'il ne le fait pas avec élégance... Il a peur... »

Laurent, stylé, se dispense de répondre. Il consulte sa montre.

« Il va rater son avion. Tant pis pour lui! Il prendra le suivant! »

La voix est dure. C'est la façon, discrète et détournée, que prend Laurent pour me faire savoir ce qu'il pense de celui qu'il nomme « il ». Et de son comportement à mon égard.

Soudain, Bernard sort de l'immeuble en courant! Il porte le manteau de cashmere beige que je lui ai offert le Noël précédent et que nous avons dû nous mettre à plusieurs, vu son prix, pour lui acheter. Je constate avec intérêt que mon amant est resté sous mon « emballage »...

« Encore là! » me jette-t-il. Mais, devant Laurent, il n'ose pas ajouter son habituel : « Salope, tu me fais chier! »

Il doit passer tout près de moi pour monter dans la voiture et j'effleure son si doux – et si cher – manteau. A-t-il compris le sens de mon geste? Il hésite. J'en profite pour poser mes lèvres sur sa joue. Surprise : sa chair est devenue molle!

Sans me rendre mon baiser, il se plie pour s'asseoir, aperçoit le chien, tend la main vers lui : « Salut, Bonhomme! » Mais le chien est tourné dans une autre direction.

Et c'est fini.

En un instant, la voiture noire et son passager apeuré sont en route pour la Chine.

Sur le chemin du retour, je me pose la question : par ce « passage à l'acte », me suis-je fait du bien ou du mal? La réponse est évidente : jusque-là, notre séparation m'apparaissait comme un mauvais rêve, un cauchemar qui allait se dissiper, un mythe... Mais face aux gros barreaux et à la porte obstinément close, et aussi à la rapide transformation de Bernard en quelqu'un de « mou », effrayé par son propre passé et incapable de porter lui-même ses « valises » – les vraies comme les autres –, elle est devenue réalité.

J'ai aussi compris que cet homme m'aime toujours. Sinon, il m'aurait ouvert sa porte et offert du café.

Bernard m'avait interdit de lui parler de mes amours passées, qui, à l'entendre, n'ont été que des « coucheries ».

Et c'est lentement que je me mets à relire une lettre, extraire de sa cachette quelque photo que j'avais préféré dissimuler à sa jalousie.

C'est qu'il en est de beaux parmi mes ex-amants!

Ainsi ce très jeune homme, qui avait accompagné ses parents venus dîner chez moi. Il avait l'air de tellement s'ennuyer! Il faut dire que je ne lui adressais pas la parole, trop requise par les « adultes ». Et que lui dire? (Il n'a pas vingt ans.) La réception terminée, les congratulations faites, chacun rentre chez soi.

J'ai à peine le temps de vider quelques cendriers qu'on sonne à ma porte. C'est lui, le garçon. Il me dédie ce lumineux sourire que réservent les très jeunes hommes aux femmes plus âgées qu'eux et qu'ils désirent. Il tient un casque sous le bras.

« J'ai oublié les clefs de ma mobylette.

— Attends, on va les retrouver, dis-je en regardant autour de moi. Elles ne doivent pas être bien loin. Tiens, les voilà! »

Le jeune homme blond fait tournoyer ses clefs autour de son doigt.

« Ruse de guerre! » me dit-il en rougissant beaucoup.

Il me faut quelques secondes pour comprendre,
puis je souris tandis qu'il referme la porte, demeurée entrebâillée.

Pourquoi pas lui? Je suis seule.

Cette liaison a duré des années. J'aimais la configuration si souple et presque féminine de son corps
robuste. Nous formions, je le sentais, des figures
assez belles, en nous aimant à même le sol. Des
sculptures, des tableaux vivants. Pour nul œil au
monde sauf notre regard intérieur. Je retrouvais
l'un de mes pieds par-dessus son épaule, mes mains
perdues je ne sais où...

Ce jeune corps tressé au mien comme un serpent
enlacé à une autre bête, cela satisfait, je le sens, la
part de moi restée sans mots, face à l'amour. Celle
qu'on force à demeurer chaste, alors qu'elle brûle.

Un jour, le jeune homme blond cesse de m'appeler. Ou peut-être est-ce moi qui n'étais plus au bout
du fil. C'est bien. Lui et moi nous n'avons fait que
nous aimer. Jamais nous haïr. Il n'y eut pas, sur nos
relations, le poids d'une plume.

Lorsqu'à force d'insistance un homme entre à
nouveau dans ma vie, il ne pèse guère, lui non plus.
Sans doute est-ce pour cela que je l'accepte, à ce
moment d'après-suicide où tout est trop lourd.

Il me dit : « Je crois que je sais ce que c'est que
l'amour... C'est quand on a mal dans son corps! »

Je l'embrasse pour ce beau mot qui me fait
songer à mon jeune amant! Avec lui, je n'ai jamais
eu mal dans mon corps... Pourtant, c'était de
l'amour... du plus pur... Il faisait du ski comme un
dieu. Je me dis qu'il m'a « descendue » comme ces
pentes rocheuses, en à-pic, où n'existe aucune piste,
pas même celle des isards.

Me revient aussi, long fantôme penché pour faire
l'aimable, le souvenir d'un homme que je n'aimais

pas mais dont j'adorais les caresses. Il me trompait comme dans un bois! Et s'en vantait... Tout en me fourrageant, il me décrivait par le menu et avec complaisance le corps des autres femmes, leurs gestes, leurs attitudes, et le plaisir qu'il en tirait. « Tu ne peux pas savoir ce qu'elle mouillait! J'en étais inondé... Quand elle a levé les jambes, tiens, j'ai eu la poitrine trempée... Je me suis demandé ce qui m'arrivait... Jamais je n'avais vu une excitation pareille. C'était bon... » « Le porc, me dis-je, le sagouin, comment ose-t-il me raconter ça! » Puis il s'assure mieux en moi, et moi aussi je jouis comme jamais.

Le mal que j'ai eu à me délivrer de cet homme! Il me tenait par ses « histoires de femmes ». Les vivait-il vraiment? « Toi, je ne t'aime pas, me disait-il, l'air froid, tu n'es pas du tout mon genre!... Tu n'as pas le physique qui me fait bander... Mais comme je bande facilement, ça peut aller... »

En disant cela, il posait ses mains sur mon corps. Douces, enveloppantes. Des mains de cavalier. Pour être beaucoup montée en manège, dans mon adolescence, je sais comme les grands écuyers peuvent être orduriers. Aboyeurs. Prenant n'importe quelle reprise pour un exercice du Cadre noir. Jouissant de traiter les femmes comme si elles n'en étaient pas, sans privilèges et sans courtoisie. En même temps, leurs mains, sur les rênes et la bouche du cheval, quelle splendeur! Mains de violoniste, délicates et fermes. Les montures, sous ces mains-là, sont aux anges. Comme je l'étais avec cet homme.

Chaque fois qu'il me prenait, je criais : « Merde! » Il a fini par me demander pourquoi. « Parce que tu me donnes trop de plaisir alors que je ne t'aime pas! »

« Pourquoi était-ce ainsi? dis-je à Georges, l'analyste, en évoquant cet épisode resté pour moi incompréhensible.

– Parce que c'était l'orgie, me dit sa voix calme. Il y avait toutes ces femmes, en même temps que vous...

– C'est donc ça! » me dis-je.

Grand moment de paix et de satisfaction sur le divan...

Et puis l'« inconnu » revient à son tour! C'est celui qui a le moins compté, puisque je n'ai jamais su son nom ni cherché à le savoir.

Tout commence au téléphone. Avant que j'aie pu proférer un mot, il me parle avec la familiarité de qui me connaît depuis toujours. Plus qu'un ami, un intime. Il me fait des compliments, ma foi superbement tournés, et que j'ai la faiblesse de considérer comme « vrais », sur mon dernier livre... Pour être auteur, on n'en est pas moins femme!

Il me dit aussi que la photo qui accompagne cette publication est fort belle. La voix chaude me cite même des passages de mon ouvrage, et des précédents... Enfin, il me berce, m'enveloppe, et depuis le temps qu'il me parle je n'ose plus lui dire : « Qui êtes-vous? » C'est trop tard. Manifestement, *je suis censée le savoir*. C'est lui, soudain, qui éclate de rire :

« Tu ne sais pas qui je suis, hein?

– Mais...

– En fait, tu ne me connais pas... »

Et le voilà qui plonge dans l'érotisme téléphonique.

« Tu sais ce que je suis en train de faire en te parlant? »

Il me le décrit par le menu. Est-ce vrai?

« Fais-en autant, caresse-toi, j'ai envie de te faire jouir par téléphone...

– Mais moi je ne veux pas! » dis-je, choquée.

Interdite aussi. La voix de cet homme est très belle. Il m'a divinement parlé de littérature. Il connaît tout. Il a tout lu. Qui est-il? Je n'arrive pas à croire que je l'ignore.

« Tu entends ce bruit de fond dans l'appareil?

– Oui.

– Je suis à mon bureau. Je suis un homme très important. Quelqu'un peut entrer d'un moment à l'autre... Ça ne t'excite pas?

– Ecoutez... Non...

– Pourquoi ne me tutoies-tu pas?

– Mais!

– Ah! ah!... Tu vois... Tu m'as fais jouir... »

Il raccroche. Je suis mi-amusée, mi-dégoûtée. Pourquoi me suis-je laissé faire? En réalité, il n'a fait que me parler d'amour. L'érotisme aussi, c'est de l'amour. Je classe l'épisode.

Trois jours plus tard, l'inconnu me rappelle. Toujours dans l'incognito total. Il me vouvoie. Me parle poésie, récite des poèmes entiers de Prévert, d'Apollinaire. Commente Robbe-Grillet, Beckett, Sollers, la littérature la plus « in ». Passe au « tu ». « Je t'ai vue cette semaine, sans que tu le saches, de loin! Nous nous sommes croisés! Je ne vais pas t'appeler pendant quelque temps, parce que je pars, à New York, puis au Moyen-Orient. »

Au retour, il me rappelle, m'apprend qu'il a voyagé en avion avec les membres du gouvernement. Je suis au courant de ce déplacement officiel par une autre personne, et je peux vérifier que ce qu'il m'en dit est exact. Il y avait bien, en effet, ces gens-là dans cet appareil...

« Je t'appelle de mon bureau, dit-il soudain, je travaille dans l'argent... C'est un mot qui sonne bien aux oreilles des femmes, l'argent. » Il doit le savoir.

Puis il raccroche brusquement. Raison professionnelle. Me rappelle une autre fois, en pleine nuit. Recommence ses propositions d'érotisme téléphonique. A vrai dire, elles m'ennuient. Cela fait « petite fille vicieuse ». J'ai lu *Histoire d'O*, comme tout le monde, mais si j'admire la performance de l'écrivain, je ne suis nullement troublée par les séances de soumission. Ou de flagellation. Ce n'est pas ma « tasse de thé ». Je suis trop une amoureuse pour jouer à « pan pan sur le derrière » et jouir sur ordre.

Je ne pense plus à cet homme. Un soir après dîner, il me téléphone. « Je suis en bas de chez vous. Est-ce que je peux monter? » Il connaît tout de moi, mon numéro de téléphone, qui est sur la liste rouge, mais aussi mon adresse.

Ah, la curiosité! (Elle a dû me travailler à mon insu!) Je suis incapable de lui dire autre chose que « oui ». Je vis seule à ce moment-là. Plus tard, je songe que c'était d'une imprudence! Il aurait pu m'assassiner, m'étrangler. (Il me le fera remarquer...) J'imagine les titres dans les journaux : « La victime devait connaître son assassin, elle lui a elle-même ouvert la porte! »

Un homme élégant, fort bien habillé, que je n'ai en effet jamais vu. Type étranger. Mais lequel? Je ne saurais dire. Il me dévisage.

« Vous êtes plus jeune et plus belle que je ne le pensais!

– Merci! » dis-je avec un peu d'ironie.

A qui ses discours s'adressaient-ils? A quelle « guenille », comme lance Depardieu à Barbara dans *Lily Passion*?

Nous finissons par faire l'amour avec la froideur de qui n'en a pas envie. Situation oblige. Je n'étais pas son genre ni lui le mien. (Cette fois, pour de bon.) Hors l'amour, nous aurions pu être amis. Le fonctionnement de son esprit m'intéressait. Et sa culture.

« Tu ne tiens vraiment pas à savoir qui je suis?

– Non. »

C'était vrai.

« Nous avons manqué mille fois de nous rencontrer. J'ai été l'amant de... » Et il me cite le nom d'une femme en effet très connue de moi. Un instant, l'idée m'effleure : « Je lui décrirai cet homme et elle me révélera qui il est. »

Je ne l'ai pas fait. Je n'ai jamais revu ni réentendu l'inconnu. Connu, il avait perdu son attrait. Et moi le mien.

Il m'en reste comme une « encoche ». Celle que taillent les adolescents, d'un canif rageur, dans le tronc d'un arbre ou la porte de leur armoire. Pour indiquer « combien de fois »... Combien de fois avons-nous été aimés? Désirés? Combien de fois sommes-nous « passés à l'acte »...?

On dit que faire l'amour c'est lutter contre la mort... Mais quelle trace laisse l'amour sans enfants sur cette terre?

Plus tard, il y eut « l'homme connu ». Celui qui me saute dans les escaliers et les corridors des lieux publics où il travaille. Chaque fois dans la terreur d'être surpris! Je me disais que là était son plaisir : risquer sa réputation! La mienne – je n'étais ni mariée, ni fonctionnaire, ni dans la politique – ne redoutait rien.

Cet homme séduisant – universellement aimé – me séduisait! Très vite, je compris que je n'avais rien à en attendre d'autre que ces « passes » clandestines, jupe troussée, pantalon vite reboutonné. « Toutes les femmes qu'il rencontre doivent y passer, me suis-je dit. Il a un corps d'artichaut... Et peur des femmes, aussi!... Ce qu'on nomme un phobique. » (C'est l'intérêt d'être aventureuse, ou aventurière, en amour : l'on acquiert une expérience sur le masculin que rien ne peut donner, sinon d'aller au charbon...!)

Quelle n'est pas ma surprise de constater, avec le temps, que cet homme a la mémoire terriblement fidèle! Jamais je ne le rencontre sur le terrain de son métier, ou en public, sans qu'il trouve le moyen de m'entraîner quelques secondes à l'écart : « Tu sais, je n'oublierai jamais nos fulgurances. » A ce moment-là, je sens sa tendresse, chaude, vraie. Fidèle, oui, très fidèle. Je n'ai donc pas donné en vain – entre deux portes battantes. J'ai reçu. Et du plus merveilleux.

Croire que le meilleur de l'amour ne peut avoir lieu que dans un cadre est une illusion de nos mœurs. Quand je serai très vieille, au soir, à la chandelle, je crois que je me souviendrai surtout, comme aujourd'hui, de mes amours hors cadre.

Pourquoi Bernard m'a-t-il interdit de lui en parler? Si nous nous étions permis quelques confidences, côté sexe, peut-être la situation ne se serait-elle pas bloquée. Puis figée. Sans doute pressentait-il ma liberté et la liberté avec laquelle je peux, quand je veux, en faire usage.

Ma liberté lui fait horreur.

Pourtant, c'est pour ce qu'il y a de plus sauvage et de plus libre en moi qu'il m'a aimée de passion subite! Ensuite, il me le confisque, puis, quand il juge qu'il n'en a plus rien à craindre, me le flanque en pleine figure! Il m'a assommée avec ma liberté – j'en vois encore trente-six chandelles – sous prétexte de me la rendre!

Ah, les hommes!

Puisque je parle « hommes », peut-être est-il temps que je raconte quelque chose de mon aventure avec un jeune hussard de la littérature. Je dis « mon », car nous sommes nombreuses et nombreux à avoir eu chacun la sienne.

H... – je mets H... pour hussard – « cloisonnait ». De ses amis, je ne connus que quelques hommes – aucune femme –, d'ailleurs charmants, même si leurs idées politiques étaient, s'il y a place pour s'y glisser, à la droite de celles de Le Pen.

A l'époque, en plein sartrisme, c'était une façon de jouer au « rebelle » et à la liberté, comme au temps de la duchesse de Chevreuse. Rien à voir avec les agissements de la droite d'aujourd'hui, qui cherche le pouvoir et ne joue pas.

H... et ses amis ne désiraient pas le pouvoir, d'abord parce qu'ils se prenaient pour des princes. Au pouvoir, ils considéraient qu'ils y étaient de naissance, et pour toujours. Sans alternance. Pouvoir du verbe et de leur immense culture, pouvoir de la langue, de l'élégance et de quelque chose en plus que je mis longtemps à comprendre...

C'est l'intérêt de « durer », comme dit Mallarmé; la lumière, sur certains points, se fait d'elle-même, sans qu'on ait à y réfléchir. Un beau jour, elle « perce ».

Ce séducteur, au fond, n'aimait pas les femmes. Mon mari, vaguement jaloux de ce garçon à qui il n'avait pas un mot à dire, mais qu'il retrouvait un peu trop souvent sur ses brisées, pas seulement en ce qui me concerne, déposa un jour sur mon oreiller – nous faisions lit à part – un mot qui, sur l'instant, me fit bien rire : « H... est homosexuel! » Ah! le jaloux, me dis-je, c'est tout ce qu'il a trouvé pour se débarrasser d'un rival? En fait, mon jeune mari n'avait pas totalement tort... H... avait beau courir le jupon, et Dieu sait s'il y en avait de charmants – c'était le temps où nous en portions plusieurs, les uns sur les autres, brodés, piqués, baleinés, froufroutants –, il ne se sentait vraiment bien qu' « entre hommes »... Dans les bars nocturnes, aux matchs de football, quand il partait en virée en Irlande, avec quelques autres complices du bel écrire, du bien boire et du total désespoir.

Un jour, me regardant pour une fois bien en face – c'était le champion des « yeux baissés » –, H... me dit : « Vous avez un défaut! » J'étais convaincue d'en avoir une quantité infinie, dont un supplémentaire : je ne savais pas lesquels! « Vous êtes désespérée! » me dit-il en baissant le ton. Moi, désespérée? Ah bon! C'était donc ça qu'on appelait le désespoir, cette perpétuelle envie d'autre chose, ce désir constamment inassouvi, cette disponibilité amoureuse et intellectuelle sans bornes, cette sauvage curiosité pour la pensée, parfois le corps d'autrui? Tiens! J'étais désespérée. Amusant.

Je remâchais le jugement en forme de condamnation, oubliant de me demander si ce n'était pas mon vis-à-vis qui l'était lui-même. Et qui se livrait à cette opération dont nous ne savions ni l'un ni l'autre, à l'époque, démonter le mécanisme : la projection – prêter à autrui ses propres sentiments et états d'âme.

La première fois que j'aperçus ce garçon que je

ne trouvais pas tout de suite beau, ce fut à la demande d'une amie, sans doute plus timide que moi, puisqu'elle me dit : « Va donc voir dans ce bar si l'homme avec qui j'ai rendez-vous n'y est pas!

— Mais je ne le connais pas!

— Tu le reconnaîtras, un garçon seul! »

C'était un établissement des Champs-Elysées qui a disparu depuis, mais qui eut son temps de gloire, le « Pam-Pam ». Dans la semi-pénombre, je ne vois rien qu'un militaire. Je ressors sur le trottoir ensoleillé : « Il n'y est pas, il n'y a personne. » Par acquit de conscience, j'ajoute : « Rien qu'un garçon en uniforme...

— C'est lui! » s'écrie mon amie, bondissant à l'intérieur du bar.

Je la suis, sidérée. Le célèbre jeune auteur — il venait de publier un roman étincelant — se promenait revêtu des vestiges vestimentaires de la Libération, dont nous n'étions pas encore très loin. Ce qu'on nomme un uniforme « de fantaisie ».

Il paraît que l'uniforme plaît aux dames. Ce premier jour, ce fut moi qui lui plut.

Avoir une liaison avec H... — je précise qu'à l'époque il n'était pas marié —, c'était recevoir, à temps irréguliers mais constants, des mots cryptiques et des coups de téléphone qui ne l'étaient pas moins. Comme Jacques Lacan, le grand psychanalyste qu'il ne connaissait pas, H... avait horreur de dire « Allô » et de donner son nom : on n'avait qu'à le reconnaître!

A propos de « on », c'était de cette façon qu'il aimait parler de lui. J'ai gardé sa correspondance. Ceux qui ont reçu des lettres de lui doivent posséder cet étrange tas de papier à lettres de toutes tailles, toutes couleurs et toutes suscriptions. H... « volait » du papier à lettres, aussi bien au « Ritz » que dans un cabinet ministériel ou sur le bureau de Pierre Lazareff à *France-Soir*...

Là-dessus, avec des instruments à écrire qui allaient du gros crayon rouge à la plume Waterman, il traçait, d'une écriture magnifique, forte, appuyée, ronde, lisible, tout aussi calligraphiée que celle de Paulhan, mais avec plus de panache, plus de « hussardise », une, ou deux ou trois phrases. Ou alors, carrément, cinq pages. Dans lesquelles il se désignait par « on ». Ou par son seul patronyme : « H... sera mardi huit heures à " la Caravelle ", c'est un bar, 4 rue Arsène-Houssaye, c'est près de l'Etoile. Il sera reconnaissable à ses cheveux longs. » Ou simplement : « J'ai le bourdon. » Sans signature. Ou alors : « Défense de tutoyer en public », signé Le Militärbefehlshaber von Braunz.

H..., dandy, était un précurseur de bien des modes d'aujourd'hui.

Pourquoi volais-je à ses rendez-vous, la plupart du temps décevants ? Il faudrait demander aux autres femmes. Je crois, justement, qu'il nous séduisait parce qu'il ne nous aimait pas ! Perversité de notre part ? Mais non. Goût de la liberté ! Personne ne vous laisse plus libre que les hommes qui ne vous aiment pas ! Les autres sont là à surveiller votre emploi du temps, exiger une constante présence au logis, faire même le compte et le décompte de vos pensées !

H... avait toutefois la pudeur de son travail, jouant la disponibilité constante, il écrivait, je crois, la nuit, en prenant sur son sommeil, dans la petite chambre de l'appartement d'une mère qu'il adorait.

Un homme qui, au fond, n'était qu'écrivain et n'appartenait qu'à son œuvre, ne s'inquiétant guère de savoir ce qu'on faisait quand il n'était pas là ! Pourvu qu'on fût libre quand il voulait vous voir.

Je me débrouillais pour l'être. Il y avait entre nous quelque chose que nous avons immédiatement reconnu et qui explique la durée d'un lien qui ne s'est défait qu'à sa mort : la fraternité. Un mot masculin, mais c'était par là, par une sorte de camaraderie virile devant les hauts et les bas de l'existence (quelle terrible lettre il m'écrit à la mort de son meilleur ami), que nous nous rejoignions.

H... se moquait de mon travail dans un journal « gauchiste ». Moi, je ricanais, pendant la guerre d'Algérie, sur le mauvais goût qui lui avait fait afficher, au mur du bureau que lui avait concédé dans sa maison d'éditions un grand éditeur parisien, une carte de l'Algérie. Il prétendait y suivre douar par douar les événements militaires. J'avais connu cela chez mes parents, pendant la guerre mondiale, avec une carte du front russe. Comme le faisait alors clandestinement ma tante, H... piquait des épingles et tendait des fils de laine aléatoires pour noter la progression des vaillantes troupes françaises contre les « méchants » fellagha.

Jeux de vilains? Trouver un charme fou au communisme, à la façon de Sartre et de ses disciples, qui faisaient alors la loi à Saint-Germain-des-Prés, me paraît, avec le recul, guère plus responsable.

Avant tout, H... était chauvin parce qu'il était fou de langue, et d'une seule : le français. Il fut le premier à redonner d'abord de l'affection, puis de l'admiration, enfin un statut, à des hommes meurtris par un passé récent. Je parle de Céline, Chardonne. Morand. Coupables? Non coupables? Les événements étaient trop proches pour qu'on puisse véritablement en juger. Jean Paulhan, lui, le pouvait. En 1952, dans sa *Lettre aux directeurs de la Résistance*, Paulhan le résistant trouve qu'on s'est montré plus qu'expéditif aux heures glorieuses, ensoleillées et meurtrières de la Libération. « Condamnez-les, exécutez-les si vous voulez, dit à peu près Jean Paulhan, mais n'allez pas dire que vous les avez jugés! » Cette sévère admonestation se retourna, un moment, contre son auteur, qui s'en fichait bien! Il avait l'avenir avec lui, comme tous ceux qui tiennent un bon bout de vérité.

H..., lui, avec pudeur, discrétion, et une générosité sans limites, se constitua tribunal à lui tout seul. Et ce que réhabilita le premier ce garçon qui, à vingt ans, avait combattu pour la France, ce fut la littérature.

Sans lui, Céline, déchu, vomi, aurait-il eu le cœur d'écrire ses derniers livres? Moi, en tous les cas, je ne serais pas allée l'interviewer, dès son retour d'exil, dans sa retraite de Meudon. C'est H... qui m'y poussa, me donna l'adresse, arrangea tout. Maintenant, on me dit : « Votre interview, quelle merveille! Quel document! » Eh oui, mais quel vacarme à l'époque, et au sein même de mon journal...

Quand j'étais avec lui, dans sa voiture, au « Harry's Bar » ou ailleurs – nous fîmes quelques séjours clandestins à la campagne –, nous n'avions *aucune* conversation littéraire. Il se fichait de moi et je le regardais, avec tendresse, se fiche de moi. Car j'avais, en sa compagnie, le sentiment merveilleux de « tromper » tout le monde. Ceux avec qui je vivais, leurs idées politiques et surtout leur sérieux... H... était tout sauf sérieux. Surtout en amour. Même en amour, lui qui, au fond, n'aimait que l'amour. C'est vrai, il était bien désespéré.

En fait, pour une femme – je ne sais pas pour les hommes –, H... était décapant. Qui n'a besoin, entre vingt et trente ans, d'être un peu décapée? Qui ne jouit de trouver, sur son miroir, des messages drolatiques écrits avec son propre rouge à lèvres? Ou même à l'intérieur de ses chaussures? Je me souviens d'une ceinture de cuir noir doublée de clair. Sur cette peau blanche, H... avait tracé en lettres-bâtons : « Je vous aime. » Longtemps j'ai porté cette ceinture à même la peau, pendant que je regardais et écoutais sans rire mes amis les intellec-

tuels de gauche expliquer pourquoi les « hussards »
n'étaient que de petits salauds...

Puis je grandis, je divorçai, aussi. Qu'arriva-t-il à
H...? C'est le secret de son cœur, et la partie du
mien qui en a quelque intuition préfère se taire.

La dernière fois que je le vis, avant son fatal
accident, ce fut au théâtre des Champs-Elysées. H...
aimait le théâtre. C'est lui qui m'a fait découvrir
Gérard Philipe, au TNP, dans *Le Prince de Hom-
bourg*. Il m'avait emmenée dans une loge, à une
répétition. J'étais émue, fascinée. H... le sentit :
« Evidemment, pauvre imbécile, me dit-il, ça ne
vous plaît pas! »

Rien qu'il redoutât plus que l'émotion et les
épanchements!

Ce soir-là, il prenait un verre au bar, à l'entracte.
Je le vis la première, de dos. Il se retourna, m'aper-
çut. Je n'oublierai jamais le coup d'œil qu'il me
lança, violent, sauvage, total. Puis, aussitôt après, il
« mima » la surprise, bouche ouverte en O, et fit un
pas vers moi. L'homme qui m'accompagnait, une
lointaine connaissance, surgit alors, protecteur. H...
pivota sur lui-même, s'accouda au bar, m'indiquant
par tout son corps que, puisque je n'étais pas seule,
je ne l'intéressais plus! Avec une fureur d'homme
trompé!... De sa part, et étant donné l'irrégularité de
nos relations, c'était un comble! « S'imagine-t-il que
je vais seule au théâtre? me dis-je. Tant pis pour
ce soir, je lui téléphonerai demain, ou après-
demain! »

Je ne le fis pas (ou ne le trouvai pas). L'été
vint.

J'étais sur une plage, presque nue, en maillot de
bain. Quelqu'un arrive : « La radio annonce qu'un
écrivain vient de se tuer en voiture, il s'appelle... »

Où me cacher? Je suis entrée dans la mer et j'ai
nagé longtemps.

Ses lettres, que je ne relis qu'aujourd'hui, me révèlent son attachement secret, tout autant que sa pudeur et sa réserve à l'exprimer.

Ainsi cette très longue lettre – longue pour lui – en réponse au premier texte achevé que j'avais écrit et soumis à son jugement. Sa critique me parut alors suffisamment sévère pour que je fourre à tout jamais *Une affaire de cœur* dans un tiroir... Pourtant, quand je relis aujourd'hui ce que m'en écrivait H..., je n'y vois qu'encouragements...

Dans votre histoire, les journées sont bien telles qu'elles se passent vraiment. L'ensemble donne l'impression d'une succession de rideaux qui tombent devant vous. L'invention d'un style Stendhal féminin (si c'est vraiment le cas pour vous, elle me paraît trop aimable pour être vraie) serait diablement intéressante à suivre... En sécheresse apparente, vous ne perdez rien, mais derrière la sécheresse, ça change... Ça n'est pas forcément mauvais d'en dire assez peu... Ainsi on sent que vous en savez beaucoup plus que le lecteur... Vous lui parlez d'émotions et de sentiments détaillés, mais les grandes lignes, il doit les reconstituer lui-même... Le caractère de votre héroïne introduit un autre élément : le progrès que réclame toujours le lecteur de sa lecture, il le trouvera dans la découverte de ce caractère, à défaut de l'intrigue. Alors, aux dernières pages, quand l'héroïne se débattrait, le lecteur en saurait plus qu'elle sur elle-même.

Je m'excuse de vous casser les pieds avec tout ça. Votre histoire m'a paru beaucoup mieux que ce que j'imaginais. A priori, je trouvais idiot de vous voir écrire.

Puis sur un feuillet à part, de sa belle écriture déjà « mise en page », mais parfois échevelée comme un champ de blé sous le vent, ce grand écrivain, donc grand pasticheur – l'un ne va pas sans l'autre –, me fait l'honneur de continuer mon histoire à ma manière, c'est-à-dire à la sienne... (Pour faire plus vrai, il a même pris soin d'introduire quelques ratures, de « fausses phrases », qu'il a barrées...)

J'ouvris la porte et me jetai vers le Sud, les poings aux hanches. Le soleil me sauta sur la peau. C'était un drôle de petit animal qui mordillait avec courage. Partout, il était là partout et il s'amusait.

Au loin, la mer se vautrait, et après ces enfilades de journées obscures, je me trouvais idiote et malheureuse. Moi aussi j'aurais bien voulu rester étalée, avec le seul mouvement des jours et des nuits. Moi aussi j'aurais aimé jouer avec les êtres, sauter après eux, comme le faisait le soleil.

Sans me retourner, j'appelai Maria : « Les maillots de bain », comme on commande : « Les chars ». Elle fut indignée : « Tu es folle, c'est gelé. »

Je me lançai vers la mer, le sentier descendait. Il était sec et précis, il était bien. J'étais nue quand Maria me rejoignit. Je reçus une bonne gifle glacée : c'était nager.

Le visage de Maria flottait tout contre moi, les cheveux collés, les dents luisantes. D'un coup de reins je fus contre elle. Je la pris par la taille, enlaçai mes jambes aux siennes.

(Des années plus tard, cette mer à laquelle il devait songer en m'écrivant – nous nous y étions baignés ensemble, H... très peu et très vite, il avait horreur de l'eau et de la nudité – me giflerait de la gifle glacée de sa mort à lui.)

Bien entendu, j'ai omis de l'en remercier! Les « grâces » n'étaient guère d'usage entre nous... Et puis j'avais le sentiment enfantin et vexant qu'il avait voulu écrire « à ma place », comme le fait parfois un professeur de français, pour montrer à un élève comment améliorer sa copie... Aujourd'hui, je savoure la tendresse qui court sous cet effort pour se lier à moi par ce qu'il y a de plus indestructible : l'écriture!

Comme dans cette autre lettre, en apparence désinvolte, par laquelle, dix ans auparavant, H... m'informe de sa propre mort, et même de la façon dont elle aura lieu. Dans la toute dernière ligne, il semble qu'il la souhaite...

> Cela va vous amuser parce qu'il y est question de Cocteau. On nous avait fait dîner chez un type très gentil et je le ramenais quand un chauffeur nègre nommé Février nous a tamponnés avec énergie avenue des Champs-Elysées.
>
> Terrain mouillé, étonnement, nous avons tourné trois fois sur nous-mêmes. Cet accident a duré un temps fou, votre ami Cocteau très calme, pendant tous ces tours je le tenais d'une main et le volant de l'autre. Les agents ont été ennuyés de voir qu'il n'y avait pas de blessés, car, ainsi qu'ils l'ont fait remarquer, « ça aurait fait un boum ». La gentille Jaguar est en loques du côté gauche.
>
> C'est d'autant plus triste qu'il y a quinze jours, en revenant de Verrières par un brouillard épatant, je suis entré dans un chantier. La gentille Jaguar a démoli un tas de palissades. On venait justement de la réparer. Le Bon

Dieu est assez injuste de la laisser souffrir tandis qu'il ne m'arrive rien.

Sur l'instant, je n'ai noté qu'une chose : la Jaguar était en miettes, H... ne viendrait donc pas me rejoindre à la campagne, comme je l'espérais et comme il me l'avait à peu près promis... En plus, il dînait avec Cocteau sans moi, alors qu'il savait à quel point je souhaitais me retrouver entre eux deux... Et cet imbécile – nous nous appelions souvent ainsi – faisait des phrases! J'étais déçue et furieuse... Ce qui s'est traduit par un air froid, indifférent et dédaigneux...

Aujourd'hui, foudroyée de lire sous sa plume ces phrases de « voyance » et de pressentiment, je ne peux m'empêcher de les rapprocher d'un paragraphe d'un de ses romans où son héros, qui roulait trop vite en voiture, se fracasse exprès dans une fosse profonde.

Or, dans l'accident où H... trouva la mort, sa voiture, après avoir défoncé la rambarde d'un pont, est allée s'écraser, elle aussi, en contrebas dans un fossé bien profond et définitif.

H... m'a également laissé le souvenir d'intenses moments de silence.

Nous étions étendus sur la terrasse d'une maison isolée, près du Rayol, dans le Var, prêtée par ses propriétaires. La nuit d'août, très étoilée, était sublime, et nous nous tenions par la main, à distance l'un de l'autre, comme deux gisants. Tout à coup, j'ai eu le sentiment que nous nous détachions de l'écorce terrestre, arrachés à la pesanteur par une force bien plus puissante, pour tomber ensemble dans les étoiles. Jusqu'à ce que H... bouge le premier.

Toujours du côté de Saint-Tropez – cette fois c'était Pâques et il faisait un peu frisquet –, nous promenant au hasard, nous nous sommes retrouvés sur une plage nommée Gigaro, alors ignorée. A la lisière du sable, quelques-unes de ces plantes un peu grasses qui ont le bon esprit d'apprécier l'air salin étaient en pleine floraison. De minuscules fleurettes d'un jaune vif, particulièrement brillant.

H... s'arrête – il aurait pu être acteur, tant il avait toujours l'air de « jouer » ses attitudes –, tout son corps en point d'interrogation : Qu'est-ce que c'est que *ça*? Oui, ça, là, ce jaune, tout aussi insolent, dans le bruit écumeux d'une mer ce jour-là houleuse, qu'un hussard bleu?

Bleus aussi le ciel lavé par le mistral et nos deux jeunes vies, étonnées d'aimer et se débattant, là-dedans, comme des chiots... ou de beaux diables!

Jamais je n'ai parlé de lui à Bernard... car jamais je n'ai rien éprouvé d'aussi aigu depuis. Pourtant, Bernard, sans le savoir, l'a aimé, ce garçon, en m'aimant. Ainsi s'aiment les hommes, la plupart du temps, à travers leurs femmes et dans le plus grand secret.

A MA seconde visite chez Bertrand, j'avais hâte de lui poser ma question : « Croyez-vous que je pourrai un jour habiter ma petite maison?

— Je ne crois pas que ce soit recommandable..., me répond-il en hochant doucement la tête.

— Pourquoi?

— Si cette famille n'habitait pas là... Mais cette proximité est mauvaise pour vous! »

Rien que je déteste autant que le « non » et le « c'est impossible! ».

« Je n'arrive pas à me détacher... Quelque chose me dit que je ne le dois pas... »

Sourire lumineux.

« Suivez votre instinct. »

Puis Bertrand se tait. Il se recueille dans l'attente de visions me concernant. Elles viendront ou ne viendront pas.

« D'une façon subtile, reprend-il, votre énergie a commencé à se reconstituer.

— Pourtant, je ne fais rien... Que rester dans mon lit, sortir le chien, tenter de dormir, grignoter quelque chose, ne voir personne...

— C'est pour ça que votre énergie se concentre... Vous menez exactement la vie qui, en ce moment, vous est nécessaire... »

A nouveau le silence.

« Vous êtes en communication constante avec votre mère...

– Pourtant, je ne la vois pas non plus...

– Cela ne fait rien...

– Il est vrai qu'entre ma mère et moi la communication n'est jamais passée par les mots...

– Oui, c'est ainsi entre vous deux... »

Plus doucement encore :

« Dans une vie antérieure, votre mère a dû être une aristocrate...

– Je l'ai toujours senti », dis-je pensive.

C'est vrai que j'ai toujours ressenti l'élévation de ma mère par rapport à son milieu et même au reste de sa famille. Ma mère venait d'ailleurs... A cause d'une vie antérieure ? Pourquoi pas !

On peut me dire ce qu'on veut, en ce moment. Bernard m'a tellement menée en bateau, au nom du rationnel, du sens critique et du bon sens – de l'intérêt », aussi –, que plus rien du contraire ne peut désormais me choquer.. Je n'ai plus de censure, de refus, de dédain... Ou plutôt, tout ce qui vient des hommes m'est totalement étranger... Comme si nous n'étions pas de la même espèce, eux et moi... Alors, un peu plus, un peu moins !

« Vous allez apprendre une mort.

– Mon Dieu !

– Pas dans votre famille, un ami. »

(Ce qui, bien sûr, se vérifia rapidement, mais les morts se vérifient toujours, et je n'en ai pas été stupéfaite, comme de sa première voyance.)

En quittant Bertrand, je l'embrasse. En ce moment, pourtant, il m'est difficile d'embrasser quiconque, hors le chien.

Quand nous sommes arrivés chez le voyant, Bonhomme n'a pas eu à réclamer à boire, l'écuelle était au milieu de la pièce. Il s'est dirigé vers elle quand cela lui a plu. On peut tenter un animal avec de la nourriture, mais il ne boit que s'il le veut bien.

Une fois son eau « lapée », le chien est revenu se coucher entre mes jambes... Je sens qu'il écoute ce que me dit Bertrand. Bonhomme, comme tous les animaux, doit avoir des pressentiments, et regretter désespérément de manquer de mots pour m'avertir. Sans doute est-ce pour tenter de le faire qu'il s'est si profondément laissé mordre, cet été, et presque aveugler. Il voulait me faire comprendre que l'« aveugle », la « mordue », c'était moi!

Et je me dis que si Bonhomme boit si bien l'eau que lui offre Bertrand, c'est pour le remercier de l'avoir relevé de la tâche, physiquement si douloureuse, d'avoir à m'avertir! En somme, Bertrand lui épargne bien du tracas, à ce chien! Quand je le dis au voyant, il se met à rire...

Comme il a ri quand je lui ai confirmé que je ne souhaitais aucun mal à Bernard, après qu'il m'eut répété qu'il voyait des malheurs fondre bientôt sur cette famille... surtout sur lui.

« Oh, non, j'espère que non!
– Je suis soulagé de vous entendre dire ça...
– Pourquoi? »

Le voyant m'explique que nos sentiments de haine se retournent contre nous. Les vibrations mauvaises que nous produisons, comme celles d'une pile atomique, n'attaquent pas que l'entourage. Bertrand, parce qu'il éprouve de l'amitié pour moi, est heureux que je ne me fasse pas du mal à moi-même par esprit de vengeance...

« Voyons, Bertrand, croyez-vous que Léonard de Vinci aurait apprécié s'il avait su que *la Joconde* allait être détruite, ou même si on la lui avait volée? Bernard, c'est ma *Joconde*... Quatre ans de ma vie, je me suis consacrée à le " faire "... Il est mon œuvre, même s'il m'échappe, et je continue à me réjouir de le voir réussir, plutôt qu'échouer! »

Bertrand repousse vers moi les photos de Bernard que j'avais apportées.

« Fuyez quand même ces gens.

– Vous croyez qu'ils sont plus forts que moi?

– Ils sont nocifs. »

Il est vrai que le malheur les poursuit. Tous ces cancers... Et je n'ai jamais vu autant de morts, autour de moi, que du temps où je les ai fréquentés.

Une fois dans la rue, mon cartésianisme tente de reprendre le dessus, comme un vieux pli indéfiniment repassé dans un vêtement : ce qu'on appelle la « voyance » n'est que la lecture de ce que les scientifiques, désormais, nomment votre « aura », et que la thermographie commence de photographier, sous certaines conditions... A la lecture des clichés, on aperçoit des taches. Ces zones diversement colorées permettent de diagnostiquer une maladie en cours, comme Bertrand « voit » les malheurs... Et s'il a vu trois mois à l'avance mon infortune, c'est qu'elle était déjà inscrite dans mon être inconscient, même si je prétendais l'ignorer. N'avais-je pas, au centre de moi-même, ce point que rien jamais n'arrivait à réchauffer, et que j'avais appelé « le glaçon »? Glaçon égale glas...

Au cours de mes heures les plus paisibles avec Bernard, au centre de ce viscère nommé cœur, cette pointe aiguë, glaciale, entretenait en moi un foyer de terreur... J'essayais de me rassurer : « C'est normal, j'ai peur de l'avenir. En ce moment, nous faisons de telles dépenses... Bernard me dit que ce sont des investissements, je suis d'accord avec lui, malgré ça mon côté paysan se rebiffe... Et puis je travaille trop, mon ressort est un peu fatigué... »

Bertrand, dont les antennes sont incroyablement sensibles, a perçu mon désarroi dans la seconde de notre rencontre... Après la rupture, d'autres personnes sont venues me dire : « Ces derniers temps, tu avais l'air épuisée... Et puis tu laissais tomber des petites phrases découragées... et si tristes...

– Bernard était loin... Je n'avais pas de nouvelles!

– Pas seulement pour ça! Mais on n'osait rien te dire... »

Bertrand a osé. Est-ce là ce qu'il a en plus des autres, son courage pour s'aventurer hors des sentiers battus? L'amour est un mystère, comme la mort... Pourquoi pas la voyance, qui parle des deux?

Je me dis maintenant que Germaine aussi a montré du courage. Elle aimait Bernard et elle l'aime toujours, j'imagine. Mais quand elle a vu la façon dont il se comportait avec moi, ses jugements sont tombés : « Il a besoin de te cacater dessus », m'a-t-elle dit dans son langage issu de celui des enfants, c'est-à-dire au plus près du corps et de ses fonctions.

« Mais pourquoi, Germaine, pourquoi? Qu'est-ce que je lui ai fait?

– Je ne sais pas... »

Elle hésite.

« Du bien, j'imagine... »

En disant cela, elle m'a jeté ce regard sans âge que tout à coup, enfin, je situe : c'est celui des nouveau-nés! Un regard qui a l'air de tout savoir, tout connaître, encore imprégné des mondes qu'il lui a fallu traverser pour rejoindre le nôtre. Est-ce pour cela qu'il impressionne tant les adultes?

Les regards des tout petits bébés, comme celui de Germaine, ne sont pas des regards enfantins. Ce sont des regards d'outre-vie. Magnifiques. Ils nous ressourcent dans notre véritable matrice, le cosmos.

Il n'y a pas bien longtemps, me regardant de côté comme chaque fois qu'elle se sent au bord d'une découverte, mais n'en est pas tout à fait sûre, Germaine a cette réflexion hors tout :

« Tu sais...

– Quoi?

– Je crois qu'on peut leur parler...

– A qui?

– Eh bien, à nos organes!... Quand ton estomac te fait mal, ou un autre de tes viscères, en fait il te parle... Parle-lui à ton tour!... Tu vois ce que je veux dire?

– Parfaitement, ma chérie, tu veux dire qu'il faut rassurer nos organes, quand ils souffrent, en leur expliquant ce qui leur arrive?

– Oui », me dit Germaine, qui prend de l'assurance en voyant que je ne suis ni étonnée ni choquée. (Elle oublie que c'est elle-même qui m'a ouvert la comprenette...) « Tu sais, nos viscères, nos organes sont habitués au langage! On parle tout le temps autour d'eux! Mais on parle *d'eux*, on ne leur parle pas *à eux*... Ou si rarement!

– Oui », dis-je dans un souffle.

Comme la folie est proche de la plus grande raison!

Ces pauvres gens qui monologuent, parfois, dans la rue, pour « s'expliquer » avec eux-mêmes... Voici que j'en fais autant, dans ma chambre, déclarant à mon gros intestin qu'évidemment il n'a pas tellement apprécié le riz à l'orientale que j'ai cru bon d'ingurgiter à son insu, mais qu'il est tout à fait capable d'en venir à bout, je connais ses capacités... En même temps, je pose ma main sur ses plis et replis (je sais qu'il débute sur ma droite et aboutit à ma gauche...). Tout en lui parlant, je le caresse dans le sens du poil et de ses circonvolutions! L'un aidant l'autre, il se calme, se déspasme, digère...

Bonhomme, qui m'entend monologuer, ne s'inquiète pas outre mesure. Du moment que je prononce des mots sur un ton gai et paisible, il est content.

Comme l'était Bernard, quand je l'aidais avec mes mots, tandis qu'il s'endormait, à « digérer » la vie. Notre vie.

« Sors, habille-toi! me dit un vieil ami. Ces derniers temps, tu ne te soignais pas assez, ça se voyait... »

C'est vrai, une robe, un chandail que mon amant avait approuvés me suffisaient, car je ne voulais pas risquer de perdre une minute de mon intimité avec lui en essayages ou dans les magasins. Surtout, je l'ai dit, qu'il me préférait peu voyante...

Moralement aussi, j'étais devenue « ordinaire », prenant le pli d'être toujours d'une humeur égale et rassurante, tant Bernard avait l'angoisse à fleur de peau... Mon discours s'était « raplati » : « Tout va s'arranger... Tout est sous contrôle, ne t'en fais pas... Nous trouverons une réponse ou une solution à tout... »

Et tout avait explosé!

« La fusion, m'a dit l'analyste, la fusion! Vous n'y avez pas échappé! »

Cette tendresse pour le corps de l'autre, ces petits services corporels si facilement rendus : on s'entre-gratte, soigne plaies et bobos de l'aimé, se réjouit de ses succès et de son apparence plus que de la sienne! C'est donc cela, l'« erreur fusionnelle »? Deux êtres qui ne font plus qu'un dans l'imaginaire? Est-ce un crime?... Est-ce un drame?... Une impru-dence, en tous les cas!

Et si j'ai maigri de moitié, c'est bien parce qu'il a

fallu que je me coupe en deux pour me séparer de mon siamois...

Après l'admonestation de mon ami, je m'approche à nouveau des miroirs pour repérer de moi « ce qui reste »... Seins pratiquement disparus, taille à encercler des deux mains. Et qu'est-ce que c'est que ça, qui saille sous la peau, devant et dans le dos? Mes côtes! Je ne les avais plus revues depuis mes quinze ans, âge où, après une intense poussée, j'ai acquis ma taille définitive.

Curieusement, cette vision de mon squelette mis à nu ne m'inquiète pas : j'ai le sentiment d'apercevoir enfin l'armature de mon corps. Si j'en ai une, c'est que je suis solide! Bâtie à chaux! (Une fois frotté le sable de mes yeux!) Mais quand je dis « moi », ces temps-ci, je ne sais plus de qui je parle!

Je m'éloigne un peu de la glace pour faire connaissance avec cette « étrangère »...

Mon précédent analyste m'avait dit : « C'est drôle, on dirait que les hommes glissent sur vous sans vous marquer... » Cette fois, cher ami, rassurez-vous, c'est fait! Marquée je le suis, depuis Bernard! Du coup, et comme si j'avais été passée au four, ma forme se solidifie et réapparaissent tous les précédents « coups de pouce ». De miss Davis, par exemple, j'ai acquis, je ne sais comment, l'anguleuse silhouette... De mon père et de ma superbe tante, je me flatte d'avoir le port, l'entrée souriante en tous lieux... De ma mère, l'air d'inaccessibilité profonde et – quoi qu'il en semble – la sérénité... Car l'étrangeté de ma mère, qui bien souvent paraît dans l'angoisse, c'est qu'en fait elle la « mime »! Dans le tréfonds de son être, elle reste impassible, en totale sécurité avec elle-même... Des quelques hommes que j'ai le plus aimés, mon mari et Bernard, j'ai le sens de l'« attaque »... Si l'on ne vient pas vers moi, je vais à l'autre, en apparence gracieuse, mais prête à mordre... Quant à Bonhomme, ces derniers temps, il m'a appris à demeurer sur mes gardes, à toute heure, en tous lieux, avec des yeux dans le dos, et des oreilles qui n'en finissent plus, pour déceler l'ennemi... ou l'ami!

L'étonnant, c'est que ce bric-à-brac tienne debout! Qu'est-ce qui est « moi » là-dedans? (J'oubliais la touche de férocité léguée par le tailleur de granit, mon grand-père maternel, qui allait de pair avec une infinie patience face au gros œuvre fait à la main... « Des paluches, il avait des paluches! » me dit un mien cousin qui l'a mieux connu... Moi aussi, mentalement parlant, j'ai des « paluches », dont mes écrits, parfois, se ressentent...)

« Tu es douce, me dit l'homme qui insiste pour s'approcher de moi, je t'aime parce que tu es douce! » La première fois qu'il me l'a dit, j'ai cru tomber! Douce, moi? Puis j'ai fait un retour sur moi-même : il est possible que ce soit ça, le fond de moi, la douceur... Ce « liant » qui m'est insaisissable et donne son unité à tout cet héritage et ces emprunts hétéroclites... La douceur, ce serait le fond de sauce! « Moi! »

Assez considéré! « Maintenant, dis-je en quittant le miroir, tu vas me faire le plaisir d'aller te rhabiller! »

C'est l'été, et pourtant je cours chez le fourreur! Je m'enveloppe dans des visons violine, des kalinski blonds, des renards à jeter, comme des cascades, tout autour de soi... Mon vieil ami le fourreur – il a travaillé trente ans aux côtés de ma mère – me regarde avec détachement... Que j'hésite entre cette somptuosité ou cette autre, pour lui c'est du temps perdu : je n'ai qu'à prendre les deux! (Les femmes qu'il habillait dans les années cinquante possédaient parfois plus d'une centaine de fourrures...)

J'aime qu'il dédramatise le vêtement de haut luxe et le traite pour ce qu'il est : quelque haillon de notre être... C'est pour ça que j'en emplis mes armoires, foule au pied au lieu de suspendre, dédaigne, déchire, reprends, pour finir par sortir dans une robe que m'avait fait faire ma mère, il y a belle lurette, pour mes fiançailles... Faille noire, le buste étroit plissé main, une longue bande de satin violet incrustée au bas de la jupe en biais. On s'exclame : « Mais qu'est-ce que c'est que ça? C'est superbe!

– La robe de mes fiançailles, elle n'a pas bougé...

– Toi non plus! »

Ce qui n'a pas « bougé », c'est ma mobilité intérieure, cette possibilité d'aller sans cesse d'un bout à l'autre du temps, comme sur un circuit automobile en forme de spirale... Longtemps je me suis dit : « Vite, plus vite, ça va s'arrêter! »... Maintenant, je sais que rien de ce qui a commencé ne s'arrête jamais. Finalement, j'ai pris les renards. Contradiction humaine : je hais qu'on les tue!... Mais il me semble que le brillant de mes yeux noirs leur redonne un regard.

« Mes vilains petits yeux marron en bouton de bottine ne craignent rien, ça n'est pas comme les jolis tiens!... », disais-je à Bernard qui se plaignait que ses yeux bleus soient trop sensibles à la lumière du soleil...

T'en souvient-il, mon amour?

En le perdant, j'ai perdu mes yeux bleus... J'ai perdu ma virilité, j'ai perdu l'homme en moi... Et aussi sa chevelure d'une exceptionnelle couleur châtain clair, teintée d'un reflet rosé... Léonor Fini se vante, comme je me vantais des cheveux de Bernard, de posséder un chat vraiment rose... Vava m'avait dit : « Quand les garçons étaient petits, c'était mes fils les plus beaux! Vous avez de la chance, maintenant c'est Bernard... »

La beauté de Bernard fut un bel élément de mon train de vie.

Comme le manteau de renard.

Je vais devoir continuer sans! (Je parle de Bernard.)

Sanglée dans mes nouveaux vêtements – je n'ai pas acheté que des fourrures –, je recommence à sortir dans les lieux publics. A une réunion où il s'agissait de fêter le succès littéraire d'un homme de cœur et de talent, on me présente à une chanteuse si célèbre que j'avais peine à la croire tout à fait « vraie » avant cette rencontre.

Il n'y a pas encore beaucoup de monde, et la jeune femme, sous sa frange tout aussi célèbre qu'elle, le regard sombre et droit, cherche un interlocuteur. Je m'avance.

« Cela me fait tout drôle d'être ici... », commence-t-elle.

Moi aussi ça me fait drôle de la voir près de moi. Nos univers, me semble-t-il, sont si différents, presque opposés...

Je me trompe.

« C'est qu'il y a à peine quelques heures, j'étais encore en Chine!

– Ah? »

Mon oreille se dresse.

« Imaginez-vous que je suis la première chanteuse française à avoir été invitée à chanter en Chine...

– Comment vous a-t-on reçue? »

Et si elle avait rencontré Bernard? Les miracles, je l'ai dit, ne m'étonnent plus... Va-t-il s'en produire un?

« Magnifiquement... Tous ces gens qui m'applaudissaient sans fin... C'était extraordinaire. »

Jusque-là, rien que d'attendu, étant donné sa gloire et sa gentillesse. Mais je la sens sous le coup d'une forte émotion, qui n'est pas professionnelle et dont il lui faut se délivrer auprès de qui saura l'entendre. Elle ne pouvait mieux tomber!

« Juste avant de prendre l'avion du retour, on

m'a emmenée visiter une sorte de palais à l'intérieur duquel il y avait une chose superbe!

– Quoi?

– Un temple de jade!

– Que dites-vous?

– Eh bien, oui... Une sorte d'édifice sculpté, tout en jade... Je n'ai jamais rien vu d'aussi beau! C'était phosphorescent!

– Une maison de jade, en quelque sorte?

– C'est ça! »

Je m'étais préparée à une surprise, mais ma stupéfaction est sans bornes! D'où vient que cette belle jeune femme, à l'accent ensoleillé que je prête en imagination à ma remplaçante, me parle ex abrupto, à moi qu'elle ne connaît pas, d'une « maison de jade »? Je la presse de questions, mais elle n'en sait guère plus, livrée qu'elle était au bon vouloir de ses interprètes... Et puis elle a vu tant de gens, tant de choses... Si le Temple de Jade l'a frappée, c'est qu'il est la dernière image, et la plus précieuse, qu'elle ait emportée de Chine : celle d'un « bijou » aux proportions d'une petite maison. Ses yeux scintillent en l'évoquant! Comme les miens, j'imagine, en l'écoutant.

Et je comprends, sans qu'elle ait à le dire, le message que des « forces invisibles » l'ont chargée de me transmettre, elle dont le destin d'artiste est de servir de médiatrice.

La Maison de Jade, dont elle m'assure qu'elle existe, comme j'en ai eu la prescience, c'est la représentation du corps de la femme.

En aménageant ma maison, où luit désormais l'anneau de jade, je me donnais un nouveau corps pour le bonheur. Bernard et moi allions pouvoir nous y enraciner, à deux, ce qui nous aurait permis, par la suite, de partir chacun, enfin libre, enfin complet, dans une nouvelle direction...! Car il ne peut y avoir d'oiseau sans d'abord un nid.

La jeune messagère m'a quittée, happée par un groupe d'admirateurs. Mais je sais que c'est pour moi qu'elle a visité le Temple de Jade en Chine... Pour me confirmer que le corps de toutes les femmes est une maison.

Et que ce sont peut-être les femmes stériles – elle aussi n'a pas d'enfants – qui donnent le mieux l'« autre vie ».

Le jour où je déménage les affaires que j'avais entassées dans le grenier de Nunu en attendant d'installer la petite maison, quelle canicule!

Dans le four chauffé à blanc qu'est le grenier à deux heures de l'après-midi, les jeunes déménageurs suent à grosses gouttes, car ils ont fort à faire. Certains cartons ne sont pas ouverts, mais d'autres, éventrés, laissent échapper le passé... Vêtements que j'ai portés avant de connaître Bernard. Dessins et photos du travail de modéliste de ma mère et également de ma marraine, la grande couturière des années trente, livres dédicacés au père de mon amant mélangés aux miens, la belle vaisselle bleu et or au chiffre de Nunu, abandonnée par Bernard, sauvée et empaquetée par mes soins, mêlée à mes ustensiles en inox, verres de bistrot de provenances diverses – l'un de nos goûts communs à Bernard et à moi –, meubles en kit, démontables, démontés, et dont il manque des éléments, canapés défoncés que je comptais faire remettre en état, débris non identifiables, certificat de la Légion d'honneur du père de Bernard – cet homme, que je n'ai pas connu, présent à mon malheur comme il le fut, par sa photo avec ma mère, à mon bonheur... –, tasses sans soucoupes, soucoupes sans tasses, fatras, rideaux décrochés à retailler, planches d'une table à tréteaux sur laquelle je comptais travailler, meubles de ma chambre d'enfant, chaque objet a une histoire et possédait, dans mon esprit, un avenir...

Debout, me cognant régulièrement la tête contre les poutres empoussiérées, je demeure trois heures dans cette chaleur d'enfer à voir défiler le torrent, trier, m'exclamer, rire aussi, avec ces jeunes gens torse nu qui passent à toute allure les colis par la fenêtre, comme on ensevelit dans un caveau quelque cercueil un peu lourd, en criant « attention »... Heureuse de ne pas avoir emmené Bonhomme, il aurait eu chaud, il aurait eu mal – et moi, tout compte fait, je ne ressentais rien!

Depuis des mois, pourtant, je redoutais ce moment. Est-ce pour cela qu'en tout dernier lieu j'ai trouvé le truc? Transformer l'Epreuve en Exploit... Le matin même, je me suis levée avant l'aube pour faire cinq cents kilomètres, et j'ai décidé que, l'affaire réglée, je referais les cinq cents kilomètres dans l'autre sens pour rentrer chez mon père. Lequel avait bataillé, inquiet et furieux de l'être :

« Mais tu vas t'endormir au volant, par cette chaleur!

– Tu ne connais pas mes forces!... Je sais ce que j'ai à faire! »

Cette fois je ne fuyais pas sous l'insulte et l'injure, je partais de moi-même, délibérément et presque joyeusement. Car ça n'était pas *ma* maison que je quittais, mais celle de Nunu, c'est-à-dire la vie que j'avais menée auprès de ces gens-là, vie ingrate.

Nunu était aux aguets au bas de l'escalier, et, parfois, avec moi sous le toit. Satisfaite, croyait-elle, de me voir décamper. Mais quelque chose en elle, je le voyais à son air vide et désolé, était averti que ses chances de renouveau détalaient avec moi...

Quand j'ai dit : « Voilà, c'est fini! » elle a jeté un regard tournant sur le grenier où ne demeuraient que ses propres débris.

« Il faudra ôter la poussière! » a-t-elle commandé à la personne chargée du ménage, une femme amicale, tout en rires, en gaieté et en courage.

« Bien sûr! » a dit Mme Guillaumet, clignant de l'œil à mon intention.

Nunu, comme la bonne dame l'avait compris en même temps que moi, désirait balayer jusqu'à la trace de mes pas...

Je m'étais apprêtée à en pleurer, et il se trouve que je riais en songeant au Député Conseiller Général! Il allait être si content d'apprendre que c'en était fini de ma « présence indécente »!

Toutefois – car à leur contact j'ai appris à faire des comptes –, je fis remarquer que je laissais derrière moi quelques objets d'importance : le four électrique, l'aspirateur...

« Reprenez-les, dit timidement Nunu, qui quand même y tenait.

– Non!... comme ça, chaque fois que vous les utiliserez, vous penserez à moi... »

Moi aussi, je pensais à eux. Discrètement, je me suis assuré que ma bague de jade était toujours dans son recoin, d'où je l'ai extraite pour la considérer une dernière fois, avant de l'enfoncer plus avant dans sa cache. Personne ne l'y dénichera, sauf incendie. Ou alors, une autre génération, qui tombera par hasard dessus en démolissant le bâtiment et évoquera ma mémoire, si mon récit lui est parvenu...

Avant de quitter l'Orée, je suis allée saluer mon copain, bien silencieux par cette chaleur... Un vilain bâtard, ami de Bonhomme, auquel le corniaud, dès ses trois mois, a eu l'esprit de faire allégeance. Bien que trois fois plus petit que lui, Bonhomme, flatté, entreprit alors son éducation et lui apprit tout : à lever la patte comme à faire face aux promeneurs avec le soupçon d'agressivité qui convient, quand nous l'emmenions avec nous en forêt.

Aujourd'hui, cette bête quitte rarement sa cage. Qui a le temps – ou le goût – de se pencher sur lui? Je la lui ai ouverte pour le voir se précipiter à mon cou – j'en porte encore la griffure –, si pitoyable, si démuni, si fidèle... J'aurais pu en pleurer, mais je me suis contentée de lui affirmer qu'il n'y a pas que les chiens à connaître la fidélité et que je penserai toujours à lui.

Avant de monter dans la voiture, j'ai quand même embrassé Nunu. Les baisers, c'est l'une de ses manies, et Bernard m'avait mise en garde avant de me la présenter : « Dans ma famille, on embrasse tout le temps! » Comme si les baisers signifiaient forcément la tendresse! Le plus souvent, ils me font penser à la léchade d'un chien qui a envie de vous mordre et, pour y goûter un peu tout en se retenant, passe la langue... (Au Moyen Age, l'accolade était une façon d'éviter de se poignarder...)

Pour moi, je préfère parler qu'étreindre. Mais que dire à Nunu, puisqu'elle se refuse à m'entendre « sur le fond »? Lui demander sur quel meilleur voisinage que le mien elle compte? Elle m'a avoué que son fils si chéri n'était venu que trois fois, depuis mon départ. Quant à la « future », depuis neuf mois, c'est à peine si elle l'a aperçue... Le ton de Nunu en disait long sur l'affection qu'elle lui porte! Et qu'elle en reçoit!

Je ne triomphe pas, car, en dehors de mon amour pour Bernard, j'ai eu avec Nunu ce qu'on nomme une relation personnelle. Elle me voyait presque chaque week-end, en semaine aussi, et en vacances. Nous avons partagé des deuils, mais aussi des plaisirs, des voyages, plusieurs Noëls, des espoirs et des craintes pour un même homme... Elle m'a également raconté sa vie. Nunu, si secrète, si ensevelie et si difficile à aimer car elle ne se donne qu'en surface, je l'aimais... Je la sentais si prête à aimer elle-même. Il ne lui manque que de savoir qui! C'est-à-dire ne pas se tromper d'objet d'amour – si souvent elle a été trahie, l'est encore –, une erreur qui m'est familière, et nous rapproche.

C'est à cela que je songeais en roulant au cœur de la nuit sur l'autoroute Aquitaine, dans le sifflement du turbo en pleine action. Aucune circulation, à peine quelques routiers, le pied, eux aussi, pas mal enfoncé sur la pédale... Point de gendarmerie... Mais je me moquais bien des gendarmes, ce jour-là, car je me sentais implacablement dans mon droit, le droit-fil de ma propre vie. Enfin j'étais un être entier, en pleine cohésion avec moi-même, communicante, communicative. En communion.

Une image me revint à l'esprit que j'ai enregistrée, sur l'instant, sans y réfléchir. L'un des déménageurs portait, tatoué au milieu de sa poitrine, un dessin qui avait la forme d'une croix de bois. Celle sur laquelle on a l'habitude de voir suspendu le Christ. Cette fois, c'était la croix, format réduit, qui se trouvait sur un jeune homme. La croix était « crucifiée » sur de la chair souple et jeune. En somme, la victime sempiternelle avait pris le dessus sur l'instrument du supplice! C'était bizarre, ce signe qu'avait choisi de me faire le destin, au moment précis où, pour moi, la situation se renversait.

En quittant assez vite l'Orée, j'ai jeté un dernier regard par le rétroviseur. Nunu était sur le chemin, à me voir partir. A quoi pensait-elle? Je crois qu'elle ne le savait pas... Mais la maison de jade, derrière elle, s'est mise à resplendir, verte, phosphorescente, sulfureuse...

Je n'avais lancé qu'un coup d'œil sur mon potager – pas le moment de s'attendrir – pour constater qu'il était convenablement planté en carottes, tomates, haricots verts, herbes de toutes sortes. Lavande. Cosmos, aussi. Et des roses. En somme ce que je veux et ce que j'aime.

Nunu, comme si souvent, était sur mes pas.

« Il est beau, mon jardin, ai-je dit sans me retourner.

– Oui », m'a-t-elle répondu, sans ajouter : « C'est le mien! »

Car ça ne l'est pas! Et qu'on ne vienne pas me dire qu'en piochant cette terre qui m'appartient pour y faire pousser ses légumes elle ne pense pas à moi qui la possède! (Je pourrais à mon tour parler de « présence indécente », comme le Député Conseiller Général, mais je ne le ferai pas. Aucun être, même sans titre complet de propriété, qui est *à ce qu'il aime*, comme j'étais moi à cette maison, ne me paraît indécent...)

Bernard avait peut-être raison quand il m'a dit, dans le TGV, qu'avant tout j'aime les femmes! C'est vrai, mais c'est parce qu'elles aiment les choses de la vie, le travail concret et patient qu'elle exige, auquel elles se donnent à fond et sans calcul... Vava, des heures durant dans cette cuisine qui n'était pas la sienne – comme dirait le DCG... –, et ma tante, autrefois, chez ma mère s'affairant pour nous confectionner des plats exquis... Et ma mère elle-même, chez ma marraine, et ma marraine, infatigables, à leurs modèles, s'épuisant pour la « gloire », mais aussi pour des sociétés où elles étaient minoritaires! (Tant pis pour elles, elles ont joué, dirait le Député Conseiller Général, et – même si elles sont désormais exposées au musée – elles ont perdu... Je raconterai un jour quel a été le calvaire des grands créateurs de la haute couture face à l'argent!) Tard dans la nuit, le tintement des bracelets de ma mère, travaillant encore et encore sur son mannequin de bois pour inventer des nouvelles coupes, m'enseignait jusque dans mon sommeil que l'ardeur des femmes à la tâche est sans limites.

Les hommes que j'ai rencontrés aiment avant tout les « idées ». Ainsi Bernard... Peut-être est-ce cela, être un homme, ne pas travailler de ses mains, puisque nous nous offrons si facilement à le faire à leur place!

Il va falloir que je me mette à aimer les hommes pour leurs seules idées! D'une certaine façon, ce sont leurs enfants.

D'ailleurs, puisqu'il est l'homme, c'est d'un commun accord que nous décidons de lui attribuer la plus belle pièce, où il installe son bureau, une belle grande table aux pieds tournés, léguée par son père... Cette surface va vite devenir un fouillis inextricable, où, à temps réguliers, c'est moi qui mets de l'ordre. Dans l'amusement, et parfois l'exaspération, de retrouver pêle-mêle factures, cartes de visite, mémos, courrier, et aussi mes lettres tendres...

Bernard prend l'habitude de tout me demander : « Où est ma montre? Qu'ai-je fait de mon stylo? Où ai-je mis le numéro de téléphone du colonel L...? »

Dans l'ensemble, je le sais.

Comme certains parents abusés par leurs enfants, j'aurais pu jurer qu'il ne me cachait rien!

En ma présence, du moins, au temps de notre vie commune, jamais Bernard n'avait levé les yeux sur une autre femme. Ce détachement le nimbe à mes yeux d'une sorte de grâce où j'ai cru percevoir son âme.

Depuis le début, c'est-à-dire le jour même de ma sortie de l'hôpital, je n'ai cessé de retourner dans le quartier de Bernard, que j'avais cru mien.

Les premiers temps, je souhaite inconsciemment, tout en le redoutant, rencontrer Bernard.

Le temps passe, la rencontre n'a pas lieu – mes heures ne sont pas les siennes, sans doute, ou alors mon ange gardien veille... L'aisance me revient à aller et venir dans ces lieux dont je connais chaque pierre, coin de trottoir, réverbère, porte cochère, façon dont s'ouvrent les volets des habitants du rez-de-chaussée, qui parfois sollicitent mon aide pour les accrocher sans sortir de chez eux. Bientôt, je me sens à nouveau chez moi – et même plus qu'avant, puisque j'ai à faire un effort volontaire et délibéré pour me trouver là –, et je passe parfois devant mon ancien logement sans même penser que je le longe.

Soudain, Bernard est là, devant moi. Le jour où je m'y attendais le moins! Lui non plus, j'imagine. Il doit me trouver changée. Je le suis. Plus maigre, sûrement, mais aussi plus droite : j'ai beaucoup redressé les épaules.

Quant à lui, je vois tout de suite qu'il est un peu dégarni – paradoxe du langage, c'est la conséquence de ce qu'on appelle « se faire des cheveux »! – et que le reste blanchit. Sa mâchoire est tellement crispée qu'il en devient prognathe. « Attention, je mords! » a remplacé le sourire forcé. Bernard cherchera-t-il indéfiniment à se donner un air?

Il porte l'un des costumes que j'ai si souvent si mal suspendus... et l'une des cravates que je lui ai choisies avec des soins d'amoureuse. On n'a pas beaucoup travaillé à renouveler son look, du côté de Carcassonne... Serait-on paresseuse? Ou non jalouse? Par rapport à moi, ça c'est du changement!

A moins que Bernard ne se soit décidé à ne plus dépendre que de lui-même. Et ce serait ça le plus grand changement!

Toutes ces pensées, le temps d'un regard. Allons-nous passer sans rien nous dire? Bonhomme, l'air détaché, n'exprime rien... Lui, si expansif, est capable d'une dissimulation infinie...

Alors j'attaque.

« Marié? »

Bernard ouvre la bouche comme s'il s'asphyxiait. Plonge :

« Non.

– Elle n'a pas voulu?

– C'est pas elle, c'est moi...

– Pas possible! Le Papa ne serait pas si riche que tu pensais?

– Ne sois pas méchante...

– Qui a commencé la méchanceté?

– Tu n'as pas compris... Pas voulu comprendre... J'avais besoin d'avoir des enfants...

– Ah bon, où sont-ils?

– Ecoute...

– De toute façon, ça n'était pas une raison pour me plaquer comme une paire de charentaises qui a cessé de plaire... D'autant que les charentaises – et j'en suis une! – c'est pour la vie...

– Il faut que je te parle.

– Il fait froid... J'ai froid... Bonhomme a froid...

– Salut, mon Bonhomme! »

Le chien est-il devenu sourd?

« Prenons un café au chaud, je te l'offre! me dit Bernard pour faire le grand seigneur.

– Merci, mais je suis pressée... Téléphone-moi si tu as quelque chose à me dire...

– Tu es toujours dans le même appartement?

– Tu plaisantes ou quoi? Comment serais-je ailleurs? Avec quoi?

– Justement, je voulais te parler d'argent...

– Bonne idée, mais mon avocat est là pour ça. Et le tien.

– Oh, les avocats...! On pourrait régler les choses entre nous?

– La dernière fois que tu m'as parlé au téléphone, tu m'as à moitié assassinée... Je m'en relève tout juste!

– J'étais en colère!

– Jusqu'au meurtre?

– Tu ne voulais pas comprendre...

– Je crois, au contraire, que j'ai trop vite et trop bien compris... Et c'est ça que tu ne m'as pas pardonné! J'ai eu le sentiment d'être devenue un rayon laser, brusquement... Je transperçais tout! Et je vais te dire quelque chose, Bernard, il n'y a rien de plus épouvantable que de voir soudain les gens qu'on aime comme ils sont... Sans tous les voiles et les embellissements qu'on met autour, pour parvenir à les supporter... Je n'ai pas supporté de te voir dans la réalité. J'ai voulu mourir. C'est tout.

– Tu m'avais idéalisé!

– Mais j'en avais peut-être besoin pour pouvoir vivre avec toi... Elle, comment fait-elle?

– Qui, elle?

– Eh bien, celle pour qui tu m'as plaquée... L'autre femme. Ta femme?

– Je viens de te le dire! Elle n'est pas ma femme et nous sommes séparés.

– Ainsi, elle t'a quitté?

– C'est moi qui ne veux plus d'elle! »

Une grande lassitude me tombe dessus. Elle n'aura pas fait l'année! Ça n'était pas la passion, ni même un amour, ni même... Rien qu'un prétexte, le premier rencontré, pour nous « casser », lui et moi. Car c'était nous qui comptions. Et c'était ça qui le gênait. Aimer. Etre aimé. Pour de bon.

Maintenant, je devrais m'en aller. Après tout, nous ne sommes ni en voiture ni en avion, et je n'ai pas bouclé ma ceinture, cette fois... Je suis libre.

« Pourquoi t'es-tu débarrassé d'elle?... Il y en a une autre?... Hein?... C'est ça?

– Oui... En fait... C'est-à-dire... »

C'est bien Bernard! Omniprésente ou pas, il lui faut une ombre, un double... Quelque nouveau « grand reportage » dans lequel il se lance – fût-ce pour un week-end – corps et âme... Une fois le reportage accompli, il fait comme tous les journalistes, passe à autre chose! Ah, je les connais, toujours partants, et sans un regard vers l'arrière!... S'il y a des plaintes au Courrier des lecteurs, quelqu'un y répondra à leur place...

« Plus riche encore? »

Cette fois, il sourit... C'est le seul point sur lequel je peux donc encore le toucher, son avidité sans mesure?

« En fait...

– Quoi?

– Elle est bordelaise!

– Et alors?

– D'une grande famille d'éleveurs de vins de Bordeaux... Tu sais bien qu'entre Bordeaux et moi c'est une histoire d'amour... C'est là où je me sens le plus de racines...

– Dans une bouteille de château-petrus 1975?

– Ecoute, ça n'est pas toujours facile de faire du mal à une femme!

– Quand as-tu découvert ça? Avec la Carcassonnaise? Avec moi?

– Avec toutes. Et avec ma mère.

– Qu'a-t-elle, ta mère?

– Elle est malade.

– Je la comprends. Moi aussi, je le suis.

– Tant que je ne lui aurai pas donné des petits-enfants...

– Eh bien, vas-y, mon vieux, qu'est-ce que tu attends? Plante-les, tes ceps de vigne à Bordeaux... »

C'est fou ce que les enfants qu'il peut avoir ou non, soudain, me sont devenus indifférents... Cela signifie que je ne veux plus avoir d'enfants de lui, je le comprends tout de suite. Je ne veux plus de lui pour père des enfants que je n'aurai pas, mais que je rêve quand même d'avoir et dont je rêverai jusqu'à la fin de ma vie... C'est peut-être le pire qu'on puisse penser d'un homme : ne pas vouloir de lui pour père de ses enfants imaginaires!

Cela me fait si mal que, soudain, j'en rajoute : « Puisque allez z'enfants n'a pas marché!...

– Allez z'enfants? »

Alors je lui raconte la mauvaise plaisanterie qui court quant à son désir de faire des enfants au son de l'air entraînant de Rouget de Lisle! Je le vois changer de couleur, rougir... Va-t-il me tabasser? Mais Bernard part de son grand rire, le meilleur, le plus fou! Celui qui fait trembler les rancœurs, dévaste, libère, nettoie...

« Ça alors, allez z'enfants! Bande de salauds, d'enculés que vous êtes! Elle est bien bonne! C'est horrible ce que tu viens de me dire, je ne pourrai plus jamais penser à elle sans... Allez z'enfants!... Surtout qu'au lit...

– Ne me dis rien! Et ne pense plus à elle, mon

vieux... Pense au vin de Bordeaux!... Chante-toi plutôt : " Boire un petit coup, c'est agréable... "

– Tu sais, ça n'est pas encore fait, sa famille... »

Ah, les familles!... Tellement méfiantes envers les beaux séducteurs!

Le rire de Bernard a-t-il rassuré Bonhomme? Le voilà qui s'approche de celui qui est et restera son seul maître, et pose ses pattes sur son beau costume. Ses pattes sales... Je crains la gaffe! Mais non, Bernard a gardé quelque noblesse. Il se baisse et l'embrasse sur le front... Entre les deux oreilles.

« Adieu », dis-je pour couper court aux attendrissements et aux pardons éventuels. (Je me connais : dès qu'un « beau geste » pointe le V de ses oreilles, je suis prête à mollir, tout oublier...)

Je tire sur la laisse de Bonhomme et m'enfuis avec lui. Nous savons courir, désormais, lui et moi.

Une Bordelaise! A quand la Lyonnaise et le saucisson?

Pour ce qui est de la Charentaise limougeaude, c'est-à-dire moi, je crois bien qu'elle a fait son temps. Vive la quille!

Mais non, je ne pleure pas.

Sur un seul point, mon entourage se révèle unanime : « Surtout, ne recommence pas avec lui!... Surtout, ne refais pas cette bêtise!... » Cela finit par m'exaspérer et je leur jette, avec le sourire : « Ne vous inquiétez pas, je ne referai pas cette bêtise, j'en ferai d'autres! »

Chacun a droit à son destin et le destin passe par ce qu'autrui nomme nos « bêtises ». C'est-à-dire nos passions... Car ça n'est pas dans le silence et la solitude de son cabinet – Pascal l'exprime *a contrario* en disant qu'il ne saurait rien arriver à qui ne quitte pas sa chambre. « Ne faisons rien, c'est plus sûr! » renchérit un personnage de Samuel Beckett – qu'on découvre son Amérique à soi... C'est en prenant la mer... et le large...

Bernard – c'est ce que je lui reproche le moins – court les continents, et moi je « marche » dans ma tête...

« Bientôt vous aimerez de nouveau », me dit Georges, l'air de juger qu'une telle « bête », moi, ne doit pas rester sans emploi ni attelage. En vérité, je n'ai plus envie d'aimer, car cet amour où je me suis laissée couler m'enveloppe, désormais, comme un cocon, une douceur, une fidélité sans faille, et sans bornes...

Je l'ai moi-même sécrété, goutte à goutte, mêlant

dans le même alambic tous les amours que j'ai connus, amours d'enfance et d'âge mûr, baisers volés, passions, douleurs, nostalgies, grands écarts du corps et du cœur, « bêtises » et conjugo, tendresse pour l'animal et aussi pour les arbres, les fleurs, ce rayon de soleil juste aperçu...

Ce jour, sur l'Atlantique calmé, où nous fûmes une éternité, Bernard et moi, j'ai fait le plein d'amour comme on fait le plein de super... Pour le reste de ma vie d'amante et de femme. Que viendrait faire un dernier homme dans ce nirvâna où, tout compte fait, je me sens, au sens plein du mot, « comblée »?

Et c'est évidemment le moment qu'Il choisit pour apparaître!

J'avais fini par accepter de me rendre à une fête organisée par des amis qui venaient tout juste de se rencontrer et avaient aussitôt décidé de se marier! Avec cette fougue et cette imprudence que n'ont, d'habitude, que les êtres très jeunes.

Avant même la cérémonie, les voici qui s'installent dans un grand appartement tout neuf, et très vide, dans le quartier des Ternes. Ce remue-ménage ne les empêche pas de penser à moi! J'ai besoin, ils le savent intuitivement, d'être dans des lieux où je ne me suis jamais trouvée avec Bernard et de rencontrer des personnes qui ne le connaissent pas et ne nous ont pas vus ensemble!

Dès l'entrée dans cet immeuble frais et aéré, j'éprouve, en effet, du plaisir à ne pas remettre mes pas dans mes pas, comme je le fais depuis des mois. (J'avais, je l'ai dit, tout partagé avec Bernard : dès que je pose l'œil sur un bibelot, il le connaît; j'ai conservé ses vieux chandails, m'endors parfois dedans; retrouve son écriture mêlée à la mienne sur mes agendas, nos – vagues – carnets de comptes; on m'écrit encore à nos deux noms... quand on ne m'appelle pas du sien!)

Ici, je suis comme mes amis : dans du tout neuf. Et je m'enchante de voguer entre ces vastes murs peints en gris bleuté, avec, par-ci, par-là, une tache de noir. Cet espace encore dépourvu de meubles est très beau. Je songe à des tableaux de Vermeer. Par l'enfilade des portes entrouvertes et dans la lumière qui vient de trois points cardinaux, les êtres humains ont des allures d'apparition.

Cet homme jeune, cette femme jeune – on est très jeune au début d'un grand amour – vont et viennent l'un autour de l'autre... Je sens qu'ils ont envie de se toucher et que ma présence les retient... Je décide d'abréger ma visite. Mais les ondes magiques emplissent à tel point le lieu que je leur dis : « Surtout, ne mettez pas de meubles, pas tout de suite! »

Je songe à mon premier bonheur avec Bernard, quand, entre lui et moi, n'existait encore aucun « meuble ». Sauf le désir.

« On n'en veut pas », me dit Florence, regard bleu améthyste, cheveu ras comme le chaume, et toute illuminée de l'intérieur, comme ces citrouilles où les Américains mettent des bougies, au temps du Halloween, et qui resplendissent dans la nuit.

Edgar aussi est beau. Je ne le connaissais pas, mais sa gaieté constante, son goût de la blague et ce subtil désespoir qui n'appartient qu'aux membres de la diaspora me sont familiers. Tout de suite, je le tutoie. Moi la Corrézienne et lui le Juif de l'Est sommes, depuis longtemps, frère et sœur. Il me parle voyages. New York, grands voiliers blancs sur lesquels il m'invite. Des mouettes emplissent soudain la pièce.

Ce sont mes animaux du rêve.

Je n'avais pas vingt ans quand, me promenant avec ce tout jeune homme qui allait devenir mon mari sur les falaises du pays de Caux, leur cri accompagnait mon vertige.

Je me souviens de ces à-pics où l'herbe tremble face à la mer, de ma terrible envie de vivre. Et de cet amour qui m'apparaissait sans fin, sans frontières, sans limites, comme l'horizon.

Ces mouettes, je les retrouve chaque fois que resurgit pour moi le bonheur.

Dans le quartier où vit Bernard, elles venaient presque me manger dans la main, tous les matins, avant de se poser sur la Seine, parmi les canards et, parfois, un cygne. A Genève aussi, elles ont tournoyé autour de notre amour tout neuf. Là, chez Edgar et Florence, qui ne se quittent pas des yeux, elles emplissent ces pièces aux murs gris-bleu, comme l'Océan. Ont-ils faits exprès de peindre leurs murs aux couleurs de la mer lorsqu'elle est libre et déchaînée?

« Dès notre retour de voyage de noces, on fait une fête et tu viens! »

Je viens.

Je mets une robe rouge. L'une des ultimes merveilles que m'a faites Chanel, avant de mourir, et que j'ai gardées précieusement dans un carton.

Je suis plus mince encore qu'autrefois. Au cou, le collier bleu que vient de m'offrir Régine, mon amie fidèle, pour me porter bonheur. « Il faut porter du bleu, toujours, m'a-t-elle dit en m'offrant timidement et largement mon seul cadeau de ce Noël-là, ça porte bonheur! »

Chez Edgar et Florence, en dehors d'eux, je ne connais personne. Ce milieu n'est pas le mien. Pas un éditeur, pas un écrivain, à peine, par-ci, par-là, un journaliste... Bernard est le dernier « journaliste » que j'aie fréquenté. Je m'éloigne des journalistes. Dans le mot journal, il y a jour le jour... finie la vie au jour le jour...

L'homme a les cheveux argentés et c'est lui qui m'adresse la parole.

« C'est beau, votre robe!

– C'est rare, les hommes qui regardent les robes!

– Lorsqu'on voit la robe, c'est qu'on a vu la femme. Vous êtes belle.

– Il y a longtemps qu'on ne m'a pas dit ça.

– A quoi songent les hommes?

– Vous en êtes un, dites-le-moi!

– Alors, venez vous asseoir. »

Je ne sais pas encore qu'il est si riche. Mais je sais qu'il a du temps. Pour m'examiner. M'interroger. Ma vie, soudain, m'apparaît comme ces mues dont un animal qui a subitement grandi tente de se débarrasser, en gigotant, se tortillant, dans une « danse » parfois maladroite.

Je ne vais quand même pas lui parler de ma vieille mue!

« Que faites-vous dans la vie? me demande Raymond.

– J'essaie d'en sortir.

– De la vie?

– De la mienne.

– Ah! »

Il se tait.

« Je suppose que cela vous déplaît. Les hommes aiment les femmes bien enracinées, ceintes d'enfants, d'habitude, de batterie de cuisine, de biens immobiliers, de comptes en banque, de...

– N'en jetez plus! Où est la femme, si elle est enterrée sous une telle pyramide? C'est un tombeau ce que vous me décrivez là...

– C'est ce qui plaît aux hommes.

– Pas à moi.

– Mon dernier amant n'aimait que l'argent. »

Raymond sourit, sort un étui à cigarettes en argent guilloché qui doit lui venir de quelque arrière-grand-père, ou d'un parrain très aimé, pour qu'il le conserve aussi soigneusement.

« Je vais vous dire quelque chose, madame l'Inconnue. Si votre amant, comme vous dites, n'aime que l'argent, c'est que l'argent ne l'aime pas...

– Ah?... Vous devez avoir raison... »

Me voici pensive. C'est vrai que Bernard n'a que des problèmes avec l'argent. D'où son besoin d'aller en chercher chez les femmes...

Soudain, l'image de Bernard s'estompe. Plus exactement, ses problèmes cessent enfin d'être les miens. Pour la première fois depuis longtemps, j'ai envie de me voir autre. Dans les yeux de cet homme étranger. Tout miroir est déformant. Mais celui-là a des reflets bleutés – et non « argentés » – qui sont comme la lumière de Rembrandt.

J'aime Rembrandt par-dessus tout. Le seul peintre à peindre notre destin d'êtres pour mourir, notre destin d'hôtes de passage.

Je me laisse aller, souplement, sur mon coin de divan. Plus exactement, je me déplace vers le centre du divan, qui tout à coup m'appartient en entier. Raymond, sur le fauteuil voisin, me regarde me déployer. Occuper plus d'espace.

Florence surgit.

« Alors, vous avez fait connaissance?

– Non, dit Raymond. Je ne veux rien savoir de cette longue dame en rouge... »

Florence sourit. Ses yeux bleus brillent d'une vivacité qui n'appartient qu'à elle.

« Tu veux dire, Raymond, que tu veux l'inventer?

– Exactement. »

Me voici sidérée. Moi, la Pygmalionne, je viens de rencontrer un Pygmalion. Vais-je savoir me « laisser faire »...? C'est mon monde à l'envers.

Un grand vent s'est levé dans la pièce aux murs gris. Tempête. Aux murs, quelques très beaux tableaux de bateaux, dont certains en perdition, achèvent l'illusion. *Titanic? France?* Où sommes-nous? Et vogue le navire...

« Demain, dit Raymond.

– Oui.

– Je vous appelle.

– Où ça?

– Chez vous.

– Chez moi, vous savez...

– Qu'y a-t-il chez vous?

– Un chien, c'est tout. Ce que je veux dire, c'est que ça n'est plus chez moi, j'y vis comme à l'hôtel...

– Il y a bien un téléphone.

– Oui, et une machine à écrire. Le reste s'est... envolé!

– Vous en avez fait cadeau!

– En quelque sorte...

– Alors, il faut tout racheter.

– Pout tout reperdre? »

Raymond me regarde. Il a l'œil bleu et perçant du Grand Patron, celui qui m'a vidée de mon poste de rédactrice pour me mettre au chômage. Sans la froideur. L'œil de Raymond est chaud, brûlant même. Que peut-il bien faire dans la vie?

« Comment c'est chez vous? » lui dis-je.

En même temps, je m'en veux d'essayer de meubler ce vide, mais chez toute femme il y a une Mme Barbe-Bleue.

« Comme chez vous, ma chère, il y a le téléphone.

– C'est tout?

– A peu près. Mon vrai chez moi n'est pas à Paris. »

Mon Dieu! Un étranger! Dallas? L'Afrique? Quelque « Chine » aux antipodes? L'un de ces lieux où, d'avance, je me sens mal!

« Là où je vis, il y a des chiens.

– Mâles?

– Non, femelles. Des chiennes douces... »

446

Ouf! Bonhomme n'aime que les chiennes.

« Du rouge, de l'or, du mordoré, de l'obscurité, aussi, des senteurs de bois et d'humidité. La terre.

– La terre! Mais c'est chez moi!

– Oui, c'est chez vous. Que faites-vous la semaine prochaine?

– J'écris. Comme cette semaine, comme ce matin, comme demain...

– Alors venez écrire chez moi. Je vous emmène.

– Où ça? Je n'aime pas trop voyager...

– Ça n'est pas très loin. Au bout d'une autoroute...

– Laquelle?

– Vous verrez bien.

– Bon », dis-je.

Encore une fois, incorrigible, je cède devant l'inconnu.

Edgar, à son tour, s'approche et entraîne Raymond pour lui parler « entre hommes ». J'en profite, telle Cendrillon, pour m'enfuir...

A la maison, Bonhomme me reçoit dressé sur ses pattes arrière. Jamais ce chien ne me boude quand je rentre, même très tard. Moi non plus, je n'ai jamais boudé Bernard quand il revenait à une heure, deux heures du matin, me réveillant pour me conter sa soirée et ses soucis de travail. Je ne l'ai pas boudé non plus quand il est revenu de « Chine », c'est-à-dire d'être allé chiner ailleurs!

Je ne veux plus savoir où.

Je ne veux plus de mensonges.

Le glaçon dans mon cœur a fondu. Je ne sais pas quand, je n'ai pas fait attention... Tout à l'heure, peut-être.

J'ôte ma robe de mousseline rouge qui, lorsque mon corps n'y est plus, ne tient pas plus de place qu'un mouchoir. Chanel m'avait dit : « Ma petite fille, la seule chose importante dans la vie, souviens-toi, c'est d'avoir un compagnon! »

Elle a tout fait, aidée par un méchant destin, pour terminer sa vie en solitaire. Pas tout à fait, puisque ce soir je pense à elle...

Au bout de l'autoroute, il y avait une nationale, puis de petits chemins. Je croyais n'aimer que ma campagne, et voilà que j'aime celle de Raymond. Il faut dire qu'elle est française. Partout en France je suis chez moi. Un peu en Suisse, aussi, à cause de ces deux-là qui s'y sont aimés pour m'y concevoir.

> ... moi le témoin
> moi née pour ça
> pour témoigner
> qu'ils se sont aimés
> ces deux-là
> et qu'ils s'aiment toujours
> près du bout de leurs jours
> puisque vrai je suis là
> pour le dire
> et l'écrire
> sans désemparer
> sans me désemparer
> fille
> car je suis fille
> de ce grand désir-là
> née de lui
> et qui ne finit pas
> tant que je suis
> et serai là

C'est de moi, ça! Tant de mots tournent dans ma tête, chaque fois que je suis malheureuse... Ou trop heureuse.

Cette première fois, Raymond me laisse pénétrer chez lui sans m'accompagner. Contrairement à Bernard, il ne me prend pas dans ses bras pour me faire franchir le seuil de sa porte. Il me dit : « Va, je te rejoins. » Il a quelque chose à faire, paraît-il, dans le fond du jardin... Bonhomme le suit. Bonhomme préfère toujours les jardins aux maisons. Pour commencer. Ensuite, il vient voir où ça se passe, le frigidaire, la cuisine, et dodo...

Ce qui me plaît, ce sont les couleurs. Comme Raymond m'avait dit. Du brun, du rouge, des mordorés, mais aussi des beiges. Et des blancs. Ma couleur préférée, avec celle du bois des meubles. La forêt devenue intérieure.

Je passe ma main sur la longue table cirée, caresse au passage chaises, bureaux, commodes. Qui a dit : « Nous ne sommes pas propriétaires des choses, elle nous sont seulement prêtées... »? Moi, je me considère comme leur gardienne, tant qu'elles l'acceptent. Etre dans l'amitié des choses, le plus pur des sentiments... Luisant des meubles, brillant de la propreté, c'est là leurs sourires...

Je monte au premier. Oh, le bon escalier, bien doux au pied! Avec sa rampe de fer surmontée d'une main courante en cuivre! Oh, les lucarnes dans l'escalier! Par l'une d'elles, j'aperçois Bonhomme sur les talons de Raymond, courant vers la mare d'où quelques canards, prudents, prennent leur envol!

J'ouvre chaque porte l'une après l'autre, comme l'homme en imper dans les ouvertures de « Cinéma-Cinémas »... Je me contente de jeter un coup d'œil, sans entrer, avant de passer à la suivante... Je me sens chez moi dans ce corridor vaste comme une pièce. Tout à son bout, une ultime porte derrière laquelle je découvre... un autre escalier qui descend vers le jardin! Comme dans mes rêves : poussez la porte et vous trouverez le jardin qui s'y trouve depuis toujours! (L'amour?)

Je retourne vers l'arrière et considère à nouveau chaque chambre. Laquelle est la mienne? Celle aux trois fenêtres, deux au sud, la troisième à l'est, au soleil levant venu de Chine...? Jamais je n'irai en Chine, mais la Chine, tous les matins, vient vers moi portée par la lumière...

« C'est ta chambre, dit Raymond derrière moi.
– Je sais, elle vient de me le dire.
– Que lui as-tu répondu?
– Je lui ai dit oui. Comme à toi.
– Tu ne sais pas dire non...
– On dirait une chanson, c'est joli!
– Le piano est en bas.
– Il y a tout, alors?
– Presque.
– Que manque-t-il?
– La vie que tu vas y mettre.
– Je n'ai jamais vu une maison aussi vivante...
– Depuis cinq minutes.
– A-t-elle un nom?
– Elle s'appelle la maison...
– Tu y viens souvent?
– J'y viens toujours. A temps irréguliers. Mais si tu veux...

– Je ne veux rien... J'ai faim, et toi?

– Mme Angelina a préparé le petit déjeuner.

– Quand j'étais petite, il y a eu une Angèle que j'ai tant aimée! Elle avait la voix si haut perchée que les chats faisaient des bonds dès qu'elle prenait la parole! J'espère connaître Angelina...

– Demain. Ce soir, elle a tout laissé sur la table et dans le frigidaire...

– Allons manger! Dieu que j'ai faim! »

Une galopade insensée dans l'escalier nous amène Bonhomme, queue dressée, regard interrogateur. On a parlé de manger, où ça?

« En bas, mon vieux, on redescend. »

Le chien est devant le frigo avant moi.

Après le dîner, nous prenons une tisane au romarin devant la cheminée où flambent des bûches si grosses que je ne saurais les déplacer seule. Ce sont elles que Raymond est allé chercher au fond du jardin, en compagnie de Bonhomme.

Mais je n'ai pas à me préoccuper de ce que je peux faire seule ou non, fini pour moi la solitude, deux bras d'homme sont à mon service.

« C'est vrai, tout ça?

– Ça en a tout l'air.

– Raymond, que fais-tu dans la vie?

– Il fallait que je te fasse une flambée pour que tu te décides à me poser la question?

– Il fallait que je sente du temps et de l'espace autour de nous, pour oser t'interroger sur toi-même.

– Tu as peur de ma réponse?

– J'ai compris que tu ne peux pas répondre par un seul mot, comme sur les papiers où il y a marqué " Profession ".

– Que mets-tu, toi, à " Profession "?

– Désormais, je mets " Auteur dramatique "... Seulement je suis aussi, et surtout, " Auteur comique "! Or, notre société s'appelle la Société des

auteurs dramatiques, la SAD... Je me demande pourquoi.

– Parce que toute vie est dramatique, même une
vie comique, puisqu'elle se termine par la mort...

– Moi je trouve la mort comique... C'est saint Paul
qui dit : " Qui me délivrera de ce corps mortel? "...
Un esprit éternel dans un corps mortel donne envie
de rire... Le nouveau mort doit rire de joie au-
dessus des encore vivants qui le pleurent... Tu sais,
saint Paul est mon écrivain préféré! Il est complètement amoral, subversif, enragé...

– Je sais, il te ressemble.

– Tu te fous de moi?

– Non, seulement tu me fais rire, parce que tu es
si naïve...

– Mais tous les gens que je connais sont naïfs...
Germaine est naïve... Régine est naïve... Un ami que
je viens de perdre était naïf... Bonhomme l'est
aussi... Pourquoi pas moi? Les génies le sont toujours, Van Gogh, Chopin face à la Sand, Victor Hugo
croyant que l'alphabétisation universelle va nous
tirer de tous nos maux, quels naïfs! Je n'aimerais
pas ne pas être naïve... Tu n'as pas répondu à ma
question.

– C'est que c'est une longue histoire...

– J'ai de très longues oreilles... »

Alors il commence par le commencement... Comment ai-je fait pour ne pas le rencontrer plus tôt?
Cent fois son chemin a croisé le mien. Réactions
semblables, ressentiments identiques, espoirs –
pour ne pas dire espérances – parallèles... Seulement il est un homme, et voyageur. Je suis une
femme, et sédentaire.

Raymond connaît la Chine de l'intérieur et parle
le chinois. Lui sait, de l'intérieur aussi, ce qu'est le
Moyen-Orient. Il parle arabe, hébreu, connaît les
émirs, les « fous de Dieu », les Israéliens et les
Berbères. Il appelle par leurs prénoms la plupart de

nos gouvernants. Il est sans cesse sur la brèche : celle de la paix, laquelle est pire que celle de la guerre.

Ce sont ces gens-là qu'on tue. Les hommes de paix, pas les hommes de guerre. Il ne me le dit pas, mais je comprends tout de suite qu'il est en danger. S'en moque. S'en moque moins depuis qu'il me connaît.

« Pourquoi les guerres sont-elles toujours des guerres de religion? »

Raymond houspille le feu, qui répond par des étincelles, un couinement de bête chatouillée.

« Les hommes ont une âme. Leurs seules préoccupations sont spirituelles. L'argent, l'intérêt, même le territoire, des alibis, des prétextes...

– Mais aucune religion ne peut parvenir à " battre " l'autre?

– Que sais-tu de ton âme tant que tu ne l'as pas éprouvée? Les guerres sont des initiations... Combat avec l'ange... Le pire des combats, c'est le combat spirituel, dit Rimbaud, l'homme du Harrar... »

Nous parlons en dévoilant ce que d'habitude on cache, le lieu en nous où tout manque, les idées, et même, à la fin, les mots...

Sur le tapis, Bonhomme se retourne et pleure dans son rêve, agité de soubresauts.

« Il course un lapin, dis-je, ou un renard...

– Sa guerre de religion à lui...

– Raymond, qu'allons-nous devenir?

– Rien. Nous allons nous marier.

– Ah bon. »

Il ne me l'avait pas dit.

« Et après?

– Nous vivrons ensemble. Je viens d'acheter un appartement. Ce sera le tien. Il est à ton nom. Pour si je disparais...

– Pourquoi disparaître?

– Parce que mener la paix...

– Je sais, Raymond, c'est mener une action dangereuse. Tu vas continuer?

– Tu ne veux pas que je fasse la guerre?

– Il y a des gens qui préparent la guerre, ils disent que c'est pour ne pas la faire...

– Je sais. Fabrication, transport, implantation d'armes... »

Pourquoi dit-il ça? Est-il au courant? Pour m'éprouver?

Il ajoute, très calme :

« C'est un point de vue et une action qui peuvent être respectables, dans certains cas. Reste que ce ne sont pas les miens. »

Moi aussi je veux l'éprouver.

« As-tu des armes dans cette maison? »

Bernard en avait plein dans la sienne.

« Non.

– Tu ne crains rien? »

Il étend ses longues jambes, s'installe plus confortablement dans son fauteuil.

« Tout.

– Alors, ça t'est égal?

– Dieu y pourvoira. »

Ah bon. Je l'avais oublié, celui-là.

« On se marie quand?

– Dans quinze jours. Tu es libre?

– Je le serai... Viens, Raymond, montons, j'ai envie de dormir avec toi.

– C'est tout?

– J'ai envie de faire l'amour avec toi, d'abord, puis de dormir avec toi, ensuite, pour te dire, dans notre sommeil, tout ce que je ne peux pas te dire dans notre veille... Tu comprends?... Raymond? »

J'ai failli dire « mon amour ». C'est ainsi que j'appelais Bernard, à tout bout de champ. A raison de dix fois par jour pendant quatre ans, trois cent soixante-cinq multiplié par cinq égale mille cinq cent quarante, multiplié par dix, cela fait plus de dix mille fois... « Mon amour », c'est un mot que je commence à avoir assez prononcé.

« Oui », me dit-il.

« Oui », c'est un mot que l'on ne m'a pas assez dit, jusque-là. J'ai surtout collectionné les « non ». Très belle collection qui gît dans le fond de ma mémoire et, probablement aussi, de mon cerveau reptilien. Cela a commencé avec mes « éleveuses », grand-mère, Maman, miss Davis... Il est temps que les hommes et la vie me disent un peu « oui ». J'ai des rayonnages entièrement vides, pour le « oui ».

Celui de Raymond, ce soir, y prend tout de suite une place de choix. Comme celui qu'il est déterminé à prononcer devant moi, et à mon propos, à la mairie de mon quartier qui va devenir le sien.

Dans quinze jours.

Oui.

Toutes ces longues, et parfois folles, années de célibat, je m'étais dit : « J'aimerais me remarier pour en profiter! La première fois, ce mariage était à peine le mien... Je ne l'ai pas " ressenti "... » Ma personne escamotée au profit des deux familles, qui s'agitaient, comme des bourdons, autour de mon jeune mari et de moi.

Il faut dire que nous étions si jeunes! Sur les photos quelque peu féeriques, lui dans son spencer blanc de lieutenant de l'armée de l'air, moi dans ma sublime robe de l'avenue George-V, un ruissellement de petits volants d'organza sous un bustier de satin montant et bien serré, nous avons l'air de deux petits oisillons malmenés...

Cette fois, je choisis moi-même ce que je veux porter : un ensemble en crêpe beige rosé qui sied à mon teint et au brun « Massif central » de mes yeux. Je n'ai pour tous bijoux que mon collier de perles, celui à trois rangs, que m'a légué la seconde femme de mon père, et ma nouvelle bague. La « refaite »!

J'ai entraîné Raymond chez le bijoutier qui, il y a trente ans, a exécuté celle de mes fiançailles, d'après un dessin accepté par mon beau-père. Agacée de n'avoir été pour ces gens-là – les mieux intentionnés du monde –, comme pour ma mère, qu'une sorte de mannequin de luxe, je fais plus tard détruire ma bague, dont le bijoutier transforme les éléments en clip.

Je déteste ce clip, somptueux, et je regrette ma bague.

Grâce à l'argent et à l'amour de Raymond, je peux faire refaire ma bague par le bijoutier, qui en a conservé le dessin. Cette fois, je l'ai voulue et elle est bien à moi !

Raymond rit de me voir la regarder cent fois par jour. Il sait que c'est ma jeunesse que je contemple et que c'est lui qui me l'a remise au doigt. Inutile, entre Raymond et moi, de « mettre en mots ».

J'ai déjà aimé. Souvent. Cet homme aussi, sans doute, a aimé. Jamais pourtant cela n'a été ainsi pour moi. Apaisé. Définitif. Insouciant.

Passionnément éprise de mon jeune mari, dès qu'il était en retard de dix minutes, je me disais : « S'il ne revient pas, je me tue ! »

S'il arrive quelque chose à Raymond, je sais que je continuerai, sa bague au doigt et son amour au cœur...

Le maire, vieil ami de Raymond, sourit beaucoup en nous unissant. Et fait rire l'assistance en disant qu'il changerait bien de place avec son copain. Que l'amour vaut mieux qu'une écharpe tricolore et que cette journée de mai, sublime, ensoleillée, avec tous les marronniers fleuris dans l'avenue, est exquise. Comme la mariée.

La mariée, c'est moi.

Nous remontons l'avenue à pied, au bras l'un de l'autre, pour nous rendre « chez nous », dans l'appartement que vient d'acheter Raymond, au sommet de l'un de ces immeubles devant lesquels je suis passée mille, dix mille fois, depuis que je suis tout enfant.

Longtemps, je l'ai dit, j'ai fait le même rêve, inexplicable, inexpliqué par mes analystes successifs : je suis dans ma maison ou mon appartement habituels, j'ouvre une porte et, derrière, je découvre un jardin! « Je le savais, me dis-je! J'ai toujours su qu'il y avait un jardin derrière la porte, pourquoi ne l'ai-je pas poussée plus tôt? »

Cette fois, j'y suis pour de bon. Le jardin rêvé, devenu réel, couronne le duplex de ses quelques arbres, assez grands, de ses bacs à fleurs, où poussent, sur ma demande, lavande, cosmos, roses d'Inde et gazon, dans le quartier de Paris que je préfère : j'y suis née!

Le temps de notre passage à la mairie, le traiteur a tout installé. D'avenants maîtres d'hôtel nous offrent le champagne, et nous les invitons à le boire avec nous. J'ai une pensée pour mes amis les balayeurs.

La veille, une chanson m'est venue, à leur intention, que j'ai tout de suite notée :

> *Ceux qui balaient*
> *devant nos portes*
> *ne sont pas fils*
> *de nos maisons*
> *et n'entrent pas...*
> *ils vivent en contemplant*
> *nos miettes*
> *ils vivent*
> *en triant nos chiffons*
> *ne vivent pas*
> *toujours très bien...*
> *le balayeur*
> *devant ma porte*
> *qui balaie tout*
> *même l'hiver*
> *même le temps*
> *même la mort*
> *le balayeur*
> *qui m'a offert*

le café noir
de l'amitié
dans le café
devant ma porte
où son balai
était resté...

Je l'ai mise en musique, sur deux notes, au piano. Demain ou après-demain, à l'aube, nous irons, Raymond et moi, en compagnie de Bonhomme, champagne en main, annoncer la nouvelle de notre mariage à nos amis devant la porte. S'ils le veulent, ils entreront dans la maison. Je le souffle à Raymond, qui est d'accord.

Nous sommes toujours d'accord. Comme deux notes d'un piano juste. Le nôtre le sera toujours : j'ai passé un contrat avec l'accordeur, pour qu'il n'oublie pas de le visiter à temps réguliers...

Je vais de fenêtre en fenêtre, prenant possession de « ma » vue. L'appartement est à mon nom. Enfin. Toutes ces années, je n'ai été que de passage, locataire, invitée, renvoyée, expulsée, abandonnée, chassée, licenciée, en exil... On peut vivre toutes ces situations sans quitter Paris, et même en faisant partie de ce qu'on nomme parfois le Tout-Paris...

Drôle d'odyssée. Je ne l'ai pas racontée à Raymond. Parce qu'il s'en fiche. Ou plutôt parce qu'il la sait.

Il n'y a pas longtemps, nous avons croisé Bernard, dans une réception officielle où Raymond tenait le rang que lui confère son action humanitaire.

Bernard est venu vers moi, abandonnant une sorte de fantoche féminin que j'ai mal vu, n'ai pas voulu voir. Encore quelque BCBG de province, celle-là aussi. Probablement provisoire. Nous avons parlé un instant. Ses yeux bleus. Son odeur mêlée à celle de son « Epicéa », par moi choisi.

La première fois qu'il m'a embrassée, cette première nuit, ce premier jour, j'ai tout de suite posé mes lèvres sur son cou, *sans savoir ce que je faisais*... Un geste dicté. J'ai envie de recommencer, là, en public. Je me retiens, pour une seule raison : je l'ai déjà fait!

Bernard me quitte, mais cette fois, je le sens, à regret.

Raymond vient vers moi et me demande :

« Cet homme avec qui tu parlais, il est beau.

– Tu trouves?

– Non. La vérité c'est que j'ai eu le sentiment que tu allais faire l'amour avec lui... En même temps, je ne sais pourquoi, cela ne m'a pas fait peur... »

J'ai envie de lui répondre : Tu n'as pas eu peur parce que c'est fait. Je me tais. Raymond n'est pas mon confident. Il est mon amour. Sa haute silhouette. Sa tendresse dure. Aussi sensible que moi, il ne ferme pas les yeux sur les atrocités. Il fait face. Se bat. Adoucit. Comment fait-on pour adoucir l'atrocité? L'humaniser? Faire qu'on peut continuer à vivre dans ce monde en agonie? Mis en coupe?

Parce qu'il y a Raymond. Et quelques autres. Qui luttent contre la guerre. Et les armes. Et l'argent. Et la violence sourde. La pire : l'agressivité passive. Celle dont j'ai parlé dans l'un de mes écrits, *La Femme sans enfants* :

> *Car donner véritablement la vie*
> *n'est pas seulement l'apanage*
> *des femmes qui enfantent.*
> *C'est le fait de tous.*
> *Cela peut prendre bien des formes.*
> *Comme, par exemple, de ne pas*
> *exercer la violence,*
> *cette sourde violence morale*
> *qui cherche à briser les femmes*
> *qui ne veulent pas être mères*
> *– ou les femmes sans enfants.*

Quand j'ai montré ce texte à Raymond, il m'a demandé de le lui lire en entier. C'était la seconde fois que je le lisais. La première, c'était devant un auditoire de plusieurs centaines de femmes, réunies sur le thème « Choisir de donner la vie ». Cette fois, je le lis devant un homme seul.

Il m'a écoutée jusqu'au bout, sans respirer. Plus il se taisait, plus ma voix baissait. A la fin, elle n'était plus qu'un souffle...

> *Cette sourde violence morale*
> *qui cherche à briser les femmes*
> *qui ne veulent pas être mères*
> *– ou les femmes sans enfants...*

N'est-ce pas ce qu'ont tenté de faire les hommes autour de Bernard, au nom de ma stérilité, me briser?... Comme d'autres avant eux... Sans toujours donner leurs vrais motifs... Hypocritement... Sourdement... Impitoyablement... Si bêtement, car en repoussant les femmes qui ne sont pas mères ils se détruisent eux-mêmes...

Ma lecture terminée, je lève les yeux vers mon amant. Les siens sont pleins de larmes. Il me dit, très vite, très bas : « Je t'aime. » Puis il s'approche tout doucement de moi, comme s'il me demandait la permission de m'embrasser. Sur le front. Puis sur les lèvres.

J'ai alors revu l'assemblée de ces femmes, soudain debout, m'applaudissant. Pourtant, elles s'étaient réunies pour parler du contraire – comment ne pas enfanter contre son gré – et non pas de stérilité! Devant leur subite émotion, j'ai compris que toutes nous sommes blessées sur ce plan-là, le plan de l'enfant. Attaquées encore et encore, justement parce que nous sommes mères. Ou parce que nous ne le sommes pas. Dans l'oubli de la femme, en nous, celle qui n'est que femme.

Raymond, lui, ne l'oublie pas. Jamais. En public, il ne me tient pas par la main, comme le faisait perpétuellement Bernard. Il n'est même pas près de moi. Il est *avec* moi. Cela suffit.

Cet après-midi qui est celui de notre mariage, il reçoit avec sa simplicité ordinaire les grands de ce monde et les autres, tous grands pour nous puisque nous les aimons. Chaque arrivée est un bonheur, un bouquet de sourires. Tout le monde a l'air heureux, aujourd'hui. Les miens, les siens, les nôtres.

Bonhomme n'aboie pas, il se contente de flairer chaque jupe et chaque bas de pantalon. Soudain, je m'aperçois qu'il s'est assis, l'air de rien, sur le bout du soulier de Raymond. Faveur, privilège, qu'il ne réserve qu'à moi...

Une grande paix s'installe. Mon choix est le bon. Le chien est d'accord.

Le soir venu, les derniers invités partis, nous contemplons longuement Paris du haut de « ma » terrasse... Brume rosée, soudain violette, tour Eiffel vaporeuse dans son habit de lumière... Aucun commentaire.

Ce jour est à nous, pour toujours.

Puis Raymond se retourne, s'appuie à la balustrade, me regarde.

« C'était si simple! » me dit-il.

Je ne sais pas de quoi il parle. De notre mariage? De notre rencontre? Du bonheur? Ou de la vie que nous avons menée jusqu'ici l'un sans l'autre...

Cela m'est égal.

Il m'arrive quelque chose que je n'attendais pas : je n'ai plus besoin de comprendre.

Puis le temps passe. Les jours fous, les jours monotones, et, parfois, celui qu'un poète nomme « le jour en trop ». Celui où nous perdons l'être que nous aimons, comme le jour où j'ai perdu Bernard. Et ma maison.

Mais aucun deuil n'est interminable. Maintenant je le sais et, si je respecte la mort, je ne crois plus qu'elle soit la fin de tout.

La preuve m'en est bientôt donnée.

Entre-temps, j'avais téléphoné à mes petites-nièces, qui étaient seules à la maison. La plus petite, pour me parler, arrache l'appareil des mains de son aînée.

« Bébé mort! gazouille-t-elle.

– Je sais », lui dis-je.

Puis j'avais cherché quelque chose à ajouter, mais dans tous les mots du langage je n'en ai pas trouvé un de plus.

Comme aujourd'hui!

Car désormais il y a en moi un « trou noir », ce lieu où je ne veux pas mettre de mots et qui est le lieu de la mort de Raymond.

Il m'avait contrainte à me faire à cette idée, en m'en parlant non pas comme d'un accident possible, mais d'une nécessité. Les choses, autrement, n'auraient pas été en ordre entre nous. D'ailleurs, notre amour n'aurait pas existé.

En somme, il me faisait vivre *Love Story*, jour après jour. Et comme il n'était pas malade, lui, mais de plus en plus florissant, l'idée qu'il allait disparaître m'était encore plus intolérable.

Ce qui fait que je ne l'acceptais pas. Le laissant s'aventurer tout seul jusqu'au bord de son Styx. De cela – de cela seul – je m'en veux, aujourd'hui. Je n'ai pas été la bonne compagne, qui suit son époux jusqu'au plus lointain rivage et parfois, telle la Laetitia de nos livres de classe, lui dit : « Regarde, cela ne fait pas mal! » et s'élance la première au-devant de la nuit.

Mais si j'étais allée trop loin avec Raymond, peut-être, en effet, aurais-je fini par l'accompagner jusqu'au bout, et était-ce ce qu'il ne voulait pas? Il a désiré que je lui survive et il m'a, je crois, choisie pour ça. Bertrand ne m'avait-il pas dit : « Vous vivrez très vieille »? Raymond a dû percevoir, lui aussi, que j'avais encore du chemin à parcourir, sous son nom et dans les lieux qu'il m'a choisis et donnés – l'appartement, sa campagne –, moi qui savais ce que fut son combat et me trouvais capable non pas de le continuer, cela n'est pas ma voie, mais d'en garder la flamme intacte.

Celle de la paix sur le monde.

Première et indispensable condition : ne pas se faire la guerre à soi-même. Et il va falloir que je me pardonne sa mort.

Ce voyage au Moyen-Orient faisait partie de la routine et, en le voyant s'embarquer, je n'ai pas été plus émue que d'habitude. Beaucoup moins, en tous les cas, qu'en accompagnant Bernard sur cet aéroport de Bretagne d'où il s'envolait pour aller me tromper... (« En emportant la caisse! » vient de me dire au téléphone un ami quelque peu sarcastique, dans sa franche brutalité.)

En fait, Raymond était sur une voie royale, et je n'y étais pour rien. Car ça n'est pas moi qui ai tenté de le « faire », cet homme-là, il s'est fait seul, bien avant de me rencontrer. Il m'a seulement accordé la grâce de me laisser lui tenir compagnie jusqu'à la grille du château. Puis je suis revenue en arrière.

Ce sont des jeunes gens d'une extrême politesse et distinction qui sont venus, à deux, m'annoncer sa mort, survenue quelques heures auparavant et encore tenue secrète. Ils n'étaient pas horrifiés.

Plutôt recueillis. L'œuvre de Raymond pour la paix allait continuer, à travers eux, et comme ils s'engageaient aussitôt sur le même chemin que lui, ils se préparaient, en toute lucidité, à la même fin. D'où leur sérénité.

On ne s'horrifie que de ce qu'on refuse et non de ce qu'on accepte. Alors, face au « sacrifice » que ces jeunes hommes faisaient d'eux-mêmes à une paix dont ils ne verront sans doute pas l'avènement, je ne pouvais, moi aussi, qu'être calme. Ma douleur – dont ils mesuraient parfaitement l'ampleur – devenait presque sans importance. Un accident de parcours. C'était la continuité qui comptait.

Je les revois, sur le pas de ma porte. Ce beau jeune homme blond, presque américain par son côté *clean-cut*, et l'autre, très brun, basané, en pantalon clair et en polo – c'était l'été –, me souriant une dernière fois. Ils auraient pu être mes fils. Ou mes amants. Ils n'étaient que les messagers de la mort. « Nous devons y aller, maintenant, vous n'avez besoin de rien? » J'ai secoué la tête, leur souriant moi aussi.

Non, je n'avais plus besoin de rien, en tous les cas de leur part. Ils venaient de me donner ce qu'ils avaient à me donner : l'annonce de mon deuil, que j'avais à faire seule.

Quand j'ai refermé derrière eux, je suis restée le dos appuyé contre cette porte par laquelle ne repasserait plus Raymond. Une seconde, j'ai eu envie de la condamner et de m'enfermer à jamais dans ce lieu de notre vie commune, jusqu'à ce que mort s'ensuive. Séquestrée dans mes souvenirs.

Et puis j'ai entendu sa voix paisible : « Tu as un chemin à faire. »

Si je me bloquais là, jamais je n'arriverais à le retrouver. Il me fallait au contraire partir à sa recherche.

C'est alors que j'ai pensé à la baleine.

Depuis toujours, le seul son que je ne puisse absolument pas supporter, et qui me fait fuir, les deux mains sur les oreilles, dès qu'il en est seulement question dans la conversation, ou qu'on prétend, à la télévision ou à la radio, le retransmettre, c'est la voix de la baleine. Faut-il dire le mugissement? Ou le cri? Ou la plainte? Ou le chant? Il faudrait relire Melville pour savoir comment il décrit la voix immense de Moby Dick, mais je sais que si j'écoutais plus d'une fraction de seconde ce que disent les baleines, ces êtres de joie et de martyre de notre planète, j'éclaterais en morceaux dans une souffrance devenue insoutenable.

Alors j'ai pensé de toutes mes forces à la baleine, et à sa voix, seule assez puissante pour exprimer ma peine. Je l'ai laissée, cette voix mammifère, m'envahir tout entière et propager jusqu'aux confins ce que je ressentais.

C'est comme ça que je suis arrivée à ne pas hurler.

DÈS qu'on décide de survivre, le train-train reprend... J'apprends qu'avant de repartir pour son énième voyage en Chine, Bernard, qui avait comme toujours besoin d'argent, a jugé bon de vendre à sa mère ses propres parts de la petite maison.

Une fois en Chine, il disparaît. (Il faut dire que la Lyonnaise – ou est-ce la Bordelaise? – voulait l'épouser, sinon, menaçait-elle, c'était le scandale...) Les recherches demeurent vaines. Du moins jusqu'à présent.

Germaine l'avait prévu : « Ce garçon, m'avait-elle dit comme si elle voulait m'en libérer tout à fait, ne restera pas ici! Il est fait pour disparaître, peut-être en Orient, ou ailleurs... »

C'est alors que Nunu me téléphone et me demande d'accepter de la recevoir. C'est la première fois qu'un membre de la famille de Bernard fait l'effort de me rendre visite. A son arrivée, je sens qu'elle a envie de pleurer.

Il faut dire que moi aussi. Depuis que Raymond a sauté, avec sa voiture piégée, au Moyen-Orient, je ne cesse d'en avoir envie. Aucune « voyance », cette fois, ne m'avait préparée. Mais le résultat de sa disparition est bien tel que prévu : la « guerre » est préservée et peut donc, si l'on peut dire, continuer « en paix »...

Raymond, bien sûr, n'a rien senti. Sans doute rit-il parmi les morts.

Je ne dis rien, car il n'y a rien à dire. Sauf à Germaine qui, brutale, m'interroge : « Alors, tu t'y fais?

– Non, je ne m'y fais pas et ne m'y ferai jamais. Je suis ailleurs.

– En somme, tu es déjà dans l'au-delà, ça n'est pas plus mal... »

Elle a raison. Et c'est de l'au-delà que je reçois Nunu.

Nous sommes assises, elle et moi, sur les deux petits canapés de cuir gris où, si souvent, j'ai pris place, face à Raymond, dans la pièce au midi de l'avenue des marronniers. Bonhomme est contre ma jambe, comme dans toutes les situations difficiles.

« Je sais ce qui vous arrive », me dit Nunu.

Je ne réponds pas. Que sait-elle, exactement? Moi, en tous les cas, je ne sais plus rien.

« Alors, j'ai pensé... »

J'attends la suite.

« Je suis très seule dans la grande maison... »

Ça, je m'en doutais, et depuis le premier jour. Je l'ai dit cent et mille fois autour de moi : jamais Bernard n'habitera la petite maison, il ne veut pas vivre si près de sa mère, une fois lui a suffi! Et puis, en dehors de moi, personne n'aime vraiment la Maison de Jade, elle n'a cessé de passer de main en main. Trop solitaire. De plus, les maisons ont leur mot à dire, elles aussi, sur qui les occupe, et la Maison de Jade, je l'ai découvert avec le temps, n'aime que moi! Elle refuse – sinon c'est à leurs risques et périls – de se laisser habiter par quiconque d'autre. Même les hirondelles ne sont pas revenues. Je suis allée voir, le jour du déménagement...

« J'aimerais que vous veniez l'habiter », me dit Nunu.

Silence.

A mes pieds, un immense soupir : c'est Bonhomme! Il a le soupir éloquent, s'il n'a pas le langage.

« Mais...

– Je vous donne les parts! Comme vous possédez l'autre moitié et que vous avez payé tous les travaux, cela ne sera pas une opération bien difficile... S'il vous plaît... Acceptez... »

Voilà qu'on me prie maintenant d'accepter la Maison de Jade! « Accepte », me souffle l'esprit de Raymond, grand seigneur! J'hésite : est-ce qu'accepter ne veut pas dire pardonner? « J'accepte », dis-je à Nunu.

Quel sourire sur ce visage figé depuis longtemps! Pauvre Nunu, c'est peut-être la première fois de sa vie qu'elle se met à construire au lieu de fuir ou d'accepter qu'on la mette en esclavage.

« Et si Bernard revient? »

Le plus beau courage de toute la vie de Nunu : « Il n'aura rien à dire... »

Le printemps est à nouveau là. Le jaune des forsythias crie aussi fort que le cri de l'hirondelle, cette fois revenue et nichée sous le toit. Le jaune, pour moi, c'est la couleur des confins. Au-delà du jaune, celui des fleurs de sable à Gigaro, des tournesols de Van Gogh, du petit pan de mur jaune dont parle Proust, il y a la vie.

C'est peut-être pour ça que Bernard aime tant l'or, parce qu'il est jaune... Et que la Chine aussi est jaune... Couleur de soleil levant. « L'avidité sans mesure » dépasse parfois son but et la ruée vers l'or, à l'insu du chercheur, devient une ruée vers l'âme... En tous les cas, je veux le croire...

Je suis assise, comme si souvent, sur la pierre du seuil. Nunu dort encore, à côté, dans la grande maison. Bonhomme court et saute, sans aboyer, dans le jardin! Le chat, flèche jaune lui aussi, vient de filer vers la forêt...

Quand Bernard reviendra – car il va revenir, je le sais –, je proposerai de lui rendre la maison. Et toi, le chien. S'il vous veut. Pour l'instant, je suis votre gardienne. C'est mon rôle sur cette terre, moi la stérile, avec celui de garder les mots. Jusqu'à ce qu'il me soit retiré. (Je parle du rôle.)

Comme de légères écharpes de brume que va dissiper le soleil du matin, les mots de la dernière lettre de Raymond tournent dans ma tête :

> C'est parce que tu es la femme que j'aime que je suis complètement un homme. Maintenant, chaque seconde de ma vie est ma vie tout entière... Tes seins, tes jambes, ta bouche ne cessent de me dire ce que c'est que d'être une femme et je ne le sais toujours pas, je ne le saurai jamais. Parce que je suis un homme. C'est pour cela que je te désire toujours à nouveau pour qu'à nouveau ton corps me le redise... Le jour se lève sur Beyrouth. Dans la rue, il y a des morts et des vivants, des êtres d'une exceptionnelle beauté, vêtus avec une élégance que vos couturiers ne soupçonnent pas... Ils portent leurs vêtements comme ils portent leurs corps, des oripeaux d'un instant. Quelle allégresse! Et quelle tristesse : ces êtres ne sont ni hommes ni femmes, unisexes. Mais moi, je suis parfaitement homme, et parfaitement heureux. Grâce à toi, ma femme.

Maintenant, Raymond est mort.

Est-il toujours parfaitement heureux?

Je ne suis pas pressée de le savoir, mais je le saurai. Les morts sont au courant du secret de la vie.

À ma main gauche, la bague qu'il m'a donnée. À ma main droite, une bague que je tourne et retourne de ma main gauche.

C'est la bague de jade.

Sous un certain éclairage, le jade devient jaune. C'est alors qu'il cesse de porter malheur pour porter bonheur.

Arrivée au bout de mon récit, je contemple le bleu du ciel de juillet, par-dessus les tuiles roses et romaines de la Maison de Jade. Bernard m'avait dit que ce genre de toiture lui plaisait beaucoup plus que l'ardoise fine...

Voilà que ça me reprend.

Entre tout ce que je vois et moi viennent se glisser des images de cet homme, et tous les mots qu'il m'a dits!...

Ainsi ces paroles bénies que chacun espère toute sa vie entendre prononcer par une voix aimée – ou par celle de Dieu au paradis! Quand il m'a introduite, notre première valise à la main, dans son appartement tout juste refait où, les peintures sèches et le lit livré, nous pouvions enfin dormir, Bernard a eu le génie de me les offrir : « Tu es ici chez toi! »

Et cette façon qu'il avait, dans les moments de grand désir, de mordre un coin de sa lèvre inférieure, en me murmurant, la voix intime et l'air faussement féroce : « Tu aimes ça! Hein?... »

Mais qu'on ne s'inquiète pas.

Bernard a été abominable et le mot *fin* est tracé.

C'est que je lui ai fait trop peur, aussi.

J'ai failli l'éveiller pour de bon à l'amour, et il a préféré s'évader.

Il y a des hommes qu'il vaut mieux avoir eus qu'avoir à attendre.

DU MÊME AUTEUR

Les Écrivains en personne, Julliard (1960).
Mourir à Madrid, Seghers (1963).
Alphabêtes, Fleurus (1970).
Un anniversaire chez les Dragons, Denoël (1973).
Un été sans histoire, Mercure de France (1973).
Je m'amuse et je t'aime, Gallimard (1974).
Une promenade au cœur des choses, Pauvert (1974).
Grands cris dans la nuit du couple, Gallimard (1976).
La Jalousie, Fayard (1977).
Compte-bêtes, Robert Jauze (1977).
Un homme infidèle, Grasset (1979).
Attention au loup! Robert Jauze (1978).
Une femme en exil, Grasset (1978).
Divine Passion, Grasset (1981).
Envoyez la petite musique..., Grasset (1984).
Le Retour du bonheur, Fayard (1990).
Si aimée, si seule, Fayard (1990).

IMPRIMÉ EN FRANCE PAR BRODARD ET TAUPIN
Usine de La Flèche (Sarthe).
LIBRAIRIE GÉNÉRALE FRANÇAISE - 6, rue Pierre-Sarrazin - 75006 Paris.
ISBN : 2 - 253 - 04504 - 7

30/6441/7